The Cambridge Companion to

Virtue Ethics

ケンブリッジ・コンパニオン

徳倫理学

ダニエル・C・ラッセル［編］

Edited by Daniel C. Russell

立花幸司［監訳］

Translation Supervised by Koji Tachibana

相澤康隆＋稲村一隆＋佐良土茂樹［訳］

Translated by Yasutaka Aizawa, Kazutaka Inamura, and Shigeki Sarodo

春秋社

目次

謝辞

本書に執筆してくれた全員に謝意を表したい。本書を生み出すべく、皆が専門知識のみならず情熱を注ぎ込んでくれた。この謝辞を含めた大部分の章を編集するあいだ、寛大な財政的サポートをしてくれたボーリング・グリーン州立大学社会哲学・政策研究所にも謝意を表したい。とりわけ、本書の準備全般を通してすばらしい道案内と根気強いサポートをしてくれた、ケンブリッジ大学出版局のヒラリー・ガスキンとアンナ・ロウに謝意を表したい。また、徳倫理学という混成的領域を扱う本書にぴったりの表紙の写真を選ぶのを手伝ってくれたジュリア・アナスにも謝意を表したい。最後に、ウィチタ、ボーリング・グリーン、ツーソン、メルボルンを移動しながら私が本書をとりまとめているあいだじゅう私をサポートしてくれた、妻のジーナ・ラッセルと娘のジョスリン、グレース、ジュリアに最大の謝意を表したい。

凡例

ギリシア語・ラテン語の表記について

原則的にカタカナ表記としたが、前後の文脈を踏まえてもそのままでは意味が通じないものなどについては訳を当てた。またカタカナ表記をする際には慣例に従ったが、これも前後の文脈を考慮しつつ一部は音に合わせた。丸括弧内に登場したものや原語を併記したほうがよさそうな場合は、丸括弧にいれて原語を併記した。その際、ギリシア語は原書の英語に合わせてローマ字表記とした。

括弧や傍点について

［　］は原著者が補ったものである。
〔　〕は訳者が補ったものである。
「　」は論文あるいは英語原書で強調（﹅﹅）されているものを表す。
『　』は書名、あるいは本来は「　」だったものがさらに「　」で囲われたときの表記である。
〈　〉は読みやすさのために訳者が補ったものである。
傍点は、英語原書でイタリックとなっているものである。

邦訳と邦題について

本文や註で参照されている文献のうち、邦訳のあるものは邦訳だけを挙げ、邦訳のないものは『邦題（原書名）』や「邦題名（原論文名）」などのように、読者の理解のために邦題を試訳的に挙げた。

また、邦訳のあるものについては原書頁のあとに「邦訳～頁」などと補った。

訳文および訳語について

「監訳者あとがき」を参考にせよ。

ケンブリッジ・コンパニオン

徳倫理学

図

序章

現代道徳哲学における徳倫理学

ダニエル・C・ラッセル

徳倫理学の歴史はとても古い。これは、道徳哲学の他のどの伝統よりも古く、古代ギリシアの哲学者たちにまで遡り、さらには遠く離れた古代中国の哲学者たちにまで遡る歴史をもっている。徳倫理学の中心となる概念は、公正さ、勇気、自制心といった性格の卓越性である。そして徳倫理学は、われわれが善き生を送り、自らを善く扱い他人に善く接し、そして栄えある共同体を共にする上で、こうした性格の卓越性がどのような助けとなるのかという点に焦点を当てるものである。

何が徳倫理学を道徳哲学の他のアプローチとは違うものとしているのか。この問いに対する一つの答え方は、〈正しさ（rightness）〉の扱い方が独自だということを指摘することだろう。つまり、徳倫理学によれば、正しい行為というものが何なのかはさまざまな徳の説明の助けなしには理解できないのだが、しかしそうしたさまざまな徳は正しい行為とは独立に理解できるものとされているのである（Watson 1990; Hursthouse 1999, chap. 1; D. Russell 2009, chap. 2 をみよ）。しかし、この答えはあまりに大まかなため厄介な答えであり、正しさと徳の関係はどうすればもっと精確なものとなりうるのかについて、徳倫理学者たちのあいだでかなりの意見の相違がある（本書のファン・セイルの章をみよ）。さらには、「正しい行為」というものがそもそもどれほど重要なものなのかについて、徳倫理学者たちのあいだで意見の一致をみていないのである（本書に収められたチャペルの章とスワントンの章をみよ）。

しかしながら、これらをみな脇に置いたとしても、正しさにかんする他のさまざまなアプローチ――なかでもとりわけ功利主義と義務論――が取り組んできたさまざまな問題に対して、徳倫理学がそれらとは別の答えを与えてくれるものだと考えるならば、それは徳倫理学の本当に独自な点はなんなのかを、つまり徳倫理学が提示する根本的に異なった代案とはなんなのかを、控えめに述べることになるだろう。本書に収められたマット・ズウォリンスキーとデイヴィッド・シュミッツの章の中で彼らがみてとっているように、徳倫理学とは、

他の二つとはかなり異なるので、同じ問いに対する代替的な答えではなく、まったく異なる問いに対する答えとみなすのが一番良いかもしれない。徳倫理学は、しばしばアリストテレスと結びつけられるが、本書において論じられているようにさまざまな伝統のうちに起源を持っており、正しいことはある一定の種類の人、つまり徳を備えた人であることだと私たちに教えてくれる。その場合の徳とは、勇気、節度、正直、公正さ、勤勉、思慮などである。有徳な人は、もちろん行為を通じて自らの徳を発揮する。しかし、徳倫理学にとって、正しい行為の規則を詳細に述べることは、おもに二次的な事柄――つまり、有徳な人のもつ思慮のようなものをさまざまな仕方で前提する事柄――である。（三四〇頁）

徳倫理学を他の倫理学説と違ったものにしているのは、徳倫理学では、人の生の全体にかかわるものとし

て倫理（ethics）が扱われており、とりわけ「道徳的（moral）」とされる性質をそなえた事柄が問題となる場合だけが扱われているわけではないという点である。徳倫理学にとって焦点となるのは、道徳的に困難な場面で何を為すべきかという問題よりも、親切心や勇気や思慮や誠実さといった人柄にかかわる性質をそなえた人が下すあらゆる選択にどう迫っていくのかという問題なのである。この焦点の違いは重要である。自分の行為の正しさに自信をもっている人々に、あなた方は気前がよかったり、思慮深かったり、あるいは正直だったりもするのかと訊くと、その途端に口をつぐんでしまうことがある。正しさとはわれわれが為している事柄についてのものであるが、しかし徳とはわれわれの生き方についてのものでもある。徳は、〔行為と生き方を〕分断することに抗うものなのである。

倫理学の教科書を執筆する人たちは、徳倫理学のもつこの特徴をますます高く評価するようになってきている。たとえば、技術者倫理のある教科書では、高価で危険な〔化学物質が〕化学工場で流出したという空想上の事例を考察している（Harris *et al.* 2008, chap. 4）。この工場のなかの旧型の設備の箇所で流出が起きた。その箇所の設備の旧さには、一部の技術者たちもかねてより眉をしかめていたのだが、彼らの誰もが「そういうものだ」として受け入れていたのである。さて、ある意味では、工場で働く人たちがすべきことは明らかである。流出物を除染し、旧型の設備を修理し、場合によっては新たなメンテナンスと経過報告を定める、などである。しかし上記の教科書の執筆者たちは、あるまっとうな理由から、そこでおしまいにはしない。その教科書は将来技術者になる人たちのために書かれたものであり、彼らは流出物を除染しなければならないことはすでにわかっている。彼らが学ばねばならないのは、そもそもこういった類いの窮地に陥るのを回避する方法である。その教科書の執筆者らが指摘しているように、本当の問題は、誰かが何か凶悪なことをやらかしたということではない。そうではなくて、この〔窮地に陥るのを回避する方法という〕問題に取り組む責任が一部の人にはあったかもしれないのに、そのうちの誰一人としてその責任を果たしていないということである。これは決定的な指摘である。それは、責任を持つということは徳の一つであるから、技術者たちに必要とされているものはまさしくさまざまな徳なのだということである。何もしなかった者たちとして描かれた技術者たちに必要とされていたのはそうした徳だったのである。なぜなら、流出物を清掃すればそこで専門職従事者としても個人としてもやるべきことを済ませたことになるというわけではないことにもまた、われわれは思いを致さなければならないからである。そして、架空の技術者たちから学ぶ現実の技術者たちが必要としているのは、教科書的な決定手続きではなく、責任をもった人々であるとはどういうことであり、また責任をもつことがなぜ重要なのかということを自分自身で理解するための思慮（practical wisdom）なのである[1]。

本書の概要

上述したように、徳倫理学はとても豊かな歴史をもつものだが、多様な形態をとりうるという点でもまた同じくらい豊かなものである。それゆえ、情報量に富むほどに具体的であると同時に十分包括的なものとなるくらい一般的であるような、徳倫理学のそうした大まかな特徴付けを与えることは不可能である。（大まか、具体的、包括的、の三つのうち、どの二つを選んでもそうした結果になってしまう。）それだから、うまく書けているあいだに〔この論点は〕止めることにして、その代わりに、この後に登場する十四の章の概要を述べたほうが賢明だろう。各章の執筆者たち全員には特にお願いしておいたことがある。それは、〔各々の章を本書として〕ひとつにまとめたとき、徳倫理学の歴史的背景、解釈の多様性、応用の多彩さのすべての面で読者を徳倫理学へと誘うものとなるよう執筆してほしいというお願いである。徳倫理学の基本となる諸概念を扱っている章もあれば、さまざまな時代や場所で徳倫理学が展開した際に重要となるポイントを扱っている章もある。さらに、それ以外の章では、今日の道徳哲学へのいくつかの主要な貢献について扱っている。

徳倫理学——中心となる諸概念

本書は、諸々の徳およびそれらの徳がどのようにして倫理的思考にかかわるのかをめぐってなされるさまざまな議論で始まり、そしてそれに終わる。第1章（ダニエル・C・ラッセル）では、古代のすべての徳倫理学者に共通してみられる、そして今日でも広く受け入れられているあるアプローチを検討する。それは、徳とは充実した人生を送るために必要とされる性格特性のことであると提唱するアプローチである。ここでいう充実した人生とは、正しいことを気遣いつつ、そうした正しいことを理解した上で振る舞えるような思慮と技量を兼ね備えた人生のことである。〔最後の第14章を執筆した〕クリスティーン・スワントンは、本書を締めくくるにあたって、徳倫理学がとりうる、そして実際にとってきた多種多様な形態について緻密な議論をおこなっている。その際に彼女は、アリストテレスのように明らかに〔徳倫理学の立場をとる〕人物だけでなく、ヒュームやニーチェといった〔徳倫理学の立場かどうかが〕それほど明確ではない候補たちも徳倫理学に含められるくらい広範なかたちで徳倫理学を特徴付けようと論じている。彼女のこのアプローチは、徳倫理学そのものにとっても徳倫理学の思想史研究にとっても革新的な方向性を探究するための道を拓いている。

徳倫理学――その歴史と展開

本書で六つの章を割くほどに大きな主題となっているのが、徳倫理学の歴史の豊かさである。〔第2章で〕ラチナ・カムテカーは、プラトン、アリストテレス、ストア派、エピクロス派という古代ギリシアのおもな哲学者たちのあいだでの徳倫理学の展開を、他を総べる徳（master virtue）だという点で彼らがみな同意している思慮すなわち実践的知性（practical intelligence）のさまざまな扱い方にとくに注目しながら論じている。〔第3章で〕フィリップ・J・アイヴァンホーは古代の儒教的な徳倫理学における二つのおもな展開の筋道を検討している。それは、徳とは人間としての充実にかんする卓越性であるとする孟子が示した見解と、徳とは社会のなかで他者とうまく交流することに寄与するような傾向性であるとする王陽明が示した見解の二つである。この二つの章のいずれも、徳倫理学のもつ異なった伝統を理解するための有益な道筋を示すのみならず、こうした伝統が現代の徳倫理学者たちとどこで響き合うのかを描きだしてもいる。

古代ギリシア思想の他の側面がそうであるように、徳倫理学もまた初期キリスト教哲学とは複雑で穏やかならぬ関係にあったし、その後の初期近代の哲学者たちともそういった関係にあった。ジーン・ポーターの章〔第4章〕では、古代の徳倫理学がさまざまな仕方で中世に受容されたことが論じられる。中世の研究者たちには、信仰、希望、愛徳といった「対神」徳を補完するものとして受容され、また、司牧たちには道徳的で規律的な伝統の中核を担う要素として受容されたのである。これとは対照的に、ポール・ラッセルの章〔第5章〕では、デイヴィッド・ヒュームが人間本性にかんしてより広範で純粋に非宗教的な探求の一部として徳に取り組んでいたことが論じられる。〔ヒュームにとってこれは〕社会における多種多様な振る舞いの解明となり、同時に人間の幸福の基礎の探求となるであろう営みだったのである。

徳が道徳理論から完全に姿を消すということは一度として起きなかったが、徳倫理学そのものは、近代に主流となった伝統、つまりジェレミー・ベンサムの功利主義とイマヌエル・カントの義務論によって、最終的に西洋ではその輝きを失った（ただし、東洋ではそうではなかったということは指摘しておかねばならない）。この時代における徳倫理学の衰退は哲学者たちのあいだではよく知られた事実だが、なぜそうしたことが起きたのかの説明となると意見は一致しない。ある人たちは、アリストテレス哲学全体を振り払ったために徳倫理学は破棄されたとか、あるいは単純に、徳倫理学の基礎の中心にあった理論的なものが維持できるようなものではなかったために徳倫理学は破棄されたのだと論じてきた。対照的に、ドロテア・フレーデの章〔第6章〕では、初期近代の政治的な激動のために、社会的連帯と徳にかんする大いなる理念に対する確信が揺らぎ弱っていくこととなり、その結果、道徳哲学のための新たな基盤を探し求めることになったのだと論じている。最後に、ティモシー・チャペルの章〔第7章〕では、二十世紀の中頃に徳倫理学への関心が再び高まったのは事実まさしくそうしたことを調べた結果であると論じている。エリザベス・アンスコムやフィリッパ・フットといった哲学者たちは、現代の道徳哲学〔の考え方〕とは異なるある当たり前の考え方が現代の道徳哲学では見落とされていたということを指摘するにとどまらず、倫理の中心概念を明確にし基礎づけようとする現代の探求の論理的な帰結として、徳倫理学に方向転換するよう唱えたのである。

今日の道徳哲学における徳倫理学

残る六つの章では、今日の道徳哲学に対する徳倫理学の寄与が、理論と応用の両面にわたって詳しく検討されている。〔第8章で〕リーゼル・ファン・セイルは、正しい行為を特徴付けるための徳倫理学内部でのおもな選択肢を概観している。ある行為が正しいのはそれが有徳な人であればそうするであろうという行為である場合でありまたその場合に限るというロザリンド・ハーストハウスの見解や、正しい行為を動機の有徳さでもって定義しようとするマイケル・スロートの定義、そして正しい行為とはさまざまな徳と結びついた「目標」に到達することであるというクリスティーン・スワントンの説明である。また、行為の手引きとして用いられる場合の正しい行為の規準はわれわれに何を語るものだと思えばいいのか（そして思ってはいけないのか）を明確にすることで、ファン・セイルが正しい行為の規準という考えそのものを批判的に見ていることも、同じくらい重要である。

本書のこの後半部分の章のいくつかでは、今日の応用倫理学のさまざまな領域に対して徳倫理学が果たしている貢献を概観している。〔具体的には、〕〔第9章の〕生命倫理学（ジャスティン・オークリー）、〔第10章の〕環境倫理学（マット・ズウォリンスキーとデイヴィッド・シュミッツ）、そして〔第11章の〕ビジネス倫理学（エドウィン・ハートマン）という領域での貢献についてである。各章の執筆者らが指摘しているように、徳倫理学がこれらの分野にもたらした進歩は、徳倫理学を評価する上できわめて重要である。つまり、徳倫理学というその当時新たに復活した分野が「行為の手引きとなる」ことができるのかという当初の疑念に対しては、徳倫理学者たちは役に立つ行為の手引きを実際に提供していると答えるのが一番だからである。

近年では、徳倫理学は政治哲学にも徐々に進出しはじめている。〔第12章で〕マーク・ルバーは、政治的正当化についてとりわけ影響力のあるいくつかの徳倫理学的な説明を批判的に評価している。国家の振る舞いが正当化されるのは、その振る舞いが有徳なかたちで動機づけられている場合なのか、あるいはその振る舞いが人間としての潜在能力（有徳になることができるという潜在能力も含む）を陶冶することができている場合なのか、あるいはまたその振る舞いが自己の方向決定の背景条件（徳を目指すという方向決定を含む）となる場合なのか。ルバーは、これらの見解の擁護者たちはそれぞれの見解のもつ理論的な利点に焦点を当ててきたが、その利点がどんなものであれ擁護者たちがいいと思っている見解に沿って生きるよう他者に一方的に要求することが有徳であるといえるのかどうかということも問題にしなければならないと主張する。

もちろん、ある倫理学理論が原則的にであれ行為の手引きとなることができるはずならば、その手引きはわれわれと似た存在者に、つまりわれわれに備わっているような心的なものを備えた存在者に適用できなければならない。〔第13章で〕ゴパル・スリーニヴァサンは行為を徳の観点から考えるのは時代遅れだという近年の主張を検討している。この主張は行為者の置かれた状況に含まれる些細な特徴であっても、そうした特徴の方が傾向性や性格特性として主張されるどんなものよりもその人の行為に関係しているということを、現代の社会心理学が明らかにしたということに基づいているが、スリーニヴァサンは、〔徳倫理学に対して〕こうした批判をむける人たちは自分たちの主張の正しさを証明できていないと論じる。〔つまり、〕決定的な批判として彼らは、さまざまな異なる状況のあいだで行動が一貫していないと主張するが、これは実験に参加した被験者の立場からみて〔被験者の行動が〕一貫していないと評価できるというよりはむしろ、実験する研究者の立場からみてそう評価できるということに依拠したものとなっているのである。

本書の目指すところ

徳倫理学について書き下ろされたこれらをまとめた本書を刊行するにあたり、われわれには三つの願いがある。一つめは、徳倫理学の歴史におけるおもな時代をみながらその発展を辿ることにより、徳倫理学がどのようにして現在の状況にまで展開してきたのかということを、読者にわかってもらうことである。二つめの願いは、徳倫理学の理論的な構造と今日の倫理学理論における徳倫理学の位置づけを明確にすることである。そして三つめの願いは、徳倫理学の現代的意義を探求し、また徳倫理学が現在直面しているおもな課題のうちのいくつかのものを詳しく検討し、そして徳倫理学の内部での展開や探求のための新たな道を探すことである。これら三つの願いのすべてにおいてわれわれが一貫して目指しているのは、本書が幅広いさまざまの人にとって非常に有益なものとなることである。専門の哲学研究者にとっても有益なものとなることは願うしかないが、倫理に対してとても古くからあると同時にとても新しくもあるこのアプローチを理解したいと熱望している哲学の学生たちにとって有益なものであることは確かである。

訳註

〔1〕ここでは空想上の事例として描かれているが、一九八四年一二月二日の深夜、インドのボパールにある化学工場で事故が起き、イソシアン酸メチルが流出し、それが風に流れて近隣の市民四〇〇〇人が死亡するという事故が実際に生じた。この事故の分析を通じて責任を徳として捉える考えを提出したのがジョン・ラッド「ボパール——道徳的責任と市民的徳にかんする試論（Bhopal: An Essay on Moral Responsibility and Civic Virtue）」である（John Ladd. 1991. In: *Journal of Social Philosophy*, 22 (2): 73-91）。またラッドのこの分析と徳の教育への応用について、日本語で読めるものとして以下がある（立花幸司「科学技術の倫理の学び方—学習方法の視点から」、所収『科学技術の倫理学』勢力尚雅編、梓出版社、二〇一一年、一四九〜一八〇頁）。

第1章
徳倫理学・幸福・善き生

ダニエル・C・ラッセル

初期の徳倫理学はどれも、「なすべき正しいこととは何か」ではなく「最善の生き方とは何か」という問いを出発点としていた。第一の問いがもっぱら倫理的推論の対象であるのに対して、第二の問いは倫理に限らず人生全般にかんする実践的推論の対象であって、「どのように生きるべきか」や「幸福な生を送るにはどうすればよいのか」という問いにつながっている。これらの問いに答えるためには、どのような人間にならなければよいのか、またどのような性格を身につければよいのかについてとりわけ熟考しなければならない。まさにこの点で、実践的推論は徳について考えることに結びつくのである。徳とは性格の卓越性であり、その本質は、しかるべき事柄に関心を向け、そうした事柄にかんしてうまく判断し行為するための思慮（wisdom）と実践的技能とを備えている点にある。そこで、徳倫理学を対象とする本書を始めるにあたって、徳に対するこの伝統的アプローチを概観することは適切であろう。

このアプローチは、ギリシア語の「エウダイモニア」にちなんで「エウダイモニア主義《エウダイモニズム》」と呼ばれる。エウダイモニアとは、人間にとっての善き生を、もっと簡潔に言えば幸福（happiness）を意味するために古代ギリシアの哲学者たちが用いた言葉である。ここで言う「幸福」は、ある種の気分でも感情でもなく、生を営む当人にとっての豊かで充実した生を意味する。「エウダイモニア主義」という言葉は、実践的推論・幸福の本性・徳についての説のそれぞれを限定的に指す場合もあるのだが、これら三つの概念の関連についての説を指すほうが一般的である。本章では後者の意味でのエウダイモニア主義を主題とする。すなわち、エウダイモニア主義とは、〈実践的推論から導かれる、充実した生を送るために不可欠な性格特性とは何かを理解することによって、どのような性格特性が徳であるのかがわかる〉という見解である。

エウダイモニア主義は古代ギリシアに遡る。古代ギリシアでは、プラトン主義者、アリストテレス主義者、エピクロス派、ストア派など、道徳哲学の主要な陣営はみなエウダイモニア主義者であった。徳倫理学のなかで彼らの影響力は現在でも衰えていない。こうした状況にあるのは、G・E・M・アンスコム、フィリッパ・フット、ジョン・マクダウェル、ロザリンド・ハーストハウス、ジュリア・アナス、マーサ・ヌスバウムなど、人間本性（human nature）と人生の開花（flourishing）に着目する古代ギリシア哲学のうちに現代哲学への新たな生命力の源を見出した哲学者たちの仕事のおかげである[1]。

最も影響力のあるエウダイモニア主義は現在でもアリストテレスのエウダイモニア主義であるから、私は最初の三つの節で、アリストテレスとおおむね同様の仕方でその主義を概説する。続けて、残る二つの節で、倫理学における現代的アプローチとしてのエウダイモニア主義に対するいくつかの異論を検討する。

エウダイモニア主義と実践的推論

エウダイモニア主義には実践的推論にかんする二つの中心的主張がある。第一に、実践的推論には、われわれが他の何かのためにではなくそれ自体のために追求し、その他のさまざまな目的をすべてそれのために追求する「究極目的（final end）」がなければならない。第二に、その究極目的はエウダイモニアである。

　第一の見解を先に取り上げ、〈ある理由で何かを行うこと〉の分析から出発することにしよう。われわれが行うあらゆる行為に理由があるわけではない。音楽を聴いているときに、足でリズムをとる人がいるかもしれないが、その行為には何も理由はない。しかし、何かを作っている人の場合を考えてもらいたい。彼は、長くて平らな木片をまず用意して、それを特定のかたちに切り、一方の先端を円筒形にして把手に変え、もう一方の先端を起伏のない湾曲した面に加工するといったことをするかもしれない。われわれは、彼の目的が何かを理解するとき、こうした一連の作業を彼が行う理由を理解する。この事例では、クリケットバットを作ることが彼の目的である。さらに、なぜ彼にはその目的があるのかと問うことができる。ひょっとすると、それが彼の仕事なのかもしれない。この調子で続けていくと、誰かが彼を雇うのはクリケットバットを売るためであり、客がクリケットバットを買うのはクリケットをするためである、という具合になるだろう。これらの行為はどれも目的の観点から説明されるのだが、目的は階層構造になっており、各目的はこの「連鎖」における上位の目的によって説明されるのである。

　ところで、ある目的の「ために（for the sake of）」行うとは何を意味するのか。先ほどのバット製作の例から一つの答えを得ることができる。製作者はバットを売るためにバットを作る。つまり、バットを作ることはバットを売るという目的に対する手段なのである。とはいえ、それは答えの一つにすぎない。言うまでもなく、クリケットをすることのように、行うことそれ自体を目的とする行為もある。また、行うことそれ自体も目的であるが、その他にも目的があるという場合がある。たとえば、バットを製作することが、趣味でもあり臨時収入を得るための手段でもあるという人がいるかもしれない。あるいは、晴天の日を楽しむためにクリケットをする場合を考えてもらいたい。クリケットをすることが晴天の日を楽しむという目的の手段でないことは明らかである。というのも、バットの製作者は、客に買ってもらうためにはどのようにバットを作ればよいだろうかと考えるのに対して、クリケットをする人は、晴天の日を楽しむためには次のボールにどのように対応すればよいだろうかなどと考えたりはしないからだ。むしろ、クリケットをすることは、晴天の日を楽しむ一つの仕方という意味で、晴天の日を楽しむためなのである。その際、クリケットをして楽しく一日を過ごすには、クリケットを行うこと自体の観点に立って、すなわちクリケットを行うこと自体を目的としてプレーするのでなければならない[2]。その他の場合でもこれと同様である。要するに、さまざまな種類の理由に応じて幅広い解釈が必要になるのと同様に、目的の連鎖における「〜のために」が表す関係も幅広く解釈すべきなのである。

ところで、どの「鎖」にも終着点がなければならない。仮に鎖が際限なく連なっていたり、循環したりするならば、その鎖は全体として何を目的とするのかがわからなくなるうえ、実践的推論がどこかで終着点に至ることもできなくなる。その企ての全体にはなんらかの意味がありうるという考えは吟味に耐えられないだろう[3]。こういうわけで、実践的推論は、連鎖のなかにある他のすべての目的はそれを目的とするが、それ自体は他の何かのためにあるのではない究極目的を必要とするのである。

このようにしてアリストテレスは究極目的という概念を導入する[4]。しかし、その後すぐに、アリストテレスは究極目的にかんして二つの驚くべき主張をする。すなわち、各人には究極目的がただ一つしかなく、しかもその究極目的は誰にとっても同じである[5]。奇妙なことに、アリストテレスはこれらの主張の論拠を述べていないが[6]、実はどちらの主張も理にかなっている。もし究極目的が多数あるとすれば、それらは互いに衝突することもありうるが、その衝突を実践的推論によって解決することはできないからである[7]。さらに、実践的推論の役割は、目的がある場合にどのようにしてそれを達成すればよいのかを解明することだけではない。実践的推論はわれわれに目的をもつよう、いやそればかりか、われわれがそのために生きることのできる目的をもつよう告げもする。つまり、生きることに理由を与える目的であり、われわれの生の中心となることができる目的である。言い換えれば、主要な一つの目的、すなわち、善き生を送れるようにするという目的をわれわれはもっている。もしそうだとすれば、他のあらゆる目的に意味を与えるただ一つの目的が本当に存在することになり、その唯一の目的は誰にとっても同じであることになるだろう。このことが意味するのは、誰もが同じ生を歩むべきだということではなく、誰もが善き生を見つける必要があるということだけである。

究極目的は一つしかないという見解から次のような想定を導いた人もいる。それは、人生にはなんらかのただ一つのテーマないし目的が、すなわちなんらかの「統括的な目的（grand end）」が存在していなければならず、その統括的な目的を中心に組織されたある種の人生設計図に適合するように、われわれは自分が行うあらゆることについて熟慮しなければならないという想定である。そうした設計図という観念は、残りの人生全体には基本的な計画があり、ある意味で固定されていることを示唆する。しかし、そのように考えるのは、善き生を送るために行為するとはどういうことかについての普通の考え方ではない。少なくとも、統括的な目的に適合するようにそれぞれの行為を熟慮することが一般に実践的推論の働きである、と考えるのはおかしいだろう。愛情に満ちた人間関係、子どもの養育、仕事をすること、趣味を楽しむことなど、そのために生きているとわれわれが考える事柄には多くの種類があるものの、こうしたものは普通、計画全体の一部でもなければ、なんらかのただ一つの統括的な目的のためにあるのでもない。われわれは、仕事や子育てをどうやったらよいのかについて熟慮するとき、どうすればそれらが統括的な目的の達成につながるのかを考えるのではなく、仕事や子育てそれ自体の観点に立って熟慮する。すなわち、現に営まれている生活の立場に立って熟慮するのである[8]。

それでは、〔仕事や子育てなどの〕これらすべてのことを善き生のために行うとはどういう意味なのか。われわれがそのために生きているものとは要するにわれわれの目的に当たるのだから、もっと正確に問いを表現すれば、善き生を送るというただ一つの目的のためにわれわれはどのようにしてこうしたさまざまな目的を選び取るのか、となる。私の考えでは、「目的のなかには、他の目的をもつようになることによってしか追求できない目的があり、善き生を送ることはその種の究極目的である」というのがその答えである。ここで、満足のいく仕事をするというような目的を考えてもらいたい。この目的は、それ自体のために追求するに値する他の目的を見出すことの目的である[9]（満足のいく仕事をするというような目的をもつことがたとえば大学生の間でどれだけありふれているか考えてみてほしい〔1〕）。つまるところ、人生の目的とは、自分の人生に意味を与えることであり、何事かに意味を見出すことである。その過程が首尾よく進むとき、人はそれ自体のために追求するいくつかの目的をもつようになる。そして、それらの目的のために営む生こそが善き生なのである。もっとも、これをアリストテレスの見解とするのは行き過ぎであろう。いま説明しているのは、彼の論証そのものではなく、論証に含まれるギャップなのだから[10]。とはいえ、この見解はそれ自体として見れば理にかなっており、少なくとも、エウダイモニア主義者の究極目的という概念がもちうる柔軟さを示している。

以上の議論は、エウダイモニア主義者が実践的推論にかんして主張するもう一つの主要見解につながる。すなわち、究極目的を善き生すなわちエウダイモニアとする見解である。というのも、アリストテレスが言うには、究極目的を論ずるときにわれわれは生における最善のものを探し求めているのであるが、その最善のものこそまさに、エウダイモニアを論ずるときにわれわれが探し求めているものだからである[11]。どちらを論ずる場合にも、ある個人の生にとって焦点となるものと生き方の方向性とを示すことができる、そのような種類の善きものという考えが中心となっている。もちろん、正確に言って何がエウダイモニアなのか、この点について世人の意見は一致しない。快楽がエウダイモニアなのかもしれない。あるいは名声や富かもしれない。放縦かもしれないし、〔道徳的に〕善い人間であることかもしれない。あるいは、単に幸運であることなのかもしれない。アリストテレスは以上の見解をすべて退けるのだが、これらの見解から明らかになるのは、エウダイモニアを論ずるとは、誰であれ人生に望むことのできる最善のものとは何かを語ろうとする試みにほかならないという点である。アリストテレスがたとえば放縦をエウダイモニアとは考えない理由はそこにある。放縦は牛が望むことのできる最善のものかもしれないが、われわれ人間は牛とは違うのである。さらに、エウダイモニアの候補として快楽や名誉やその他のものを挙げることは、どのような生がその生を営む当人にとって善きものであり、充実をもたらすものであり、望ましいものであるのかを言おうとすることでもあるだろう。要するに、エウダイモニアとは、人間としての充実と個人としての充実の両方を含んだ善き生であると思われる。具体的に何を求めるかについては意見が一致しないこともあるにせよ、そのような意味での充実を誰もが人生に求めていると言えよう。

エウダイモニア主義と幸福

エウダイモニアが何であるかはともかくとして、どのようなものであるかはわかっている。つまり、エウダイモニアは実践的推論の究極目的となりうる種類の善きものである。だが、幸福はその種の善きものなのだろうか。「幸福」について語るとき、しばしばわれわれは肯定的な感情や感覚や気分のことを言っているのだが、単にそれを目的として他のあらゆるものを欲するのでないことはたしかである。そうだとすると、エウダイモニアというものから幸福について考える道がどのようにして開けるのだろうか。「幸福」という言葉は肯定的な感情や感覚や気分とは別の何かを意味する場合がある。たとえば、出産後の親に対して「お子様の「ご多幸」をお祈りします」と言うことがよくある。この言葉が意味するのは、「善き生を実際に送るかどうかは別にして、お子様がいつもよい気分で将来を過ごせるようお祈りします」ということではない[12]。祈っている内容は、その子がある種の感覚をもつことではなく、ある種の将来を、すなわち善き生とみなすことのできる将来をもつことなのである。

その意味での幸福について考えるならば、エウダイモニアと同様に幸福も生の主要な目的と密接に関係しうるという見解は真実味を増してくる。たとえば、人気映画の『スパイダーマン』を考察してみよう。その映画では、高校を卒業する間際の青年（ピーター・パーカー）が、期せずしてめざましい超人的能力を身につける。ピーターが経験する出来事の中心は、人生でなすべきことを理解するよう突然強いられるところにある。匿名の英雄として他者を助けることに生を捧げるか、それとも、彼が常々望んでいた通常の生活と人間関係を築くのか。普通ならば、何年もの期間、場合によっては何十年もの期間を経てようやく成し遂げられる量の「成長」が、文字通り一夜のうちにピーターに課せられるのである。ピーターがなすべきこととして友人はどのような助言をするのか、私は正確にはわからない。とはいえ、友人であれば明らかに、ピーターの幸福について、すなわちピーターにとって善き生となる将来は何かについて考えるであろう。

このように、誰かに善き生を望むとき、われわれは間違いなく、他でもないその個人にとって生が豊かで充実したものとなるよう望んでいる[13]。このことは、誰かに贈り物をする場合に似ている。贈り物をするのが得意な人は、友人が好みそうなものを贈るのであって、贈る側が好むものを贈るのではないし、友人が好むべきだと自分が考えるものを贈るのでもない。これと同様に、われわれは幸福というものを、他でもないその人にとっての善き生と考えることができる。その意味での善き生は、個人としての当人に「適して」いて、意義があると当人が経験し実感する生なのである。とはいえ、われわれが望むのは当然そのことだけではない。たとえば、心理操作や洗脳によって自分の生に価値があると思い込む人もいるかもしれないが、友人や自分が将来そうなることを誰も望まないことは明らかだ[14]。これと同様に、子どもに「ご多幸」を望むという先に挙げた例で言えば、われわれは、その子が満足するならばどのような生でもよいと思っているのではなく、実際にその子が善き生を送ることを望むのである。たとえば、子どもが成長して大人になり、充実感を伴う生を送るようになることをわれわれは望むが、その場合の充実感が意味するのは、普通の成人の充実感であって、精神的に幼稚な大人（映画『*Being There*』のチャンシー・ガーディナーのような大人[2]）の充実感ではない。個人としての充実に加えて、善き生には人間としての充実も含まれるのである。それどころか、個人としての充実はそれ自体が人間としての充実の一種であることに注目してほしい。すなわち、人間という生物にとっての充実は、たとえば犬であればそもそも必要としない種類の個性と自己表現とを必要とするのである[15]。

それゆえ、善き将来と善き生という意味での幸福にかんして言えば、幸福はエウダイモニアに極めてよく似ている。エウダイモニアと同様に、幸福はそれ自体のために追求され、他の何かのために追求されることのない目的である。さらに、幸福はそれのために他のあらゆる目的をわれわれが追求することのできる種類の目的でもある。というのも、幸福を追求することは、充実をもたらすと思われる他の多数の目的を追求することであり、善き生の全体ができあがる仕方でそれらの目的を追求することだからだ。そして、エウダイモニアと同様に、幸福は個人としても人間としても充実している生なのである。

幸福とエウダイモニアが結局のところかなり似通っていることになるのは、それほど驚くべきではないかもしれない。たとえば、英語の「happy」は偶然あるいは運という意味の「hap」に由来する（「perhaps」に含まれる「hap」も同じ意味である）。同様に、ギリシア語の「エウダイモニア」は本来、好意的な（eu）守護霊（daimōn）がついていること、つまり幸運であることを表す言葉だった。実際、アリストテレスの証言によれば、彼と同時代の多くの人々が依然としてエウダイモニアと幸運を同一のものと考えていたのである。[16] すでに見たように、当時多くの人たちは、エウダイモニアを快楽や名声や富と考えていた。[17] 幸福とは何かと問われれば、われわれ現代人もほとんど同じことを言うかもしれない。とはいえ、「幸福」は柔軟性のある概念であるから、ちょうど古代の哲学者がエウダイモニアについてそうしたように、われわれも幸福についてもっと洗練された仕方で考えることもできるのである。

　幸福に含まれる「人間としての充実（human fulfillment）」についてもっと多くのことを言うためには、人間の本性を考察することが役に立つ。マーサ・ヌスバウムが指摘するように、ここでわれわれが考えるべきことは、それを抜きにしては人間らしい生を想像することができないほど生において決定的な善きものとは何か、という問いである。たとえば、他者と交流する能力や互いに信頼し合う能力はそうした善きものに当たる。[18] 当然のことながら、この点にかんしては古代の世界でも哲学者によって考え方が違っていた。たとえばエピクロスによれば、人間の特徴および人間の動機づけの特徴の根本をなすのは、あらゆる種類の身体的および精神的苦痛を避けようとする基本的な衝動である。エピクロスの幸福論との関連で言えば、この考え方には重要な含意が二つある。第一に、人間にとっての幸福とは、身体に苦痛がなく心が平静であることから成り立つ消極的な生であり、したがって第二に、推論を行うことは幸福にとって有益であるにせよ、幸福の一部ではないという含意である。

　しかし、古代と現代のエウダイモニア主義者のほとんどは、何をなすべきかを考える際にも、知性によって訓練可能な感情を伴って行為する際にも用いられる、実践的推論の能力によってこそ人間は定義されると考えている。アリストテレスの理解によれば、実践的推論を用いて生きることは人間に固有の生き方、すなわち彼の言葉を使えば人間に固有の「機能」である。アリストテレスはこのように理解したうえで、人間にふさわしい生とみなしてよいのは、思慮を働かせる生だけであると論じた[19]。この考え方は、身体面で人間にとって不可欠なものと、（実践的推論能力の他に）精神面で人間にとって不可欠なものの重要性を否定しているのではない。むしろ、実践的推論を行う能力は人間本性のあらゆる部分を形成しかつあらゆる部分に「相互浸透」しており、われわれの本性全体を人間らしいものにしているということである[20]。このことは、食欲のような最も基本的な衝動にさえ当てはまる。人間は、どのような仕方で食べるべきか、そもそも食べるべきかどうか、いつ食べるべきか、何を食べるべきかについて、知性を用いて熟考することができる。それができるからこそ、人間が食事をすることは動物が喰うこととはまるで違うのである。それゆえ、人間の幸福が何であるにせよ、その幸福は、実践的推論を通じて自分を方向づけることによって生きることを特徴的な生き方とする、そうした生物の幸福でなければならない。

この考えは、ロザリンド・ハーストハウスの著作の重要なテーマでもある。動物にとっての開花も人間にとっての開花も、それぞれに特有の楽しみを含めた特有の生き方という観点から理解することができる。しかし、人間には実践理性（practical reason）が備わっているために、人間にとっての開花は他の動物にとっての開花と完全に異なっている。ハーストハウスが言うには、人間に特徴的な生き方とは「理性的な」生き方である。そして理性的な生き方とは、「どのような仕方であれ、われわれが善いとみなし、そうすべき理由があると適切にみなしうるような仕方で」生きることにほかならない[21]。人間に「特徴的な楽しみ」でさえも、われわれが実際に楽しむことができ、かつ実践的推論の内容と両立することのできるような、そういった楽しみなのである。

とはいえ、人間本性とは何かにかんしてだけでなく、人間本性とは何かを述べることのうちにはどのような種類の考察が含まれるのかにかんしても、エウダイモニア主義者の間で意見の相違がある。人間本性にかんする事実は規範的思考の領域外にあり、その思考の基礎ないし基盤としての役割を果たすとみなす者もいる。たとえば、アンスコムの主張によると、約束を守るのが善いことであるのは、純粋に自然的な事実として、われわれは目的達成のために協力しなければならず、約束という慣習は人々が協力するための最も効果的な方法だからである。[22] だが、このアプローチに対しては、規範的な（「べき」）言明を非規範的で事実的な（「である」）言明から導くことはできない――導くとすれば「自然主義的誤謬」[3]を犯すことになる――という反論がしばしば向けられる（ただし、この反論の妥当性に疑念を呈する者もいる[23]）。

これに対して、エウダイモニア主義者のなかには、人間本性をそれ自体で規範的な概念とみなし、人間本性の観点から幸福について考えるプロセスとは、相互に支え合い解明し合う規範的概念の集まりに訴えることにほかならないと理解する者もいる。[24] さらに、彼らの見解によれば、規範的思考にはもろもろの自然的な事実が含まれるかもしれないが、それらの事実のなかに行為の理由が「見出される」ということはない。それらの事実は、われわれが付与する規範的な重みをもちうるにすぎないのである。たとえば、ジョン・マクダウェルの主張によれば、実践的推論を行う能力それ自体が、別の行為を選択肢として熟慮したうえで、最も選ぶ理由のある行為を選び取る、そうした能力を必要とする。もちろん、このことは純粋に「自然的」とみなされる行為にも当てはまるだろう。たとえば、人間の歯と消化組織からすれば肉食は「自然な」ことであると言われたとしても、理由に基づいて肉食をするためには、複数の選択肢のなかから肉食を選ぶのでなければならない。その場合には、われわれにとっての実践的ないし規範的重要性を事実に与えるのは、決し

て事実のもつ剥きだしの自然的性格ではないのである。(25)

エウダイモニア主義と徳

エウダイモニア主義の場合、幸福は同時に二つの事柄を意味する。すなわち、幸福は実践的推論の究極目的となるものであり、また、生を営む当人にとっての善き生でもある。次の課題は、生をこの意味で善きものにするのは何かを述べることであるが、ここで考えなければならないことは、幸福の本質であるこれら二つの事柄の両方が善き生にも当てはまるためには何が必要なのか、という問いである。たとえば、お金は幸福にとってたしかに重要かもしれないが、単にお金を稼ぐことは究極目的ではありえない。お金を欲しがるのは、それを使って何かをするためだからである。このような仕方で論を進めることができるならば、幸福と同じではありえない善きもののさまざまな候補を除外することができ、うまくいけば、われわれが探し求めている種類の善きものに照準を合わせることができるようになるだろう。

これこそ実際にアリストテレスが行っていることである。アリストテレスは、善きものの一種としての幸福に課せられる制約、言うなれば「形式的制約」とは何かを明らかにしている。

(1) 幸福は活動的な生でなければならない。人間は選択し行為することによって生きるのだから、幸福はその種の善き生でなければならない。(26)

(2) 幸福は自分の活動のうちにあるのでなければならない。幸福は、自分の人生で自分が行うことによって決まるのであって、他の誰かが行うことによって決まるのではない。他者は幸福を与えることも奪い去ることもできないのである。(27)

(3)幸福は安定したものでなければならない。幸運というものが大きく揺れ動くこともあるのに対して、幸福は自分がどのように行為するかによって決まるのだから、幸運よりも安定している。[28]

(4)幸福はそれ自体で善きものでなければならない。幸福は、他の善きものを得る手段としてのみ善きもの(たとえばお金がそうである)とは種類が異なる。[29]

(5)幸福は究極的ないし包括的でなければならない。幸福はそれ自体が目的となるような善きものであって、何か他のもののために幸福があるのではない。むしろ他のあらゆるものは幸福のためにある。[30]

(6)幸福は自足的でなければならない。幸福は究極的であるがゆえに、人生で望むことのできる最大のものである。[31] ここで言う「自足的」とは、大きな富や権力をもっていることでも、[32] 他者の助けを必要としないということでもなく、生きるうえで必要なものをすべてもっていることを意味する。[33]

(7)幸福は他の生物にはない人間らしさを備えていなければならない。人間にとっての善き生には、人間に特徴的な種類の充実が含まれるのである。[34]

これらの制約によって、金儲けのような幸福の多くの候補が除外される。幸福は名声でも名誉でもありえず(これらはどちらも、さらにすぐれた別の何かに対する報奨として善きものであるにすぎない)、放縦でも消費でもなければ(どちらも家畜にとっては結構なものだが、人間にとってはそうではない)、幸運と同じでもありえない(幸運はあまりにも不安定であり、自分が行うこととはほとんど関係がない)。また、なんらかの仕方で存在しているだけでは、幸福とは言えない(単に存在していることは、まったく活動せずに過ごすことと両立する)。このようにして他にもさまざまな候補が除外される。[35] しかし、これらの候補のそれぞれにはさらなる欠点があるということに注意してもらいたい。つまり、どの候補にしても、どのようにしてわれわれはそれのために他のすべてのものを望むことができるのか、その点がわからないのである。また、どのようにしてすべての人が同様にその同じものを望むことができるのかを理解することも、少なくとも同じくらい困難であろう。そのうえ、われわれがどのような善きものを提案しようとも、どれもまったく同じ問題を抱えそうであることは避けられないように見える。では、われわれは行き詰ってしまったのだろうか。

幸いにも、上記のどの制約にも反することなく前進する道が一つある。つまり、幸福を活動の一種ではなく、他のさまざまな種類の活動を行う一つの仕方とみなすのである。われわれは、充実をもたらす目的を選択し、その目的に向けて、すぐれた実践的推論と健全な感情を伴いながら行為することによって、個人および人間としての充実を見出すことができる。われわれが人間らしくあるのは、その種の推論と感情の存在に依っている。なぜなら、われわれ人間に特徴的な生き方とは、思慮の点でも感情の点でも理性的な仕方で生きることだからである。[36] ギリシア語では、そのような推論と感情は人間のアレテー（「卓越性（excellence）」と訳されることもあるが、「徳」と訳されることのほうが多い）と呼ばれることによって、人間らしさの一部とみなされるだろう。「有徳な活動（virtuous activity）」と言うときにアリストテレスが念頭に置いているのは、思慮と健全な感情をもちながら行為することなのである。

こうして、アリストテレスはそのような意味での有徳な活動こそが幸福にとって最も重要であると結論づける。この段階でわれわれは、実践的推論と感情の点でうまくいくとはどういうことか、それゆえ何が人間の卓越性すなわち徳であるのかを知るために、人間本性について熟考することになる。[37] そうすることで、たとえば、人間にとっての善き生とは心から気にかけており利益を共有している相手と交流しながら生きる社会的な生である、という結論が導かれるだろう。そうした社会的な生を営むなかで本当の充実を見出すためには、公正かつ正直に相手に接すること、気前よく分け合うこと、丁寧に対応すること、友好的であることが、さらには機知に富むことさえも重要になるだろう。その他にも、充実をもたらす生を送るには、自分の優れている点と不十分な点にかんして現実的な態度をとることが必要かもしれない。同様に、恐怖と誘惑を前にしても、自分の目的を堅持することができるのでなければならない。そして言うまでもなく、これらのすべてに関して知的に考える力（intelligence）が必要となる。すなわち、しかじかの社会性はどのような場面でふさわしいのか、優れている点と不十分な点に現実的に向き合うにはどうすればよいのか、抵抗すべき恐怖と誘惑とはどのようなものか、何をすれば気前がよいとみなされるのか、といった事柄にかんしてである。

このような点での充実は、他のものをたまたま望む場合とは違って、自分の幸福のために望む理由があると言えるものである。ここでわれわれは、生を善きものにする個人的特性としての「卓越性」を特定することができる。先に述べた充実から判断すると、公正、正直、気前のよさ、平静、友愛、機知がその特性に含まれる。適切な程度の誇りもそれに含めてよい。さらには恥の感覚でさえも、その感覚をもつことがふさわしい場面では卓越性となりうるし、その他に勇気と節度もそうである。そして、どのような場面でも卓越性とみなされるのは思慮である。これらの特性すなわち卓越性は、もちろん徳と呼ぶこともできる——上に挙げた公正から節度まではすべて性格にかかわる徳であり、思慮は実践知性（practical intellect）にかかわる徳である。実際、アリストテレス自身も、ここで私が列挙したものをすべて徳とみなしている[38]。付言すれば、思慮はすぐれた熟慮能力という徳であるがゆえに、とりわけ重要である。いまや明らかなように、すぐれた熟慮能力には、自分のさまざまな目的のすべてがどのように調和すれば幸福な生となるのかを熟慮することが含まれている。

こうして、エウダイモニア主義は、幸福にとって重要となる性格の特性および実践知性の特性こそが徳であるとする。それでは、もっと正確に言うならば、どのような意味で徳は幸福にとって「重要」なのだろうか。徳は幸福の必要条件なのか、それとも十分条件なのか、あるいはその両方なのか。古代のエウダイモニア主義者は、徳を幸福の必要条件とする点で一致しており、彼らのうちの大部分は十分条件でもあると主張した（ただしアリストテレス主義者は例外である）[39]。一般に今日の哲学者たちは、アリストテレスと同様に徳は幸福の十分条件ではないと考えている。アリストテレスが言うように、幸福であるためには外的な善きものはもちろん身体面での善きものも必要である[40]。さらには、厳密に言えば徳は幸福にとって必要条件ですらないと考える哲学者も少なくない。なぜなら、明らかに堕落した人間が、かたちはどうであれ、うまく生きているように見える場合もあるからだ。たとえそれが事実だとしても、その事実は、幸福な生を送るための最良の方策は徳を身につけることであるという主張と両立する。現代のエウダイモニア主義者が言うように、この意味で徳は「その持ち主に利益を与える」のである[41]。

徳倫理学にとって、このような徳理解にはいくつかの重要な含意がある。第一に、そのように理解することで、徳とはどのようなものであるのかが明確になる。つまり、徳は人間の卓越性であって、「深さ」と「広さ」の両方を備えたものである。徳は単なる習慣とは違って、安定していて信頼できる知的な性向であるという点で深い。ある種の事柄に強く関心を抱き、それらにかんして思慮深く推論することを徳は含んでいるのである。それに加えて、徳は、感情的反応や態度や欲求や価値観など、精神面に広く行き渡るという点で広い[42]。さらに、性格面での卓越性は思慮という卓越性と切り離すことができない。アリストテレスが言うように、性格の徳のおかげでわれわれは適切な種類の目的をもつようになり、思慮（phronēsis）のおかげでその種の目的にかんして知的に熟慮することができる。気前のよさという徳を例に挙げるならば、適切な種類の目的とは友人を助けることであり、知的に熟慮するとは、単なる親切心とは違って本当の意味で友人を助けるには何をすればよいのかと考えることである[43]。

第二に、倫理にかかわる推論をどのように理解するかという点で、エウダイモニア主義は徳倫理学のなかで独自の立場をとる。このアプローチは、「道徳にかかわる（moral）」実践的理由と「道徳にかかわらない（nonmoral）」実践的理由を区別しない。エウダイモニア主義者は、何をすればよいのかについての熟慮という、ごく普通の意味で理解される実践的推論の本質を考えることから始める。その結果、エウダイモニア主義者の徳倫理学は、倫理にかかわる推論を日常生活のさまざまな場面で用いられる通常の実践的推論の一例とみなす。このように考えることで、彼らは実践的推論が「道徳にかかわる」のではなく「打算にかかわる（prudential）」と言おうとしているのではない。むしろ、その区別自体の妥当性を疑問視しているのである。同様に、エウダイモニア主義者の徳倫理学は、自分の幸福に対する「利己的な」関心を相殺するものとしてではなく、思慮深い行為を生み出す源泉として徳を理解したうえで、その思慮深い行為が自分の幸福につながると考えるのである。

最後にもう一つの含意として、エウダイモニア主義者の徳倫理学は倫理的評価に対して独自のアプローチをするという点がある。現代の道徳理論では、行為そのものと行為の評価方法が考察の中心となることが多い。つまり、「しかじかの行為は正しかったのか」、「これこれの行為をなすべきか否か」というような種類の問いが中心となっており、この種の問いに取り組む目的は、概して言えば、なんらかの評価的カテゴリーに行為を分類するための指針ないし規則を定式化することである。こうした評価は通例、人生のその他の部分（すなわち「道徳にかかわらない」要素）から区別され切り離されるように思われる。そのせいで、道徳というものは人生の一部であるよりむしろ、特定の境界線を越える生き方を防止する一連の規則であるという感覚が生まれる。しかし、エウダイモニア主義の伝統によって、これら両方の点にかんして徳倫理学は別の見方をする傾向にある。エウダイモニア主義者の徳倫理学は、「何が正しいのか」と「何をなすべきか」という問いをもちろん扱うのだが、その際に注目するのは、概して規則だけでは十分に答えることのできないそのような問いにかんして、どのようにしてうまく熟慮すればよいのかという点である。しかもこの注目は、その場限りではなく、通時的になされる傾向にある。つまり、「いまここでなすべき正しい行為は何か」という問いと少なくとも同じくらい、「行為はそれをなした人について何を語るか」という問いは重要なのであって、徳倫理学はそのように問うことで、うまく熟慮することのできる人へと成長する長いプロセスに視点を移す傾向にある。徳倫理学は、従うべき規則を与えることによってよりも、規則に従うだけではうまくいかないことをうまく行うことができる、そうした人になるにはどうすればよいのかを教えることによって、行為の手引きを与えてくれるのである。

究極目的は幸福でありうるか

最後の二つの節では、哲学者がエウダイモニア主義に対して向けることのあるおもな疑念を考察することによって、エウダイモニア主義にかんする多くの重要な細部を明らかにしたい。これらの疑念は二つのまとまりに分けて論ずることが有益であろう。第一に、エウダイモニアは究極目的であると想定されているが、幸福というものは本当に究極目的になりうるのか。第二に、幸福はある種の善きものであるが、その種の善きものは本当に究極目的になりうるのか。

1

究極目的は「客観的に」善きものであると言えるかもしれない。客観的に善いとは、当人がそう思うかどうかにかかわりなく、その善きものを追求することは当人の幸福にとって重要であるということを意味する。その場合、自分の幸福にとって何が必要なのかは最終的に当人の判断によって決まる、とは言えないことになる[44]。すでに私が論じたことをここで思い出してもらいたい。（善き生としての）幸福がこの意味で客観的であるのは、（たとえば）洗脳された人が自分のことを幸福だと思うにせよ、それだけでは彼の生が幸福であることにはならないからである。ひょっとすると、このように結論づけるのは性急すぎたのかもしれない。L・W・サムナーによれば、いま扱っている論点は、各人が自分の幸福にかんする究極的な権威であるという見解と整合する。そればかりか、客観性という概念はわれわれの幸福概念と両立しないとまでサムナーは主張する。

　サムナーによれば、ある人の生が本当の意味で善き幸福な生であるためには、以下の条件を満たしていなければならない。(a) 彼は自分が幸福に生きていると感じており、そう考えてもいる。(b) 彼の判断は、判断を変えるような事柄についての無知に基づくのではないという意味で、真正のものである。(c) 彼は心理面で巧みに操作されているのではなく、「自律的（autonomous）」に判断を下している。さて、サムナーの主張によれば、ある人が自分の幸福にかんして下す判断は真正のものでなければならないにせよ、そのことは幸福が客観的なものであることを意味しない。幸福はやはり当人の判断によってのみ決まるのである。(b)と(c)が要求しているのは、彼の判断が本当の意味で彼の判断であるということにすぎない[45]。

　しかし、このような幸福論は、幸福には自律が必要であるという考えと整合するとしても、なぜその考えがそもそも重要性をもつのかを説明することができない。結局のところ、サムナーはたとえば犬の福利（welfare）にとって自律が重要だとは考えておらず、人間の福利にとってのみ重要だと考えているのである[46]。

しかしその場合には、自律は福利全般の構成要素ではなく、人間の福利すなわち幸福だけの構成要素であることになる。そうすると、人間にかんして言えば、本人が重要であると考えるかどうかにかかわらず、自律は幸福にとって客観的に重要でなければならないのである。(47)

2

エウダイモニア主義者は、人間としての充実を幸福の決定的な要素と考えるからこそ、徳を幸福にとって重要な性格特性と同一視することができる。だが、幸福をそのような仕方で考えることは本当に正しいのだろうか。友人に贈り物をすることにかんする要点を思い出してもらいたい。適切な贈り物とは、受け取るその人が好む贈り物であって、他の誰かが好む贈り物ではない。幸福についても同様のことが言える。ある人にとって何が善き生となるのかは、彼がどのような人間であるのか、また彼がどのような種類の事柄に充実を見出すのかによって決まるのだから、幸福には個人としての充実が含まれるという点は、エウダイモニア主義者も認める。そうであるならば、他ならぬ彼の幸福を問題にしているにもかかわらず、他の何かが彼の幸福にとって重要であるのはどうしてなのか。(48)

幸福には自律が必要であるという考えは、個人としての充実という観点から幸福を捉える立場であっても理解可能なものとすることができるだろう。個人として充実していることは、自分の本来の姿を反映し表現する生を送ることであるが、自律はそのような仕方で生きることを可能にする自由（latitude）である。このことは、当人がそう思うかどうかにかかわらず、自律は人間の幸福にとって重要であるということを意味する。この幸福観は依然として客観的である。しかし、この見方によれば、自律は単に個人としての充実のためにのみ幸福にとって重要なのである。

とはいえ、ある存在者が必要とする個別性は、その存在者がどのような種類の生物であるかに依存せざるをえないことに注目してほしい。人間を人間たらしめる個別性には、実践的推論を行うこと、選択すること、選択の結果に従って生きることが含まれる。「自律」はそのような生き方に不可欠な種類の自由を意味する。もちろん、犬にとってもなんらかの自由は必要である。みじめな生や退屈な生や不満な生を強いられるとすれば、その犬の生は痛ましいものとなるだろう。しかし、犬が必要とする自由は自律とは異なる。つまり、その自由はわれわれ人間が必要とする自由ではない。そうだとすれば、自律の必要性は、単に個体であることだけに依存するのではなく、ある特定の種の個体であることにも依存すると言える。そういうわけで、エウダイモニア主義は、個人としての充実に対する必要性でさえ、究極的には人間としての充実——これには、選択によって自分の生き方を導くことが含まれる——に対する必要性から生まれると考えるのである。

3

最後に、人間としての充実をこのように重視すると、どこに行き着くことになるのかを考えてみよう。この考えを押し進めるならば、最終的には、幸福をたとえば「人間らしさの善き見本であること（being a good specimen of humanity）」と特徴づけるところにまで行き着くかもしれない。しかしこれは、われわれにとっての善きものというよりむしろ、われわれにとっての〔抽象的な〕善さを表すように思われる。人間らしさの善き見本となる生がなんらかの種類の「善き生」ではあることは疑いえないものの、幸福は生を営むその人にとっての善き生であるという点を思い出してもらいたい。善き見本であることは、その種の善きものではない。エウダイモニア主義はこの誤りを犯しているのではないか。徳は幸福にとって重要であるという主張をエウダイモニア主義から読み取るまでは、エウダイモニア主義がその誤りを犯しているとわれわれが疑うのも無理はないであろう[49]。

〔抽象的な〕善さを善きものと取り違えることは実際に重大な誤りであるが、私が本章で特徴づけた限りでのエウダイモニア主義はこの誤りを犯してはいない。むしろエウダイモニア主義は、正確なところなぜこの誤りがそれほど重大なのかを明らかにしている。幸福は究極目的なのだから、幸福はわれわれがそれ自身のために欲し、われわれが欲する他のどのようなものもそれのために欲することができる種類の善き生でなければならない。アリストテレスが指摘するように、そもそも究極目的の背後にある全体的な考え方は、欲求に標的をもたせることであり、そうすることで、欲求が無意味にならないようにすることなのである[4]。ところが、（たとえば）「善き見本であること」という意味で理解される幸福は、欲求が必要とする標的を欲求にもたせることも、熟慮の過程をどこかで終わらせることもできないだろう。言い換えれば、幸福は、それが究極目的であるにもかかわらずではなく、まさにそれが究極目的であるからこそ、その生を送る当人にとっての善き生でなければならない。

そういうわけで、幸福は個人としての充実の一種でなければならない。しかし、すでに述べたように、個人としての充実のうち、本当の意味で幸福とみなすことができるのは、人間の一員である個人としての充実だけである。この二つの考え方は、幸福にとって徳が重要であるという命題のなかで結びついている。すでに述べたように、有徳な活動とはなんらかの特定の種類の活動を指すのではない[50]。それはむしろ、健全な感情をもちながら思慮深く自分の目的を選択し、かつその目的のために行為する限りで、目的を追求する活動なのである。

幸福は究極目的でありうるか

以上の議論はもう一方の問題群につながっている。究極目的は実践的推論に意義を与えると考えられるが、幸福という類いの善きもの、つまり生を営む当人にとっての善き生は、実践的推論に意義を与えることができるのだろうか。実践的推論にかんしてここで考察すべき問題は次の四つである。(1)他者の利益のために行為する理由。(2)他者のために自分を犠牲にする理由。(3)ある種の行為をなすべき理由。(4)そもそも人は自分の幸福を求める理由があるという考え方。

1

第一に、私のあらゆる行為の目的となる究極目的が私自身の幸福であるとすれば、自分の利益を求めること以外に、私にとって本当に行う理由のある行為は存在しないことになるのだろうか。この問いに答えるには、善き生を送る一つの仕方として選択されうるさまざまな種類の目的について考察すべきである。われわれはそれらの目的がどれもみな利己的なものだと想定すべきだろうか。そのように想定すべき理由はない。それどころか、一般にわれわれは他者の利益を自分の目的とみなすことで幸福な生を送るのであり、そのことを見て取るのは容易である。その種の目的は、幸福な生を送る人が概して大切にしようとする目的にほかならない。たとえば貧しい人やホームレスを助けることはその種の目的になりうるが、もっとありふれたこととして、パートナーへの献身や子育てを挙げることができる。[51] エウダイモニア主義は、善き生のためにわれわれはどのようにして目的を選び取るのかについての見解であって、われわれの選び取る目的のうちのどれが利己的であるのかを論ずるものではない。それどころか、もっぱら利己的に生きることは、幸福になるための方策としてはきわめて拙いということに、われわれはおそらく同意するであろう。

たとえそうだとしても、次のように問う人がいるかもしれない。幸福のために選び取る目的が利己的なものである必要がないとすれば、幸福を考慮せずに直接それらの目的を選び取ることをしないのはなぜか。それらの目的は幸福のためにあると考えることによって、そもそも何が得られるのだろうか、と。私はむしろ、得られるものはかなり多いと考えている。〔幸福を考慮に入れるべき〕一つの理由は、正しい展望のもとで他者との関係を捉えておくことが重要だからである。つまり、他者との関係のうちにある人は誰でも、その関係が自分の生の一部であると確信する必要がある。そうでなければ、献身的な行為は自己否定という悪い意味での「無私の」行為に成り下がってしまい、生全体への大局的な視点が失われかねない[52]。関係が非常に親密になれば、自分のための行為と相手のための行為との間に違いはなくなり始める。つまり、相手のために行為することは、他者との共同生活に入ることによって選び取った自分の幸福の一部なのである。とはいえ、一方の側が過大な要求をするようになると、その親密な関係は崩れ去ってしまう。それゆえ、どちらの側も自分の利害関心を主張する用意ができていなければならない。それは、両者の利害関心のずれが円満な仕方で解消し、関係が再びうまくいくようにするためである。

〔幸福を考慮に入れるべき〕もう一つの理由は、ある目的を追求すると決めることによって、われわれはその目的に自分を捧げることになるからである。第一に、生のなかにその目的を組み込んで、その目的のために必要な資源を投ずることには、それに値するだけの価値があるのかどうかをわれわれは判断しなければならない。実際のところ、ある一つの行為を選択する場合にはいつも、われわれはその行為の代わりに行うことのできる他のあらゆる行為を差し控える――すなわち「機会費用」を負担する――選択をしていることになる。なんらかの理由に基づいて目的を選択することのうちには、機会費用と照らし合わせながら目的の価値を評価することが含まれる。そのため、ある目的を選択する場合に、その目的の価値は、生の全体というより広い展望のもとで眺めなければ明らかにならないのである。第二に、ある特定の目的を生のなかに組み込んだ場合に、その生は〔必要な資源を〕投資するに値するものとなるのか、その点もわれわれは判断しなければならない。以上のどちらの場合にも、善き生を送るという観点が出発点となるのである。

2

次に取り上げるのは、理性的な自己犠牲（rational self-sacrifice）にかかわる問いである。すなわち、私の究極目的が私の幸福であるならば、自己犠牲的でありかつ理性的でもある行為を私が行うことはどのようにして可能なのか。『ターザンの帰還』を例にして次のようなジレンマを考察してみよう〔5〕。ターザンはグレイストーク卿の称号を手に入れる正当な権利をもつのだが、その称号とそれがもたらす利益とを受け取るためには、グレイストーク卿のふりをしている男の正体を暴かなければならない。ところが、その男の婚約者はジェーンである。そのため、称号を手に入れるならば、ターザンは自分の愛する女性を傷つけることになろう。この小説のなかで、ターザンはジェーンを守るために自分を犠牲にする。間違いなくターザンの行為は理性的な自己犠牲であると言えよう。とはいえ、エウダイモニア主義が正しいとすれば、自分の利益を犠牲にすることとは、別の利益によって損失が相殺され、もはや犠牲とはみなされない場合を除いて、理性的ではありえないのではないか。このような疑問が生じるかもしれない(53)。

注目すべき点は、この疑問が一対の目的の衝突という解釈によって成り立っていることである。一対の目的とはつまり、自己犠牲を要求する目的（ジェーンを守ること）と、自分の幸福という目的（称号を手に入れること）である。しかし、衝突しているのはむしろ、ある目的のためになんらかの善きものを犠牲にする

（ジェーンへの愛のために称号をあきらめる）ことと、別の目的のために別の善きものを犠牲にする（称号を手に入れるためにジェーンを傷つける）ことだと理解すべきであろう。あるいは、次のような仕方で考えてもらいたい。ターザンにとっての善き生のうちにジェーンを愛することが含まれるとすれば、どちらにせよ犠牲は避けられない。つまり、ジェーンを愛するという目的のために行為すれば、称号をあきらめることになり、そのように行為しなければ、ジェーンを愛するという目的に見切りをつけることになる。

　要するに、先ほどの疑問には、幸福は犠牲にかかわる選択をどのように行うかとは独立に存在するという想定が含まれている。だがその想定は間違っている。幸福という善きものは、自分の目的のゆえに何かを失う立場に置かれるときに、最も善きものとなる場合がある。たとえば、人を愛することは、それによって何かを失う危険にさらされるとしても、いやそれどころか、まさにそうした危険にさらされるからこそ、幸福のために選び取るに値する目的なのである。目的を追求することで何かを失う結果になる場合でも、幸福のためにその目的を選び取ることは意味をなしうる。この場合、われわれは実際に損失をこうむり、実際に犠牲を払うことになる。しかし、重要なことは、自分の生を幸福な生にする諸目的から当の損失が生じているという点なのである。

3

エウダイモニアを究極目的と考える人であっても、他者の利益のために行為することがありうるし、他者のために犠牲を払うことさえありうる。しかし、究極目的という概念は、他者のためにそうする義務があるという見解をも理解可能なものとすることができるのだろうか[54]。

おそらくできるだろうと私は考えている。究極目的がエウダイモニアであるならば、他者によくすることは単に行為者がなしうるという程度にはとどまらない。それは行為者がなすべきことであろう。[55] エウダイモニアは人間としての幸福であり、人間としての充実を含むという点を思い出してもらいたい。人間であることにとって社会性は不可欠の要素であるが、社会性にはある種の互恵性が含まれる。われわれ人間は、しかじかの行為をなすべき理由を相手に付与する、そうした権限をお互いに備えた存在としてお互いを扱うのである。[56] たとえば、私があなたの足を踏んだときに、踏むのを止めなさいとあなたが私に言うとすれば、あなたは私に対して、踏むのを止めるべき理由を私に差し向ける権限があると知らせることになる。その際にあなたは、当の理由とその拘束力を私が理解できるということをわかっており、私にも同じような権限があることも承知している。さて、この種の互恵性を伴いながら相手を遇することが人間としての充実にとって不可欠であるとすれば、この互恵関係に身を置くこと以外の理性的な選択肢を誰ももちえないことになる。そして、われわれがこの互恵関係に身を置くことは、拘束する義務の源となる権限をお互いに付与し合うことにほかならない。

　ひとたび私があなたとの互恵関係に身を置くならば、丁重に扱う義務をあなたが私に課すことを私は認めることになり、まさにあなたのために、私はたとえば足を踏むのを止めるといった行為を行うことになる。これを理解することがここでの議論の重要なポイントである。もちろん、私がそうした互恵関係に身を置く理由は、何よりもまずその関係が私の幸福にとって不可欠だからだ。そうすると、私の理由は「道徳的」理由とは言えないことになるのだろうか。これが次の問いであり、本章で取り上げる最後の問いである。

4

私が他者との互恵的な関係に身を置くのは自分の幸福のためであるという事実によって、私にはその関係に身を置く義務があるという考え方は力を失うのだろうか。イマヌエル・カントは、われわれには自分自身の幸福を追求する義務はないと主張した。そしてこの主張から、行為者の幸福という観点から始めても義務を正当化することはできないという感覚が広く行き渡ることになったのである。ごく大雑把にその概略を示せば、カントの立場は二つの主要な見解に集約される。第一に、義務はある種の指令であって、その指令は実践理性それ自体が命ずるものである（たとえば、実践理性を備えた存在者を尊重すべしという指令や、理性的思考に矛盾するであろう行為はどれも避けるべしという指令がある）[57]。第二に、実践理性は自分自身の幸福を追求する方向にわれわれを導きはしない。

　カントの第一の見解を退ける理由は見当たらない（もっとも、エウダイモニア主義者ならば、同様の見解を通常は別の言葉で表現するだろう）。むしろ、私は第二の見解が疑わしいと考えている。カントは、実践理性は幸福にかかわらないとは言っていない。実際、カントによれば、われわれには他者の幸福を促進する（不完全な）義務がある[58]。また、実践理性は自己利益にかかわらないとも言っていない。カントによれば、われわれは自分の才能を伸ばす（不完全な）義務をもつのである[59]。それなら、われわれには自分自身の幸福を追求する義務はないとカントが主張するのはなぜだろうか。この疑問に対するもっともな答えは次のようになろう。すなわち、幸福は欲求の充足にほかならないから、実践理性の導きがなくてもわれわれはみな自分の幸福を追い求める、とカントは考えているからである[60]。

　しかしその場合には、私のような哲学者とカントの間で意見が一致しないのは、義務の本性よりむしろ幸福の本性についてである。エウダイモニアという意味での幸福は、欲求の充足とはまるで違う。実際、幸福は二つの点で規範的概念である。第一に、幸福は究極目的であるから、実践的推論の本質こそがわれわれの幸福理解を形作っている（幸福概念に対する「形式的制約」を思い出してもらいたい）。第二に、私の考えでは、幸福とは何かを説明する際に用いられる人間本性という概念は、より広い倫理的なものの見方の一部をなしている（上記二四頁のマクダウェルの主張を思い出してほしい）。本章の初めのほうで論じたように、われわれの実践理性がその一部として必要とすることは、単に目的をもつことではなく、そのために生きることができるような目的をもつことであり、そして当の目的のために思慮深く生きることである。そのうえ、幸福を追求していると自分では思っているとしても、われわれがそうした目的を追求できていないことがよくある、ということも明らかである。したがって、もしそのことが幸福という目的の特徴であるならば、実践理性はわれわれに幸福を追求する義務を課す。この点は、義務とは何かにかんするカントの見解に従ったとしても変わらない。それゆえ、私がカントと袂を分かつのは、義務にかんしてというより、幸福にかんしてなのである。

原註

（1）古代の徳倫理学については本書の第2章（ラチナ・カムテカー）を、アンスコムとフットについては第7章（ティモシー・チャペル）を、政治学にかんするエウダイモニア主義については第12章（マーク・ルバー）を参照。

（2）Ackrill 1999 を参照。

（3）マーク・ルバーは、本章執筆時点では未公刊の論文「構造への挑戦（Challenges to the Structure）」のなかでこのことを論じている。〔訳註：二〇一三年に刊行されたルバーの『善く生きることの価値（*The Value of Living Well*）』の第一部第二章の題目がこの名前となっている。〕

（4）『ニコマコス倫理学』第一巻第一章～第二章。「目的」はギリシア語で「テロス」と呼ばれる。

（5）『ニコマコス倫理学』第一巻第二章。

（6）Broadie 1991, pp. 8-17 を参照。

(7) Annas 1993, pp. 32-33 と S. White 1992, pp. 13-15 を参照。プラトンの『国家』に見られる同様の論点を考察した文献として、N. White 2006, pp. 19-20 も参照。

(8)「統括的な目的」に対する批判と、エウダイモニア主義者の熟慮全般についての考察として、Broadie 1991 を参照。D. Russell 2009 chap. 1 も参照。

(9) Schmidtz 1994 を参照。シュミッツはこの種の目的を「産出的（maieutic）」目的と呼んでいる。この呼び名は産婆を表すギリシア語に由来する。なぜ「産出的」なのかと言えば、この種の目的は他の目的を「生み出す」からである。

(10)「われわれが思案するのは、目的に関してではなく、目的へと至る事柄に関してである」（『ニコマコス倫理学』第三巻第三章一一一二b一一～一二）とアリストテレスが言っている以上、この解釈はアリストテレスの見解を表すものではありえない、とさえ示唆する人がいるかもしれない。とはいえ、別の時点では目的について熟慮することがありうるとしても、どうすれば目的を達成できるかと熟慮している時点では目的は熟慮の対象にはならない、というのがアリストテレスの言いたいことであって、多くの研究者は実際そのように解釈している。D. Russell 2009, p. 6 以降を、またその箇所で挙げた参考文献を参照。

(11)『ニコマコス倫理学』第一巻第四章～第五章。

(12) Kraut 1979 を参照。

(13) ヘイブロン（Haybron 2008）がこの種の充実を論じている。

(14) Sen 1987 を参照。

(15) Hampton 1993, pp. 149-150 を参照。

(16)『エウデモス倫理学』第二巻一二一四a二一～二五。

(17)『ニコマコス倫理学』第一巻第四章～第五章。『エウデモス倫理学』第一巻第三章一二一四b三四～一二一五a三および第一巻第四章と比較せよ。

(18) Nussbaum 1995. 1998, pp. 175, 177; 1990a, pp. 217-219, 224; 1992, p. 208 も参照。

(19)『ニコマコス倫理学』第一巻第七章一〇九八a三～一八。Korsgaard 1986 も参照。

(20) Nussbaum 1990a, pp. 219-226 を参照。さらに、1988, 1992, 1993 も参照。

(21) Hursthouse 1999, p. 222.

(22) Anscombe 1981, chap. 2. フット（Foot 2001）もこの種の自然主義を展開している。

(23) これは自然主義的誤謬の一形態にすぎない。この他に、意味論や認識論や動機づけなどにかんする自然主義的誤謬もありうる。この点について私はダグ・ラスムセンに感謝する。

(24) 特に McDowell 1995a, 1995b, 1996 を参照。

(25) McDowell 1995b, pp. 151-153 を参照。さらに、Hursthouse 1999a, chap. 8 と Nussbaum 1995 も参照。マクダウェル（McDowell 1995a; 1995b, pp. 149-151）の説得力ある議論によれば、アリストテレスはこの第二の観点からも人間本性を捉えている。McDowell 1988; Broadie 1991, p. 35; Nussbaum 1995; 1986, chap. 8 も参照。他方でウィリアムズ（Williams 1985）の考えによれば、アリストテレスやその他の哲学者の場合、エウダイモニア主義は人間本性についての純粋に形而上学的なテーゼに基づいている。

(26)『ニコマコス倫理学』第一巻第五章一〇九五b三一～一〇九六a二、第十巻第六章一一七六a三三～一一七六b二、『政治学』第七巻第三章一三二五a三二～三四、一三二五b一二～十六。『エウデモス倫理学』第一巻第三章一二一五a七～十九と比較せよ。なお、McDowell 1995a, pp. 210-211 および Broadie 1991, p. 36 を参照。

(27)『ニコマコス倫理学』第一巻第五章一〇九五b二二～二六。

(28)『ニコマコス倫理学』第一巻第十章一一〇〇a三二～b三〇。

(29)『ニコマコス倫理学』第一巻第五章一〇九五b二六～三一、一〇九五a五～一〇、『エウデモス倫理学』第一巻第七章一二一七a二九～四〇。

(30)『ニコマコス倫理学』第一巻第七章一〇九七a一五～一〇九七b六。

(31)『ニコマコス倫理学』第一巻第七章一〇九七b六～二一、第十巻第六章一一七六a三五～一一七六b九。『大道徳学』第一巻第二章一一八四a七～一四と比較せよ。とはいえ、「自足的な」善きものは他のどの善きものと比較しても善さが上回るのかという問題や、自足的な善きものとは、それ以上善くすることのできないさまざまな善きものの集合体であるのかという問題にかんしては、多くの論争がある。だがその論争をここで概観するには及ばない。

(32)『ニコマコス倫理学』第十巻第八章一一七九a三～九。

(33)『ニコマコス倫理学』第一巻第七章一〇九七b八〜一一。
(34)『ニコマコス倫理学』第一巻第七章一〇九八a三〜一八。
(35)特に『ニコマコス倫理学』第一巻第四章および第五章を参照。
(36)『ニコマコス倫理学』第一巻第七章および第十三章。『エウデモス倫理学』第一巻第五章一二一五a三〇〜一二一六a一〇と比較せよ。さらに、Annas 1988, pp. 157-158; Broadie 1991, p. 35; McDowell 1980, p.360; 1995a; Hursthouse 1999, pp. 214-216, 227-228〔邦訳三二三〜三二五、三四一〜三四三頁〕を参照。
(37)『ニコマコス倫理学』第一巻第七章一〇九七b二二〜一〇九八a一八および第一巻第十章。もっとも、アリストテレスは同書第十巻第六章から第八章にかけて、幸福は何よりも「観想すること(theōria)」のうちにあると主張し、その箇所で中心的に論じられるのは知性にかかわる徳である。この主張と第一巻の幸福論との関係は、アリストテレス研究者の間でとりわけ論争の絶えない問題の一つである。だが、第十巻での説明は、古代のエウダイモニア主義にも現代のエウダイモニア主義にも大きな影響を与えてはいないので、私はその問題を脇に置くことにする。
(38)性格にかかわる徳については『ニコマコス倫理学』第三巻第六章から第五巻までの議論を、友愛については第八巻および第九巻を、実践知性については第六巻を参照。
(39)キケロが『善と悪の究極について』(特に第五巻を参照)のなかで明らかにしているように、古代の倫理学における中心的な論争は、徳が幸福の十分条件であるかどうかをめぐる論争であった。この点にかんする考察として、Annas 1993; S. White 2002; D. Russell 2010 および 2012 を参照。
(40)『ニコマコス倫理学』第一巻第八章〜第十章。
(41)Hursthouse 1999, chap. 8 を参照。さらに、Foot 2001, pp. 96-97〔邦訳一七八〜一八〇頁〕; Swanton 2003, p. 60 も参照。
(42)Hursthouse 2007b, sec. 2. を参照。
(43)『ニコマコス倫理学』第六巻第十二章。D. Russell 2009 と Annas 2011 も参照。
(44)Foot 2001, pp.85-86〔邦訳一六一〜一六四頁〕; LeBar 2004 を参照。
(45)Sumner 1996, pp. 160-171. ただしサムナーは「幸福(happiness)」の代わりに「善き状態(well-being)」という言葉を用いている。サムナーの理解では、「幸福」という言葉は、感覚の面でも判断の面でも自分の生に対して満足している状態を表す。

(46) Sumner 1996, p. 179.

(47) ルバー（LeBar 2004）はそのように論じている。Haybron 2008, pp. 189-192 と比較せよ。

(48) Haybron 2008, chap. 9 を参照。

(49) Haybron 2008, chap. 8; Sumner 1996 を参照。ヘイブロンとサムナーは、彼らが標的とする見解を「完成主義（perfectionism）」と呼ぶ。ただし、この用語の意味は哲学者によって異なる。

(50) Hursthouse（1987, p. 222）が指摘する通り、「善き生」としての幸福を「善き道徳的生（good moral life）」（たとえば聖人のように生きること）と考えてはならない。

(51) Hampton 1993, p. 157 を参照。

(52) この箇所も含めて、本節の内容は Hampton 1993 に負うところが大きい。

(53) ターザンの例を用いてこのような疑問を論じたものとして、特に Darwall 2002, pp. 22-27 を参照。

(54) この種の一般的な疑問については、Korsgaard 1993; Scheffler 1988, 1992 を参照。

(55) この論証については、LeBar 2009 を参照。

(56) Darwall 2006 も参照。彼はこの種の理由を「二人称的理由（second-personal reason）」と呼ぶ。

(57) このことが、指令ないし「命法」は「無条件に（categorically）」義務づけるという主張の意味である。カントの『人倫の形而上学の基礎づけ』4: 414ff.〔邦訳四三頁以下〕を参照。

(58)『人倫の形而上学』6: 387-388〔邦訳二五二頁〕、393-394〔邦訳二六〇頁〕。

(59)『人倫の形而上学』6: 386-387〔邦訳二五一頁〕、391-393〔邦訳二五七〜二五八頁〕。

(60) 欲求充足としての幸福については、『人倫の形而上学の基礎づけ』4: 399〔邦訳二二頁〕を参照（ただし、カントは他の著作で、幸福を満足した心的状態と特徴づけている。『実践理性批判』5: 22〔邦訳一五〇頁〕を参照）。われわれはみな自分の幸福を必ず追い求めるという見解については、『人倫の形而上学の基礎づけ』4: 414-415〔邦訳四五〜四六頁〕および『人倫の形而上学』6: 386〔邦訳二五〇頁〕を見よ。

訳註

〔1〕たとえば、善き生を送るために医師として働くことを選ぶ人がいるとしよう。この場合、「善き生を送ること」は「医師として働くこと」の目的である。善き生を送るという目的は、それ自体で直接追求できるようなものではなく、たとえば医師として働くというような他の目的をもつことによって初めて追求できる、そうした種類の目的である。この種の目的は、それ自体として追求するに値する他の目的（この例では医師として働くこと）を生み出すので、産出的目的と呼ばれる。なお、善き生を送ることと医師として働くことの関係は、後者が前者の手段となるような関係ではない。

〔2〕チャンシー・ガーディナーは、一九七九年にアメリカで公開された映画『*Being There*』（邦題『チャンス』）の中心人物で、知的障害をもつ庭師である。前述の議論で明らかにされたように、「AのためにBをする」は必ずしも目的と手段の関係を表すわけではない。

〔3〕「自然主義的誤謬（naturalistic fallacy）」は英国の哲学者G・E・ムーア（一八七三〜一九五八）が『倫理学原理』で導入した用語である。ムーアは本来定義できない「善い」という言葉を自然的対象や形而上学的対象への言及によって定義することを自然主義的誤謬と呼んだ（同書第一五節参照）。現代の倫理学では、倫理的概念を非倫理的概念によって定義することや、「〜である」という事実言明から「〜すべきである」という規範言明を導くことを一般に自然主義的誤謬と呼ぶ。

〔4〕『ニコマコス倫理学』第一巻第二章を参照。

〔5〕エドガー・ライス・バローズ『ターザンの帰還』、厚木淳翻訳、東京創元社、二〇〇〇年。

第2章 古代の徳倫理学——思慮に焦点を当てた概観(*)

ラチナ・カムテカー

なぜ知恵について問うのか

キケロは紀元前一世紀に『善と悪の究極について』を執筆した際に、哲学の学派はすべて、(知恵、勇気、正義、節度からなる)徳と究極目的である幸福の間に緊密な連関を見出していると述べることができた。その学派の間には、徳が幸福を保証するかどうかについて意見の不一致があるわけではなく、いかに徳が幸福を保証するかについて不一致があり、また幸福な人生において(もし何かあるとして)徳以外に何が必要とされているかについて不一致がある。しかしながら、プラトンの対話篇の中で描かれている紀元前五世紀の世界では、それらの徳について哲学的思考が開始されたのだが、状況は微妙に、しかし重要な点で異なっている。プラトンの『ラケス』、『カルミデス』、『プロタゴラス』、『メノン』はすべて、様々な徳、あるいは徳一般が幸福(eudaimonia)、すなわち善く生きること(eu zēn)に貢献すると想定し、もし徳がそのように幸福に関係しているならば、徳はどのようなものでなければならないかを定めようとしている。他方で、プラトンの『ゴルギアス』と『国家』は、ソフィストの反論に対して、正義が幸福に寄与するということを主張している。アーサー・アドキンスの名著『功績と責任（*Merit and Responsibility*）』（Adkins 1960）の説明によれば、プラトンの時代まで生き残っていた、ホメロスの価値の枠組みでは、徳（aretē）を保持している善い（agathos）人は現世で成功する人である。このような人は、他の人の正当な所有物を奪うことによって（例えば、アキレスからブリセイスを奪うアガメムノンなど）、自分が有徳であるという主張を弱めるわけではないが、もし戦場で負けた場合、彼はその主張を弱めてしまう。このような観察に基づいてアドキンスは、ホメロスの価値の枠組みでは戦士の勇気と狡猾さが支配的な徳であり、正義はそうではない、ということを示している。しかし紀元前五世紀のアテナイで、正義は戦場よりも都市の生活に不可欠であることは明らかで、徳の称号を要求し始めた。ただしその要求に反対意見が寄せられなかったわけではない。

古代の徳について考察する現代の読者は当然の帰結として正義に注意を引きつけられる。というのも正義は、現代の道徳的思考がわれわれと他者との関係に焦点を当てる際に最も対応した古代の徳だからである。しかしながら紀元前五世紀には正義が徳であるかどうか論争があったことからして、正義は徳全般の代表ではないと言える。したがって、古代の徳倫理学にかんする本章の概説では知恵（wisdom）を代表的な徳として取り上げる。古代人の間で、知恵が徳であり、幸福に寄与するものであることに論争の余地はない。幸福の本性、徳の本性、そして徳が幸福にどのように寄与するかについて、多くの違いを抱えていたにもかかわらず（本書のフレーデの章の一九〇～一九五頁参照）、ソクラテスからローマのストア派とエピクロス派まで古代の哲学者は、知恵が他を総べる徳（master virtue）であり、幸福と同様に他の徳にとっても必要であることに同意していた。『イリアス』のネストルは、ホメロスの社会では紀元前五世紀の社会と同じくらい、よい助言が評価されていたことを示している。紀元前五世紀以降、ソフィストと哲学者はともに、知恵が徳であり、したがって幸福に寄与すると想定しつつも、知恵の内容について意見が異なっている。知恵の主題は何であり、知恵はその主題に対してどのような関係にあるのか。ゴルギアスは弁論術を展開し、プロタゴラスは政治の術を展開している。ヒッピアスは博識家である。ソクラテスにはこれらの競合した主張を吟味にさらすという課題が残っている。

知恵が徳であると普遍的に受け入れられていることに加えて、現代徳倫理学の近年の発展は、われわれが知恵にかんする古代の概念に関心を持つもう一つの理由となっている。ここ数年、ジュリア・アナス(『知性の徳 (*Intelligent Virtue*)』、二〇一一年)やダニエル・C・ラッセル(『実践的知性と徳 (*Practical Intelligence and the Virtues*)』、二〇〇九年)のような傑出した徳倫理学者は、本来の徳が思慮 (practical wisdom) によって生命を吹き込まれなければならないというアリストテレス主義の主張を擁護した。しかし現代の哲学者の多くは、思慮にかんするアリストテレス主義の概念はあまりにも主知主義的であり、要求が厳しく、エリート主義的ではないかと感じている。いまだに今日のアリストテレス主義者にとってより切迫しているのは、思慮に対するアリストテレス主義の(概略的な)決まり文句、すなわち「善い熟慮と際立った要因に対する感受性」という文句を詳細に論じる必要があるということである。あるアリストテレス主義者たちは、実践に携わっている際の人間知性の強みと弱みについてより多く学ぶために、認知心理学と社会心理学という学問分野に関心を向け、思慮がその強みの上に形成され、その弱みを修正するだろうと考えている。(おそらく)われわれを有徳にし幸福にする知恵にかんする古代の概念という代案を再訪することで、思慮を詳細に論じるという新アリストテレス主義のプロジェクトを活気づけるはずである。というのも、アリストテレスがどのような代案をどのような理由で拒絶するかをあらためて考えることで、われわれ現代の代案との有益な比較と対照がもたらされるからである。たぶん、どのような類似性と差異をわれわれが見つけるかに応じて、新アリストテレス主義は、他の古代の人たちが展開した知恵の概念の一部を採用することができるか、あるいは思慮にかんするよりよく作り上げられた概念にとって必要なものを明らかにすることができるだろう。以下でわれわれは次のような問いを探究する。徳や幸福にとって必須であるような知恵の内容とはどのようなものであると古代の様々な哲学者は述べているのか。知恵は他の徳に対して正確なところどのような関係にあるのか。つまり、知恵は徳にとって十分条件であるのか、それとも徳は非知性的な傾向性も必要とするのか。知恵それ自体には非知性的な前提条件があるのか。知恵は非知性的な特性を改善するのか（そしてもしそうであるならばそれはどのようにして改善するのか）。知恵は正しい行為に関係しているのか（そしてもしそうであるならばそれはどのように関係しているのか）。

以下でわれわれは、知恵の観念がどのように進化したか、他の徳や幸福に知恵がどのように関係しているかを、ソクラテスとプラトン、アリストテレス、エピクロス派、ストア派を通して辿る。

プラトン――計量の技術から、変形力のある観想の対象へ

知恵と成功

通例、プラトン「初期」に属するとみなされている対話篇で、ソクラテスは善く生きられた人生と悪く生きられた人生との間に違いを生むものとして知恵を提示している。初期対話篇はこの考えを多くの仕方で探究している。ときにソクラテスは、その所有者を成功に導く知恵を所有しているとするソフィストの主張を吟味している（例えば『プロタゴラス』、『ゴルギアス』）。別の機会には、徳はつねにその所有者のためになるのだから、徳はある種の知恵でなければならないという想定の上に立って、ソクラテス自身が勇気あるいは節度などの徳を定義することを試みている（例えば『ラケス』、『カルミデス』）。この想定を支える議論は

『メノン』の中で提供されている。知識がないならば、勇気は向こう見ず、つまり利益というよりむしろ害をもたらす魂の性質になってしまうだろう（八八b）。また別の機会には、知恵がつねに有益でなければならないと仮定して、ソクラテスは知恵の内容を特定する難しさを詳しく説明している（『エウテュデモス』二八八d〜二九二e、『カルミデス』一六五c〜一七六a）。『プロタゴラス』と『エウテュデモス』でソクラテスは、ただ知恵のみによってわれわれは善く生きることができると、すなわち幸福でありうると、まさに主張している。『プロタゴラス』では善いものを所有することによってわれわれは善く生きており、善いものとは快楽であるという想定の上に立って、ソクラテスは計量の技術としての知恵という考えを紹介している。つまりこの技術はわれわれの人生における様々な選択を導き、自分たちに近いか、あるいは遠いために歪められている可能性のある快さの見せかけによって騙されずに、むしろ与えられた快楽がいかなるものであれ、その軽重をつねに計算することができる。ここで知恵の価値は道具的なものだが、ソクラテスはまた知恵を「人生におけるわれわれの救い」と呼んでいる（三五六c〜三五七a）。『エウテュデモス』でソクラテスは知恵にかんする別の説明を提案している。そこでは、われわれを幸福にする知恵は、いかに善いものを手に入れるかだけでなく、いったん手に入れたならばどのようにして善いものを正しく使用するかについての、上位の知識でなければならないと主張している。この見解では知恵のみがそれ自体で善いものであり、所有している他のものは知恵を伴っているとき有益になる（逆に無知を伴っているとき有害である）。

ソクラテスにとって重要なのは、成功と失敗を幸運と不運に起因するものと、徳と悪徳、すなわち知恵と無知に起因するものに区別することである。しかしながら成功を味わうことができるのは、知恵というよりはむしろ、より大きな快楽はどこに見出せるのか、あるいは所有しているものなら何であれ、それをどのようにして最もうまく利用するかについて真なる思いなし（true opinions）を提供してくれる助言者が幸運なことにいる人ではないのか（『メノン』九七a〜九八c参照）。また、知恵を所有していたとしても、もしその知恵が味わうべき快楽がなかったり、あるいは手に入れるべき善いものがなかったりする乏しい状況に置かれてしまっているならば、〔そうした状況に置かれているという〕不運によって人生は惨めなものになりうるのではないか。

プラトンはこのような困難に二つのやり方で対応している。つまり（例えば彼の後期対話篇『ピレボス』において）知恵に加えて他に何が幸福に求められているのかを考えるというやり方と、また行為の手引きの他に、知恵は善い人生に対してどのように寄与するのかを吟味するというやり方である。この第二の応答によってわれわれは彼の「中期」対話篇へと移行することになる。

イデアの知識としての知恵

『パイドン』と『国家』でソクラテスは、知恵を、その理論的対象であるイデアの観点から特徴づけている。一方で、イデアの知識は、われわれの魂を完成させ（『国家』五一八c、『パイドン』七九d〜八〇a参照）、つまりわれわれを有徳にし、幸福にするのだが、これはわれわれの持つ最善の能力を発揮させるということである。他方で、イデアの知識は、われわれの行為を動機づけ導く。イデアの魅力とは、身体に訴えかけるいかなる善いものの魅力より輝き、それによって不正な行為に対するいかなる動機づけも取り除き、また行為においてイデアを模倣するようにイデアを知る者を積極的に動機づけるものなのである（『国家』四五八d〜四八六d、五〇〇b〜c）（マッキーはイデアが理解されると即座に独自の仕方で指導し、かつ動機づけるので、イデアを「特異（queer）」とみなしている（Mackie 1977, p. 40〔邦訳四五〜四六頁〕））。さらに、イデアの知識はおよそありうるかぎりで最も正確な知識なので、混乱した事実から出来上がっている日常世界のなかにあって正しい判断を可能にすることで正しい行為を導くことができる。何か至高の善に触れることで人生は善くなるという考えは、現代のある種の宗教的見地の中に見出すことができる。例えば、神の善は非常に偉大なので、それを感知するとわれわれを道徳的に変化させると信じている人たちもいる。この説明は、人に行為の指導をする助言者〔に出会う〕という幸運よりも知恵のほうが好ましいのはどのようにしてなのか、そしてなぜ外在的な善の不足という不運が人生で最も価値のあるものの所有を侵害できないのかを示すことにある程度なっている。貧困あるいは不健康が知性の発達を妨げる可能性があり、したがってこの最も価値あるものを手に入れるのを妨げる可能性があるという点をプラトンは一度も検討していない。おそらくそれはあまりにも自明であるため言及しなかったのか、あるいはおそらくプラトンは、人生を善くするものを手にするために人生で必要な前提条件は何かということではなく、人生を善くするものは何であるのかに焦点を当てていたので、その点が重要ではないように見えたのだ。

単なるイデアの認知を善いものにし、かつこの認知によってわれわれの動機が変化させられるというイデアの特性は、その純粋性と永遠性である。しかしながらこれらはあらゆるイデアが備えている形式的な特性である。これらの特性はまだ、日常の事柄について正しく判断できるようにさせることでわれわれが善く生きられるようになる知識の内容をわれわれに与えるものではない。この形式的な特性は、その内容を探求する際にわれわれをまず鼓舞し、次に導くかもしれない。しかしながら、善く生きるためにはわれわれは徳の定義をもたねばならない。そのためには対話問答を実践する必要がある。

プラトン『国家』が示唆するところでは、対話問答の学習は時間のかかる難しいものであり、ごく少数の人だけが実践できるものである。また対話問答の学習は数学的諸科学における広範な予備訓練を要求している。プラトン『ポリティコス（政治家）』では政治的知識の定義を目指す対話問答が提示されているが、この対話篇でその話者が諸々のことを行っているにもかかわらず、この政治的知識が関係する領域を同定することしか成功していない。プラトンの首尾一貫したメッセージとは知恵、すなわち徳を生み出す知識は希少で、難しいということである。このことは当然の帰結として次の問いをもたらす。哲学者でない者は徳を身に付けられないのか。プラトンはいくつかの場面で知恵を伴わない徳について簡潔に議論している。『パイドン』でプラトンは知識を伴わない「いわゆる」勇気と節度を「実物まがいの仮象」と呼んでいるが（六八d〜六九c）、「市民としての公共的な徳」を実践した人を非哲学者の中で最も幸福な人とし、「彼らはその徳を節度とか正義と呼び、哲学や知性がなくても、習慣や習熟から生まれてくるものである」（八一e〜八二b）[1]。『国家』でプラトンは、「国家社会的基準の勇気（political courage）」とは何を恐れるべきで何を恐れるべきでないかについての永続的な真なる信念から成り立っており、教育と法によって生み出されると説明している。プラトンの言うところでは、この勇気は、刑罰の恐れによって動機づけられている単なる行動上の服従よりも優れている。『ポリティコス（政治家）』でプラトンは、政治的知識を理論的でもあり行為を指令するものでもあると捉え、「自然によって勇気があり、また節度のある」市民を真なる思いなしの結びつきによって結合することだと説明している（三〇九b〜c）。プラトン最後の未完の著作『法律』に至るまで、プラトンは不完全に有徳である人々の心理的状態よりも、完全な徳を生み出す知識の本性に興味を抱き続けていた。しかしながらプラトンは知恵を、知恵の所有者に政治の場面で統治する資格を与えるものとして捉え、政治の目的を市民の改善として理解したので、哲学者が同胞の市民にもたらす類いの徳について概要を述べている（この点についてはさらにKamtekar 1998を参照）。

　知恵を伴わない徳がいかなるものであれ存在しうるかどうかという問いの他に、徳は知恵に加えて、知恵に付随するものとしてかあるいは知恵の前提要件として性格の特性を何であれ必要とするかどうかという問いも存在する。プラトンの初期対話篇でこの論点は取り上げられていないが、『国家』における正しい魂にかんする記述が示すところでは、知恵に加えて、われわれの非理性的能力がわれわれの理性的決定に従う傾向にあるべきだということが徳には含まれている。このような傾向性は知恵にとって半ば前提条件のようである。なぜなら理性を備えるよりも前に〔そもそも〕徳にコミットしないならば、対話問答に接しても人は徳を嫌うことになり、理性に不信を抱くようにならざるをえないからだ（五三七d〜五四〇a）。またその傾向性は半ば知恵がイデアに触れた結果であり、イデアに対する欲求は、より価値のないものに対する欲求を弱める（四八五a〜四八六d）。プラトンの学生であったアリストテレスは、徳が知恵と、理性に従順なわれわれの非理性的能力の傾向性の両方にかかわっているという考えを発展させている。

アリストテレスにおける徳と思慮

アリストテレスの定義によれば、徳とは「選択にかかわる傾向性であり、その傾向性はわれわれとの関係における中庸にあり、この中庸は道理によって決定され、しかも思慮ある人〔フロニモス、つまりフロネーシスを所有している人〕が決定するような仕方で決定される（『ニコマコス倫理学』第二巻第六章一一〇六b三五〜一一〇七a二）[2]。アリストテレスは、徳という傾向性の行使である有徳な活動が幸福を構成するものだと考えており（第一巻第七章）、この見解と、幸福は徳であるという（いくつかのプラトンの対話篇の中に見られる）見解との違いを強調している（第一巻第八章）。アリストテレスの立場の帰結として、幸福は有徳な活動を可能にさせるために、道徳と関係のない善いもの（例えば健康、適量の富、苦痛からの解放など）を十分に必要としている。アリストテレスの見解では、生涯を眠ってすごす人、あるいはなんらか他の理由で徳に基づいて行動できない人は有徳であっても幸福な人生をすごしていないだろう。徳は幸福にとって十分条件であるか、あるいは幸福は道徳と関係のない他の善いものも必要とするかどうかという点は、例えば『善と悪の究極について』の中でキケロが倫理的見解を提示する際に中心的な論点となっている。しかしながら、徳にかんする考察に対して、アリストテレスの最も独特な、そして長期的に影響力のあった寄与は、彼がプラトンへ応答する際に発展させた知恵にかんする見解の中に見ることができる。

徳、理性、感情

アリストテレスは徳を定義するとき、徳が本質的にかかわっている知的傾向性(intellectual disposition)と非知的傾向性の両方に言及している。第一に、徳は「選択にかかわる」とあるが、このことが意味するのは、徳は一方でわれわれの欲求に関連し、他方で推論に関連した傾向性だということである。というのもわれわれの選択は、熟慮された欲求、つまりいかにある目的を実現するかについての推論によって決定された欲求だからである(『ニコマコス倫理学』第三巻第三章一一一三a二~一二、第六巻第二章一一三九a二一~二三参照)。したがってアリストテレスによれば、徳とは単に理性的すなわち知的能力の傾向性だけでなく、感情と欲求の能力の傾向性である。感情と欲求の傾向性を徳の中に組み込むことで、アリストテレスは徳(ある人の魂の中で様々な能力の間に調和のある状態)と単なる自制(理性が人を正しく指導しているかもしれないが、その人の欲求は理性の命令に反抗しているような状態)とを区別できるようになっている。

第二に、徳が見出される「中庸(中間)」は過度でも不足でもない感情から構成されている。例えば勇気は、恐怖と自信という感情の点で、向こう見ず、すなわち過度な自信と、臆病、すなわち過度な恐れの中間である。しかしこの中庸それ自体は思慮によって決定される。禁欲主義の拒絶を表現しているということは脇に置いておいて——徳は自然な人間の感情を抑制することだけでなく、その感情の表現を奨励することにかかわっているかもしれない――アリストテレスの有名な「中庸」は彼の徳論にほとんど寄与していない。というのも、中庸は状況に応じて異なり、ある時には一方の極端な状態により近く、またある時には別の極端な状態により近いからである。たとえ徳は中庸の観点から一般的に定義されたとしてもその定義では重要な事例を捉え損なっている。ロザリンド・ハーストハウス（Hursthouse 1980-81）が指摘しているように、一回限りの不倫を犯した人が放埒なのは、彼が性的快楽をあまりにも過度に、あるいは過小に楽しんでいるからではない。というのも彼の性的衝動は全く目立たないほどのものであるかもしれないからである。むしろ彼が放埒なのは、恥ずべき性的快楽を楽しんでいるからなのである。徳を特定するのに思慮は中庸よりも見込みのある基準である。

習慣づけ、つまりある種の行為をすることがわれわれの中にそれに対応した種類の傾向性をもたらす過程にかんするアリストテレスの説明（『ニコマコス倫理学』第二巻第四章一一〇三a三〇～b二五）は、知性的なメカニズムと非知性的なメカニズムにかかわっている。一方で、正しい行為あるいは勇敢な行為をする過程で、われわれはそれらの行為の価値を認識し、そうしてその行為をそれ自身のために行えるようになると思われる（この種の説明を発展させたものについてはBurnyeat 1980を参照）。他方で繰り返し行うことで、われわれはある行為をすることやその行為に伴う感情を感じることに慣れ、その結果、われわれはその行為を抵抗なく行う（『政治学』第七巻第一七章一三三六a一一～二一、第八巻第五章一三四〇a二四～二九参照）。徳へと習慣づけられると、有徳な人は有徳な行為を有徳な仕方で行う。つまり知識を伴って有徳な行為をそれ自体のために（di' auta――この言葉は、手段としてではなく、あるいは、正しい記述の下で、のどちらかを意味する）、そしてそのように行為することができる安定した状態から、選択するのである（一一〇五a三一～三二）。

思慮と熟慮

思慮（phronēsis）とは何か。アリストテレスは『ニコマコス倫理学』第六巻、すなわち様々な知性の徳を区別する巻において、実践的に賢い人間は彼自身にとって善いことや利益になることについて、ある特定の点ではなく、善い人生一般の点で、よく熟慮するとわれわれに述べている（一一四〇a二五〜二九）。この箇所と熟慮にかんする彼のより前の議論（第三巻第三章）で、われわれが熟慮する対象の領域について叙述している。つまりその対象とは実際にあるのとは別の仕方でありうるもの、われわれが自分自身の行為によってもたらすことのできるもの、そして何をすべきかを規定する技術がないようなものである。こうした点によって思慮は科学的知識から区別され、後者は不変のものにかかわっているから）、自然の物体にかんする研究から区別され（というのも、自然の物体は実際にあるのとは別の仕方でありうるけれども、それをもたらすのは自然であって、われわれが自分の行為によってもたらすのではないから）、そして技術から区別される（というのも文字を書く正確な規則、あるいは靴を作る正確な規則は存在するから）。

熟慮は「目的に向かうためのもの（ta pros ta telē）」、つまりある目的をもたらす手段を決定することにかかわる。他に熟慮に含まれている役割が何であるかには議論の余地があるが、多くの研究者は、ある人の目的の構成要素を特定し、競合する様々な考慮事項を処理することを付け加えている（『ニコマコス倫理学』第六巻第五章一一四〇a二四〜二八、第六巻第七章一一四一b八〜一八、第六巻第九章一一四二b三一〜三三、さらなる議論のためにWiggins 1980とBroadie 1991を参照）。もう一つ、〔熟慮と並ぶ〕思慮の重要な構成要素は、デイヴィッド・ウィギンズが「状況認知」と呼んだものだと思われる。つまり、ある状況にかんする数えきれないほどの様々な特徴のうち、どれが適切な応答に関係しており、どれが無視してもよいのかにかんする知覚力（perceptiveness）である（『ニコマコス倫理学』第六巻第八章一一四二a二三〜三〇、第六巻第一一章一一四三a二五〜b五）。さらに、アリストテレスは実践的に賢い人には、思慮の主題にかんする他人の意見についての優れた判断があることを認めている（第六巻第十章一一四三a一三〜一六）。これら様々な要素をまとめあげ、いかに人生経験が思慮を発達させるかを示す説明として、Hursthouse 2006a を参照。

熟慮の技術はそこで、もし任意の目的に関連した手段を決定する際の単なる利口さに比べてよりわれわれを幸福にさせるはずならば、善い欲求と感情によって特徴づけられている必要がある（『ニコマコス倫理学』第六巻第一二章一一四四a二〇〜三六、第六巻第九章一一四二b一八〜三五を参照）。道徳的な徳と思慮は緊密に連携して発達するので、アリストテレスはソクラテスに同意して、すべての徳は知（思慮：wisdom）を必要とすると述べているが、徳は知と同一だとするソクラテスの主張には（徳は非理性的な要素にも関わっているという理由で）反対している。アリストテレスはいかに徳が知を必要とするのかについて『メノン』におけるプラトンの説明（上記参照）を発展させている。つまり、知（思慮）がないならば、〔性格の〕特性（アリストテレスはこの特性を「自然的な徳」と呼んでいる）は、視覚なしに動き回る体のようなものであり、したがってつまずきやすい（『ニコマコス倫理学』第六巻第一三章一一四四b一〇〜一五）。視覚を伴っていない体は単純にそれが動く傾向のある方へ動く。視覚を伴った体は、当初たどりがちだった道にあるものについて情報を受け取り、その情報に対応して動きを変更することができる。

アリストテレスがプラトンと違う点

今日では、アリストテレス主義的な思慮は、帰結主義者の計算（例えば、どの行為が功利を最大化するのかを決定すること）と対比されたり、ある高次の原理との一致による評価（例えば、行為に対する汝の格律が矛盾なく普遍化されうるかどうかを決定すること）と対比されたりする。しかしアリストテレスの思慮の定義と対立する見解はプラトンの中に見られる。アリストテレスはプラトンとの違いを強調しているが、彼らに共通の特徴に光を当てることで、知恵、徳、幸福という三つの関係についてのアリストテレス独特の立場をわれわれはよりよく理解できるようになる。プラトンの考えでは、イデアを観想することは、（i）それ自体で善であり、（ii）イデアを模倣するよう理性的行為者を動機づけ、（iii）行為を正しく導く。アリストテレスの考えでは、（イデアではなく第一の原理、特に神を）観想することは、（i）それ自体で善であり、（ii）世界中で理性的活動を動機づける。しかしアリストテレスは（iii）についてプラトンと意見が一致していない。なぜなら何をすべきかを決定することは、何か他の領域にある完全に理性的な活動を模倣するという問題ではなく、われわれがいる状況のもつ個別的事柄に注意を払うことが必要になるからである。

アリストテレスによれば、プラトンの誤りは、倫理的知識において科学的知識と同程度の正確さを手に入れられるかのように倫理的事柄を取り扱っていることである（倫理的議論において不正確さが不可避的に伴うというアリストテレスの議論については『ニコマコス倫理学』第一巻第三章一〇九五a一二～二七を参照）。科学的知識は、その対象が必然的に現状の通りになっているので、とても正確でありうる。対照的に、行為とよい結果の結びつきはあらゆる種類の状況要因に応じて異なる。さらにプラトンは、すべてのよいものは善のイデアに与ることによってよいと考えるが、実際のところ、「善は多くの仕方で語られる」。つまり（人間の機能によって与えられる）人間がよいということがいったいどういうことか[3]は、実体がよい（神）ということ、あるいは時間がよい（適切なとき）ということと非常に異なるので、それらの善に共通の特徴についての説明は存在しえない（『ニコマコス倫理学』第一巻第六章）。行為を導くのに、善をその独自の主題とする科学を持つ必要はないし、持つことができるわけでもない。われわれが経験や反省を通して発達させる必要があるもの、そして発達させることができるものは、われわれにとって何がよく、何が悪いかにかんして熟慮する技術であり、またどの個別的事柄がわれわれの行為を方向づける普遍的事柄を例示しているのかについての知覚力である（『ニコマコス倫理学』第六巻第八章一一四一b八～一六、一一四二a一三～三〇）。

注目に値するのは、正しい行為が個別的事柄に対する注意を要求するというアリストテレスの主張にプラトンの考えが一致していることである（『国家』でプラトンは哲人王に対して十五年の実践的経験を要求しているし、『ポリティコス（政治家）』でプラトンは個別的事柄に対して柔軟であり対応する知恵とそうでない法律の違いを強調している）。またアリストテレスは倫理的事柄の一般化が行為に対する有益な手引きを提供するということを否定していない、ということも注目する価値がある（さらなる議論としてIrwin 2000を参照）。(iii)にかんする彼らの違いは、むしろ、第一に、アリストテレスが以下のように考えている点である。つまり、個別的事柄を知覚する能力は思慮それ自体を部分的に構成するものであり、単にある人が正しい判断をするために知恵を個別的状況に適用しなければならないときに入り込んでくるものではない。第二に、より重要なことだが、アリストテレスは理論的活動を至高の善として捉えているけれども、理論的活動が最高に幸せな生活の要素であることによってそう考えているのであって、それが生活を管理し、何をすべきかを――思慮のように――われわれに告げることによってではない（第六巻第一三章一一四五a六～一一）。もう少しありふれた類比で説明するならば、音楽を演奏する活動は音楽家の生活をよいものにするが、それは料金を支払う時や子どもの育て方について音楽が音楽家に教えてくれるからではない。

現代の読者はアリストテレスが以下の点でプラトンを超えて意義深い前進を果たしたと捉えている。つまり理論知の内容と思慮（実践知）の内容を区別し、それぞれ異なる価値や幸福に対する寄与を説明している。

思慮は魂の卓越した状態だが、この状態によって、われわれは個別的状況で、そして人生の過程の間ずっと人間の善と悪についてよく選択することができる。理論知も魂の卓越した状態であり、この状態によって、われわれは最も内在的に善く、幸福を構成する活動、つまり観想に従事することができる。アリストテレスが理論知と思慮を区別したことの結果として、哲学者でない人々も思慮を保持する限り、十全な徳を持ち、幸福な生活を送ることができるかもしれない。この思慮は哲学の知と同一ではなく、また哲学の知を前提としておらず、少なくともより多くの人に利用可能なもののように思われる。

アリストテレスは現在も意義を持つか

アリストテレスは、どのようにして理論知が人生を悪くするというよりも善くすることができるかにかんするプラトンの見解に反対したが、この議論が現代に適用できるかどうかをわれわれは真剣に考える必要がある。例えば、もしわれわれが価値に関して多元主義者であるならば、「善は多くの仕方で語られる」という点でアリストテレスに同意するかもしれないが、アリストテレスの論点が熟慮の帰結主義的形態も義務論的形態も排除しないことは明らかである。なるほど、もし何をなすべきかを決定するのに量の適度さ、時間の適切さ、関係の有益さなどに留意する必要があるならば（『ニコマコス倫理学』第一巻第六章一〇九六a二〇〜二八）、どのようにして〔帰結主義的〕最大化が問題の解決をもたらすのかがはっきりしないし、善の多様な意味を考慮するならば、意図された行為を評価するのに〔義務論の考え方に反して〕複数の原理を必要としている。しかしわれわれと比べて、アリストテレスは熟慮の際に考慮される価値の多様性が対立をもたらすということに関心がないようである。

現代への適用にかんするもう一つの問題は、経済学や心理学といった社会科学における新しい発展によって提起されている。もし社会科学が、これまでわれわれがよい判断に頼らざるをえなかったところで、結果を生み出すことにかんする規則を作り出すならば、社会科学の扱う主題はもはや思慮の扱う領域に含まれないと結論づけるべきであろうか。それとも思慮の特徴づけから、何を実践者はなすべきかを特定する技術が存在するような主題を思慮は排除するということをわれわれは取り除くべきだろうか。例えばもし認知心理学や社会心理学が、われわれの意思決定はフレーミング効果（例えば、行為の結果が被ることになる損失、あるいは達成されない利益として表現されるかどうか）[4]や傍観者効果（すなわち、状況に立ち会っている他の人が誰も〔その状況に〕介入しないとき、われわれは当該の状況を、われわれが行為することを要求している状況として捉えない傾向にあるということ）といった偏見に陥りやすく、あるいはわれわれの意思決定が基礎比率（ある出来事が生じる背景要因の頻度）を無視するといった誤謬に陥りやすいことを発見するならば、以下のようなことを解決策としてかなり正確に推奨すべきである。情報を再構成せよ。傍観者効果を要因として自分の熟慮へと明確に盛り込め。パーセンテージではなく、サンプリングの用語（千回あった出来事のうちのｎ回）を使って統計的情報を再記述せよ（さらに Gigerenzer 2000; D. Russell 2009 を参照）。われわれはこれらの解決策を思慮の一部として捉えるべきであるのか。また社会科学を、アリストテレスの言う思慮を発展させるような反省や経験のうちに含まれていると捉えるべきであるのか。あるいは昔は熟慮によって決定されるのが常だったもののうちのいくつかは、現在新しい学問分野から生じている規則によって決定されているとわれわれは言うべきなのか。というのも新しい学問分野は理論的であり、その規則はわれわれの判断より正確に公式化されうるからである。さらに、われわれは新しい学問分野によって規定されたことを第二の自然として内面化することができるかどうか、あるいはわれわれが多かれ少なかれ自然に使用している発見方法より優先するために意識的に新しい学問分野によって規定されたことをつねに使用しなければならないのかどうか、はっきりしないのである。

エピクロス派の徳と自然の知識

エピクロス派にとって、自然学、つまり自然にかんする知識は人生を変える実践的意味をもっている。『メノイケウス宛の手紙』でエピクロスは、思慮が他の徳すべての根源であると述べている。思慮は、有徳に生きることなくして快く生きることは不可能であり、快く生きることなくして有徳に生きることは不可能だと教えるからである（一三二節。[5]『主要教説』五節を参照）。[6]この知恵の概略は有名な「四種類の薬」（tetrapharmakon）の中で述べられている。（i）神は至福の存在であり、われわれの生に干渉するような存在ではない。（ii）われわれは死に至ると経験することをやめ、そこで善や悪の主体であることをやめる。（iii）善いものの限度を手に入れることは簡単である。（iv）悪いものの限度は一時的である。こうした知恵を四種類の薬と名付けたことから示唆されるように、エピクロス派は知恵を癒し（cure）とみなしている。病気とは間違った信念によって引き起こされた心配のことである。

エピクロス派はわれわれの中に、人生の目的、つまり苦痛からの解放と快楽に対する生まれつきの欲求があると想定している。しかしながらわれわれは教育されるにつれて次のような間違った信念を発達させるようになる。神はわれわれの人生に干渉し、われわれの魂は死後も生きて苦しみ、われわれが幸福な生を送るのに必要な快楽は確実に自分のものであるわけではない、という信念を持つ。その結果、われわれは心配するようになり、苦行するようになり、物を獲得したくなる。われわれの間違った信念を払いのけるためには、自然学、つまり自然についての真なる説明を必要としている。この自然学がわれわれに示しているのは、神々が世界に干渉しないこと、魂は死ぬときに消滅し、そこで何も経験しないこと、善い生活すなわち快い生活は、必要かつ自然な欲求の満足だけを必要とすること、そしてこの欲求に対して自然はわれわれに十分な財を供給していることである。いったんこれらのことを理解するならば、われわれは快い生活という自分の目標を手に入れることになるだろう。というのもわれわれの知識は心配を取り除き、その心配に取り組むために結果として生じる活動の混乱を取り除くからである。エピクロスの自然学は原子論的であるが、エピクロスは自然現象にかんして複数の説明があることを認めている（『ヘロドトス宛の手紙』八〇節、[7]『ピュトクレス宛の手紙』[8]）。もし自然学の核心が心配を軽減することであるならば、複数の可能な理論的説明のうちどれが真であるかについてエピクロスが心配すべきでないことは理にかなっている。神がわれわれの世界に関与しないことは、稲妻や地震の自然主義的説明のいかなるものであれ、その説明によって同様に確立された。さらに、どの欲求が必要であり自然であるか、そしてどの欲求がそうではなく根拠のない意見にむしろ基づいているかを知ることはわれわれの選択を積極的に導く。つまり苦痛を避け、快楽を楽しむために欲求のどの対象を追求すべきか、ということだけでなく、どの欲求を除去することでわれわれが満たされない欲求のない至福の状況にいることができるのかについての選択を導く。

どのようにエピクロス派の知恵は他の徳、つまり正義、勇気、敬虔などに関係しているのか。神々の本性についての真理を知ること、つまり神々は至福であり世界に関与しないと知ることは、おそらく神々に対する正しい態度――称讃と模倣であり恐れや取引をすることではない――を人の中に生じさせるだろう。死に際して何も恐れるものはない、そして苦痛なものはきわめて苦痛ではない、あるいはおそらく長続きしないと知ることはまた、勇気をもたらすことに寄与する。快楽の限度とは苦痛がないことだと知り、苦痛がないことは手近にあるものによって必要かつ自然な欲求を満たすことで達成されると知ると、不節制、そして少なくとも強欲さに駆られた不正への誘因がおそらく除去されるだろう。またエピクロスが言うには、不正

（正義を確立する契約の侵害）が悪いのは、不正を働く人の中に露見の恐れをもたらす限りにおいてのみである（『主要教説』三四節[9]）。これによってエピクロスは、そのような計算――不正はあまりにも多くの心配をもたらす――が正義それ自体のために正義にコミットすることよりも、賢く有徳な人が不正を避ける理由になるだろうと示唆している。そしてこれは、どの選択をするときも快く生きるというわれわれの自然な目標を参照すべきであるという、エピクロスがたびたび思い起こさせることと矛盾していない（『主要教説』二五節[10]）（注目すべきは、エピクロスが正義とは何であるかについて既存の見解に修正を要求する人ではないことである。彼は正義の起源にかんして独自の説明を持っているけれども、仮の契約に起因する慣習が、何が正義の内容であるか述べることを認めている）。

エピクロスは幸福な人生をもたらすことに対する知恵の利点については幸運に比べて比較的控えめな主張をしている。賢い人は「無分別な仕方で幸運であるより理性的な仕方で不運である方がよりよいと考えている。というのも、悪い決断が偶然のせいで正しいものとなるより、善い決断が行為の中で正しくならないことの方がよりよいからである」（『メノイケウス宛の手紙』一三四～一三五節[11]）。

ストア派の知恵

ストア派は徳（そして徳に関与するもの）だけが善く、幸福に寄与し、悪徳（そして悪徳に関与するもの）だけが悪く、不幸に寄与すると考えている。他のものは中立的であり、したがって健康、富、名声、美しさなどをより多く、あるいはより少なく持ってもその人の幸福に全く違いを生じさせることができない。プラトンの場合、ある特性が徳だと主張するにはその特性が幸福に結びついていることが示されなければならなかったが、ストア哲学の主唱者クリュシッポス（紀元前二七九～二〇六年）の場合、神聖視されるのは徳であり、幸福は、徳のみが善いという主張と適合するために次第に道徳化されなければならなかった。ストア派はアリストテレスの『ニコマコス倫理学』の中にある考え、つまり健康や富のような外在的な善は活動において徳の行使を可能にする限り幸福に寄与するという考えを拒絶している。そしてプラトンの『エウテュデモス』で表明されている考え、つまり外在的な善は賢い人が所有するときのみ善になるという考えに対してストア派の立場はどうやら、外在的な善はその本性上、中立的〔善悪無記〕ということである（さらに Long [1988] 1996 を参照）。ストア派の見解では、何かが善であるためには、利益をもたらすようなものでなければならず、徳のみがつねに利益をもたらすものである以上、徳のみが本性上、善なのである。

ストア派にとって、徳以外のものの価値もまた、いかなるものであれ、それと徳との関係によって定義される。「適切な行為」（kathēkonta）は、（有徳な人が）もっともらしい弁護を与えられる行為として定義されるが、この行為は有徳な人が当該の状況で行うであろう行為のことである。「正当な行為」（katorthōmata）とは徳からなされた行為のことである（ストバイオスの『抜粋集』II.8 に所収のアレイオス・ディデュモス『ストア派の倫理学の概要』）[12]。同様に、情念は価値にかんする間違った信念に基づいており、有徳な人間の中ではその感情が善い情念（eupatheia）によって取って代わられる。その結果、例えば、恐れを感じる代わりに、有徳な人は警戒心、つまり悪いことを避ける用心深さを覚える（ディオゲネス・ラエルティオス『ギリシア哲学者列伝』第七巻第一一六節）[13]。

徳と知識

ストア派はすべての徳をなんらかの知識と同一視している。全体としての徳は生きる上での専門的知識である（アレイオス・ディデュモス『ストア派の倫理学の概要』II.5b10）[14]。思慮（phronēsis）とは何がなされるべきで、何がなされるべきでないか、そして何がそのどちらでもないかについての知識である。節度とは何が選択されるべきで、何が選択されるべきでないか、そして何がそのどちらでもないかについての知識である。正義とは適切な価値を各人に配分する知識である。勇気とは何が恐ろしいもので、何が恐ろしくないのか、そして何がそのどちらでもないのかについての知識である（II.5b1）[15]。

もし徳が唯一の善であり、悪徳が唯一の悪であるならば、すべての徳を定義する知識はとても単純だと思われるかもしれない。人は有徳な行為をなすべきであり、徳を選択すべきであり、唯一恐ろしいものは悪徳だと認識すべきであり、そして誰もが徳を持つよう目指すべきである、というのが知識である。これはストア派の中で正統でない考えを持つアリストンによって採用された立場である。この内容の問題はプラトンを通してわれわれになじみ深いものである。ここで、もしわれわれが、有徳であるとみなされるためには（与えられた状況で）どのような具体的選択をする必要があるのだろうか、と尋ねるならばこの問題〔の特徴〕を理解する。これは、徳であるという称号を手に入れることにかんする問題ではなく、個別的状況で何が有徳であるかにかんする問題である。〔ストア派の〕仮定により徳の内容は、個別的状況における内容でさえ、常識あるいは慣習によって与えられることはできない。なぜなら徳はストア主義が授けるある種の専門的知識だと考えられているからである。

目的（telos）、すなわち有徳に生きることにかんするストア派の様々な定式を報告する際に、ディオゲネス・ラエルティオスはわれわれに次のことを伝えている。ゼノンの継承者、クレアンテスによれば、目的とは「自然本性と調和して生きることである」。彼の継承者、クリュシッポスによれば、目的とは自然本性によって起こることの経験にしたがって生きることである（『ギリシア哲学者列伝』第七巻八七節[16]）。これは徳の内容にかんする問題に対して次のような答えを示唆している。有徳な人は、当該の状況で自然本性にしたがっていることを知っているので、何がなされるべきか知っている。それゆえ（何がなされるべきかにかんする知識として上記で定義された）思慮は自然本性にかんする知識だと思われるだろう。

有徳に生きることに関係しうる自然本性とはいったい何であろうか。比較的論争にならない（つまり古代では広く信じられていた）考えによれば、種にかんする研究は、その種に含まれるメンバーが自然に何をするのか、そしてまた何をすべきなのかを明らかにし、それゆえ人間にかんする研究は、何がわれわれにとって自然で、正しいかを明らかにするだろう。しかしながらこれは単に人間の行動からは読み取れない。なぜならストア派によれば、われわれのほとんどは分別を身に付けた年齢以降、劣悪に生きているからである。おそらく人間の標本を研究することで提供されるものは、理性を行使するわれわれの能力が人間本性にとって中心的であるという認識であり、またたとえ人間性の標本のほとんどは彼らの社会教育のせいで理性を乏しく使用しているとしても、理性をよく行使するようなこともあるに違いないし、またわれわれにとって自然にしたがうことはよく理性を行使することにかかわっているという認識である。しかし理性をよく行使するとはどういうことであるか。

ストア派はわれわれが従うべき自然を、人間の自然本性に限定していない。彼らの考えでは、われわれは自然の全体、つまり「共通の自然本性」を知ることによって有徳に、そしてよく生きている。クリュシッポスが言うには、「善いものと悪いもの、徳、幸福にかんする議論にアプローチする方法として、共通の自然本性や宇宙秩序の統治を基礎にする［以外に］[17]、他に方法はないし、確かにより適切な方法はない」。「というのも、善いものと悪いものの議論はそれら〔共通の自然本性や宇宙秩序の統治〕に結びつけられねばならないからである。なぜなら他によりよい出発点も参照点もないし、自然学の研究は善を悪から区別するより他のいかなる理由によっても取り上げられるべきではないからである」（プルタルコス『ストア派の自己矛盾』1035C-D）[18]。プルタルコスによってクリュシッポスの主張だとされたものは、単に、人間の自然本性に加えて他に何を有徳な人間は知らなければならないのかについての主張などというものではない。というのも、人間の自然本性の核にある理性はゼウスの理性と同一であり、ゼウスの理性は宇宙秩序の自然本性だからである。ゼノンは自然を「宇宙創造の課題に整然と着手する熟練工のような火」であると定義し、「宇宙秩序の自然本性は意志的な動き、努力、衝動のすべてを持っており、……ちょうど精神や感覚によって動くわれわれ自身のようにこれらの精神活動と合致した動きをする。……宇宙秩序の精神はこのようなものであり、それゆえ、思慮深さあるいは摂理と呼ぶことができる……（キケロ『神々の本性について』第二巻第五七〜五八節）[19]。宇宙秩序の自然本性の視点を取ることは人間の自然本性に属している。

これは、われわれが倫理的規約や規定を自然学的な規約や規定から引き出そうとすべきであるとクリュシッポスは考えていると言っているわけではない。というのもストア派は自分たちの哲学を、様々な視点から様々な文脈でアプローチしうる、緊密に相互連関した全体として考えているからである（さらにAnnas 2007を参照）。しかしながらこのことは、ストア派の倫理学で担うべき格別な、そして本質的役割を持っている自然学と両立可能である（さらにMenn 1997を参照）。実際、哲学の部分と全体としての哲学との関係に対してストア派が用いる様々な比喩は、次のことを示唆している。哲学は動物のようなものであり、骨と腱のような論理学、肉体のような倫理学、魂のような自然学を備えている。哲学は卵のようなものであり、殻のような論理学、白身のような倫理学、黄身のような自然学を備えている。哲学は田畑のようなものであり、囲いの柵のような論理学、果実のような倫理学、土地と果樹である自然学を備えている（ディオゲネス・ラエルティオス『ギリシア哲学者列伝』第七巻第四〇節）[20]。動物、卵、田畑の比喩は、自然学が身体に生命を吹き込むものであり、動物へと成長するものであり、果実を生むものであることをわれわれに告げている。これらの比喩は、何が善であり、有徳であり、適切であり、あるいは正しいのか、などについて、もし自然学がなければ倫理学の形式的言明にすぎないものに、自然学が内容を与えるものだという考えと適合している。

徳と中立

キケロは、ストア主義における価値の用語として「自然に即して」と「自然に反して」を受け入れる気にさせるために、徳の内容は何かという当の問題を取り上げている。そして「われわれが追い求め称讃しているまさに思慮深さ［キケロのラテン語で、フロネーシスに相当するプルーデンティア］は、［中立的なもののうち］自然に反しているものと自然に即しているものの間で選択する根拠がなかったならば、完全に破壊されただろう」（『善と悪の究極について』第三巻第三一節、第五〇節参照[21]）。ストア派は「善」を徳と徳に関係したものに限定したけれども、価値のもう一つ別の独立した種類を中立的なものの一部に適合させるために自然に訴えなければならない。彼らはこの二次的な価値を「選択的な価値」と呼び、この価値を保持している中立的なものを「優先されるもの」と呼んでいる。健康や富などのような中立的なものは幸福に直接寄与する潜在能力を全く持っていないけれども、健康（あるいは時に病気）や富（あるいは時に貧困）などを選択することは自然に即しているということを根拠にして、これらを正しく選択するといったようなことがある。種の自然本性に適合して生きることは、その類いの存在者にとって健康なものを選択することであるだろう。宇宙秩序の自然本性に適合して生きることは、すべてのことを考慮に入れた上で、選択されるべきものを選択することである。しかしこれは、人間の自然本性にとって全く異質なものであるわけではない。

なぜなら人間の自然本性は理性的だからである。それはいかなる個別的人間も超えて宇宙秩序の視点に向いている。さて知恵は、中立的なもののうち、「自然に従って」いるものを選択する際に行使される。もしどれであれこれら中立的なものの間で価値に違いがなかったならば、知恵がそれについて賢いと言えるようなものは何もなかっただろう。

われわれのテクストは、一方で「自然に即して」と「優先される」ということと、他方で「自然に反して」と「優先されない」ということを、出来事のタイプを用いて描写している。健康は自然に即しており、病気は自然に反している。身体の完全性は自然に即しているが、身体の怪我あるいは切断は自然に即していない。しかしわれわれはこれらのことを見かけ上、自然に即しているにすぎないと語るべきであるように思われる。なぜなら宇宙秩序の自然本性、あるいはその全体に対するゼウスの計画は、ある人が健康であり手足がすべて無傷であるよりも病気であり手足が切断されることを含んでいるかもしれないからである。「優先される」とか「自然に即して」ということは、まだゼウスの視点を保持しておらず、それゆえトークンとしての出来事のどれが運命づけられているか知らない人々に対して案内役の役目を果たしている。エピクテートスはクリュシッポスが次のことを述べていると報告している。「帰結が私にとって不明である限りは、私はいつも自然本性に即したものを手に入れるのにより適したものを保持する。というのも神自身は私がそれらのものを選ぶように作ったからである。しかしもし私がいま病気であるように運命づけられていると確実に知っていたならば、私は病気を追い求めさえしただろう。というのも、もし私の足が心を持っていたならば、泥まみれになることを追い求めただろうから」(エピクテートス『語録』2.6.9-10; cf. 2.10.5-6)[22]。

いまこれが暗示しているのは、人は自分の運命を受け入れるべきであるということだが、クリュシッポスは単に生じていることに対する態度だけでなく、しなければならないことに対する態度についても語っているようである。もし運命づけられていることを知らないのであれば、自然によってすでに追い求める傾向にあるようなもの、つまり自分自身の健康や富などを人は選択すべきである。もし人は自然学を完全に修得し宇宙秩序に対するゼウスの計画を理解しているという理由で、あるいはどの考慮が健康や富を支持する一般的考慮より優先するかを理解するほど十分に進歩したという理由で、次に生じるものを知っているならば、正しく理性を行使することで、われわれは当該の状況で病気や貧困などを選ぶよう導かれるかもしれない。というのも自然学における進歩とは、将来生じることだけでなく、生じるべきことについても、知恵と摂理によって定められているので、ますます多くを知ることだろうからである。セネカは、もしわれわれが自然にかんする知識を欠いている場合、自分の選択に対して持つべき態度にもう一つの特徴を加えている。われわれは「留保つきで」計画を立てるべきである。つまりわれわれが計画したことは将来生じることや生じるべきことと対立するかもしれないという認識を持ち、われわれの行為の企てた結果に対して愛着を持たず、われわれの計画した通りに物事が展開しないとき過度に感情的でないようにすべきである（セネカ『心の平静について』13.2-14.2）[23]。

ストア派は現在も意義を持つか

もしわれわれが、現に起こっていることは起こるべきことであるというストア派の見解を共有しないならば、そしてその結果として最高の水準で自然に従って生きることはゼウスの視点を共有する（そしてそれと調和して行動する）ことだろうという見解を共有しないならば、思慮にかんするストア派の説明にはわれわれに何か教えることがありうるだろうか。私の見解では、自然にかんするストア派独特の概念にコミットしなくても、（合理的で社会的であるという人間の本性上の性質からして）思慮は視野を拡げるものであり、自分自身の身体の状態以外の関心も含んでいるという考えをわれわれは持つことができる。われわれはゼウスの視点を取るという目的を拒絶できる（あるいはそのような視点が存在するということを否定できる）が、それでも自分の所属している社会の視点を取っている。この視点はわれわれがその社会で演じる（諸々の）役割の観点から自分自身を捉えることを含んでいる。このような視点は、われわれが自分自身を孤立した存在と考える場合よりも、自分の社会によりよく役立つ仕方でふるまうようわれわれを導くはずである。

さらに、アリストテレス、ストア派、エピクロス派に共通する思想として、思慮には自分が属する自然の生物種にかんする知識が含まれている。つまり何がある人にできること、できないことなのか、特に、何がその人を最も充足させられそうな能力なのか、そして何がそのような能力を備えた生物の充足の助けとなるのか、についての知識である。エピクロス派はこれに次の考えを付け加えている。われわれは何かをできたりできなかったりする行為者であるだけでなく、何かを被る人、あるいは経験する人でもあり、またわれわれはこの受容力のもとでも同様に、快く、もしくは苦痛を感じて生きることができるが、この受容力のもとでさえ、もしわれわれが自分自身の自然本性を理解し、世界の自然本性を理解するならば、多かれ少なかれ快く自分の人生を送ることができる。

結論

現代の道徳哲学者たちは、徳にかんする古代の概念が過度に主知主義的であると不平を述べることがある。なぜならただ思慮にすぎないとしても、有徳であるためにある種の知恵を要求するからである。本章が示そうとしたことは、もし劣悪に生きることよりも善く生きるということをわれわれが自力で達成できる方策が徳だと考えられているならば、知恵は徳に偶然的に伴うものではありえないということである。本当の問いは、その知恵の内容とは何であるか、ということである。

原註

(＊)私は、本章の草稿にコメントをくれたダン・ラッセルとケンブリッジ大学出版局の匿名の読者に感謝したい。

訳註

〔1〕松永雄二翻訳「パイドン」『プラトン全集1』岩波書店、一九七五年を参考にした。

〔2〕『ニコマコス倫理学』の翻訳にかんしては、神崎繁翻訳『アリストテレス全集15（ニコマコス倫理学）』岩波書店、二〇一四年を参考にしながらも、議論の流れを考慮して原著の英訳を基本に邦訳している。

〔3〕『ニコマコス倫理学』第一巻第七章の議論によれば、人間としてのよさは人間に固有の機能、働きを行うことにあるという。ちょうど笛吹きや彫刻家としてのよさは、その固有の機能、つまり笛を吹くことや彫刻することにあるように。アリストテレスは栄養摂取や成長は植物にも共通の能力であり、感覚することは動物にも共通する能力なので、人間に固有の働きを魂の道理を有する部分の働き、つまりある種の理性の活動として捉え、そこに人間としてのよさを見出している。

〔4〕フレーミング効果とは、意思決定の問題を把握する心的枠組みが異なることによって意思決定の結果が異なること。例えば、肺に腫瘍が見つかったとき、担当医から「これまで千人の手術をしていますが九五〇人が五年以上生存しています」と言われたときと、「これまで千人の手術をしていますが五十人が五年未満で死亡しています」と言われたときでは手術を受けるかどうかの意思決定に相違が出てくる。つまり同じ結果のことを言っていても、生存という前向きな現象を強調した前者のフレームの方が死亡を強調した後者のフレームよりも選択される傾向にある。詳しくは竹村和久『行動意思決定論——経済行動の心理学』日本評論社、二〇〇九年、一二三〜一三八頁を参照。

〔5〕出隆＋岩崎允胤翻訳『エピクロス——教説と手紙』岩波書店（岩波文庫）、一九五九年、七二〜七三頁。ディオゲネス・ラエルティオス著、加来彰俊翻訳『ギリシア哲学者列伝（下）』岩波書店（岩波文庫）、一九九四年、三〇六〜三〇七頁。

（6）『エピクロス』七六頁、『ギリシア哲学者列伝（下）』三一三頁。
（7）『エピクロス』三九頁、『ギリシア哲学者列伝（下）』二六五～二六六頁。
（8）『エピクロス』四三～六四頁、『ギリシア哲学者列伝（下）』二六八～二九三頁。
（9）『エピクロス』八四頁、『ギリシア哲学者列伝（下）』三二〇頁。
（10）『エピクロス』八一頁、『ギリシア哲学者列伝（下）』三一八頁。
（11）『エピクロス』七四頁、『ギリシア哲学者列伝（下）』三〇八頁。
（12）中川純男翻訳『初期ストア派断片集1』京都大学学術出版会、二〇〇〇年、一六二～一六三頁、中川純男＋山口義久翻訳『初期ストア派断片集4』京都大学学術出版会、二〇〇五年、三一六～三一七頁。
（13）加来彰俊翻訳『ギリシア哲学者列伝（中）』岩波書店（岩波文庫）、一九八九年、二九四～二九五頁。
（14）山口義久＋中川純男翻訳『初期ストア派断片集5』京都大学学術出版会、二〇〇六年、一一～一三頁。
（15）『初期ストア派断片集4』一六一～一六二頁。
（16）『ギリシア哲学者列伝（中）』二七四頁、『初期ストア派断片集1』一一八頁、『初期ストア派断片集4』八頁。
（17）原著者による補い。
（18）『初期ストア派断片集4』四八頁。
（19）山下太郎翻訳「神々の本性について」『キケロー選集11』岩波書店、二〇〇〇年、一二二～一二三頁と『初期ストア派断片集1』一二三～一二五頁。
（20）『ギリシア哲学者列伝（中）』二三七～二三八頁。水落健治＋山口義久翻訳『初期ストア派断片集2』京都大学学術出版会、二〇〇二年、四三頁。
（21）永田康昭＋兼利琢也＋岩崎務翻訳「善と悪の究極について」『キケロー選集10』岩波書店、二〇〇〇年、一八二～一八三、一九四～一九五頁。『初期ストア派断片集4』一二四頁、『初期ストア派断片集1』二三一頁。
（22）エピクテートス、鹿野治助翻訳『人生談義（上）』岩波書店（岩波文庫）、一四四頁、一五九頁、『初期ストア派断片集4』一二四頁。
（23）兼利琢也＋大西英文翻訳『セネカ全集1』岩波書店、二〇〇五年、四三四～四三五頁。

第3章
徳倫理学と中国の儒教の伝統

フィリップ・J・アイヴァンホー

本章の主要な目的は、中国の儒教の伝統においてなんらかのかたちの徳倫理学を主張したさまざまな時代に属する思想家たちのうち、孟子（紀元前三九一年～三〇八年）と王陽明（一四七二年～一五二九年）を代表例として紹介し、彼らの見解を利用して、タイプの異なる複数の徳倫理学理論を区別する方法を提案することである[1]。中国の伝統のなかで、孟子と王陽明は最も著名で影響力のある儒教哲学者に数えられる。彼らの哲学は、複雑で内容豊かで説得力があり、徳倫理学理論の重要な側面を描き出している。多くの点で、孟子はアリストテレスのような思想家たちと同様の理論を主張しているように思われる。アリストテレスの徳概念は、人間本性の理論およびそれに関連する見解――理想的行為者の観点から描かれる人間的開花（human flourishing）[1]についての見解――と結びついている[2]。このタイプの理論を〈開花の徳倫理学〉（virtue ethics of *flourishing*, VEF）と呼ぶことにしよう。他方、孟子の見解の一部、とりわけ感情と共感の役割を強調する部分は、主として広義の感情という観点から徳を記述するヒュームらの感情説と重要な点で似ている。このタイプの理論を〈感情の徳倫理学〉（virtue ethics of *sentiments*, VES）と呼ぶことにしよう。孟子よりも王陽明のほうがヒュームやその他の感情説の支持者にいっそう近いように見えるのだが、王陽明の徳倫理学は、人間本性にかんする理論と、理想的行為者の観点から描かれる人間的開花という概念に依拠する点で、むしろアリストテレスの徳倫理学に近い。これらの類似点と相違点があるために、孟子の徳倫理学と王陽明の徳倫理学が本当のところどういった性質のものなのかについて、現代の哲学者たちの意見は一致をみていない。本章では、孟子と王陽明の徳倫理学がどのような特徴をもつのかを説明し、それによってそうした不一致を解消したいと思う。

種ではなく類

クリスティーン・スワントン（Swanton 2003, p. 1）の重要な指摘によれば、倫理学理論の一つのタイプとしての徳倫理学は種ではなく類である。言い換えれば、徳倫理学とは、徳を強調することが道徳を説明する際の中心的特徴となるような複数の倫理学理論を包括する類なのである。徳倫理学に包括されるさまざまな種の間では、徳の適切なリストにはどのような徳が含まれるのかについて意見が一致しない。そればかりか、そもそも徳とは何であるのか、もろもろの徳は互いにどのように関連するのか、善き生を定義するためにももろもろの徳はどのような仕方で結びつくのか（あるいは結びつかないのか）についても意見が一致しないのである。そこで、中国式の徳倫理学を考察するための事前準備として、西洋の伝統に見られる徳倫理学の主要な二つのタイプを概説することは有益であろう(3)。

徳倫理学と開花

西洋の伝統において、とりわけ広範に分析されてきた最もなじみ深い徳倫理学のタイプは、アリストテレスの著作のうちに起源とひな型を見出すものである。アリストテレスの徳倫理学は開花型徳倫理学の一種であるが、それには他とは異なる独自の特徴がある。本章の目的からすれば、互いに関連する二つの特徴が重要である。アリストテレスの徳倫理学は、第一に、人間本性の内容と構造と形式を記述しようとする包括的で詳細な概念に基づく。第二に、人間であるとはどういうことかについての理想的ないし範型的なモデルを用いて人間本性の開花を説明し、その人間本性の開花にかんする目的論的見解に基づいて徳を記述する。この二つの特徴はどちらもよく知られており、アリストテレス哲学のなかでも幅広く研究されてきた側面であるが、それはほとんどの儒教的徳倫理学に当てはまる際立った特徴でもある。とはいえ、一般的記述の段階から個別的記述の段階に移ると、アリストテレスと儒者の間には重要な違いがあることがわかる。たとえば、人間本性の内容と構造と形式について、儒者はアリストテレスとは大いに異なる考え方をする。というのも、人間本性についてのアリストテレスの考え方は、人間の機能（エルゴン）についての主張と分かちがたく結びついているからだ。すなわち、アリストテレスによれば、人間の最も特徴的な機能（エルゴン）は理性的活動であって、理性的活動は人間にとっての善き生の核であるばかりか最高の営みでもある。つまり、人間が営むことのできる最も価値のあるタイプの活動は観想なのである[4]。本章の考察対象である中国の儒者たちは、熟慮と注意深さが自己修養の過程に決定的に寄与すると信じる点でアリストテレスと共通するものの、理性の本質と役割と価値にかんしてはアリストテレスと見解を共有していない。さらに、アリストテレスの見解に含まれる第二の特徴は儒教的徳倫理学の重要な特徴でもあるのだが、この点にかんしても、儒者とアリストテレスの間には決定的に重要な違いがある。その違いは、儒者それぞれの倫理的見解の一般的特徴にではなく、彼らが推奨する特定の理想と範型に見られる。

徳倫理学と感情

感情型徳倫理学が描くのは、西洋の伝統のなかで開花型徳倫理学に次いで非常に影響力のあるタイプの徳倫理学である。感情型徳倫理学のうちで最もすぐれた代表例は、シャフツベリ、ハチスン、ヒューム、スミスといった思想家である。ノディングズ（Noddings 1986）やヘルド（Held 2006）といった、現代においてケアの倫理を提唱する人たちも、感情型徳倫理学の重要な特徴を共有する見解を示している。現代版の感情型徳倫理学を擁護する最も洗練された包括的な試みは、マイケル・スロート（Slote 2007, 2010）の著作に見出すことができる。スロートは共感の、より正確には共感的ケアリングの決定的役割を道徳的価値の基盤として強調する。先ほど開花型徳倫理学を論じたときと同様に、最も重要な点として感情型徳倫理学の二つの特徴に注目しよう。(1) 感情型徳倫理学は人間本性の一般的理解に基づいており、その理解は人間心理の諸側面に焦点を合わせている。(2) 感情型徳倫理学は、同じ社会の内部であれ異なる社会間であれ、個々人が互いに円滑で快適で有益な交流をするための手助けとなる性向という観点から徳を記述する。

第一の特徴にかんして言えば、感情型徳倫理学は開花型徳倫理学に似ている。しかし、開花型が人間本性の内容と構造と形式について包括的で詳細な説明を与えようとするのに対して、感情型は考察対象をいっそう限定し、主として感情の一般的な源泉と傾向と能力を分析する。第二の特徴にかんして言えば、感情型徳倫理学は開花型徳倫理学と異なっている。つまり、感情型徳倫理学の記述するひと揃いの徳は、範型となるモデルにおいて表現される人間的開花という単一の理想を生み出す仕方で一体をなすのではなく、ある種の状況のもとでどのような生き方が最も快適で有益なのかについての概念を形成する仕方でゆるやかに結びつくだけである。なんらかの種類の開花型徳倫理学を奨励する人たちとは対照的に、感情型徳倫理学の支持者は、理想的な人間とその性格に対してよりも、理想的な特性とそれが生み出す利益にいっそう関心がある。

両陣営の間にあるこの違いから、次のような一つの結論が導かれる。すなわち、感情型徳倫理学にとって徳というものは、人間本性が真正・完全・適切なかたちでそのまま現れ出たものというよりむしろ、特定の社会状況の範囲内で人間心理の特徴が表現されたものなのである[5]。たとえばヒュームは、思慮を備えた人を善の理想的規範やあらゆる人間の生の目標として記述したり引き合いに出したりはしない。その代わりに、人道的で協調的な社会の形成と維持のために、そして世界各地のさまざまな社会と快適で有益な交流をするために、人はどのような特徴を備えていなければならないのかを記述する。ヒュームは、物事がうまく運び不和にならない生き方をするために彼と同時代の人々が必要とするものを、生活がいっそう単純で、親密な関係のなかで人々が生きていた過去の時代に必要であったものと区別する。言い換えれば、ヒュームにとって、徳とはある特定の社会状況のなかで善く生きるために必要となる特徴を実践的なかたちで表現したものである。人間本性は最善の種類の生活を作り出すための源泉として役立つとはいえ、人間本性の開花がただちに有徳な生き方につながるということは決してない。感情型徳倫理学には、明確に定まった道筋や目標の代わりに、確固としているが一般性も備えた心理学的基盤がある。感情型徳倫理学の現代の支持者は、自分たちの見解の論拠として同時代の心理学的知見に訴えることが多い。現代の心理学者には、心理的な能力と傾向性とメカニズムに焦点を合わせる一方で、人間本性についての包括的で規範的な説明という開花型徳倫理学に特徴的な種類の説明を避ける傾向がある。概して言えば、感情型徳倫理学の手法は開花型徳倫理学と比べていっそう経験的であり、最も真正なかたちの人間的開花とは何かを明らかにすることよりも、何が快さや有益さを生み出すのかという点に目を向けているのである。

孟子

孟子の道徳哲学は、先に論じた開花型徳倫理学の二つの特徴をどちらも示している。すなわち、第一に、孟子は人間本性の内容と構造と形式を記述しようとする包括的で詳細な理論に明示的かつ直接的に依拠しており、第二に、人間的開花を「君子（junzi）」と「聖人（sheng ren）」という範型的モデルを用いて説明し、独自の仕方で理解された人間的開花へとつながる自己修養のプログラムを提示しているのである。この二つの特徴は『孟子』においてどのような固有のかたちをとるのか、また、開花型徳倫理学が孟子独自の仕方で表現される際に、この二つの特徴がどのようにかかわってくるのかを探究してみよう。

人間本性

孟子は人間の本性を善とする説でよく知られている。孟子がその説で言おうとしているのは、人間は生まれつき完全に善いということではなく、人間は道徳的感受性を備えて生まれ、その感受性のおかげで人間は有徳になる傾向をもつということである。具体的に言えば、人間には徳の四つの「芽」（端（duan））が備わっていると孟子は主張する。(6) 生まれつき人間に備わる道徳的な感受性や傾向性を記述するために「芽」という農業の比喩を用いることは、孟子の考え方の特徴として孤立したものでもなければ些細なものでもない。(7) こういった比喩は、人間の発達の内容と構造と適切な道筋にかんする孟子の記述全体を通して見受けられる。たとえば、孟子は徳の芽の発育や発育不全を自然ではあるが偶然的な大麦の成長にたとえる（『孟子』告子上）。このようなアナロジーを通じて孟子が示そうとしているのは、第一に、あらゆる人間は道徳面で成長する能力を平等にもっていること、第二に、道徳面での成長は人間にとって自然ではあるものの、そのためには傾注と努力が不可欠であること、第三に、環境、影響、傾注、努力の点での程度の違いを別にすれば、人はみな共通の道徳的目的へと向かう傾向をもつということである。自己修養は農業に非常によく似ている。つまり、自己修養は、自然本来の目的の実現を目指す思慮深い努力から成り立つのであって、その目的とは、あらゆる人間に共通すると考えられる開花という理想である。孟子は、道徳面での自己修養は人間本性が花開くこと、すなわち「開花」（ラテン語の florere）を手助けしようと努めることであるという考えを、農業の比喩を通じて一貫して指摘したり示唆したりすることで、人間的開花の倫理の最も明白な例の一つを与えるのである。

農業の比喩の使用は、単なる文学的装飾ではない。一連の農業的比喩を見れば、道徳面での自己修養にかんする孟子の基本的主張がわかるだけでなく、孟子の倫理的見解に含まれる細やかで独特の特徴をも読み取ることができる。たとえば、「宋の農民」（『孟子』公孫丑上）という寓話のなかで、自己修養を強引に進めようとすることがいかに危険であるかを警告する際にも、孟子は農業の比喩を用いている。この寓話の中心的主張は、道徳的に向上しようとして努力しすぎる場合が人にはありうること、そして、そのような行き過ぎた努力は、性格を改善させないばかりか、かえって有害であり、自己修養の失敗を決定づけることさえあるということだ。自己修養には農業と似たところがあって、われわれは献身的ではあるが忍耐強く待つこともできる農夫のようになるべきなのである。

開花と理想

孟子を開花型徳倫理学の支持者とみなす主張を完全なものとするためには、孟子の道徳哲学にかんしてあと一つだけ考察すべき特徴が残っている。つまり、徳と人間本性の開花にかんする孟子の説明は、人間であるとはどういうことかについての理想的ないし範型的モデルのなかで表現されているという点を示さなければならない。その証拠を見つけることは容易であり、曖昧なところはない。道徳的理想についての孟子の説明は、実在した聖人と偉人のふんだんな例に直接的かつ明示的に依拠している。この点にかんして注目すべきは、儒者の道を表現するために孟子が「堯舜《ぎょうしゅん》の道」(堯舜之道(Yao Shun zhi dao))といういっそう完全な表現を用いたことである[8]。このことは、たいていの徳倫理学に当てはまる重要な特徴の一つを具体的に示している。すなわち、徳倫理学は徳についての〔実質的・具体的な内容を伴う〕濃密な記述に依拠しており、その結果、徳とは何かの説明の一部として、歴史上に実在した人物の生が引き合いに出されることが多いのである。この特徴は儒教の思想家全般に見られる。多くの研究者が指摘するように、中国の思想家たちは歴史と倫理学の間に非常に密接な関連を見て取る傾向がある。彼らを開花型徳倫理学の支持者とみなすならば、歴史と倫理学がそのように密接に関連づけられる理由もわかるのである[9]。

　孟子の道徳哲学において、聖人やその他の偉人を引き合いに出すことには多くの役割がある。孟子が入念に強調し繰り返す要点の一つは、道徳の模範となるこれらの人物がその他の人間と本質的には異ならないということである。彼らはすべての人間のうちにある最善のものを体現しており、規範と激励の両方として受け取るべき目標を与えてくれる。孟子が言うには、「堯と舜はその他の人間と同じ」である(『孟子』離婁下、告子下)。さらに孟子は、出身地が異なり、背景が大いに異なるにせよ、聖人はみな同じ道徳的理想へと到達すると指摘している(『孟子』離婁下)。孟子が明らかにするところでは、道徳的模範となるこれらの人物は、正常に能力を備えて生まれた人間であれば誰でも手の届くところにある開花という、共有された概念のモデルとなっているのである。この点は『孟子』告子上篇などの箇所でなおいっそう明らかにされており、孟子は次のように主張している。道徳だけでなく、料理、音楽、美的対象のよしあしを判別する適格な規準には、学習と修養に基づく総意が表れており、その総意には人間本性の洗練された姿が映し出されている。聖人は、適切な知識と経験と熟慮する時間があれば誰でも承認し喜ぶはずのものを最初に発見する人にすぎないのである。

道徳の模範として孟子が言及する聖人や君子は、歴史上実在した何人かの人物に限定されるわけではない。彼は著作全体を通じて道徳の模範についての一般的概念を展開している。たとえば、孟子は賛意を示しながら孔子の弟子の見解を引用する。その弟子は、孔子をこれまでに存在したなかで最大の聖人として賞揚しながらも、普通の人間には決して到達できない規準をそこで提示していると誤解されないように、「聖人は他の人間と同類である」と念を押すのである（『孟子』公孫丑上、告子上）。さらに孟子は、将来現れる聖人たちにも言及し、彼らはいまここにいる教養ある人たちと同じ道徳感覚（moral sense）をもち同じ道徳判断に至るだろうと主張する。たとえば、「聖人が再び現れるとすれば、彼は私が言ったことにきっと同意するだろう」（『孟子』公孫丑上、滕文公下）と孟子は言っている。これまでに述べてきたことから明らかなように、孟子は人間的開花の概念を表現するために、人間であるとはどういうことかについての理想的ないし範型的モデルを幅広く使用する。人間の模範となるこうした人物たちは、善き生を構成するためにもろもろの徳はどのように機能し、どのように互いに結びつくのかを示す具体例なのである。

孟子は人間的開花についての説明を入念に作り上げた。彼が用いるひと揃いの農業的比喩は人間本性にかんする目的論的見解に依拠しており、その見解によって、植物の成長（初期の芽から、十全に開花し成熟した標本のような実例までの成長）と道徳感覚の発達（徳の「芽」から徳へと至る発達）の間の類似性が示される。また、孟子の道徳哲学は、実在の理想的行為者と仮想の理想的行為者という観点から、自己修養が首尾よく完了するさまを表現している。徳の模範となるそのような人物は、人間という種のうちの健全な実例として提示され、ある人の道徳的発達と達成度合いを測るための規準を与えるのである。さらに、農業の比喩を用いることによって、孟子は人間本性と自己修養について説明するだけでなく、道徳上の失敗についても説明する。これによって、孟子はわれわれが発見することを望みうる開花型徳倫理学の最も明白な支持者の一人となっているのである。

孟子を研究する現代の哲学者のなかには、孟子を開花型徳倫理学の支持者と解釈するのが生産的であり、最良でさえあると主張する人たちもいる（Yealey 1990; Van Norden 2007）。他方、孟子の見解とデイヴィッド・ヒュームの見解の類似性を指摘し、その類似性を根拠にして、孟子を感情型徳倫理学の支持者と理解すべきだと主張する者もいる（Liu 2002, 2003）。この問題にかんしてどのような立場を採るかは、開花型徳倫理学と感情型徳倫理学についてどのような特定の理解をもっているかによって大部分は決まる。そのため、開花型と感情型の明白で実用的な定義から始めることが不可欠なのである。孟子を開花型徳倫理学の支持者と考える研究者は、徳にかんする孟子の論述を指し示し、孟子は開花という理想を描いたと主張する傾向にある。他方、孟子を感情型徳倫理学の支持者と考える研究者は、四つの芽にかんする論述〔四端説〕に着目し、それらが他者への共感を可能にする感情的反応を描いている点を強調する。以上のどの主張にも真実が含まれている。しかし、開花型徳倫理学と感情型徳倫理学という表現によって何を意味しているのかを明確にすることに加えて、次のような事柄も注意深く説明する必要がある。(1)「開花」という言葉によって何を意味しているのか、また、開花という理想に徳はどのように関連するのか。(2)共感的ケアリングの本質は何か、また、道徳的主張を理解するときだけでなくそれを正当化するときに、共感的ケアリングはどのような役割を果たすのか。私は開花型と感情型という二つの理想的な型を提示し、それらを利用して孟子は開花型徳倫理学の支持者であると論じた。本章の結論部では、孟子の開花型徳倫理学に含まれるさらにいくつか

の独自の特徴を探究するつもりである。(10)

王陽明

王陽明の道徳哲学のなかで最も印象的で独特な特徴の一つは、自己と世界との一体性の感覚に照らして何かを成し遂げ生きてゆくことを強調するところにある。この理想は、天と地と万物とを一体とみなす彼の教説（天地萬物為一體（tian di wan wu wei yi ti））のなかで表現されている。あらゆる人間、あらゆる生物、世界のあらゆる事物と自分を一体のものとして感ずるというこの理想は、王陽明の哲学の他の側面と並んで、共感的ケアが彼の倫理学の重要な部分であるという極めて強い印象を与えるのだが、そのような印象は間違っていない。この後に続く論述から明らかになるように、共感的ケアの概念とそれが道徳生活のなかで果たす役割は、王陽明の道徳哲学を決定づける特徴である。われわれは、王陽明の教説を分析する際にこれらの問題にかなりの注意を払ったうえで、本章の結論部でも再び論ずることにしよう。とはいえ、孟子の場合と同様に、共感それ自体の重要性はわれわれの主たる関心事ではない。われわれが答えようとしている問いは、王陽明は徳倫理学者なのか、また、もし彼が徳倫理学者であるならば、どのような種類の徳倫理学者なのかという問いだからである。

最近に至るまで、王陽明を研究する現代の学者たちは、彼の倫理学理論だけでなく、彼の哲学のより宗教的な側面に焦点を合わせる傾向があった（Tu 1976; Ching 1976; Tien 2004）。なぜなら、王陽明の見解はすべて、現代の分析倫理学というよりは宗教の特色である形而上学体系を基盤にしており、その体系にかなりの程度依拠していることに彼らは気づいたからである。王陽明の形而上学的見解を彼の倫理学の不可欠な要素として分析することに何の妨げもないのは確かであるが、倫理学に関心を抱く現代の哲学者たちは、概して、形而上学的な立場に強く肩入れしながら倫理学体系を構築する哲学者を避ける傾向がある。この点で、王陽明の道徳哲学は、哲学の分野よりも宗教研究の分野で論じられることが多いさまざまな形態の仏教やトマス・アクィナスの道徳哲学にいっそうよく似ている。王陽明の見解は、仏教の影響を受けており、仏教ほどではないが道教の影響も無視できない程度に受けている。このことを理解しなければ、王陽明の見解を正確ないし適切には理解できないと私はかつて論じた（Ivanhoe 2000, 2002）。その考察を土台にして、以下では、開花型徳倫理学の支持者として王陽明を理解するのが最良であることを論ずる。

人間本性

開花型徳倫理学の支持者として王陽明を理解すべきだという私の見解を支えるおもな証拠は、王陽明の道徳哲学が、孟子の哲学にも見られる先に記述した開花型徳倫理学の二つの特徴を示していることである。王陽明は、人間本性の内容と構造と形式を記述しようとする包括的で詳細な理論に明示的かつ直接的に依拠している。人間本性にかんする彼の理論には孟子の理論といくつか類似点があるものの、仏教と道教の影響によって人間本性についての王陽明の理解は根本的に変わった。孟子とは違って、王陽明は人間本性の説明を哲学的人間学に基礎づけるのではなく、包括的な形而上学理論を基礎に据えて人間本性とは何かを説明する。後に見るように、この転換によって、王陽明の倫理的感受性の本質的なあり方だけでなく、それが及ぶ範囲も変容したのである。王陽明は、人間的開花についての独自の概念へとつながる道徳的自己修養のプログラムを提示するのだが、彼はそれを倫理的および精神的な理想としての「聖人（sheng ren）」という観点から記述する。(11) ここでもまた、孟子の哲学との連続性に加えて、かなり根深い違いが見られる。たとえば、仏教の影響、特に禅の影響を受けて、王陽明とその同時代人は、聖人の境地に到達する「悟り」（悟（wu））の儒教的な形態に多大な関心を抱いていた。だが、悟りを重要視することも、悟りが「突然」生じる可能性を認めることも、孟子の考え方には含まれていない[12]。王陽明の道徳哲学を記述しながら、孟子と王陽明の類似点と相違点をさらに探究し、王陽明を開花型徳倫理学の支持者として理解する根拠を提示することにしよう。

王陽明は新儒学の（neo-Confucian）思想家たちの間で広く受け入れられていた互いに関連する一群の信念を抱いていたが、その多くは現代では到底擁護できないものとみなされるだろう。私はその一群の信念を王陽明の見解の「高潔な形而上学的」側面と呼んだことがある。ここではそれを擁護せずに、記述することだけに努める。王陽明の見解をどのような仕方で解釈すれば、現代の徳倫理学にとって重要な思想の源であり続けるのかについて、私は結論部で論ずるつもりである。さて、王陽明が受け入れていた見解によれば、人間は誰しも、純粋で完全な道徳的精神（心（xin））を生まれつき備えている[13]。まじり気のない本来の状態では、この精神は、世界の根本的で規範的な様式と推移を決定づける諸原理（理（li））の集まりから成り立っている。〔世界の諸原理にはさまざまな様態があるのだが〕、純粋な形態の人間精神は、その諸原理の活動的で意識的な様態である。この幸運な対応関係によって、王陽明は広範囲に及ぶさまざまな現象を説明し、いくつかの厄介な哲学的問題を解決する方法を手に入れたのである。たとえば、われわれはいかにして周囲の世界を理解できるようになるのかという問題は次のように説明される。すなわち、われわれの精神は原理であるる以上、精神の原理が事物および出来事の原理と適切に一致する場合にはいつでも、われわれは世界を理解することができるのである。

他者との結びつき

この対応関係は、われわれと世界とは「一体をなしている」（一體（yiti））というもう一つの代表的教説のなかで重要な役割を担っている。この教説の背景には、われわれと世界は同一の諸原理を共有しているという基礎的な形而上学的信念がある。王陽明がしばしば用いる別の表現で言い換えれば、われわれは共通の「本来的精神（original heart-mind）」（本心（ben xin））あるいは「本性（ben xing）」を世界と分かち合っているという信念である。精神あるいは本性という共有されたこの原理は、次のような実際的な結果をもたらす。すなわち、われわれは、自分の物理的身体のあらゆる部分とのつながりを感じるのと同様に、世界におけるあらゆる事物の一つ一つとのつながりを感じるのである。[14] この事実の認識――この事実の力を十全に理解し感じるという両方の意味での認識――を妨げる唯一の要因は、われわれの精神が身体という物質的な型のなかに組み込まれていることである。この物質的な型は、われわれを世界の真のありさまから引き離し、真のありさまについて誤った印象を生み出す傾向にある。精神が物質的な型に組み込まれているせいで、われわれの純粋な精神はある種の気（氣（qi））の影響をこうむり、それによって、われわれの真の本性と世界との根本的な関係が覆い隠されるのである。[15] このように引き離された結果、われわれは、相互につながりをもたない独立した生物として自分は存在するという誤った見解へと至り、自分の個人的な必要と欲求を満たすことに過度の関心を抱くようになる。これが理由で、たいていの人間は利己的になりがちであり、世界を実際にそうであるとおりに、つまり相互につながりをもつ統一体として見ることができないのである。[16] そのような歪んだ見方は、疎外といらつきと幻滅をいっそう深めるよう作用し、ますます多くの強烈な「利己的欲求」（私欲（si yu））を生み出す働きしかしない。そして、今度は反対に、その利己的欲求のほうが、われわれの「気」をさらに濁らせ、自分自身に対する知覚と周囲の世界に対する知覚の両方を歪めてしまうのである。

王陽明は新儒学の先達に倣って、人間と生物と事物の福利に対する関心の欠如を世界に対する「感覚の麻痺」（不仁（buren））と表現した。この表現は、われわれ人間と世界を「一体」と捉える彼の構図にぴったりと合う。というのも、王陽明の時代の中国語では、「不仁」という語は苦痛や苦悩に対して「無感覚」であることを意味するだけではなかったからである。その語は、身体のある部分の麻痺を表す医学用語でもあった。世界に対して無感覚な（すなわち善意に欠ける）人は腕が麻痺した人に似ているという点を新儒学の思想家はすぐに指摘した。その人は、麻痺した腕と自分がつながっていることを否定するかもしれないし、腕に傷を負ったときに、なんら注意を払わないことさえあるかもしれない。しかし、それでもなお、彼は世界とも負傷した腕とも「一体」なのである。(17)この見方が示唆するように、王陽明の主張によれば、人間はどれだけ惑わされようとも、ある深いレベルでは、純粋で完全な道徳的精神を依然として所有している。人間の道徳的精神は妨害されるかもしれず、利己的欲求の「雲」の背後に消えてしまうにせよ、その雲の上空で太陽は依然として輝いているのである（Ivanhoe 2002）。そして、この悲しむべき事態から抜け出す方法は、利己的欲求の除去に狙いを定めて自己修養をし、それによって自分の「気」を純化するという能動的プログラムだけなのである。

王陽明は「良知（pure knowing）（liang zhi）」という特別な術語を用いた。道徳的状況に対する本来的精神の反応を記述するために、彼はこの言葉を孟子から借用したのである。(18)王陽明にとって、良知は善悪を見分ける能力である。利己的欲求や目を曇らせる「気」によって妨げられることがなければ、その能力は、いかなる道徳的状況に対しても、知覚、理解、判断、意志、行為という一連の過程のなかで自然に反応する（Ivanhoe 2002, pp. 99-100）。王陽明は、良知が道徳的状況に反応する性質を、鏡が反射する性質になぞらえたり、われわれが自然と美に引きつけられ、悪臭によって自然と不快になるさまになぞらえたりする。こうしたいろいろな比喩によって、良知は、自然に発動する生得的かつ完全に形成された複雑な能力として描かれる。そのような道徳的視力（moral vision）は、適切に秩序づけられた生活のなかで機能するということ、また、道徳にかんする完全で正確な理解と行為を保証するには、そうした道徳的視力だけで十分であるということについて、王陽明の見解は揺るぐことがなく、またきわめて明快であった。われわれの精神の能力である良知には、もともといかなる欠陥もない。真の危険はむしろ、良知の力と能力に対する自信や信頼の欠如である。われわれは、余すところなく徹底的に良知を信頼しなければならない。また、良知が自然に発動するのを妨げてはならず、その発動を手助けするほんのわずかな努力さえしてはならない。良知を向上させるいかなる試みも、われわれの精神にとって何か異質なものを、すなわち純粋さの点で劣る要素を付け加えることになる。その要素は、もともと明晰である道徳的視力に固着し、その視力の働きを妨げることしかできないのである（Chan 1963, pp. 256-257）。

自己修養と発見

人間本性と人間の道徳的能力について、また、道徳上の失敗の源泉について、王陽明の見方は孟子の見方とはずいぶん異なっている。その結果、自己修養についても孟子とは異なる説明を与えることとなった。すなわち、自己修養にかんして、孟子が描いたのは農業に着想を得た発達モデル（development model）であったのに対して、王陽明が提示したのは個人に焦点を絞った治療的な発見モデル（discovery model）であった（Ivanhoe 2002, pp. 88-108）。孟子は、ケアと育成と傾注を段階的かつ着実に行うことを勧める。他方、王陽明は弟子たちを促して、自分自身の精神の動きと反応に対する強度の注意深さ――これは仏教で言われる気づき（mindfulness）の儒教版である――を維持させようとした。その目的は、絶えず用心し警戒した状態で過ごし、「気」を純化するために、利己的欲求らしきものがあればそれを探し出して根絶やしにし、本来的精神に備わる無数の原理が輝き出して「道」を照らすのを可能にすることであった（Ivanhoe 2002, p. 102）。

王陽明の究極的な目標は、良知の力を作動させてそれを完全に働かせることであった。そのために必要とされる意識と注意深さを養い始めるとすぐに、良知はわれわれに知識を与え、われわれを導き始める。良知は、利己的な欲求を追い払い、その支配力を弱め、「道」に沿った行路を照らし出す力をもっている。利己的性質と干渉的な「気」の支配から良知をうまく解放するならば、そのときわれわれは、万物とのいっそう広範囲で深い一体感を得るのである。[19] 王陽明にとって、共感的関心（empathic concern）は人間心理の特徴にとどまるものではない。それは、自己の真の本性と自己と世界の関係を理解することから実際に帰結するものである。王陽明の場合、共感的関心という概念は、他の人間と生物と事物に対する配慮の原因でも、その配慮を正当化するものでもなく、利他主義の表現の一つでもない。因果関係も正当化関係も、それとは逆向きである。つまり、われわれが他の人間と生物と事物に対して共感的関心を抱き、それらの利益のために行為するのは、一体感があるからこそであり、一体感の結果としてなのである。王陽明は利他主義の可能性を探究していたのではない。彼は一体性の含意を記述していたのである。

開花と理想

孟子と同様に、王陽明も人間本性の内容と構造と形式を記述しようとする包括的で詳細な概念を提示する。王陽明を開花型徳倫理学の支持者とする見方を完全なものとするためには、最後に次の点を示すだけでよい。すなわち、道徳面での自己修養にかんする王陽明の教説は、人間であるとはどういうことかについての理想的ないし範型的モデルにおいて表現される人間本性の開花にかんする見解に基づいて展開されるという点である。このことを証明するのはたやすい。道徳的理想を描く際に、王陽明は孟子と同様、「君子（junzi）」

と「聖人（sheng ren）」の概念を広範囲にかつ決定的な仕方で用いる。歴史上実在した人物を引き合いに出したり、そうした理想的人物についての一般的な理解を使用したりする点で、孟子と王陽明は完全に一致していたが、王陽明はそれよりもはるかに大きな関心を聖人の境地という理想に向けた。[20] そのうえ、孟子の場合とは違って、弟子たちは王陽明を理想的人物の生きた例であるとみなし、王陽明自身も自分のことをそうみなした。[21]「街は聖人で満ちている」（Chan 1963, p. 240）と彼が繰り返し主張していたという事実を考慮に入れれば、このことはそれほど驚くべきではないかもしれない。それに、聖人で満ちているという点は、すでに紹介した彼の哲学の諸部分から推測可能である。あらゆる人は、本来の純粋で完全な精神を生まれつき備えており、それによって、世界のあらゆる原理を所有しているのだから、誰もが聖人の素質をもっている。われわれは、自らの内にあるものを発見しさえすればよいのである。

結論

孟子――開花と社会性

現代の道徳哲学の源泉の一つとして孟子に目を向けるならば、彼の思想には特に興味深くかつ重要な側面が二つある。一つは、孟子の倫理学だけでなく、おそらく儒教思想全般に当てはまる特徴であろう。すなわち、孟子の抱く開花の概念は、単に個人個人の善だけでなく、より大きな社会的単位の善に明白に結びついているのである。[22] 儒教的生を善き生とするものは、家族を繁栄させ、平和で思いやりのある社会を形成するものと密接に結びついていると孟子が考えていたことは、歴史上の聖人にかんする論述と徳にかんするより一般的な説明から明らかである。道徳的に善き生は、その生を送る人にとって善きものであり、開花という本来のあり方を構成すると孟子は信じている。だが、そのような開花の核心部には家族と社会一般の善がある。家族と社会一般は、人間的開花の単なる背景ではなく、それを可能にする単なる条件でもない。それらはわれわれの行動に制約を課し、生を善くするものの中核となる要素を与えるのである。儒教的徳倫理学のこれらの特徴によって、たいていの西洋的徳倫理学からそれを区別する多くの特質が説明できる。たとえば、儒教は家族や孝行心といった徳を強調することでよく知られている。[23] 多くの学者が指摘してきたことだが、儒教は共同体を基盤とする善概念をいっそう強く支持しており、自己というものを独立した個人であるよりはむしろ他者と関係する存在と捉える。[24] たしかに、孟子の徳論は人間的開花についてのかなり明確で詳細な概念に結びついており、その概念は対応する聖人概念によって具体的に説明される。しかし、ある人の生を善くするものについての孟子の考えは、その個人を越えた広範囲の人々に複雑な仕方で密接に結びついているということを忘れてはならない。このことは、ある種の感情型徳倫理学と重要な共通点をもつものとして孟子の見解を解釈することが適切である一つの理由となる。とりわけ、善き生と自己の個性化にとって人間関係の果たす役割を強調する、そうした現代のフェミニストの立場から感情型徳倫理学を支持する者たちと重要な共通点をもつのである。

孟子——人間本性

孟子の道徳哲学のうちで私が探究したい第二の側面は、人間本性と開花についての孟子の考え方に含まれる特異性と細部にかかわる。その考え方は、いくつかの重要な点で特殊で狭すぎるため、知識と思慮のある現代人にとっては役に立たず、再解釈と修正を必要とする。この弱点は、避けることができないばかりか、次の事実によってなおいっそう深刻なものとなる。すなわち、すでに指摘したように、孟子は人間本性と開花にかんする見解をより大きな社会単位についての規範的説明に結びつけているのである。これらの問題にかんする孟子の歴史的見解を擁護したいとは誰も思わないだろう。なぜなら、その見解が与えるのは、人間とは何であり、何になりうるのか、何を楽しむのかについての、また、人間が形成することができ、かつ誇りをもつことのできる社会とはどのようなものかについての、限定されすぎた信じがたい説明だからである[25]。もっとも、より柔軟で説得力のあるものに修正した場合でも、孟子の見解を擁護することはできないのかどうか、この点については確言できない。つまり、どのようにすれば、人間の必要と欲求と能力を開発し、家族的にも社会的にもより大規模な秩序の内部でそれらを調和させることができるのか、という問いを開かれたままにしておくかたちの見解へと修正した場合である。この修正によって、価値の多様性を認める形態の儒教が必要となるだろうし、私が倫理的無差別（ethical promiscuity）と呼ぶものの一種が入り込む余地も生まれるかもしれない[26]。

王陽明——他者との一体性

王陽明の一部の教説を除外すれば、ある種の道徳的諸問題の本質とそれらの問題を実際にどう解決すればよいのかにかんする貴重な洞察を保持することができる。たとえば、生得的な道徳能力についての彼の見解を脇に置いて、われわれが論じているのは成熟した道徳的行為者に備わる感受性であると想定してみよう。そうすれば、利己的欲求による妨害についての王陽明の考え方は、多くの場合に非常に理にかなったものであり、道徳認識論および道徳的知覚の現象学の重要な特徴を捉えていると言えよう。控えめに見積もってもさまざまな状況において、道徳的に行為することに人が失敗するのは、知識の欠如のせいではなく、自分自身の利己的欲求に対する過度の関心のせいである（Tien 2010）。欲求は、非常に巧妙かつ複雑な仕方で作用することが多い。つまり、不適切な行為をかなり善いものと思わせ、倫理的に望ましい他の選択肢に気づいたり注目したりすることを困難にさせる仕方で物事が「目に映る」ようわれわれを導くのである。利己的欲求は、自己に対する過度の関心に奉仕するよう理性に協力を求め、その原因にさらに力を与え、利己的な視点から世界を見ることを強化することができる。利己的な行為、決心、信念を「合理化する」とは、多くの場合、およそ以上のようなことを意味する。[27] そうした誤った知覚の支配から逃れるためには、自分が過度に利己的であることを自覚し、そのことに注意しながら、われわれの内にすでに備わっている他者指向的な欲求のほうにもっぱら関心を向ける必要がある。[28] そのためには、自分以外の人間と生物と事物は、自分の物理的身体の一部でないことは明らかだが、それでも自分の生の一部であり、自分は何者であるかを部分的に規定するという点を認識することがしばしば要求される。王陽明の用語で言えば、われわれは、世界のうちの控えめに見ても多くの部分と自分が「一体」であるということを認識し理解するようになるべきである。このような見解によれば、道徳的知覚というのは、理性の適切な使用にかかわるというよりは、自己についての基本的な考え方と個人の幸福についての関連する考え方とにかかわる。[29] ある自己概念を別の自己概念に改めたり変えたりすることは、出来事の知覚に多大な影響を与えうる。われわれは、同じ対象が劇的に異なる仕方で見えるようになる、そうした一種のゲシュタルト転換を経験しうるのである。

王陽明——自己修養

自己修養にかんする王陽明の見解から得られるものは他にも多くある。そのうちの一つは、〈道徳学習は、自分が実際に経験する出来事に基盤とつながりをもつ場合に、最も頻繁かつ効果的に行われる〉という考え方である。[30] 王陽明は同時代の多くの思想家を厳しく批判した。というのも、彼らは日常生活での実際の行為や出来事から道徳学習を切り離し、その代わりに、あまりにも抽象的な思弁的学説や固定した歴史的説明や中身のないしきたりという型に道徳学習を過度に押し込めたり、さらにはそれらの研究だけを道徳学習とみなしたりしたからである（Ivanhoe 2002, p. 130）。これに対して王陽明は、われわれが道徳面で向上することがあるとすれば、それは日常の実際の行為や出来事のなかで作用するように良知を働かせるときであると主張した。さまざまな形態をとる道徳研究（study of morality）に専念するよりむしろ、生きていくなかでどのように考え、感じ、振舞うのかに対する高度の意識と注意深さを養成することに集中するよう彼は促す。われわれがよく考えるべきことは、第一に、自らの内部にすでに備わっている規範としての良知に従って生きているかどうかである。第二に、われわれは、父・母・夫・妻・子・姉（妹）・兄（弟）・教師・トラック運転手・判事・レジ係など、どのような立場であれ、自分が本来そうあるべきだとわかっているあり方で生きているのか、それとも過度に利己的な欲求に妨げられて、誤った方向へ進んでいるのかどうかである。

王陽明——一体性の意義

自己と世界との一体感が道徳生活のなかで果たす役割にかんする王陽明の主張も非常に啓蒙的であり重要である（Tien 2012）。われわれは、「原理」や他の何か形而上学的に不明瞭な存在を分けもつことによって自分が世界と直接結びついていると考える必要はない。そのように考えなくても、自分は世界と分かちがたく結びついているという確固とした感覚を擁護することができる。その感覚は、われわれには見えない世界の諸側面を明るみに出すものであり、われわれの理解を導いて行為へと至らせることができるものであり、またそうすべきものでもある。事実、現代の心理学者の何人かは、共感的関心ではなく一体感こそが他者を助けるよう人を動機づけると論じている（Cialdini *et al.* 1997）。そうした研究は、善意のある仕方で感じかつ行為する人たちは、ほとんどの場合、他者に対してより大きな共感的関心を抱くがゆえにではなく、「よりいっそう他者と一体であると感じる——つまり、他者のうちに自分を知覚する——がゆえにそうする」という考えに依拠している（Cialdini *et al.* 1997, p. 483）[31]。こうした見解によれば、他者への関心は、より広い視点から自己を捉えることに基づくのだから、純粋に無私であるわけでも利他的であるわけでもない。増え続けている実験結果の数に加えて、この見解は進化論における「包括適応度」のような考え方によって支持される[2]。この考え方のもとでは、一体感はいっそう明白であり、共有された遺伝子の継承に関連づけられる。もっとも、一体感をもつのは遺伝子を共有している場合に限定されるわけではないし、一体感は主として遺伝子に関連するとさえ言えない。われわれは他にもさまざまな仕方で他者と一体であると感じることができる。たとえば、遺伝的継承と同程度の強さで世代を超えて伝達され継承される、もろもろの考えや信念やイメージや象徴や慣行を他者と共有することができるのである。

一体という現象に対する王陽明の考え方は、他の人間に対する真の関心の可能性にもっぱら焦点を合わせる傾向にある現代の心理学者の仕事を大きく超える地点へとわれわれを連れてゆく。われわれは他の人間との一体感だけでなく、他の動物や植物、さらには無生物との一体感でさえ感じることができ、ある程度なら現に感じているのであって、そのような感覚は、自分以外の生物と無生物のために行為するようわれわれを促す不可欠の要素である。この考えは十分に理にかなっている。それどころか、本来の意味での自然界とわれわれ自身が密接につながっているということや、両者には互いに結びついた共通の未来があるということを否定する（王陽明の言葉を借りれば、「無感覚」である）のは、最良の科学的知見に明らかに反しており、非合理的であり、人間以外の地上のさまざまな生命体だけでなく、人間の幸福にとってもとてつもない脅威である。王陽明の見解は、より広い視点から自己を感覚することが、他の人間、動物、植物、事物への関心の最も強力な基盤の一つであるということを示唆する。控えめに見てもかなり多くの場合に、たとえば包括適応度について、またわれわれと自然との進化上の相互関係全般について言えば、拡張された自己理解というものは世界に対する単なる態度にとどまらない。それは、世界のなかでわれわれが大切に思う事物とわれわれがどのように関連しているのかにかんする重要な事実を反映するのである。

この種の見解に対する疑念の一つは、利他主義の可能性が否定されるのではないかというものである。というのも、その見解は、他の人間、動物、植物、事物の利益のために行為するとき、実はわれわれは自分自身を助けているにすぎないと言っているように見えるからだ[32]。利他主義はわれわれの行為が無私であることを要求するのだが、自己と他者が一体であるとすれば、ある程度まで他者は自己のうちに含まれることになる。これは複雑で微妙な問題であり、私はここで解決を試みることはしない。ただし、一部の研究者たちはこの問題にかんしてあまりにも性急に解決を求めているという点は示唆しておきたい。たとえばチャルディーニらは、「自己と他者の区別が崩壊するならば、利己性と無私という伝統的二分法は意味を失う」と主張する（Cialdini *et al.* 1997, p. 491）。本当にそうなるのかどうか、私には確たることは言えない。もし自己と他者をいかなる仕方でも区別することができないとすれば、過度の利己性という概念も無私という概念も実際に意味を失うことになるだろう。だが、チャルディーニのような現代の心理学者にせよ、王陽明のような新儒学の思想家にせよ、自己と他者は決して区別できないと主張しているのではない。彼らは、自己をより広い視点から捉えるとはどういうことかを説明し、さまざまな種類と程度の「個人間の統一性（interpersonal unity）」を明らかにしたのである（Cialdini *et al.* 1997, p. 490）。たとえば、王陽明はあらゆる事物が同じ原理を共有していると主張するものの、自己を世界へと還元することはしない。物理的事物の世界には原理だけでなく「気」も備わっているために、〔それぞれの事物には違いが生まれるのであって〕、聖人の場合でさえ関心の度合いは対象に応じて異なる。一体性にかんして提案された現代的な捉え方がもたらすのは、利己性とか無私のような概念の意味を再考する必要性である。

原註

(*)本章の草稿に対してコメントをくれた、エリン・M・クライン、アイリック・L・ハリス、エリック・L・ハットン、ポーリン・C・リー、ダニエル・C・ラッセル、マイケル・R・スレーター、マイケル・スロート、デイヴィッド・W・ティエン、ジャスティン・ティウォルドに感謝する。

(1)孟子と王陽明は、どの徳が重要なのかにかんして大部分は意見が一致しているものの、徳とはそもそも何であるのかにかんして、彼らの理論にはそれぞれ異なる考えが含まれている。これは重要で興味深い問題ではあるが、本章では探究しない。この問題を提起してくれたダニエル・ラッセルに感謝する。

(2)徳と善い人はどのような関係にあるのかという問題と同様に、徳と理想的人生の概念はどのような関係にあるのかという問題は、争点の一つとなっている。しかし、この問題は私がここで述べようとしている一般的な事柄には影響を与えない。

(3)徳倫理学に分類されるさまざまな理論はこの二つのタイプによって包摂できる、というわけでは決してない。

(4)この解釈は、『ニコマコス倫理学』第十巻とそれ以外の巻との関係をどのように理解するかによって決まる。研究者のなかには、この解釈の根拠となる箇所（たとえば『ニコマコス倫理学』第十巻の第六章〜第八章）はアリストテレスの成熟した見解を表してはいないので、テクストから削除すべきだと主張する者もいる。

(5)マリア・メリット（Maria Merritt 2000）はこの点を非常に明白にかつ説得力のある仕方で述べている。彼女の主張によれば、まさにこの理由によって、アリストテレス的な開花型徳倫理学よりも感情型徳倫理学のほうが、状況主義に反論する手立てを備えている。私がメリットの論文に注目するようになったのは、エリック・ハットンのおかげである。

(6)人間本性と自己修養にかんする孟子の見解をいっそう詳細に説明したものとして、Ivanhoe 2007b, pp.15-28, 2002 および Van Norden, 2007 を参照。

(7)植物の比喩とも技術の比喩とも異なるものとして、このような農業の比喩は孟子の哲学のなかで中心的役割を担っている。このことを私は多くの著作で論じてきたが、とりわけ前註の二冊の本のなかで詳細に論じた。農業の比喩が中心的役割を担うことから、孟子の見解は自己修養の「発達モデル」と呼ぶことができる。後に孟子の思想的対立者となった荀子は、一連の技術の比喩を用いる。その比喩が示すところによれば、自己修養は、誤りへと傾きがちな扱いにくい人間本来の性質を再形成し方向づけるプロセスである。つまり、荀子は「改善モデル」を提示している。発達モデルと改善モデルの対立という枠組みの内部で言えば、アリストテレスの見解は孟子よりも荀子にはるかに近い。これと関連する道徳的推論の問題について、アリストテレスと荀子の見解を比較した洞察に満ちた論文として、Hutton 2002a を参照。

（8）ここでは聖人王の堯と舜に絞って例証しているが、私の主張の裏づけとなりうる事例は他にも多くある。

（9）中国の思想家たちは、倫理学において文学上の人物が果たす役割についての現代の論争をも先取りしている。新儒学の思想家のなかにはフィクションを非難の対象とする者もいるが、中国の伝統ではフィクションは倫理学の極めて重要な拠り所でもある。フィクションと倫理学の関連を論じた文献として、Ivanhoe 2007a を参照。

（10）現代の徳倫理学者にとって孟子が重要である理由の一つは、彼の哲学が、開花型徳倫理学の核心となる特徴に調和するものでありながらも、西洋の伝統には見られないかたちの開花型徳倫理学を提示していることである。彼の哲学を研究することによって、開花型徳倫理学についての理解を深めるための道が、もっと一般的に言えば、倫理的生活を豊かにするための道が開かれるのである。

（11）新儒学の思想家たちにとっての理想である聖人の境地にはいかなる倫理的含意があるのかを考察した研究として、Angle 2009 を参照。

（12）孟子には「突然の悟り（sudden enlightenment）」に類する言葉も概念もない。この相違点にかんして、より詳しくは Ivanhoe 2000, pp. 60 以下および 2002, pp. 106 以下を参照。

（13）中国語の「心」は、意図や意志の能力だけでなく認知と感情の能力も含むと考えられていた。このことを示すために、私は「心」を「精神（heart-mind）」と訳す。

（14）王陽明は、愛もケアもその対象に応じて程度の差があるという儒教の伝統的見解を擁護するために、われわれが身体に対して感ずるつながりや関心はその対象部分に応じて程度の差があるという事実を利用した。なお、「類似した」と表現する理由は、後に明らかになるように、王陽明の見解ではわれわれと世界との関係は部分に対する全体の関係ではないからだ。世界における各事物は、それ自身のうちにあらゆる「理」を含むと王陽明は信じていた。このことは、ある生物の細胞はどれも、それ自身のうちにその生物のすべてのDNAを含んでいることといくらか類比的である。

(15)道徳上の悪を生み出すことに寄与する要因は複数あると新儒学の思想家たちは信じていた。たいていの学者は、人間の「気」の濁りあるいは不純という要因に注目する。これはたしかに、道徳上の悪を生み出す重要な源の一つと言える。しかし、精神が身体に組み込まれているという事実それ自体によって、われわれは自分の真の本性についても、自分と世界との関係についても誤解しがちになり、その結果、悪しき考えや感情や行為が生まれやすくなるのである。

(16)初期のヒンドゥー教にこれと類似の考え方が見られる。それによれば、「アートマン」は「ブラフマン」であると認識することが宗教上の中心課題である。「アートマン」は自らを自我（ego）以外の何ものでもないとみなす誤りを犯すがゆえに、人間は自分自身を独立した個人とみなし、すべての他者と根本的につながっているとはみなさない傾向がある。私がこの類似点に気づいたのはエリン・クラインのおかげである。

(17)この記述からすでに明らかなように、王陽明が理解する共感的関心をヒュームらの見解や現代の感情説支持者（たとえばスロート）の見解と同等のものとみなす際には注意が必要である。彼らの見解が明らかにするところでは、他者へのケアは自己を喪失することも諸個人が一体となることも含んでいない。後に一体性について論ずるときに見るように、この問題は哲学者だけでなく心理学者にとっても重要である。

(18)このことは、いかなる点で王陽明が感情型徳倫理学の支持者であるのかをさらに探究したい人にとって重要である。というのも、良知にかんする彼の主張は、道徳的知覚という独特な能力の存在を彼が信じていることを明らかにするからである。この点で、王陽明の立場は、西洋の感情説支持者のなかでもヒュームよりはむしろバトラーやハチスンに近い。道徳的知覚にかんする王陽明の見解を比較思想の観点から探究した文献として、Ivanhoe 2011 を参照。なお、孟子が「良知」という言葉を本来どのように用いていたかについては、『孟子』尽心上篇を参照。

(19)王陽明が明らかにしているように、良知は世界の事物に対する単なる反応ではない。それは、事物と精神に共通する諸原理の一種の様相ないし様態であって、道徳的に意識を働かせている様相ないし様態を指している。Ivanhoe 2009a, pp. 114-115 を参照。

(20)王陽明の哲学の最も代表的な著作である『伝習録』のなかで、彼は「君子」という語を全部で二四回、「聖人」という語を一九六回用いている。使用頻度が相対的に高いことに加えて、聖人の域に到達することの重要性は、王陽明の哲学の中核をなす。他方、孟子にとってそれは道徳的実践の明示的な目標ではない。孟子は、あらゆる人が聖人になる能力を秘めているとたしかに信じてはいたが（『孟子』告子下篇を参照）、道徳的に生きることに専念した人でさえこの目標を達成することはないと思っていた。実際、孟子の見解では、聖人の存在は歴史上の極めて珍しい現象なのである。この論題とその他の論題にかんして議論を交わしてくれたエリック・ハットンに感謝する。

(21)直弟子たちにとって王陽明はむしろ導師あるいは禅師のような存在だった。Ivanhoe 2002, pp. 103, 121-134 を参照。

(22)この第一の側面は王陽明の哲学の特徴でもあるが、王陽明の場合には独特の仕方で表現される。孟子と王陽明の間に見られるその他の非常に多くの類似点についても同じことが言える。

(23)孝行心を徳とみなす現代的理解を擁護したものとして、Ivanhoe 2007b を参照。

(24)儒教哲学のこの一般的特徴については、後に王陽明の一体性概念に触れる際にもっと詳細に論ずる。

(25)知識と思慮のある人たちは価値と好みの問題にかんして意見がどの程度一致するとわれわれは期待できるのかという論点があるが、ここで私が念頭に置いているのは、その論点にかんする孟子の強い主張である。一例として『孟子』告子上篇を参照。

(26)ファン・ノーデンは、価値の多様性を認めるかたちの儒教（Confucianism）——彼はそれを Ruism と呼んでいる——をどのようにして創り出すことができるのかという問題にかかわる多くの論争点を探究している（Van Norden 2007, pp. 315-359）。「倫理的無差別」については Ivanhoe 2009b を参照。〔訳註：「Confucianism」と「Rusim」は日本語ではどちらも「儒教」となるが、前者は「孔子（Confucius）」に由来し、後者は「儒（Ru）」に由来する名称である。〕

(27)人間には、数多くのやり方で自分自身をひいきする一定の全般的な傾向がある。たとえば、自分の成功を優秀さの証だと言い張る一方で、失敗については状況的要因のせいにしたり、曖昧な証拠を自分にとって都合のよい仕方で解釈したりするのである（Epley and Dunning 2000, Pronin *et al.* 2002）。

(28)自己主張し自己利益を追求することに対して罪の意識を感じさせようとする人がいるときには、人によってはさらに自己主張をして自分の利益を追求する必要がある、というフェミニストの考え方を王陽明は問題にしているわけではない。これは新儒学の思想家にとってなじみのあるテーマではないが、戴震《たいしん》〔一七二三年～一七七七年〕は卓越した例外であり、まさにこうした事柄にかんして注意深い分析を行っている。この問題にかんする戴震の見解についてはTiwald 2011を参照。本章の草稿に対するコメントでこの問題を提起してくれたマイケル・スロートに感謝する。この一連の問題にかんするすぐれた論述として、Slote 2007の第四章を参照。

(29)東洋的な自己概念と西洋的な自己概念を比較し、道徳的な知覚と反応と行為に関連する問題に対してそれぞれの概念がどのような含意をもつのかを比較した研究として、Markus and Kitayama 1991を参照。

(30)一般的主張として考えるならば、そのような見解を支持する研究は重要な現代心理学のなかに見られる。たとえば、「共感に基づく介入(emphathy-based interventions)」についてはHoffman(2007)を参照。アングル(Angle 2009)はホフマンの見解を王陽明のような新儒学の哲学者に関連づけている。

(31)最近の文献ではしばしば、他者指向的な感情は共感と一体感のうちのどちらかであるとみなされる。しかし、共感と一体感を明確に区別したり、両者を相互に排他的であるとみなしたりすべき理由はない。

(32)人間は私欲のない行為や利他的な行為をする場合も実際にあるのだと保証することは、バトソンらが擁護するいわゆる「共感利他主義仮説(empathy-altruism hypothesis)」のおもな関心である。たとえばBatson 1987を参照。

訳註

〔1〕「人間的開花」とは「人間にとっての、そして人間としての開花」という意味である。開花という概念は他の生物にも適用しうるが、他の生物にとっての開花と人間にとっての開花はその中身の点で必ずしも同じことになるとは限らない。

〔2〕「包括適応度(inclusive fitness)」とは、進化生物学者のW・D・ハミルトンが提唱した概念であり、ある血縁集団によって共有される遺伝的形質の適応度を指す。

第4章

中世の徳倫理学

ジーン・ポーター

中世の西ヨーロッパの道徳についての議論のなかで、徳にかんするさまざまな理念や理論が中心的役割を果たしている。ひょっとすると、私たちはこの事態にもっと驚くべきなのかもしれない。法や罪というカテゴリーとは対照的に、「徳」は聖書に固有な主題ではなく、またこの概念は明確な神学的な含みも有していない。だが、三世紀より前とまではいかなくても、そのときまでにはすでに、徳という概念はキリスト教的な思索、護教論、司牧文献のなかで中心的役割を果たしている。徳は、教養あるキリスト教徒にとって無視できないほど深く、古代末期の道徳議論に定着していた。教養あるキリスト教徒は、誰にも劣らぬほど古典文化末期の影響を受けていたのである。さらに、徳についての古典的見解は、主要教義を明らかにする視点を含む神学的思索に多くの価値を与え、霊的形成や司牧的配慮《パストラルケア》に実際に利用できるアプローチを提供することになった。

中世における中心的な徳を特定するよう求められたら、かなり見識の広いキリスト教徒の誰もが「それはその人の観点次第だ」と応えたことだろうとジークフリード・ヴェンツェルは指摘している。(1) 聖パウロが称讃した徳は、現在では信仰・希望・愛徳（charity）という対神徳[1]とされており、その対神徳は、思慮・正義・剛毅・節度という古典的な枢要徳とともに、徳にかんする大半の教義的・神学的な思索に基本的な枠組みを与えた。しかしながら、修道的（monastic）・修徳的[2]（ascetic）伝統は、人格形成と魂の配慮に焦点を当てて、上記の諸徳とは異なる重要な諸徳を、個人の救済を危険にさらしてしまう重大な悪徳および罪に対する効果的な治療法と見なすことになる。そのリストは先の対神徳および枢要徳とある程度まで重なるだろうが、整理のされ方も異なれば、強調される徳も異なるだろう。例えば、謙遜（humility）は、教義の点から徳の分析がなされるなかでは二次的な役割しか果たしていないが、修道的・司牧的伝統のなかでは、傲慢という大きな悪徳を治療するものとして、その重要性が考慮され、主要な徳と見なされている。教義の点からのアプローチは、今日の私たちにとってかなり馴染み深いものである。なぜなら、スコラ哲学者たちに取り上げられ、トマス・アクィナスの影響力を通じて後期カトリック思想に組み込まれたからである。しかしながら、修道的／修徳的アプローチは、説教や司牧的配慮《パストラルケア》のみならず、次第に中世の文学でも中心的な役割を果たしていった。その〔アプローチ〕は、チョーサーとダンテの作品のなかに如実に現れており、またそれほど明確なかたちではないが、司牧思想およびそれに対応する世俗的思想を今日まで形成し続けている。

　この章において私が目指すのは、先に特定された二つの中心的な筋道に注目して、中世における徳倫理学の発展を辿ることである。古典期および初期キリスト教的な徳の起源を手短に概観した後に、私は、十二世紀・十三世紀のスコラおよび修道的／司牧的な徳についての思索の主流を検討するつもりである。最後に、中世末期になって、徳に対するそうしたアプローチが変容したことについて短くコメントするつもりである。

徳の起源と初期キリスト教の先駆者たち

古典期の徳についての伝統と理論は、本書の他の箇所で（ラチナ・カムテカーとフィリップ・J・アイヴァンホーの章にて）取り上げられている。ここでは、中世においてとくに影響力があった、古典期の徳倫理学の諸側面を特定するだけにとどめたい。

好戦的な社会であったアルカイック期のギリシアで生まれた徳は、紀元前五世紀頃のアテナイの社会のなかにはじまり、定住した都市的な生活に適した徳へと段々と変容していった。このプロセスは、徳の自然本性について体系的な説を与える最初の試みへとつながり、さらにこの説が、今度は、特定の環境や役割に言及することなく、人間それ自体に固有で、特殊人間的な形の卓越性についての考えを具体化させる助けとなった(2)。この時点から、徳についての思索は、人生の目的にかんするより基本的な問いとかなり密接に結びつけられるようになった。哲学者たちやそれ以外の思想家たちは、善き生における徳の位置づけを突き止めようと試みて、人間としての開花と卓越性にかかわるより広い理論を踏まえ、徳について自分たちが最初にうけとった直観を修正しようとした。実際、古典期とヘレニズム期の倫理学理論の主流は、徳の自然本性およびそれと人間としての開花の関係性について、さまざまに競合する理論の観点から特定することができる。ジュリア・アナスが論じているように、そうした議論が前提としているのは、徳は根本的にその徳に特有な種類の知覚と判断と行為に向かう性向であり、その性向は相対的に安定した仕方で理性的要素と情念的要素の両方を結びつけている、ということである(3)。

プラトン（紀元前四二八年頃〜三四八年）は、自らの師、ソクラテス（紀元前四六九〜三九九年）の見解を描いていると推定される一連の対話篇を通して、徳にかんする広範な哲学的議論を初めて提示した(4)。［その議論を著した対話篇は］、現在でも完全な形で現存しているが、それは解釈が困難なことで悪名高く、その全般的な立場について大まかな要約を述べたものは、どんなものであれ、最大の注意を払って取り扱われるべきである。しかし、ソクラテス／プラトンの見解によれば、徳は真に善であるものについての知識や洞察の諸形態として分析されるべきだと言っても安全だと思われる。それゆえ、さまざまな徳は本質的に同一の性質であって、それこそ「徳の一性」説（例えば『ラケス』一九八a〜一九九cを見よ）として知られるようになった見解である。プラトンは、この基本的な考えを、自らのイデア説の観点から解釈したようである。つまり、徳に固有な知識は、美のイデアや善のイデアや正義のイデアやその他さまざまなイデアを直接知覚することを通じてはじめて獲得されうる、と彼は論じている。この直接の知覚によって、個人は、魂のさまざまな異なる部分を互いに正しい関係へと至らせることができるし、さらに、この内なる調和によって、他者と接する際に正しく行為できるようになる。その際、その人のイデアに対する洞察が、その人にそうするよう意欲を起こさせるのである（こうした主題をまとめている一節の例としては『国家』五一四a〜五二〇eを見よ）。以上の簡潔な要約は、ほぼ間違いなく過度の単純化であるが、さまざまな世代の後継者や注釈者たちがプラトンやソクラテスが言ったと考えたことについて適切な考えを示している。

いずれにせよ、プラトンの教え子であるアリストテレス（紀元前三八四〜三二二年）は、さまざまな面で徳に対する全く異なったアプローチを提示している(5)。プラトンが描いたソクラテスのように、アリストテレスは性格や卓越性や責務の理想にかんして一般に抱かれている道徳的見解から出発する。しかしながら、超越的な理想を強調しているプラトンとは対照的に、アリストテレスは、善さ・適切な能力の発揮・知識・欲望の人間固有な形態を、自らの分析の試金石としている。これに基づいて、アリストテレスは、多種多様な人間的卓越性の真なる自然本性およびそれら相互の適切な関係について体系的な説明を与えようと試みており、このプロセスのなかで真の卓越性や徳とその類似物を区別している。このようにアリストテレスは、魂の能力および情念、その両方と徳を区別している。むしろ、徳とは性格の安定した状態のことであり、それは、人間的生のいくらか広く規定される領域に関係する、ある範囲の固有な行為を通じて示されるものである。もっと正確に言えば、真の徳は中庸の達成を通じて示されるのである。この中庸とは、情念の両極端の中間的な状態のことを言っているのではない。というよりむしろ、思慮によって決定されるような、さまざまな状況に応じた適切なバランスのとれた状態である（『ニコマコス倫理学』第二巻第六章一一〇六b三五〜一一〇七a二五）。このように、あらゆる徳はすべて思慮に基づいているのでつながっているが、それでもそれぞれの徳は区別される性質である（『ニコマコス倫理学』第六巻第十三章一一四四b三〇〜一一四五a六）。しかしながら、アリストテレスは、諸徳は同一の根本的性質のさまざまに異なった発現だとするプラトンの見解を否定している。

ストア主義は、アリストテレスの死後すぐに登場し、キリスト教の時代になっても存続した哲学の学派であり、徳に対する第三の独特なアプローチを提示している[6]。ストア派の見解を要約するのは、プラトンやアリストテレスと比べてよりいっそう困難である。その要因は、一つに彼らの思想的発展によってもたらされた複雑性にあり、しかも現存する資料が断片的だからである。しかしながら、ストア派の見解では、徳が人生のあらゆる状況で正しい理に従って行為しようとする行為者の意図と密接に結び付けられていると言ってもいいように思われる。さらに、ストア派は、プラトンと同様に、しかしアリストテレスとは違って、徳の一性を擁護している。有徳な人の人生における情念の役割は、ストア派とアリストテレス主義者たちの間でかわされた議論のもう一つの争点であった。そして、ストア派は執着を捨て無関心であることや情動の欠如を徳の理想として掲げたため、当時でも私たちの時代でも、しばしば批判にさらされてきた。しかしながら、詳細に検討してみれば、ストア派が感情そのものではなく、むしろ過剰な情念や不適切な情念を理性に反するものと考え、そしてそれゆえに徳に反するものと考えていた、ということが浮き彫りになる。このように理解されると、そうした情念は、妄想あるいは病を伴う合理性の歪みと見なされる。そして、心の平静を蝕むがゆえに人を苦しめ、それだけにとどまらず、個人が現実をありのままに知覚し、その知覚にしたがって行為することも妨げるがゆえに、なおいっそう苦しめるものと見なされる。この見解は、ごく自然と有徳な生の規則をもたらした。その規則は、哲学的思索によって形成されるものであり、歪んだ情念という病に対する治療法なのである。このように理解されると、ストア派の情念や合理性や徳についての見解は、キリスト教倫理学の修道的・司牧的伝統に深い影響を与えることになったといえるのである。

ストア派の徳についての思索は、とりわけローマ時代の哲学者セネカ（紀元前四～後六五年）やキケロ（紀元前一〇六～四三年）などを含む複数の資料を通じて、キリスト教の著述家たちに伝えられた[7]。セネカは、徳の理性的な性格について説明し、また徳の理想はすべての人々にとって同じだと主張しており、こうした説明や主張が、後世のキリスト教思想家たちに少なからぬ影響を与えることになった。キケロのキリスト教倫理学に対する影響は、いくら強調してもしすぎということにはならない。キケロ特有の徳に対する折衷的理論は、ストア派の要素とアリストテレスの要素（後者はおもにペリパトス学派を通じて伝えられた）、その両方を含んでおり、その両方のアプローチを後のキリスト教思索に橋渡しする際に重要な役割を果たした。後に、新プラトン主義者のマクロビウス（およそ四世紀頃）は、キケロ『国家』（六：九～二九）の終盤近くで詳細に述べられている「スキピオの夢」におけるキケロの説に対する注釈のなかで、徳のさらに異なった区別を表明している[3]。政治的徳は、市民社会のなかで発揮されるものであり、また浄めにかんする徳は、魂を浄め、観想のために魂を備えさせるものであり、また浄化された魂の徳は、諸情念を乗り越えたものである。さらに、範型的な徳、すなわち、さまざまな徳の神的な範型――それは神のうちにある――がある。この分析もまた、中世の著述家たちに広く親しまれた。

古代のさまざまな徳理論は、個々の観点からはかなり異なっているのだが、スコラの徳倫理学に課題と枠組みを設定した。この見方からすると、諸々の徳は、何よりも、特徴的な種類の行為を通じて発現する、個人の魂や性格の安定した性質として理解されるべきである。この性質は、情感的な要素と知的な要素、その両方を含んでいる。つまり、有徳な人は、その人が持つ欲望や情動の種類と、その人が行為にかんして下す知的な判断、その両方によって特徴付けられる。同時に、徳は能動的な性向であって、それは、人生のさまざまな領域において、中庸つまり応答と判断についての理想的で適切なバランスのとれた状態に到達する仕方で行為することを目指すものである。徳は一般的に、一つの基礎的な性質の発現として、もしくは思慮という統括的な徳を通じて結合しているさまざまな能力として、ある意味で相互に関係のあるものと見なされた。徳をめぐる議論は、こうしたさまざまな要素の意義や相互関係をめぐる論争の観点からなされたのである。

古代末期のキリスト教思想

キリスト教の識者、修徳を目指す者、司牧者たちは、急速に変化する環境を受け入れようとし、拡大するキリスト教共同体の実践的問題の解決に取り組もうとしたとき、古典期の徳倫理学の伝統を自由に活用した。そうした古典期の思索は、すでに示されたように、独特の理論的なアプローチおよび実践的なアプローチを生み出した。一方で、キリスト教の知識人たちは、徳と善き生をめぐる哲学的議論に参入し、また人間的生の全体像や目的との関係のうちで理解された徳の適切な分析をめぐる広範な論争に立ち入った。その際の彼らの狙いとしては、一つには、護教があった――彼らは、完全で称讃に値する、キリスト教に基づく生の在り方を示すような仕方で古典期の徳の理想を活用し、変容させた。同時に、古典期の徳の伝統は、狭い意味での護教的な説話にとどまらず、罪や恩寵や改宗といった主要な神学的概念を通じて考えるための枠組みを与えた。

分析力と長きに渡る影響力、その両方のためにこうした初期キリスト教の識者たちのうちで――少なくとも西ヨーロッパにおいて――最も傑出していたのは、ヒッポのアウグスティヌスであった（三四五～四三〇年）。彼は、ストア派の要素と新プラトン主義の要素を、キリスト教の伝統的な対神徳についての思索と結びつけた(8)。アウグスティヌスは、プラトンやストア派のように、徳はすべて基本的に一つの性質の発現であると主張しているが、彼の見解では、その性質とはキリスト教的な愛（love）にほかならない（『カトリック教会の道徳』第十五章〔4〕）。真の徳は、そのようなものとして、神のみが授けられるものである。愛徳をもつ人々を特徴づけるのは、人間的なあらゆる情感を正しい序列のうちに置く能力であり、その正しい序列とは、何よりも神を愛し、そして神の善さの発現として被造物を愛し、そして理性的被造物として、神的な善さを享受することのできる同胞を愛することである。それゆえ、非キリスト教的と見える徳が真に称讃に値し人間的共同体に利益をもたらすとしても、それは誤った目的へと向けられているので、真の徳ではありえないのである（『神の国』第五巻第十二章、第十四章）。

他方で、三世紀初頭に目立ってきた修徳を目指す動きは、魂の悪徳に対する治療法という観点から、徳についての代替的な考え方を重視するようになった(9)。『砂漠の師父の言葉』〔5〕で示されているように、救済を求めて社会から退く人々が確信したのは、魂の情念は、広くストア的な用語のなかで歪んだ病的な欲求や忌避として理解される場合、ただ謙遜や従順や純潔や自制の涵養を通じてのみ相殺されうるということである。この観点から見ると、そうした徳は、善き生に必要不可欠な性格の性質――人間的善という統一的概念の観点からなされる体系的な分析と結びつく性質――というわけではなく、むしろ重大な罪や罰へとつながる可能性を秘める悪徳を矯正する性質である。そのように理解されると、徳の涵養はあらゆるキリスト教徒たちにとって、つまり修道者のみならず平信徒にとっても切迫した課題なのである。そして司牧的配慮《パストラルケア》を行う任にある者たちは、このプロセスを促進することに何よりも力を注いだ。徳倫理がかかえるこの種の切迫性と現実性は、ヨハネス・カッシアヌス（三六〇年頃〜四三五年頃）と大グレゴリウス（五四〇年頃〜六〇四年）が展開した、重大な悪徳とそれを矯正する徳にかんして影響力のあった説のなかでしっかりと描かれている。カッシアヌスは、主として修道者や修徳を目指す者のために著述し、それとは反対に大グレゴリウスは、平信徒の苦しみの方に関心を向けた。しかし、両者にとって、キリスト教的な生の最も切迫した問題は、罪へと導く悪徳を特定し、根絶やしにすることだった。この課題を抱えるキリスト教徒を救うため、修道院長や司牧には、悪徳を矯正する類いの性質にかんする実践的な知識が必要だった。そしてそれこそが、カッシアヌスと大グレゴリウスの両者が与えようとした知識である。彼らの試みは、広く影響を及ぼし、中世を通じて幾度となく模範とされた。その結果、教父思想は徳を分析することにかけて二つの方法を後世に残した。その一つの図式では、古典的な枢要徳とキリスト教の対神徳を結びつけ、反対にもう一つの図式では、七つの重大な悪徳の観点から、それら枢要徳や対神徳を体系化した――その中で枢要徳や対神徳は悪徳を矯正する役割を果たした。

中世

ここまで私たちが焦点を当ててきたのは、徳に対する二つの広いアプローチ、つまり体系的で（大まかに言えば）学問的なアプローチおよびより直接に実用的で司牧的なアプローチ、それら二つの独自性である。この二つのアプローチは、中世を通じて存続し、その時代において徳は、文学作品や説教や実践的な司牧助言で好まれる題材であった。このようにして徳を扱う場合、徳のより古い図式を悪徳に対する矯正手段として用いる傾向があった。しかし、（例えば）チョーサーやダンテの著作のなかでは、この古い図式はそれまでに例を見ないほど美しさと力強さを帯びるようになった。

同時に、こうした二つのアプローチが、当初から、また初期キリスト教の時代にはさらにいっそう、共に発展してきたこと、つまり、一方が他方を創造的な仕方で形づくってきたという事実を、私たちは見失ってはならない。初期中世の司牧文書や説教は、徳や悪徳および「聖霊からの賜り物」や「真福八端」といったその他関係のあるトピックについて豊かな文献を生み出した。その全てが、徳についての司牧的な説明のみならず、スコラ的な説明をも形成した。徳についての修道的思索の絶頂期は、他の多くのトピックと同様、十一世紀末と十二世紀であり、それが徳分析の特筆すべき進歩につながった。[10] こうした進歩は、十一世紀末に現れ始めた知と精神の刷新に向かう全般的な傾向があったことを反映し、しかもそれだけでなく、もっと正確に言えば、急激に変化する組織的・社会的文脈を踏まえて徳の理想の規範的含意を再考する必要があったことをも反映している。それと同時期に、修道的で原スコラ的な著述家たちは、罪や悪徳や罪責といった伝統的概念の再検討を始め、そして、人間的行為の基礎動力学にかんする内容豊かで心理学的に鋭い一連の文献を生み出した。こうした議論は、徳や悪徳や罪についての思索が——修道的な文脈のうちに位置づけられるのであれ、より厳密なスコラ的文脈のうちに位置づけられるのであれ——、実践的な問題と理論の洗練をどれほど接合させるのかを際立たせるのである。

アベラルドゥスとロンバルドゥス

さて、古典的な様式で徳について体系的に思索すること、すなわち、人間のよい在り方（well-being）のいくらか全体的な説明との関係のなかで徳を分析することは、十二世紀初頭にスコラ主義が出現して、ようやく始まった。[11] その最初期に最も影響力のあった二人のスコラ学者は、ペトルス・アベラルドゥス（一〇七四～一一四二年頃）とペトルス・ロンバルドゥス（一一〇〇頃～一一六〇年）である。彼らは徳に対して対照的なアプローチをとっており、それぞれのアプローチがかなり後にまで続く議論に対して課題を提起することになった。[12] アベラルドゥスは、『哲学者とユダヤ教徒とキリスト教徒の対話』という著作のなかで、習慣としての徳というアリストテレス的な分析を行っている（『ラテン教父著作集』[6] 一七八、一六五一C～一六五二A）。習慣としての徳を通じて、人は真に道徳的な仕方で行動できるようになり、究極の至福に値するようになるというのである。それとは対照的に、ペトルス・ロンバルドゥスは、『命題集』のなかで、徳に対してあからさまに神学的な分析を行っている。彼の見解では、徳は恩寵や聖霊からの賜り物と密接に関係している（第二巻第二七区分第一章）。より具体的に言えば、彼は、アウグスティヌスの著作から借用して、徳を精神の善い性質と定義している。神は、精神の善い性質を、私たちの活動抜きに、私たちのうちに生じさせている（第二巻第二七区分第一章）。厳密に言えば、神は、私たちの魂のうちに徳を生じさせて、そして私たちは、神の恩寵と協働して自由意志を行使することを通じて、有徳な行為を行う。それゆえ、「恩寵が徳と呼ばれるのは不適切ではない」（第二巻第二七区分第二章）。[7] さらに、この言葉で暗に示されているのは、恩寵抜きに徳は存在しえない、ということである。このことは、キリスト教的な分析には、徳についての哲学独自の分析の入る余地などないということを、暗に示しているように思われるだろう。しかし、たとえ仮にこれがロンバルドゥス自身の見解だったとしても、これは、誤りを導いてしまう過度の単純化に等しい。ロンバルドゥスは徳をアウグスティヌスのように分析しており、その分析が、知識の諸相もしくは正しい愛としての徳というプラトン的な分析に間接的に負うところがあるのは、明らかであろう。このアプローチは、十二世紀初頭の思想に広く行き渡っていた広い意味でのプラトン的な哲学的神学の観点から、より的確に特徴づけられるかもしれない――これは、広い意味でのアリストテレス的アプローチ（それもまた神学の用語のうちで解釈可能）とは対照的なアプローチである。

オーセールのギヨーム

いずれにせよ、初期スコラの神学は、いわゆる自然的徳への積極的な評価を受け入れることができた。その自然的徳は、少なくともある段階までは、恩寵を必要とすることなく、あらゆる者に達成できるものである。修道会に属していない神学者オーセールのギヨーム（一一五〇年頃〜一二三一年）が『黄金大全（*Summa aurea*）』（以下ＳＡと略記）のなかで提示した一つの有力なアプローチは、対神徳（恩寵に依存する徳）と政治的徳（社会における人間的生にふさわしいもので、人間の努力を通じて獲得されうる徳）を区別することであった。ギヨームによれば、政治的徳は自然法という根本原理に基づいており、その自然法は、他方で、あらゆる人間に生まれつき備わる最高善としての神を注視することを通じて、全ての者たちが知ることができるものである（ＳＡ第三巻第十八講導入部、第十八講第四章）。政治的徳は、対神徳のための準備であるとともに、それを媒介する働きももっており、ひとたび恩寵が受けとられれば対神徳が政治的徳を通じて外的な行為のうちに表現されるのである。そのようなものとして、そうした政治的徳は、それ自体として善いものである。ただ、恩寵がなければ救済につながらないのではあるが（ＳＡ第三巻第十九講導入部）。こうした仕方で、マクロビウスによる徳のさまざまな区分は、枢要徳の神学的解釈のための出発点として活用された。

徳の根本原理は直接的な神の照明を通じて知られるという自らの見解を、ギヨームは明確に（そしてほぼ確実に誤って）アウグスティヌスに帰している（ＳＡ第三巻第十八講第四章）。また、アウグスティヌス思想のもう一つの全く異なる展開がフランシスコ会の神学者ボナヴェントゥラの徳についての説明のなかに見られる。この徳論は、ボナヴェントゥラの最後の作品『創造の六日間の業』のなかで語られる。その作品は『創世記』で語られる六日間の創造についての注釈として描かれた、人間の知識の限界をめぐる長大な論考である。[13]

ボナヴェントゥラ

ボナヴェントゥラは、『創造の六日間の業』の第七講義において、諸々の徳についての自らの理解を説明している。それは、『創世記』1・4の以下の一節、「神は光を見て、良しとされた。神は光と闇を分け……」から始まる。[8] ボナヴェントゥラは、マクロビウスの分析をその端緒として、また「最も高貴なプロティノス」やキケロによると、徳は、あらゆる徳の範型的な原因である神の照明を通じて人間の魂に生じる、と述べている（第七講義第三節、ただしマクロビウスとは名指しされていない）。この見解も、ボナヴェントゥラにしてみれば全くの見当違いではなかったが、私たちは哲学的照明よりもむしろ信仰を通じて枢要徳を受け取ると彼は主張した。それにもかかわらず、彼は、異教徒たちは正しい徳の理解には到達しえないと付け加えている。なぜなら、啓示を受けていない異教徒たちは、徳の真なる目的や価値および固有な働きを決して理解できないからである（第七講義第四節）。

彼はさらに説明を続ける。徳は人間の魂のうちで三つの仕方で作用するものであり、その三つとは、魂をその目的へと向けること、魂の性向を矯正すること、魂の病を癒すことである。この作用のどれも、啓示から離れては正しく理解されえない（第七講義第五節）。より具体的に言えば、哲学者たちは、徳がいかにして魂をその目的へと向けるのかを理解していなかった。なぜなら、私たちの最終的な目的地が復活と永遠の生命だとは知らなかったからである（第七講義第六節）。また、魂の情念はただ恩寵を通じてのみ矯正されうると理解していなかった（第七講義第七節）。そして最後に、徳がいかにして魂を癒しうるのかを理解できなかった。なぜなら、魂の病が罪の結果だとは理解していなかったからである（第七講義第八節）。キリスト教の愛徳は、信仰と希望を前提として、魂の病に対する唯一可能な治療法であり、そしてあらゆる徳の形相なのである（第七講義第十四節）。このことが示唆するのは、異教徒の哲学者たちは徳を理解することができなかっただけでなく、徳を獲得することをもできなかった、ということである。実際、異教徒の徳はそれに対応するキリスト教的な徳の未熟なバージョンあるいは退化したバージョンだったということを、私たちは続く箇所で読むことになる（第七講義第十五節）。

明らかに、ボナヴェントゥラは、完全な徳は恩寵がなければ不可能だと信じていたが、古典古代の徳の伝統に対する彼の拒絶がどれほど遠くまで及んでいたのかは明らかではない。ボナヴェントゥラの徳についての説明は、古典期の哲学に対する徹底した疑いを反映していると提案してきた学者たちもいる。しかしながら、『創造の六日間の業』においてさえも、彼が古典期の道徳哲学を完全に否定したということは明らかではなく、さらに他の箇所では、アリストテレス的な徳理論の要素を明らかに認めたうえで使ってもいるのである(14)。

トマス・アクィナス

いずれにせよ、十二世紀、十三世紀のスコラ学者たちが自らの徳理論を展開するなかでアリストテレス的な用語や論題を概して自由に借用していて、それゆえに彼らがアベラルドゥスの定めた大枠内に留まっているのは確かである。アリストテレスの著作が十三世紀イスラムの翻訳者や注釈者たちによって西方諸国へと再び紹介される以前に、アリストテレスが論じた主題が見出されるのは驚くべきことだと思われるかもしれない。しかし、カリー・ネダーマンが指摘しているように、アリストテレスの道徳思想の本線には、アリストテレス自身の論理学関係の著作およびその注釈書のみならず、後期ペリパトス派の著作や新プラトン主義哲学者たちを含む、さまざまな文献や資料を通じて接することができた[15]。

こうしたことが、トマス・アクィナス（一二二五年頃～一二七四年）が広範囲にわたって展開した徳理論の背景にあった。トマスはキリスト教神学とアリストテレス哲学を革新的に思える仕方で統合したためにしばしば称讃される（あるいは非難される）。しかし、少なくとも道徳理論にかんして言えば、そうした統合するプロジェクトはすでに本格化していた。同時に、トマスの見解はいくつかの際立った仕方で論敵たちの見解とは一線を画しており、私たちがこの事実を考慮に入れない限り、おそらくこのトピックにかんする中世の思想について誤った全体像を抱いてしまうだろう。

トマスは、ロンバルドゥスの定義から取り出した引用を骨子として用いて、徳概念についての自らの分析を組み立てている。「徳とは精神の善い性質のことであり、その善い性質によって私たちは正しく生き、誰もその善い性質を悪用することはできず、神はその善い性質を私たちなしに、私たちのうちに生じさせるのである」（『神学大全』（以下STと略記）第二－一部第五五問第四項（ロンバルドゥス『命題集』第二巻第二七区分第一章からの引用））。彼はそのすぐ後に続けて、異論解答の箇所でこの定義に一つの重要な制限を加える。つまり、ロンバルドゥスの定義の最後の一節〔「神はその善い性質を私たちなしに、私たちのうちに生じさせるのである」の部分〕は、注入される徳（infused virtue）[9]にのみ適用されると付け加えているのである。その注入される徳は、獲得される徳とは対照的に、私たちの行為なしに神が私たちに授けるものである。そして、獲得される徳とは、その名のとおり、恩寵がなくても人間の努力を通じて獲得できるものである。トマスはさらに続けて、明確にアリストテレス的な観点からその定義を、習慣としての徳の分析に基づいて解釈している。その場合の習慣とは、つまり、人が他の仕方ではなくある一つの仕方で行為するように傾斜させる知性や意志や情念の安定した性向のことである（ST第二―一部第五五問第一項）。私たちに行為が可能なはずだとすれば、そうした性向が〔行為にさいして〕必要になる。例えば、子どもに生まれつき備わる会話の能力は、その子が実際に言葉を発する前に、ある一つの言語の習慣を通じて育まれなければならない（ST第二―一部第四九問第四項）。そうした情念や意志、さらに行為に方向づけられた限りでの知性を形づくるさまざまな徳が道徳的に重要であるということは避けられない。なぜなら、徳は端的に善である種類の行為へと傾くからである。

徳とは完成（perfection）であるという主張を体系的に発展させることで、そうしたさまざまなアプローチを総合している方法のうちにこそ、トマスの理論の独自性がある――その完成とは、単独では、個別的な徳の主体を構成する魂の諸能力の完成のことであり、それらを総合した場合には、人間という行為者の完成のことである（諸能力の完成としての徳については、例えばST第二―一部第五五問第三項、第五六問第一項を見よ。また行為者の完成としての徳については、ST第二―一部第四問第七項を見よ。また、併せて第二―一部第三問第二項も見よ）[16]。このように、トマスは自らの徳の分析を、また暗に人間の行為者性とそれを表す行為についての全般的な説明を、包括的な形而上学・神学的体系のうちに組み入れ、さらにそれを、知性能力、善さ、原因性についての全体的分析と統合している[17]。こうした方向の分析は、広い意味でアリストテレス的ではあるが、アリストテレス自身というよりもむしろペリパトス派に多くを負っているように思われる。より一般的には、トマスは完成の形而上学の観点から徳を体系的に分析しているが、それはトマス独自の徳理論のうちでも最も際立った側面である。トマスの時代に至るまでのほぼすべてのスコラ神学者たちは、徳が行為者の完成だということに同意したであろう。けれどもトマスが抜きん出ているのは、自身の形而上学全般を踏まえてこの主張を解釈し統合した体系的方法のためである。

これにともなってトマスは、個別的な徳と伝統的に結びつけられた類いの行為を以下の仕方で解釈している。つまり、そうした行為を、称讃に値する振る舞いの一般的理想の範型となるものとしてのみならず、特定の能力の完成として示している。情念は、自然本性的に、感覚を通じて望ましいと知覚されるものに向かい、不快と知覚されるものを遠ざける。そして、情念は、節度や剛毅といった徳を通じて人間の全体的な善を目指すように、理性を通じて形づくられるのである（ST第二―一部第五八問第二項）。情念は形づくられたとしても、抑圧されるものではない――さもなければ、魂の感覚的部分の徳は、欲求能力を完成させるものというよりも、むしろ無用なものにしてしまうだろう（ST 第二―一部第五九問第五項）。したがって、節度や剛毅を特徴づける種類の行為は、諸々の情念やそれらを典型的に表現する外的な振る舞いなどとまさに同一視されるのである。例えば、貞潔に特徴的な外的な行為は、性的な欲求それ自体の能力の、理性的で適切な性向を反映して、常にある種の性にかかわる振る舞いや自制のかたちを取る。同様に、意志は、本来的に自己愛の方に向かうものであり、正義という徳によって形づくられ、究極的には愛徳によって形づくられる。すると、自然的な自己愛を超えて、より広い愛の方へ、つまり、共同体の方へ、隣人たちの方へと向かい、そして究極的には神自身の方へと向かうのである（ST第二―一部第五六問第六項、第六〇問第二項、第二―二部第二四問第一項、第五八問第四項）。それにもかかわらず、より広い愛に向かうという意志に固有な性向は、適切な仕方で形づくられ導かれた自己愛を排除しないし、ましてや破壊などしない――排除したり、破壊するとすれば、トマスが述べているように、人間の（あるいは天使の）自然本性は、愛徳によって、完成というよりもむしろ堕落に至ってしまうだろう（ST第一部第六〇問第五項。また第二―一部第一〇九問第三項を参照せよ)。

トマスが認めるところでは、私たちは、正統な理由をもって、伝統的枢要徳を称讃に値するあらゆる行為の一般的性質と見なすことができるが、トマスとしてはもう一つの解釈のほうを好む。その解釈によれば、これら枢要徳は、それぞれ異なる徳であり、魂のそれぞれ異なる能力を導くものである(ST第二—一部第六一問第四項)。そのように理解されると、徳とは完成のこと、つまり、それらの徳が導くさまざまな能力の完全で適切な発達のことであって、徳は、それぞれに固有の種類の善い行為のなかで現実化されるのである。知性、意志、欲求としての情念、怒りとしての情念といった能力はそれぞれ全て異なっているので、それぞれがそれ固有の徳を有しており、四つある伝統的枢要徳の一つと同定される。行為者は、思慮によって、厳密に言えば、知性的な徳によって、自らの最終目的に対して正しく秩序付けられた欲求——個別的行為のなかに表れるもの——にもとづいて選択を行えるようになる。また、正義は、意志を他者の善や共通善——理性によって判別されるもの——に向かわせる。そして、節度と剛毅は、行為者が真に理性に従っている事柄を欲求して、その達成の障害となるものに抵抗する準備をさせるような仕方で、情念を形づくるのである(ST第二—一部第五九問第二項、第六〇問第三〜五項。また『徳一般についての定期討論集』(以下QDVCと略記)a一二では魂の異なる能力に対する諸徳の関係性がより詳細に説明されている)。

トマスにとって個別的徳とは、それぞれ異なる能力の性向を表すものであるから、トマスとしては、さまざまな徳はすべて——適切に理解されるなら——善さや合理性や愛徳の理想、もしくは何か一つの徳の現れだとする古典的・アウグスティヌス的なテーゼを是認することはしない(ST第二—一部第六〇問第一項)。むしろ、個別的な徳は魂のさまざまな能力の完成を表しており、その完成は、理性的思惟と判断および、(注入される徳の場合は)信仰の解放によって導かれるのである。しかし、有徳な行為は、常に端的に善いものである。そして、そのために個々の徳は——思慮の理性的な判断を通じて、（場合によっては）愛徳によって方向づけられ——行為者の全体的善にかなった行為に向かって、かつ、他者や神と正しい関係を保ちつつ、上手く調和しなければならないのである（ST第二-一部第六五項第一問）。それゆえ、トマスは、徳の同一性よりも、むしろ諸徳の結びつき説——つまり、本当の意味であらゆる個別的な徳を持つためには中心的な徳を全て所有することが必要だというように、さまざまな徳の作用は、必然的に相互接続しているというテーゼ——のほうを支持しているのである（ST第二-一部第六五項第一問）。しかしながら、ここで注意すべき点がある。それはつまり、そうした考えをトマスが支持していることのうちには、徳が愛徳を通じてはじめて可能になるということは含意されていない点である。「注入される徳」は、端的にそのような愛徳を通じてはじめて可能になるものと描かれうるが、他方で、理性的思惟を通じて十全に形成され、思慮を通じて接続される「獲得される徳」もまた、人間生来の目的との関係のうちで捉えられる真なる徳なのである（ST第二-一部第六五問第二項）。

こうした議論により、私たちはさらなる地点へと到達する。さまざまな徳は、たんに人間の魂を構成する能力の完成のうちに存するだけではない。それらは、連携して作用することで、個人を理性的被造物としての全体的な完成へと、つまり、至福や幸福へと方向づけるのである。同時に、幸福は二重の仕方で理解されうる。私たちの自然的能力に応じたある種の幸福が存在し、私たちが自分自身の努力によって獲得する徳は、その種の幸福のほうに向けられる。実際、トマスはしばしばこの種の幸福を枢要徳自体の実践と同一視しており、それらは、連動して理性的被造物特有な行為の諸原理を完全に発展させるものと見なされている（ST第二-一部第四問第七項、第五問第五項。またQDVCa一〇を参照せよ）[10]。しかしそれに加えて、私たちはより高次の幸福に至るよう、すなわち、至福直観のなかで一個人として直接的に神と結びつくよう、呼びかけられている。このかたちの充足性は、人間の魂のみならず、あらゆる被造物の自然的能力をも完全に超えている。それゆえ、私たちは、そうした目的を達成するために、新たな行為原理を受け取らなければならない（ST第二-一部第六二問第一項、第一一〇問第三項）。これと関連して、この新たな行為原理は、神が直接魂に対して働きかけることではじめてもたらされるものである（ST第二-一部第六二問第一項）。こうした変容は、恩寵によってもたらされる。そして、恩寵は作用的性向を通じて働くのであり、その作用的性向とは注入される徳のことである。その注入される徳には、信仰、希望、愛徳という対神徳と「聖霊からの賜り物」および「注入されるバージョンの枢要徳」が含まれている（ST第二-一部第一一〇問第三項、とりわけ「賜り物」に関しては第二-一部第六八問第一項、第二項）。

私たちは、注入される徳と獲得される徳のさらなる区別を考察しなければならない。つまり、注入される枢要徳は、それに対応する獲得される枢要徳とは明確に異なっているのである。なぜなら、それらはそれぞれ異なった目的に向けられていて、それゆえに異なった中庸に注目するからである（ST第二-一部第六三問第三項、第四項）。獲得される節度は、全体的なよい在り方と身体の健康からその規準を得て、飲食における適切な中庸へと導く。注入される節度は、それとは対照的に、救済に対する欲求からその究極的な尺度を得て、さまざまな形態の抑制と鍛錬——例えば断食——を取り入れ、個人の身体の健康のみならず精神の健康も増進させるだろう。しかしながら、ここで留意すべきは、個人の身体のよい在り方を損なってしまうような修徳を目指す〔禁欲的〕訓練は、有徳というよりも、かえって劣悪だという点である（ST第二-二部第一四七問第一項異論解答二）。獲得される徳が目的とすること、すなわち、有機体と共同体の全体的なよい在り方は、それゆえ、注入される徳によって取り除かれたり駄目にされたりするというよりも、むしろ変容させられるのである（ST第二-二部第一〇四問第六項、第一四一問第六項異論解答一）。繰り返しになるが、恩寵は自然本性を破壊するというよりもむしろ完成させるのであり、私たちはしばしばそのことを思い出させられるのである（例えば、ＳＴ第一部第六〇問第五項を見よ）。

私たちはここで、トマスによる徳の分析のなかでもっとも興味深く、もっとも独創的な側面の一つに到達する。トマス以前の人々やトマスの論敵の大半は、「対神徳」と「政治的あるいは（後になって）獲得される徳」という二分法にもとづいて徳についての説明を組み立てていた。その場合の「対神徳」とは、救済のために必要で、神の恩寵に依存する徳のことであり、また「政治的あるいは獲得される徳」とは、適切な仕方で現世における人間としての開花へと向けられており、人間の努力によって到達されうる徳のことである。後者は、対神徳に対する準備として役立つと言えるし、対神徳が外的な行為のうちに表れる際の媒介を与える。それにもかかわらず、この時点までのスコラ学者たちが総じて抱いていたのは、対神徳が政治的あるいは獲得される徳を方向付けつつも、それらの徳は外的な関係のうちにとどまる、ということだった――こうした図式のなかでは、注入される政治的徳あるいは枢要徳を前提する必要はない。明らかにトマスはこのアプローチに慣れ親しんではいた（ＱＤＶＣａ九、ＳＴ第二―一部第六一問第五項）。しかし『神学大全』のなかで、そのアプローチを、一方で対神徳と枢要徳の区別、他方で注入される徳と獲得される徳の区別というより複雑な一連の区別に置き換えており、さらに、その枢要徳には、伝統的な四つの枢要徳それぞれの注入されるかたちのものと獲得されるかたちのものが含まれている。一見すると、これは不必要で複雑な事態を持ち込んでしまっているようにも見えるだろう。では、トマスがそうしなければならなかった理由とは何か。

少なくとも、徳を行為者の完成として全体的に分析した観点から展開された恩寵概念の詳細をトマスが述べたなかに、その問いに対する部分的な答えがある。ここで、トマスの主張を思い出してもらいたい。つまり、注入される徳とは、作用原理のことであり、その原理によって恩寵はその人の行為を通して表れうるものである（ST第二‐一部第一一〇問第三項）。それと関連して、行為が称讃に値するようになるためには、その行為は、なんらかの仕方で恩寵に由来するものでなければならない（ST第二‐一部第一一四問第二項）。この主張は、何を示唆しているのか。それは、対神徳が政治的徳あるいは枢要徳を方向づけるとする先の見解では不十分だということである。恩寵が人生のあらゆる局面において十全に作用して有効であるために、恩寵は、熟慮と行為のプロセスにかかわる人間の魂のあらゆる能力を変容させなければならない（ST第二‐一部第六三問第三項、とりわけ異論解答二、第六五問第三項）。それゆえ、対神徳が他の徳にもとづく行為を命ずるとするだけでは十分ではない。むしろ、恩寵は、魂のあらゆる能力にふさわしい徳を通じて、つまり、注入されるバージョンのあらゆる枢要徳を通じて、直接表現されなければならないのである。

これではまだ、トマスが（注入される）政治的徳よりもむしろ、枢要徳について言及することを好む理由を説明できていない。第二‐二部の詳細な道徳的分析に目を向けることで、トマスがそうした用語を用いて自らの議論を組み立てている理由をよりよく理解することができる。至福を志向する徳と社会的生活を志向する徳の区別は、トマスが目指すところからすればあまりにも単純すぎるということを私たちは見出す。枢要徳のうちただ一つ、正義のみが共同体全体の善に対して直接的で決定的な関係を持っている。実際、厳密に言えばこのことは法的な正義の場合だけにあてはまる（ST第二‐二部第五八問第七項、第八項）。剛毅と節度の両方は、主として、個人が全体的善について根拠づけられた判断と情念の間で均衡を保つことへと向かう。そしてその意味で、それら両方の徳にとっての主たる目標は、個人の善なのである（同上）。同様に、個別的正義は、さらに交換的正義と配分的正義に分けられ、個人との正しい関係にかかわるものである（ST第二‐二部第六一問第一項）。思慮は、〔個人と共同体、〕その両方の考慮事項に及び、それらを統合する。まさにその理由のためにトマスは、個人にかかわる思慮と政治的な思慮を区別しているのである（ST

第二−二部第四七問第一一項）。

トマスは、アリストテレス的な中庸説の観点から枢要徳の個別的理想を分析している。その中庸説によれば、徳は、理性によって決定される中庸にもとづく情念と行為を通じて表現される（ＳＴ第二−一部第六四問第一項）。理にかなった規準、つまり、情念の徳という中間は、有機体の全体的善によって決定され、それは感覚的善をその全体的善との正しい関係のうちに置く。それゆえ、こうした徳は、理にかなった中庸のみに注目すると言われる（ＳＴ第二−一部第六四問第二項）。正義の中庸は、それとは対照的に、公平と公正の客観的規準を反映するような仕方で、隣人や共同体の全体的な善によって（正義のどの形態が問題になっているのかに応じて）定められる。このため、正義の中庸は、理にかなった中庸であると同時に、事物の中庸でもあると言われる（同上、またＳＴ第二−一部第五六問第六項、第二−二部第五八問第一〇項も見よ）。すでに記したように、注入される枢要徳は、獲得される枢要徳とは異なった中庸を見る。そして、対神徳はいかなる場合であっても中庸を参照にすることによって規定されることはない。なぜなら、神を信じ、望み、愛するということにかんして、節度という問題など存在しえないからである（ＳＴ第二−一部第六四問第四項）。

中世後期における発展

十三世紀後半にはすでに、また十四世紀と十五世紀の間ずっと継続して、スコラ的な徳の分析は、自由意志についての論争および意志と知性と情念の相互関係をめぐる論争によって形づくられ、最終的に変容した。これらの論争は複雑で悪名高く、その多様な立場の正確な意義と含意は、今日でも未だ決着を見ていない。しかし、人間の行為者性に対する二つのアプローチが、そうしたさまざまな論争を主導したと言ってもよい。(18)

一方で、（大半の）ドミニコ会士たちは主知主義を擁護しており、その主知主義によれば、意志の選択を決定するのは理性的な判断である。他方で、（大半の）フランシスコ会士は、主意主義のさまざまなバージョンを擁護しており、その主意主義では、多かれ少なかれ意志に絶対的な優位を与えている。私たちはこのような対立を見出す。こうした二つのアプローチのメリットがいかなるものであれ、どちらのアプローチも、十三世紀の議論で優勢であったと見られるアリストテレス的な徳に対するアプローチが入り込む余地をほとんど残さない。アリストテレス的な徳理論に特徴的なのは、さまざまな能力が協働して働くことに依拠する人間の行為者性を複雑な現象としておおよそ説明することを出発点としているという点である。そうすると、そうした理論にとっての課題は、二つの関連する問題によって設定されることになる。すなわち、(1) そうしたさまざまな能力の協働があるとして、それがどのようにして望ましい行為や称讃に値する行為へと効果的かつ容易に導くのかを説明すること、そして、(2) 有徳に行為する人は有徳な生の理想に従って快く行為するほうへと傾くということを示して説明すること、である。スコラ的な観点からすれば、このことが含意するのは、徳は行為と行為者自身、その両方ともをよい状態にするということである。

後期スコラ主義で支配的だった人間の行為者性に対する二つのアプローチのどちらも、人間の行為者性の複雑さから生じる特殊アリストテレス的な問題が入り込む余地をほとんど残しておらず、そのことはこの時点までに明らかであろう（それこそが、実際、それら二つのアプローチの魅力の一つであったのかもしれない）。こうした二つのアプローチの相違点がどんなものであれ、その二つに共通することは、一つの支配的な能力、つまり、知性もしくは意志の観点から人間の行為者性を分析しようとする傾向である。その一つの支配的な能力は、多かれ少なかれ選択や行為を直接的に決定するような仕方で働く。そうした見解では、異なるさまざまな能力の協働について説明する必要がない。なぜなら、これらの能力は、現に存在し作用を及ぼすのではあるが、実際の内的な葛藤や倒錯した判断を作り出すのに必要とされる独立性を有していないからである。同じように、行為者の性格は、その人が実際に行う類いの事柄に対して下されるなんらかの評価に、かなり密接に結びつけられる。ある人の行為が、さまざまな能力が上手く協働していることを反映する安定した性向から生じたかどうかを問うことは、あまり意味をなさない――もしある人の行為が多かれ少なかれ、正しい判断か善い意志によって決定されるなら、その場合おそらく行為者としてのその人の性格も同様の仕方で決定されるのである。

スコトゥス

フランシスコ会の神学者ドゥンス・スコトゥス（一二六五年頃～一三〇八年）は、意志や道徳法則や道徳的善性について、この時代に現れたものとしておそらく最も影響力のある説明を提示している。そしてそのため、彼が徳について述べたことは、彼の道徳的見解の他の側面と比べてあまり注目されてはこなかったのだが、少なくとも現代においては注目に値する。[19] スコトゥスは伝統的に「精妙博士」と称されており、哲学者たちは彼が考えたことの解釈をめぐって現在でも議論をつづけている。それでも私たちは、フランシスコ会士のドゥンス・スコトゥスは、人間の行為者性にかんして主意主義的理論を擁護したと言っても差し支えないだろう。ただし、スコトゥスは、意志が知性によって導かれる（ただし決定されるのではない）ということを認めているので、（後期著作において）彼の主意主義は周到に限定されている。しかしそうであっても、スコトゥスの精妙で繊細な主意主義は、彼の徳についての説明をアリストテレスの見解とはかなり異なったものへと導いたのである。[20]

スコトゥスの見解では、意志は、善にかかわる知性的判断から離れて、あるいはそれに反対さえして、行為を生じさせるような仕方で、知性の判断とは独立に働く。この仕方でのみ、意志は本当の意味で自由と言われうる——同じように、意志は同様の仕方で情念や感覚的欲求とは独立に働く。さらに、スコトゥスはより深い意味での人間の自由を特定するために、修道院で活動した神学者カンタベリーのアンセルムス（一〇三三年頃～一一〇九年）の思想からある区別を利用する。すなわちアンセルムスに従って彼は、それぞれ個人のうちには二つの意志があると見なしている。その二つとは、その人自身のよいあり方（well-being）つまり完成を求める意志と、正義つまり一般的な善へ向かう意志である。こうした二つの意志により、本当の意味で私心のない判断と行為の可能性が開かれ、これにより人間的行為者は自身のよいあり方と（非行為者的な観点から理解された）正義つまり一般的な善の間で、本当の意味で有意義な仕方で、自由に選択を行えるようになるのである。ドゥンス・スコトゥスは自分自身の完成に向かう意志を、それ自体で不正なものと見なしているわけでないと指摘しておくことは重要である。意志は、適切に行使されると、人間の行為において自然に即した適切な役割を担うのである。とはいえ、もし行為者が神の法に従って行為しようとするのであれば、正義や道徳的な正しさへ向かう意志は、言うなれば、自らの行動を決定する支配的な声に従わなくてはならないだろう。[11]

こうした分析が、徳にとっての余地を切り開く。スコトゥスの説では、徳というものは本質的に、正義への意志に従って行為する性向であり、その正義への意志は自己利益がそのもとに従属する支配的意志として機能する。しかしながら、この説では、最も無条件的な意味での徳は、正しい行為、あるいはとにかく道徳的に受け入れられる行為を選択するための行為者の性向と同定されているように見えることは、注目に値する。それゆえ、スコトゥスは、私たちがスコラ的アリストテレス主義者たちのうちに見出す徳についての複雑な分析のようなものを必要としない——彼に必要なのは、どのような仕方で統括的な徳（とりわけ愛徳）

が作用して、ある個人が自己愛を適切な仕方で神への愛に従属させるようになるのかを示すことだけだった。このことは、徳が個別的な行為や行為者の性格の道徳的価値になんらかのものを加えるということを、スコトゥスが否定している理由を説明するかもしれない。ただし彼は、徳は私たちの色欲を統制し抑制することを通じて善い行為を実際に促進すると付け加えている。同様に、スコトゥスは注入される道徳的徳と獲得される道徳的徳のいかなる区別も拒み、そして実際、称讃に値する行為が注入される徳に依拠していることを完全に否定する。私たちは、自己犠牲や何より神への愛を含む愛徳に特徴的な行為を自然本性的に実行することができるし、神の恩寵によりこうした種類の行為はより容易になるかもしれないが、その恩寵は決してそうした行為の実行やそれによってもたらされる救済の価値にとっての必要条件というわけではない。

こうした見解は、恩寵の独自性と必要性に対してスコトゥス以前のスコラ学者たちが抱いていた見解から、根本的に逸脱していることを表している。それでもその見解は、人間の行為者性と徳についてスコトゥスが抱いていた全体的な見解からただちに帰結する。ウォルターが見るところでは、ドゥンス・スコトゥスは、トマスとは対照的に、魂が実際に（この対になるのは「形式的に」）その能力と異なっているとは信じていない。これが意味するのは、つまり、スコトゥスにとっては、新しい目的に向けられる、異なる行為原理を前提する必要がなく、実際に前提することができないということである。その新しい目的は、その基本的自然本性を変えることなく魂のうちへと注入される――単純にいえば、スコトゥスは、トマス的な意味で自然的な傾向性とは異なる新しい作用原理として理解される恩寵を前提することができないし、そうする必要もないのである。スコトゥスにとって、魂の能力を高めるものは何であれ魂全体を必然的に高める。なぜなら、魂と魂の能力は、異なる二つの存在ではないからである。私が提示したいのは、スコトゥスが自然本性と恩寵に対して独自の見解を抱いたさらなる理由である。トマスを含むスコトゥス以前のスコラ学者たちにとって注入される徳が必要なのは、それによって人は新しい一揃いの目的のために行為することができるようになるからであった。注入される徳は自然的な能力を超える仕方で理解されて愛される――それゆえ、注入される徳は行動様式およびその究極的な決定要素を限定する。しかしながら、スコトゥスの見解では、正しい意志を限定もしくは方向づける可能性のある原理は、存在する余地も、必要性もない――この正しい意志こそが実際にかかわっている意志だということのみが重要なのである。

　スコトゥスはスコラ的な徳倫理学を崩壊させたとして、しばしば非難され、あるいは称讃される。確かに、スコトゥスは、ルターがキリスト教的な徳の考え方およびそれにしばしば結び付けられるアリストテレス哲学を一切合切拒絶したことに影響を与えた。とはいえ、スコトゥスと彼に続く者たちがそっくりそのまま徳倫理学から実際に遠ざかったと言うのは早計だろう。一方で、スコトゥスは自分に先立つアリストテレス主義者たちから根本的に袂を分かっており、また恩寵の適切な特徴について彼以前のキリスト教思想家たちと著しく食い違う見解を表明している。しかし他方で、彼の見解は、ほぼ間違いなく代替的な徳の捉え方にまで遡ることができる。具体的に言えば、アウグスティヌスであれば確かにスコトゥスの全般的な考えを否定しただろうが、それでもスコトゥスの方は、愛に代わる正しい意志を用いて、徳はすべて愛の様相であるとするアウグスティヌスの見解の擁護できる解釈を提示していると主張するだろう。いずれにせよ、スコトゥス以前のアリストテレス的な徳倫理が実際に瓦解したということは決して明らかではない。それは失墜を被ったが、現在のところ、哲学界隈と神学界隈の両方で復興を遂げている。徳倫理学は常に、知的な論争と実践的な関心という、より広範な文脈のうちに置かれる。そして、その重要な問題が影響を及ぼしつづける限り、私たちは、徳へのさまざまなアプローチが現れ、退き、再び戻ってくるのを目の当たりにすることを期待できるのである。

原註

(1)Wenzel 1984, p. 7 を参照。より一般的に、この時代における徳と悪徳についての文学的・司牧的・神学的議論の複雑性にかんする広範にわたる議論については、pp.2-12 を見よ。

(2)この点については、MacIntyre 1984, pp. 121-145〔邦訳一四八〜一七八頁〕を見よ。より一般的には、この節の議論は、とりわけ Annas 1993, pp. 3-134 に負っている。

(3)Annas 1993, pp. 120-122.

(4)プラトンの徳理論についての私の説明は、Irwin 1989, pp.68-84〔邦訳九三〜一一六頁〕および Vlastos 1995, pp. 69-146 に負っている。

(5)アリストテレス主義とストア派の徳についての説明を明快に比較したものとしては、Annas 1993, pp. 47-134 を見よ。

(6)ストア派の徳理論にかんするさらなる議論については、Annas 1993 に加えて、Colish 1990, pp. 61-79 および pp. 85-89 も見よ。

(7)セネカの見解と後代への影響については、Colish 1990, pp. 13-19 を見よ。キケロにかんしては、Colish 1990, pp. 61-158 および Watson 1971 を見よ。

(8)古典期の先達との関係のなかで捉えられるアウグスティヌスの徳理論にかんして、とりわけ明快な説明については、Rist 1994, pp. 148-202 を見よ。

(9)詳細については Wenzel 1986 を見よ。

(10)悪徳と罪の心理学的位相と神学的位相についての後期修道的な分析と初期スコラ的な分析にかんする広範な論考については、Wenzel 1986 に加えて、Blomme 1958 を見よ。

(11)中世の徳理論の発展についてもっともよく説明しているのは、現在でも Lottin 1942-1960, Vol. III に収められた論文である、中世後期の思想に焦点を当てた比較的最近のもので、最も明確に説明しているものについては、Kent 1995 を見よ。

(12)アベラルドゥスとペトルゥス・ロンバルドゥスについては、Lottin 1942-1960, Vol. II, pt.1, pp. 100-104 を見よ。アベラルドゥスの徳についての見解についてなされた広範な議論については、Marenbon 1997, pp. 282-287 を見よ。

(13)ボナヴェントゥラの見解についての私の説明は、Emery 1983 に負っている。それとはいくぶん異なった解釈については、Kent 1995, pp. 46-58を見よ。

(14)エメリー(Emery 1983)はこの見解を取っている。それと対立する(そして私見では、より説得力がある)解釈については、Kent 1995, pp. 46-48を見よ。

(15)詳細についてはNederman 1991を見よ。

(16)私はこの解釈についてPorter 2005, pp. 163-203でより詳細に論じている。

(17)さらなるテクスト上の参照箇所などを含む詳細については、Pasnau 2002, pp. 145-151を見よ。加えて、Porter 2005, pp. 158-63を見よ。

(18)この箇所で私はKent 1995, pp. 94-149に負っている。

(19)Kent 2003, p. 352を見よ。より一般的に、スコトゥスの徳についての理解についての私の説明は、Wolter 1997, pp. 31-123とりわけpp. 75-89、またKent 2003, pp. 352-376に負っている。

(20)これ以前に論じた大半の著者たちとは対照的に、スコトゥスはどのテクストにおいても体系的な徳理論を展開していない(Kent 2003, p. 352)。スコトゥスの徳に対する最も重要な指摘は、『オルディナティオ』第三巻補遺第三三〜三六区分のうちに見ることができる。以下で私は、ウォルター訳『オルディナティオ』に負っている(Wolter 1997, pp. 223-274)。

訳註

〔1〕原文ではtheological virtuesであり、直訳すれば「神学的徳」となる。たとえば『哲学の歴史 第三巻——神との対話』(中川純男責任編集、中央公論社、二〇〇八年、五一六〜七頁)では、そのラテン語virtus theologicaの訳語として「神学的徳」が採用されているが、本章ではこれまでの中世哲学研究の伝統に従って一貫して「対神徳」と訳す。

〔2〕asceticは一般には「禁欲的」と訳される。また、その原語であるギリシア語askēsisの原義は「鍛錬・訓練」であるが、キリスト教の修道生活にあっては、霊的に精進する意味でそれを「修徳」と訳す。それは必ずしも普通言われる「禁欲」と同じではなく、修徳を目指す者は放埒になりがちな人間の心性を神との一致に向けて、可能な限り徳を高めつつ、喜びのうちに鍛錬するという(『岩波キリスト教辞典』岩波書店、二〇〇二年、二三頁および『カトリック大辞

典』第三巻、研究社、二〇〇二年、一七七頁を参照)。こうした含意を踏まえて、本章では ascetic を「修徳的」あるいは「修徳を目指す」と訳す。

〔3〕四つの徳については、マクロビウス『「スキピオの夢」注解』第八章で詳細に語られている。William Harris Stahl (1990) *Macrobius: Commentary on the Dream of Scipio: Translated with an Introduction and Notes*, Columbia University Press, pp. 120-124 を参照。

〔4〕アウグスチヌス『カトリック教会の道徳』P・ネメシェギ責任編集、熊谷賢二翻訳、上智大学神学部編、キリスト教古典叢書二、創文社、一九六三年、五三〜五四頁。(なお、原文では *De moribus Ecclesiae catholicae* I 15 となっているが、この『カトリック教会の道徳』は、『カトリック教会の道徳についてとマニ教徒の道徳について (*De moribus ecclesiae catholicae et de moribus Manichaeorum*)』という二巻構成の著作の前半部分「カトリック教会の道徳について」だけを指しており、『カトリック教会の道徳』自体が第一巻と第二巻に分かれているわけではないので、本稿では「第十五章」とだけ記した。)

〔5〕『砂漠の師父の言葉――ミーニュ・ギリシア教父全集より』谷隆一郎、岩倉さやか翻訳、知泉書館、二〇〇四年。また、その歴史的背景についてはクラウス・リーゼンフーバー『中世思想史』村井則夫翻訳、平凡社ライブラリー、二〇〇三年、五二〜五六頁を参照。

〔6〕『ラテン教父著作集 (*Patorologia Latina*)』は十九世紀のフランスの聖職者ジャック・ポール・ミーニュが編纂した『教父全集 (*Pastrologiae cursus completus*)』のなかに収められた著作集で、オンラインデータベース (http://pld.chadwyck.co.uk/) にて閲覧が可能。

〔7〕原文での参照箇所である第二巻第二七区分第九章は誤りであるため、著者に確認の上で正しいものに修正した。

〔8〕聖書からの引用については新共同訳を用いた。

〔9〕「注入される徳 (infused virtue)」、すなわちラテン語で virtus infusa は、『神学大全』稲垣良典翻訳では「注入的徳」や「注入的なる徳」などと、また『哲学の歴史 第三巻――神との対話』(中川純男責任編集、中央公論社、二〇〇八年、五一五頁)では「注賦的徳」と訳されている。

〔10〕「至福直観 (beatific vision)」とは神学の用語であり、「現世的幸福とは区別される天上的「至福」「浄福」beatitudo とし

ての「神を見ること」」（『岩波キリスト教辞典』岩波書店、二〇〇二年、四八五頁）。さらにこの「神を見ること」とは「神の似像として作られた人間にとっての最高目的である神を、顔と顔とを合わせてみること」である（『新カトリック大辞典』第二巻、研究社、一九九八年、一二七六頁）。

〔11〕この箇所は原文の意味が不明瞭であるため、著者に問い合わせ、その意味を補って訳している。

第5章

ヒュームによる徳の解剖(*)

ポール・ラッセル

私は有徳な人生行路と悪徳な人生行路の間で、決して選択に迷ったりしない。むしろ安定した心にとっては、あらゆる利点が、前者のほうに与していることを感得できる。

——デイヴィッド・ヒューム『人間知性研究』（一一・二〇／一四〇〔邦訳一三〇頁〕）(1)

ヒュームは、『人間本性論』において、道徳哲学をより科学的で、経験と観察にしっかりと基づくものにすることが自分の目的だと明確にしている。(2) 哲学への「実験的」アプローチは、元来「難解」で「抽象的」で「思弁的」だとヒュームは読者に警鐘を鳴らす。それは「平易」な哲学の道筋に先んじて、慎重で精確な推論に拠るものであって、平易な哲学のほうは、私たちの情念や感情へのより直接的な訴えを頼りとする。(3) ヒュームは、絵画と解剖学の関係というアナロジーを通じてこのアプローチを正当化する。「解剖学者は決して画家を見習うべきではない」と彼は言う。同時に、画家のほうは解剖学者を無視するわけにはいかない。

解剖学者は、……、画家に助力を与えるのにはすばらしく適している。……〔私たちは〕いくらかでも優雅で正確に図を描くには、諸部分やその配置と結合の精確な知識を持たなければならない。またこうして、人間本性にかんするもっとも難解な理論的探究が、どれほど温かみや面白みに欠けてはいても、実践的な道徳に役立つものになり、そのおかげで、実践的な道徳という学が教えるものをより正確にし、その学が勧奨するものにはより説得力をもたせるであろう(4)。

この記述が示唆するように、ヒュームによる徳の解剖は、それ自体の実践的目的や目標を欠いているわけではない。人間本性における道徳性の真なる基礎を特定し、慎重に記述すること、さらに、それを踏まえて私たちの実践を正すことを目的として、その解剖は進められる。徳の本性と基礎についての自分たちの理解を改善することで、私たちは、徳を通じて自分自身や他者に幸福を確保する方法をよりいっそう理解することができ、さらに宗教的迷信による道徳性の歪曲と腐敗も避けられるだろう。

情念、性格、徳の基本構造

ヒュームは、徳と悪徳の本性についての自説を、『人間本性論』第二巻「情念について」の議論のなかで展開している。ヒュームによれば、徳と悪徳がどのように道徳的評価にかかわっているのかは、愛と憎しみ、誇りと卑下という間接情念（indirect passion）を作り出す因果的メカニズムに依拠して理解されなければならない。情念それ自体は、彼が主張するところでは、快い感覚もしくは苦痛な感覚であって、愛と誇りは快い感覚、憎しみと卑下は苦痛な感覚である。これら情念の対象は常に、ある人物つまり思考する存在者である(5)。愛と憎しみの場合、その対象は誰か他の人であり、誇りと卑下の場合、その対象は自分自身である。これら情念の諸原因は、さまざまに異なっているが、「私たち自身の諸部分か、私たちに緊密に関係するもののどちらか[6]」でなければならない。適切な間接情念を原因が作り出すためには、(a)適切な仕方でその人に関係し、(b)独立した快か苦をもたらす傾向性を持っていなければならない。その傾向性は、原因によって引き起こされる間接情念の快い性質もしくは苦痛な性質に適切な仕方で似ている（例えば、家が誇りを与えるためには、その家がそれ自体で快いものだと見出され、しかも自分か自分の家族に属しているものでなければならない）。ヒュームは、共感の役割および印象と観念の連合（association）に詳細に言及して、これら諸情念が生じることにかかわる諸原理を説明している[7]。そこからヒュームは、私たちの間接情念の原因として役割を果たす可能性があるさまざまな性質や事物の特徴を分類することへと進む。

ヒュームによれば、間接情念を生み出す役割を果たす人間の特徴や対象には四つのおもなカテゴリーが存在する。つまり、(1)私たちの富や外的な善や所有物、(2)ごく近い親戚や自分にかなり近しい関係にある人々、(3)私たちの身体的な性質や特性（つまり美しさと醜さ）、そして何より重要なものとして、(4)私たちの精神的な性質や性格特性である[8]。自分自身と他者のうちに独立の快を作り出すこれら性格特性や精神的な性質も、愛や誇りを作り出す（つまり、これらの性質や属性が誰に属するかに応じて愛もしくは誇りを作り出す）。こうした本性を持つ性格特性や精神的な性質こそが徳である。同様に、苦痛なものとして見出される精神的な性質や性格特性は、憎しみと卑下を作り出し、そのようなものとして悪徳と見なされる。『人間本性論』第三巻において、ヒュームは自らの説明を以下のようにまとめている。

> 私たちがすでに述べたとおり、道徳的区別は快と苦のある種特有の感情にまったく依存する。そして、私たち自身のうちにあるのであれ他の人々のうちにあるのであれ、それを［目の前において］眺めるこ

とや〔心の中で〕反省することで私たちに満足を与える精神の性質は、どんなものでも、当然徳である。同様に、このような本性のもの（精神の性質）で、不快感を与えるものは、すべて悪徳である。ところが、私たち自身のうちにあるのであれ他の人々のうちにあるのであれ、快を与える性質はすべて、常に誇りや愛を引き起こし、同様に、不快感を生み出すものはすべて卑下や憎しみを起こさせる。したがって、これら二つの項目は私たちの精神の性質にかんするかぎり同等と考えられる。〔二つの項目とはすなわち、〕徳と愛や誇りを生み出す力、悪徳と卑下や憎しみを生み出す力である。それゆえ、あらゆる場合に、私たちは〔それぞれの組の〕一方をもう一方によって判断しなければならない。そして、愛や誇りを引き起こす精神の性質を何であれ徳であり、憎しみや卑下を引き起こす精神の性質を何であれ悪徳であると判定してよい。[9]

このようであるから、徳と悪徳とは快や苦を与える精神の性質のことであるというのがヒュームの見解である。間接情念を生み出す一般的なメカニズムを用いて、これら精神の特性は道徳感情（moral sentiment）を構成する愛と憎しみの「微弱ではっきりとは感じ取れない」形態を引き起こす。[10] 人間が徳と悪徳を区別できるのは、間接情念の様式と理解される道徳感情を生み出すこの「規則的なメカニズム」[11] を通じてである。

一方で性格特性は道徳感情を作り出すことができ、それによりその性格特性は有徳なものと悪徳なものに区別されるとヒュームが考えていたのは明らかであるが、他方これにより、性格それ自体が本質的にどのようなものであるのかという問いが依然として残ることになる。[12] ヒュームは「性格」について、二つのかなり異なった意味で語っている。狭い意味では、特定の性格特性（例えば、正直さや勇気など）のことを指す。他方、広い意味では、ある人が備える精神的特性と性質の一式全て——その人の性格特性の全体——を意味する。ヒュームが徳と悪徳について語っているとき、特定の性格特性に言及しているのは十分に明らかである。その性格特性をヒュームは「精神の持続的原理（durable principles of the mind）[13]」としている。その場合、性格特性とは本質的にどのようなものであるのか。ある文脈において、ヒュームは徳と悪徳を明らかに特定の情念と同一視している。[14] この解釈で、性格の性質の存在論的基礎を構成しているのは知覚である——なぜなら、情念は知覚の一種だからである。ある情念は、「定着した行為の原理」となるかもしれず、そのようなものとして、「心の支配的な傾き[15]」になるかもしれないとヒュームは主張する。そのように考えれば、ある情念は、行為の長続きする原因あるいは持続する原因として、つまり行為者の意志と選択を支配するようなものとして、機能するだろう。[16] この見解は、性格と行為の間のとても重要で明白な関係について説明している。

この解釈によれば、人の性格は、その人に生気を与え、その人の行動を導くさまざまな情念の構造やパターンの観点から理解されるだろう。しかしながら、少なくともこの説明には、なんらかのさらなる洗練や制限が必要とされる二つの側面が存在する。第一に、ヒュームは性格を、その人の意志や行為との関係性の観点だけから解釈しているわけではない。ある人の身振り手振り、癖、表情などもまた、なんらかの情念をさらけ出してしまうかもしれない。たとえ意図的な行為が含まれていなかったとしても、である。すべての情念が意志を動かして意図的な行為へと導くわけでもない。しかし、それにもかかわらず情念は、表れるか明らかになるかもしれないし、そのようなものとして、快いものや苦痛なものと見出されうる精神の性質をさらけ出してしまうかもしれないのである。第二に、私たちの自然的な能力や素質（知性や想像力など）は重要な精神の性質を構成し、さらにそれらは是認と否認という道徳感情を喚起する傾向があるとヒュームは主張する。そのように考えるならば、これら精神の性質は、ある人の徳や悪徳のうちに、またその人の道徳的性格の諸側面として、含まれなければならない（自然的能力にかんするヒュームの見解は一六〇〜一六四頁で論じる）。そうすると明らかに、ヒュームによる性格についての説明は、情念と意図的行為の関係性の観点だけから理解されてはならないのである。

行為は、ある人の性格を特定するにあたって、私たちが有するただ一つの証拠ではないが、それでもなお、利用可能なものとして私たちが有する性格の主たる標である。性格について考えるうえで行為がどのような点で直接的に重要であるかというと、それは行為が行為者の動機と精神の特性の本性をさらけ出し、それにより道徳的評価の基盤となる道徳感情を生じさせる点においてである[17]。いくつかの箇所でヒュームが強調しているのは、行為が持続する精神の性質や性格特性をさらけ出す限りでのみ、その人は行為とその行為を作り出す動機に責任があるという（別個のさらなる）点である。『人間本性論』第三巻における以下の一節で、ヒュームはその点を追究している。

> なんらかの行為に徳や悪徳がある場合でも、それは単に性質ないし性格の標としてである。その行為は、人の行い全体に広がって人物の性格と結びつく精神の持続的な原理に依存するのでなければならない。行為それ自体は、なんらかの恒常的な原理から生ずるのでなければ、愛や憎しみ、誇りや卑下に何の影響も及ぼさないのであり、したがって道徳にかかわって考慮に入れられることはけっしてない[18]。

彼はこう続ける。

> この考察は自明である。また、現在の主題にとって最高の重要性を持つので、注意を向けるに値する。

道徳の根源にかんする私たちの探究で、私たちはけっして一つの行為をそれだけで考察するのではなく、その行為が生ずるもとの性質ないし性格をもっぱら考察するのでなければならない。これらのものだけが当の人物にかんする私たちの感情を動かすのに十分なほど持続的である。[19]

ヒュームによれば、道徳哲学にとって「最も重要な」問題であるのは、もしある人が自分の行為に対して責任を負うことになるならば、その行為は持続的な精神の性質を示すものでなければならないということである。[20] この主張は、彼の道徳哲学にとって決定的な意味を持つ——そして彼の徳倫理学に対する肩入れ《コミットメント》の根本をなしている——が、その主張はヒューム研究者の多くを当惑させ混乱させてきた。他方で、それ以外の研究者たちはその主張をまったく無視して、取り合わなかった。では、この困惑を招き議論を呼ぶ主張の根底には一体何があるのか。ヒュームの立場を理解するには、彼の間接情念にかんする説明に立ち帰る必要がある。ヒュームの主張では、間接情念が私たちのうちに生じるためには、情念の原因（独立の快や苦を与えるものと見出されるなんらかの事物や特徴）が、情念の対象（自分自身か誰か他の人）となんらかの仕方で関連しているか、適切な仕方で関係していなければならない。概して、情念の原因と対象の関係は近くなくてはならない。[21] 情念の原因となっている性質や特徴は、もしこれらの情念を生み出すのであれば、「私たち自身の部分か、私たちに緊密に関係するもの」でなければならない。[22] この点に関連して、ヒュームも留意しているのは、情念を生み出す性質や特徴と、情念の対象である人物との関係は、「偶発的もしくは変わりやすい」[23] ものであってはならないという点である。

ヒュームは、情念の原因と対象の関係が瞬間的で一時的な場合に起こる事態を以下の一節で記述している（この箇所でヒュームはとりわけ誇りに関心を向けている）。

偶発的で変わりやすいものは、喜びを与えることもほとんどないが、誇りはなおさら与えない。私たちは、そのようなもの自体にあまり満足しない（喜びを感じない）が、そのものを原因に、何か新たな度合いの自己への満足（誇り）を感じることはさらにありそうもない。〔それは以下のような理由による。〕私たちは想像力によって、そのものの変化を予見し、予期する。このことによって、私たちはそのものには満足をほとんど感じなくなる。さらに、私たちはそれを〔それよりも〕長い期間存在する私たち自身と比較し、そうすることで、その変わりやすさがいっそう大きいものであるように見えるようになる。きわめて短い間しか存在せず、私たちの存在する期間のうちのほんのわずかな部分しか私たちに伴うことのない対象から、私たち自身のなかに卓越性があると推理することは滑稽であるように思われる。[24]

この一節での言葉遣いとかなり一致する言葉遣いをヒュームがしている箇所がある。道徳的評価は、道徳感情が生じるという観点から解釈されれば、行為そのものではなく性格に基づいてなされると論じている箇所である。[25]こうした一致があるのは、道徳感情が湧き上がるのに性格が重要であるという趣旨の後者の主張が、間接情念の原因と対象の間には密接で緊密な持続する関係がなければならないというより一般的な主張の応用にすぎないからである。その人や行為者に対して偶発的で変わりやすい関係しか有していないどのような対象や性質も、間接情念を喚起することはできないだろう。行為は、まさにその本質からして、「一時的で、消えてしまうもの」なのである。道徳感情が生じうるのは、行為者もしくはそれに関係する人と欠くことのできない緊密で長続きする関係にあるなんらかのものにその感情が由来するときに限られる。恒常的で持続的な精神の原理だけがそうした条件を満たし、反対に、諸々の行為は条件を満たさないのである。この見解は、行為基底的な理論（action-based theory）とは対極の位置にある徳倫理学にヒュームが肩入れしている根拠を説明しており、このように肩入れしていることはそれ自体、ヒュームにおける間接情念の構造分析の観点から理解されなければならない。ヒュームの徳理論を、情念についての彼の心理学説——それは共感と連合にかんする一般的原理と作用に準拠している——から切り離すことは不可能なのである。

徳の多様性と変りやすさ

ヒュームによる徳の解剖は、徳と悪徳の区別について二つの方法を提案する。[26]『人間本性論』第三巻で、ヒュームは、「自然的」と「人為的」という二種類の徳の基本的な区別を導入する。いくつかの徳は人為的であって、なんらかの考案や慣習に依拠しているという意味で、それは自然的徳と対照的である。[27]人為的徳に関係する慣習は、おもに所有や約束にかかわっており、正義の基本的な規則や義務を定める。正義の人は、そうした規則を忠実に守り、この点で自らの義務を果たす人である。ヒュームはこうした基本的な区別について以下のような言い方で説明している。

自然的徳と正義の唯一の違いは次の点にある。自然的徳の結果である善は、行い一つ一つのすべてから生じ、なんらかの自然な情念の対象である。それに対して正義の行いを一つとりあげ、それだけで考察した場合は、しばしば公共の善に反することがあり、利点が得られるのは、一般的な行為の仕組みないし体系で人々が協同するときだけなのである。[28]

平和や社会的協力を確保するために人々がつくる個々の慣習や法律はさまざま異なっているが、その計画のために必要とされるものや基本的ニーズは普遍的である。そして、この種のどんな計画も、関係している個人や社会のためにその計画が確保する利点に照らして判断されなければならない。アナロジーを使いヒュームが指摘しているのは、異なる時代・場所にいる人々が、異なった仕方で家を建てるが、この種の構造はすべて普遍的に求められ、その構造が満たすよう意図された基本的ニーズに照らして評価されうる、ということである。[29]『道徳原理の研究』のなかで、ヒュームは城壁と円天井の建物を比べるというもう一つのアナロジーを用いて、善意（benevolence）という（自然的）徳と正義という（人為的）徳を比較している。善意によって確保される幸福は、「その上に積み上げられた一つ一つの石によってさらに高くなり、一人一人の労働者の勤勉と労苦に比例して大きくなる」[30]城壁のようである。これとは対照的に、正義によって確保される幸福のほうは、むしろ円天井の建物と比較され、それぞれの石はその構造のなかであらゆる他の石によって支えられなければならず、さもなければ「地面に落下してしまう」だろう。この二種類の徳の間、すなわち人間の慣習によって作られたり制定されたりしたことに基づくものとそうでないものとの間には、決定的な差異があると指摘することが、概してヒュームの狙いである。正義を定める慣習はもともと自己利益という動機から生じる。しかし、私たちが公共的な利益に自然と共感しているがゆえにそうした気質を徳とみなしている点を、さらにこのことがそれら徳に対する道徳的是認の基礎として役立っているということを、ヒュームは慎重を期して強調している。[31]

自然的徳・悪徳と人為的徳・悪徳の区別を導入したのち、[32]個人の価値にかかわる四つの特定の「源泉」の観点から諸徳を区別し分離するもう一つの方法をヒュームは提示する。

それを単に眺めることによって快を与える精神の性質はすべて徳と称され、苦を生み出す性質はすべて悪徳と呼ばれる。この快と苦は四つの異なった源泉から生じ得る。つまり、それを目にすることによって私たちが快を受けとる性格は、他の人々、あるいはその人自身にとって有用となるのに自然に適したものであるか、他の人々、あるいはその人自身に〔直接に〕快を与えるものであるかである。(33)

徳は自己利益的な側面を有しており、ただ善意のみを視野に入れて考察されるべきではないとヒュームが強調していることは、ヒュームの徳の捉え方のなかで重要な点である。(34) ヒュームは、自らの徳の解剖の大部分を構築するために、この四つの区別を用いている。それは『道徳原理の研究』においてとりわけ明らかなことである。(35) 自分自身にとって有用な諸々の性質のうちには、思慮(prudence)、節制、倹約、勤勉がある。自分自身に直接快を与える性質にかんして、ヒュームは快活さ、心の平静、誇りを挙げる。(36) 他の人々に直接快を与える性質には、機知、雄弁、(厚顔無恥や傲慢などと対立するものとして)謙虚さ、慎み、礼儀正しさなどが含まれる。(37) 他の人々にとって有用な性質のうちで最も明確な例は、善意と正義である。(38) この分析の至るところで、ヒュームが明らかにしようと努めているのは次の点である。すなわち、私たちがこうした徳や精神の性質を是認する際の源泉となるのは共感であり、その共感とは徳や精神の性質が自分自身や自分の仲間である人々に確保する効用(utility)や幸福に対して私たちが抱くものにほかならない、という点である。(39)

有徳な性格の例や「モデル」をいくつか描き出すため、ヒュームは自らの「徳のカタログ」(40) を活用する。『道徳原理の研究』のなかで、ヒュームは、「完全な徳のモデル」(41) として描かれた「クレアンテス」という架空の例を挙げる。クレアンテスの徳についてヒュームが述べていることによれば、クレアンテスは、自分自身と他人にとって有用もしくは直接快を与える徳としてヒュームが列挙してきたさまざまな種類の徳すべてを身につけた人物である。しかしながら、ヒュームは、他の文脈では、歴史上から引っ張ってきた実在の人物たち、とりわけ古代の人々を引き合いに出している。[42] そこで挙げられるとても興味深い例の一つは、カトーとカエサルの対比について描かれた比較である。

カエサルとカトーの性格には……両方とも〔徳という〕言葉のもっとも厳密な意味で、徳があるが、〔徳がある〕仕方はそれぞれ異なる。また、それらから生ずる感情が全て同じというわけではない。一方（カエサル）の性格は愛を生み出し、他方（カトー）の性格は敬意を生み出す。一方は親しみを覚えさせ、他方は畏怖を感じさせる。[43]

有徳な人は、それぞれ異なった特定の性格や特定の精神の性質をもっているということが、ここでのヒュームの基本的見解である。徳の有無を判定するための適切な規準を満たす可能性のあるさまざまなタイプの人々を私たちが見出すように、有徳な人のただ一つのモデルや模範は存在しない。したがって、私たちは、有徳な生がただ一つの理想的生へと収斂することを期待すべきではない。この意味で、有徳な人にかんするただ一つのモデルや一様な理想を全て拒否する限りにおいて、ヒュームは徳にかんして「多元論者」と描かれるかもしれない。他の一節では、ヒュームはハンニバルの混合的性格を記述しており、この人物のうちでは「大なる徳（例えば勇気、大胆さ、知恵など）は、大なる悪徳（例えば残忍さ、不正直など）によって相殺されていた」[44]。この例が明らかにしているように、徳と悪徳のなんらかの組み合わせは、一般に大抵の個人のうちに見出される（大抵の人々はさまざまな度合いで、ある程度の徳を所有しており、それと合わせてさまざまな度合いで、ある程度の悪徳も所有している[45]）。

ヒュームの説明によれば、徳と悪徳がひとりの個人のうちで組み合わされ、統合される仕方には非常に多くのヴァリエーションがあるが、それだけでなく個々の徳と悪徳が個別的な状況においてある個人のなかに現れる仕方にも複雑さと微妙な差異があるということを私たちは経験から知っている。こうした複雑さと微妙な差異により、多くの事例において、特定の精神の性質にかんしてさえ、徳と悪徳の間に引かれる単純もしくは明確な境界線は存在しないということが浮き彫りになる。例えばヒュームは自然的徳について次のように指摘している。「あらゆる種類の悪徳と徳は、目につかない仕方でお互い入り込みあっている。つまり、悪徳と徳は感知できないほど接近しているので、悪徳と徳の一方がどこで終わり、他方がどこで始まるのかを決定するのは、絶対に不可能ではないにしても、非常に困難なのである」[46]。しかしながら、関連する諸々の規則や義務に「そのような目につかない段階的変化の余地がない」ところで、同様の見解が人為的徳にも当てはまるということをヒュームは否定している。さまざまな例の中で過剰になり結果的に悪徳に導く可能性のある徳として提示されているのは、慈善（charity）と勇気である。ヒュームが指摘するところでは、ある人は、「社会における自らの職分を越え、適正な限度以上に他人に心遣いをするとき、あまりにもお人好しになってしまう」[47]。勇気と野心は、「行き過ぎた勇敢さ」、あるいは「残忍さ」にさえ様変わりしてしまうかもしれないし、無残な結果を引き起こし、かかわる全員を破滅へと至らしめる可能性がある――これは「軍隊の英雄」において特に見られることが多い欠点である[48]。「勇気と野心は、善意によって統御されないときには、ただたんに暴君つまり公権力を持った強盗を作るのに一役買ってしまうだけである」[49]と語られる。快活さでさえ、ヒュームが論じるところでは、何であれ適切な理由もしくは時機を欠いている場合には過剰に陥ってしまうかもしれない[50]。ヒュームは徳における節度とバランスの問題を明確に自覚し、敏感になっているが、アリストテレス倫理学のうちに見られる種類の「中庸」の一般的教説を支持することはしない[51]。そうしたアリストテレスの説に対してヒュームの見解では、節度やバランスは問題になっている当該の徳に応じて変化するのであって、〔さまざまな徳を比べた場合〕ある徳はそれに対応する適切な徳とのバランスが取れていないときに、他の徳に比べて、損なわれるか「過剰」なかたちに様変わりしてしまう傾向をもつ。[52]

またヒュームが明らかにしているのは、私たちが是認して、気にかける個別的な徳は、自分たちが置かれた個々の社会的・歴史的状況に応じて大幅に変化する可能性がある、ということだ。この点で、ヒュームは、古代と近代で異なる「完全な価値（perfect merit）」[53]の観念について、古代と近代の見解を対比する。同様に、彼はそうした事柄についての諸国間での差異についても指摘し[54]、このことに関連する教育と習慣が重要であることも指摘する。[55]異なる社会的・歴史的条件においては、それぞれ異なる徳がより顕著になり、際立ってくるとヒュームは主張している。

個々の習慣や風習は、諸性質の有用性を変える。それらはまた諸性質の価値をも変更する。個々の状況や偶然の出来事も、ある程度は同じ影響力を持つ。自らの地位および職業に適した才能や才芸を有する人は、運命によって役目を間違えて割り当てられた人よりも、常により多く敬意を払われるであろう。[56]

一般にヒュームは徳の可変的で断片的な本性だけでなく、遇運や偶発的な状況に対して徳が壊れやすかったり影響を受けやすかったりすることも強調している。[57]

徳は変動し、断片的であるということ、および、状況と遇運に対して徳が影響を受けやすいということにかんする以上の見解はすべて、次のような見解を後押ししているかもしれない。つまり、ヒュームは徳について懐疑的であって、私たちがこの世界で、歴史を通じて出会う、多岐にわたる徳を特定し是認するための固定した規準もしくは信頼できる規準を拒絶しているという見解である。しかしながら、この種のいかなる結論も、誤っているだろう。自身の道徳哲学を披歴する際、とりわけこの主題についてヒュームが論じている二つの代表的著作のなかで、彼が基本的な関心を向けていることの一つとして、次のことが挙げられる。すなわち、私たちは徳に対して多種多様な考えを抱いているが、それがどのようにして私たちがそうした事柄に正確な判断を下す際に用いる根本的で普遍的な規準と両立するのかを示すということである。ヒュームは、徳と悪徳の区別を、感覚や感情を参照せずに理性だけの問題に還元することを目指す道徳体系に対して明らかに懐疑的であるが、しかしながら彼は、徳と悪徳を識別するために「実在の区別」が存在しないというといかなる懐疑的提案も断固として拒絶している。[58] 全て道徳的評価は、「一般的観点（general point of view）」[59]から為されなければならないとヒュームは主張する。さらに、私たちの道徳についての規準――それを用いることでおそらく私たちの誰もが徳と悪徳を認識し、区別する――は、共感に対する私たちの能力に依拠し、さらにあらゆる人が効用について一般的に考慮することをごく自然に重要視していることにも依拠している。[60]

共感（sympathy）は私たち自身に対する関心よりもはるかに弱いこと、また私たちから遠くに離れている人物に対する共感は、近くに居て接触のある人物に対するそれよりもはるかに弱いことを私たちは認めるであろう。しかし、まさにこの理由のために、人々の性格にかんして私たちが冷静に判断をし、談話をする場合には、これらの差異を一切無視し、私たちの感情をいっそう公共的、社会的にすることが私たちにとって必要なのである。……したがって社交および会話における感情の交流が、私たちにある一般的な不変の規準を形成させ、それによって私たちは性格や風習を是認あるいは否認することができるのである。[61]

仮に、私たちが多様な観点や関心を持っているにもかかわらず、一般的観点によって、私たちが同意に達する可能性のある「人間の性格にかかわる穏やかな判断」を下せるようになるのだとしても、どのようにしてヒュームはそれと同時に人々や国々の間にある「道徳感情」の「違いの大きさ」を説明することができるのか。

この問いに対してヒュームは以下のように答える。そうした人々の個々の実践や感情がどれほど異なっていようとも、さまざまな人々に共有され、共通である「第一の原理」を考えなければならない、と。ヒュームはアナロジーを用いて次のように述べている。

ライン川は北に流れ、ローヌ川は南に流れる。しかし両者は同、一、の山から発し、また重力という同一の原理によって反対方向へ動かされるのである。それらが流れる地面の異なる傾斜が、それらの水路のあらゆる相違を生じさせる。[62]

同じように、さまざまな時代で、さまざまな国々で道徳と風習は疑いなく異なっている一方で、それらを動かし、支配する基本的な原理は、固定して恒常的なままである。

……人々が道徳において推論の基礎とする諸原理は、彼らの引き出す結論が、しばしば非常に異なるにもかかわらず、常に同一である……。……ギリシアとローマの没落以来、多くの時代が経過したけれども、そして多くの変化が宗教や言語、法や習慣に及んだけれども、これらの変革のいずれも、道徳の根本的感情においては、外的な美の根本的感情と同様に、何か重要な革新を生み出したことは未だかつてない[63]。

そうするとヒュームの説明では、懐疑論者とは、徳と悪徳を区別するためのなんらかの適切な道徳的規準を私たちが持っていることを否定する人のことである。ヒュームはこの種の懐疑主義を全て明確に拒否している。というのも、人間の幸福や効用に基づいた、徳や道徳的卓越性の普遍的規準が存在することに、ヒュームは強く肩入れしているからである。しかしながら、こうした肩入れと両立してヒュームが認めているのは次の点である。すなわち、どの徳と悪徳が私たちにとって重要で、どのような種類の行いや実践がそうした徳についてのより一般的な規準と両立するかを理解するにあたっては、異なるさまざまな社会的・歴史的文脈ごとに、（かなり）異なるさまざまな方法が存在するということである。しかしながら、こうした道徳的規準にかんして、より高次のレベルでのばらつきや不一致があっても、それは共通もしくは共有の適切な道徳的規準が存在しないということの証拠にはならない[64]。こうした路線を行くなかで、ヒュームは、懐疑主義に対する自らの固い拒絶と両立する道徳的相対主義のかなりの部分を受け入れることができる[65]。

ヒュームが、効用を持っている人およびその人と接する人々にとっての効用を考慮する観点から、徳の基礎となるものおよびそれに対する私たちの是認を説明しようとしていることは明らかである。その一方で、ヒュームは、幸福と有徳な性格の間には単純かつ直接的な相関関係があるとするいかなる考え方にも肩入れしないようにしている。彼の説明によれば、ここでの問題は、それよりも複雑でよりいっそう問題含みである。ヒュームは「最も幸福な精神の気質は有徳な性質である[66]」と主張する。二つの重なるメカニズムが、そうした相関関係を支える助けとなる。第一に、すでに見てきたように、徳は他者からの愛と是認を確保し、また悪徳はそれとは反対のものを確保する役割を果たす。共感の働きを通じて、徳によって確保された愛と敬意は、私たち自身の精神に対して「二次的」影響を持ち、この世界における自分たちの信望と名声に対する強い関心を生み出す。(67)

私たちは、性格、名声、世間の信望を絶えず熱心に追求することによって、私たち自身の立ち居振る舞いや行動をしばしば振り返り、それらが私たちに近づき評価する人々の眼にはどのように映るかを考慮する。(68)

そうは言っても、一方で他者の意見は私たちにとって重要であり、私たちの幸福に影響を及ぼすが、(69)あらゆる人の「平安と内的満足」も、主として「精神による自己検分に耐える」(70)精神の能力に依存している。たとえ悪徳は他者に察知されていないとしても、自分自身のうちに悪徳を見つける当人には惨めさや不幸を生みだすだろう。

このいわば反省において私たち自身を常に検分する習性は、正邪のあらゆる感情を絶やさぬように保ち、高潔な人々において、他人だけではなく自分自身に対してもある種の崇敬の念を生じさせる。それがすべての徳の最も確実な保護者なのである。(71)

人間本性にあって、共感の影響と社交的な本性に導かれる情念の働きに対するこうした見解は、徳と幸福、悪徳と不幸の間に概ね信頼できる相関関係があるとする主張を裏づける。

ヒュームは、徳がその徳の所有者たちに利益をもたらすことにかんして、このように広く楽観的な見解に肩入れしているが、それにもかかわらず、彼は慎重にこの楽観的な見通しを制限し、そこに著しい限界があることを指摘している。一方で「徳が達成できるとき、それが最善の選択であることに疑いはないが、それにもかかわらず、人間のかかわる事象は無秩序かつ混乱状態にあるので、幸福と不幸の完全なあるいは規則正しい配分などとても期待すべくもない[72]」と言われている。こうした文脈(ヒュームのエッセイ「懐疑主義について」)で、ヒュームはさらに幸福にまつわるさまざまな在り方を項目別に列挙している。つまり、幸福は徳や悪徳とは独立の事柄や要因に影響を受けやすいのであるが、そういったさまざまな場合を列挙することへと向かっているのである。例えば、私たちの身体の健康と精神の気質は、たとえ私たちが完全に有徳であったとしても、私たちを嘆かせたり悲しませたりするかもしれないとヒュームは指摘している。そのうえ、ヒュームは次のことも認めている。すなわち、私たちは他人から否定的な評価をされたり敵対的な態度をとられたりした場合に自然とその影響を受けてしまうのであって、たとえその他人の態度が正当化されないものだとしても、影響を受けてしまうのである。さらに、自分に近い人々(家族や友人など)に対して抱く共感や関心によって、私たちは、家族や友人たちに嘆きや悲しみが押し寄せた場合に、それらを共有するようになる[73]。他方で、悪徳を有する人(例えば「狡猾な悪人(sensible knave)」)が、他者の批判をうまく免れるかもしれないこと、さらには自らの性格と行いを反省しないことで自責の念や羞恥心を生じさせるあらゆる源泉から逃れられる可能性があることさえも、ヒュームは同じくらい自覚している[74]。悪徳を有する人が常に不幸になることを保証するものなど何もない。要するに、この人生において期待される、有徳な人が運の変動や人間存在の不確実性と無縁でいられるような完全な道徳的調和など、ヒュームにとっては存在しないのである。ヒュームは実際、そのような物の見方を幻想で明らかに人間の経験と食い違うものだとして、断固拒否している。それにもかかわらず、徳と幸福、悪徳と不幸の間にある相関関係は、道徳的実践と社会的生活を維持し、支えられる程度には密接なのである。

徳、自発性、自然的能力

ヒュームの徳についての説明のなかで重要であり、論争の的となっているのは、徳と悪徳に対して自発性がいかなる関係を有しているのかということについて、ヒュームが独特の理解をしている点である。ヒュームの学説のなかにあってこの側面は、明らかに、自由意志や道徳的責任といった主題に対して彼が抱いている見解と緊密に結びついている。[75] この領域においては次の二つの問題が生じるのであって、これらは慎重に区別される必要がある。

(1) 道徳的評価（つまり、是認や否認）を下される人物が持っている徳の諸側面はすべて、自発的に表れるに違いないとヒュームは考えているのか。つまり、徳と悪徳は、もっぱら行為者の熟慮の末の選択や意図的な行為に基づいて評価されるべきであるのか。

(2) 仮に、徳と悪徳が、快や苦痛を与える精神の性質の観点から理解されることになるとしたら、そうした性格特性は、どの程度まで自発的に獲得されるものであるのか（つまり、行為者自身の意志や選択を通じて獲得されるものであるのか）。

この両方の問いに対するヒュームの答えは明確である。自発的行為や意図的行為だけが、私たちが人の徳や悪徳を評価する際に基づくただ一つの根拠であることをヒュームは否定している。そのうえ、道徳的性格は、大部分において、非自発的に獲得されると主張している。もちろん、第二の主張は、ヒュームを第一の主張に肩入れさせるわけではない。また第一の主張が、ヒュームを第二の主張に肩入れさせるわけでもない。というのも、ある人は、ひとたび獲得されれば非自発的に表れるかあるいは明らかになる可能性のある特性を自発的に獲得することができるからだ。明らかに、ヒュームがこの問題について受け入れている主張を組み合わせれば、ヒュームは、徳との関係において自発性が意義を持っており重要であるという主張を徹底的に弱めてしまう立場に肩入れすることになってしまうだろう——なんらか私たちに馴染みのある別の説（たとえばアリストテレスの説）との比較のなかでは確実にそうであろう。

まず、性格が表れることに対して、自発性がどのように関係しているのかを考察してみよう。すでに見たように、行為は私たちがある人の性格を知る際の主要な手段として役に立つとヒュームは考えている(76)。行為は、私たちの欲求と意志の因果的影響によって生み出される。したがって、行為を解釈し、評価を下すときには、行為する際の個別的な意図に注意を払わなければならない。これに失敗すると、私たちは、実際には有していない性格特性を行為者に帰してしまいがちになる（すると結果的にその行為者を不当に称讃するか非難することになってしまう(77)）。意図と行為は道徳的性格について評価を下すなかで有意義かつ重要な役割を担っているが、ヒュームはまた、性格が表れる可能性のある異なった経路も存在すると主張する。より正確に言えば、有徳な性格や悪徳の性格は、その人の意志の自然本性だけでなく、その人の「願いや感情」を参照することによっても区別することができる(78)。感覚、欲求、感情は、意志したり、行為したりすることを通じてのみならず、広範囲に渡るさまざまな仕方で現れてくる。ある人の「顔つきや会話(79)」、立ち居振る舞い、「態度(80)」、身振り手振り(81)、もしくは単純にその人の外見や表情などは全て、快いものもしくは苦痛なものだと見出される可能性のある精神の性質や性格を示す標となるだろう。[82] 私たちは、自分たちの欲求や情念およびそれらの現れ方を、ある程度コントロールするかもしれないが、大部分において感情の状態と心構えは、非自発的に生じ、意志に反して明らかになるか表れてしまうことさえあるかもしれないのである。

私たちはここでさらなる問いに着手してもよい。その問いとは、徳と悪徳が獲得される方法や、その中でも特に、それら徳と悪徳がどの程度まで自らの選択によって形作られ、決まるのかということにかんするヒュームの理解をめぐる問いである。全般的にみると、私たちの性格は、自分の意志とは独立の要因によって決まり、決定されるというのがヒュームの見解である。「自由と必然性について」[83] と題された節で論じられていることによれば、私たちは、一定の性格を持つ人が特定の状況でどのように行動するのかということだけでなく、さまざまな状況がどのようにして性格を決めるのかということをも観察する。性格を決定するさまざまな要因のなかには、身体的条件、年齢、性別、職業、社会的地位、気候、宗教、政体、受けた教育などがあるとヒュームは主張する。[84] こうしたさまざまな因果的影響が、「性格や偏見や意見が多様であること」[85] のおもな原因になるのである。いかなる厳密な道徳哲学であっても、「人間の精神を幼少時から形づくり」、時間の経過とともに生じる「感情や傾向性の段階的な変化」のおもな原因になるさまざまな力が存在することを認め、注意を払わなければならないとヒュームは論じている。[86] こうした一般的な見解によって、「私たちの精神の組織・構造が私たちの選択に依存しないのは、私たちの身体の場合と同様である」[87] ということが裏付けられることになる。

この主題におけるヒュームの立場に批判的な者は、以下のように主張することだろう。もし自分の性格を形成するさまざまな要因をほんの少ししか、あるいは全くコントロールできないとしたら、その場合徳と悪徳は実に、こうした状況において、単なる運・不運の問題になってしまうだろうし、身体の美しさや醜さと同様に道徳的な関心が向けられるなんらかの基盤ではないということになってしまうだろう、と。もし人々が自らの行為や感覚が表す性格に対して責任を負っているとすれば、その性格を自発的に獲得したのでなければならない。[88]こうした類いの非難に対してヒュームは、当該の性格が獲得された仕方を全く引き合いに出すことなく、徳と悪徳を完璧に区別することができる、と応じる。私たちのなかにある道徳感情とは、人々が自らの振る舞いや行動のなかで明らかにする道徳的性質や性格特性に対する反応や応答のことであり、それゆえに、人々がただ単にこの道徳的性格を選択していない、あるいは自発的に獲得していないからという理由だけで、そうした道徳感情が引っ込められる必要はない。もちろん、自分の性格を修正し、改めることにかんして私たちがある程度の能力を持っているということを、ヒュームは認めている。[89]具体的に言えば、私たちは、自己批判と自己理解を通じて、ある程度自らの道徳的性格を涵養し、改善することができるとヒュームは認めている。それにもかかわらず、ヒュームが強調しているのは、そうした性格改善の試みはすべて、範囲と効果の点で制限されており、その上、そもそも「改善」という試みが開始されるためには「その人は前もって相当有徳でなければならない」という点である。[90]

徳と自発性の関係についてヒュームが抱いている見解は、彼の徳理論のうちでも最も議論の余地がある側面の一つ、つまり、自然的能力は徳と悪徳に組み込まれるべきだとする彼の見解を説明するにあたり重要である。[91]この問題にかんして、ヒュームは二つの重要な点を強調している。第一に、自然的能力（つまり、知性、想像力、記憶、機知など）と、より狭義に理解された場合の道徳的徳は、「同等に精神の性質」[92]である。第二に、それら両方が「同等に快を生み出し」、それゆえに「人々の愛と敬意を勝ち得る同等の傾向」[93]を持っている。日常生活において、人々は「何であれ快や不快を与えるものを自然に称讃あるいは非難する。そしてそれゆえ、洞察力を正義と並んで徳と見なす」[94]のである。以上の点すべてに加えて、すでに述べたように、自然的能力と道徳的徳の区別は、自然的能力が大部分において非自発的に獲得されるという考えに基づいているということはありえない。なぜなら、この非自発的に獲得されるということは、より狭義に受け取られた場合の道徳的徳にも当てはまるからである。それにもかかわらず、ヒュームの見解では、自発的・非自発的の区別が「道徳学者たちが自然的能力と道徳的徳の区別を発明した理由」を説明するのに役立つとされる。道徳的性質とは違い、自然的能力は「いかなる工夫や努力によってもほとんど変えることが不可能である」[95]。これとは対照的に、道徳的性質「あるいは、少なくともそうした性質から発する行為は、褒美と罰、称讃と非難という動機によって変わる可能性がある」[96]。このように、ヒュームによれば、自発的・非自発的の区別が重要になるのは、おもに、社会における行動の統御に対して私たちが抱く関心〔という領域〕に限られる。しかしながら、私たちの徳と悪徳の理解をこうした〔自発的・非自発的という〕境界に制限してしまうことは、その理解の本質および人間的な生と経験の基盤を歪め、不正確に伝えることにほかならないのである。

道徳感覚、「道徳的美」、道徳的発達

徳と道徳感覚（moral sense）（つまり、道徳感情を感じ、これに基づいて道徳的区別を引き出す能力[97]）の関係について、ヒュームの理解は表面的には率直であるように見える。すでに述べたように、ヒュームは、徳と悪徳を、是認と否認という道徳感情を生じさせる精神の性質と規定している[98]。ヒュームの徳についての説明は、「道徳的美」のアナロジーに多くを負っている。徳は「道徳的美」[99]の観点から理解される可能性があるという提案は、ヒュームがどれほど正確に徳と道徳感覚の関係を理解しているのかという点について、いくつもの難問をもたらす。ヒュームの分析によると、美と徳の両方は、人々に快い作用を及ぼし、そして

その快がなんらかの愛や是認を生じさせる。しかしながら、明らかに、美しい人はその人自身美しくあるために、あるいは自らに起因する快により生み出される愛の対象となるために、いかなる美醜の感覚も持つ必要はない。こうした見解により提起されるのは、人は道徳感覚を欠きながらも、有徳であることができるのか、という問題である。つまり、ある人にとって徳〔を持つこと〕が可能であるためには、道徳感覚を持たなければならないのかという問題である。驚くことに、ヒュームはこの重要な問題に対する自らの立ち位置について明確な記述をまったく示していない。

この難問は、徳や悪徳〔を持つこと〕がおそらく可能である存在者と可能ではない存在者（さらに私たちの道徳感情の適切な対象である存在者）を特定することにかかわる、より一般的な問題と関係している。ヒュームは「動物は徳や悪徳の感覚をほとんど、あるいはまったく持っていない[100]」と指摘している。しかしながら、そこから動物は快や苦を与える精神の性質を欠いているということが帰結するわけではない。さらにヒュームは、動物は「人間と同様に思考や理性を授かって[101]」おり、愛や憎しみといった情念や共感〔を持つこと〕も動物にとって可能であると明らかにしている[102]。単に動物が非自発的に自分たちの精神特性を獲得しているからという理由だけで、徳や悪徳〔を持つこと〕が動物にとって不可能だとするのは、ヒュームの見解ではありえない。なぜなら、ヒュームは、徳と悪徳をそれぞれの存在者に帰属させる際に自発性がその根拠となるということを否定しているからである。人間は、理性の点で動物より優れているのは確かであるが、結局のところ、この種の差異は、ある人物と別の人物とのうちでも見出すことができるとヒュームは主張している[103]。この点を踏まえて、私たちはまた、ヒュームの徳についての説明には「狂人（mad-man）[104]」や小さな子どもも含まれているのかとも問うかもしれない。これらの存在者は、明らかに人間であり、そして、ヒュームの原理によれば、そのような存在者として、そうした人々もまた快いものや苦痛なものと見出される精神の性質を有しており、道徳感情の正当な対象と見なされる可能性がある——そうした者たちが、理性や道徳感覚などの点で、どれほど能力を欠いていたり、制限されていたりする可能性があるとしても。

ヒュームが肩入れしていることに同調して、道徳感覚の欠如は徳を獲得できないことに関連するのだから、動物や常軌を逸した人や人間の新生児に道徳感覚が欠如していることについてもっと言われるべきことがあると論じられるかもしれない。もっと具体的に言えば、徳と道徳感覚との間には、ヒュームの記述が示唆していると見えるものよりも深く、密接な関係があると論じられるかもしれない。私たちの道徳感覚の一般的能力（是認と否認という道徳感情を生み出し、心に抱く能力）は、徳を獲得し、それを維持する仕方において、重要な役割を果たしている。人為的徳が確立され保持される仕方にかんしてヒューム自身が述べていることに基づいて、私たちはそうした道徳感覚の一般的能力が徳の獲得と維持において重要な役割を果たしている理由を理解することができる。すでに見てきたように、ヒュームは、正義の慣習がどのようにして自己利益という根源的な動機を通じて生じるのかということについて、また私たちがその正義の慣習を道徳的な観点から考察するようになる経緯について、いくらか詳細に論じている。ヒュームによれば、子どもたちは自分たちの社会に構築された慣習に従うことに利点があること、および、正義に対する自分の「信望」が重要であることをすぐに学ぶ[105]。子どもたちは、習慣と教育の影響を通じて、「あらゆる規則違反を下劣で不名誉なこと[106]」だと見なすようになる。したがって、人為的徳が確立され、その人のうちに根ざすのは、道徳感情の経路とメカニズムを通じてなのである。

道徳感情が自然的徳との関係において果たす役割についてヒュームはあまり語っていないが、今言われたことと同様の見解が当てはまるように思われるだろう。ある子どもが成長して、成熟していくときに、自分の精神の性質は、他の人々や自分自身に影響を及ぼすように、自分が触れ合う人々のうちに道徳感情も不可避的に生じさせることになるとその子どもは悟る。ある人が、気前がよく、善意を有しているとき、その人は他の人々に良く扱われるだろうが、それだけにとどまらず、他の人々が自分の徳を是認しているから、自分は良く扱われているということに気づくだろう。共感の影響を通じて、他の人々の是認はそれ自体で自分自身の幸福の独立した源泉となり、誇らしいという感覚や自分自身への是認に対するさらなる根拠をもたらすだろう。他人の道徳感情に気づくようになり、そこから「他の人々が自分を見ているように自分自身のことを検分する」という全体的プロセスは人為的徳だけでなく、自然的徳を発達させることにも役立つのである。[107] ヒュームによれば、「自分自身を検分し」、自分自身の「平安と満足」を求めるそうした気質は、「あらゆる徳の最も確実な守護者」[108]である。こうした考察を踏まえると、道徳的反省は、私たちが自らの道徳感覚を自分自身のほうに向けて、自分自身の性格と行動を一般的観点から見直す場合に、統括的徳(master virtue)として機能して、それによりさらに他の個別的な徳を涵養し、維持することができるようになると論じられるかもしれない。こうした気質を全く欠いている行為者は恥知らずになるであろうし、恥知らずな人は、その発達と安定化が道徳的反省に依存することになる徳全てを不可避的に欠くことになるだろう。[109]

徳と道徳感覚の「密接な」関係――もしくは「内的」関係としてもよい――が存在し、そのことにより、徳が発達し信頼性を持つためには、道徳感覚のための能力が必要とされるということを明らかにしたので、いまや私たちは、なぜ動物や常軌を逸している人や人間の新生児には徳や悪徳〔を持つこと〕が可能ではないのか(さらに、動物やそうした人々はそのような存在として、道徳感情の適切な対象ではないのか)という問いに戻ってもよいだろう。もし有徳な性格を完全に育くみ、有徳な性格の安定性を保つのに道徳感覚が必要であるなら、私たちは道徳感覚を育くみ、保持していくのに何が必要なのかを問わなければならない。

ヒュームは、道徳感覚を特定の種類の快と苦痛の感覚によって単純に構成されるものと考えることによって、道徳感覚について「薄い」説を提示しているとたびたび解釈されるが[110]、この読み方はヒュームの立場の複雑性や繊細さを十分なほど正当に取り扱っているとはいえない[111]。いくつかの文脈において、そして特筆すべきものとして『道徳原理の研究』の第一章において、性格や行動に対する道徳的評価は理性と感情両方の活動に及ぶとヒュームは論じている。

おそらく、性格や行動を、愛すべきものもしくは憎むべきもの、称讃に値するものもしくは非難すべきものだと宣言する最終判決は、……ある種の内的な感覚ないし感情に依存しているのであり、それを自然は全人類に普遍的なものにしている。しかしながら、このような感情の発生を容易にし、その対象を正しく認識するためには、多くの推論が先立つこと、そして、正確な区別がなされ、正しい結論が引き出され、離れているものの比較がなされ、複雑な関係が吟味され、そして一般的な事実が確定、確認されることが、しばしば必要とされるのを私たちは見出す[112]。

ヒュームは、「道徳的美」のアナロジーに戻ってこの道徳システムの特徴を説明している。「美術」にかかわる種類の美は、自然的美とは対照をなしている――自然的美に対する私たちの称揚はいかなる推論の助けがなくてもすぐに生じてくる。それに対して美術にかかわる美の場合、「適切な感情を感じるためには」かなりの量の推論をも必要とするし、「また誤れる嗜好は、しばしば議論と反省によって是正されうる」[113]。ヒュームの主張によれば、この美術にかかわる美と同じような仕方で「道徳的美は、人間の心に適切な影響力を与えるためには、私たちの知的能力の助けを必要とする」[114]。必要とされるこの種の「知的」

活動に含まれているのは、ある種の行動の特定の傾向を経験から学ぶことだけでなく、それらを精確に識別する能力はもちろんのこと、「なんらかの安定的で一般的な観点」[115]から性格と行動を評価する能力である。この一般的観点を取り、この観点からある人の性格と行動を評価する私たちの能力は、ヒュームの説明において、欠くことのできない能力である――いやしくも私たち全員が共有し、参照することができる「価値の規準」を形成することができるはずであるのなら[116]。

道徳感覚が徳との関係のなかでどのようにして「知的能力」の活動と影響に依存しているかということを、以上のように説明することが重要であるのは明らかである。徳の涵養と維持が道徳感覚に依存している限りで、徳もまた道徳感覚の行使に関与する知的性質を必要とするということになるのである。動物、新生児、常軌を逸した人は道徳感情を生じさせることにかかわる知的営みを行う能力を明らかに欠いている。そうした人々や動物にとっては、道徳感情に依存する徳を獲得することはできないだろう。したがって、ここから帰結するのは、適切な心理的能力とメカニズムが欠けているか、損なわれているか、未発達であるとき、道徳感情に依存する徳がその存在者のうちに備わっていることを私たちは期待してはならないということである。

ヒュームの記述から引き出された徳と道徳感覚の関係性についての説明は、ヒュームの徳についての説明には修正が必要であるということを提案する。徳と悪徳は、ただ単に、見る人のうちに道徳感情を喚起し快や苦をもたらす精神的な性質という観点だけから理解されるべきではない。これでは徳が重要な仕方で道徳感覚に依存していること（つまり、道徳感覚の活動を通じて徳が生じていること）が説明できないからである。そのヒューム自身の広い説明は数ある欠点のなかでも、私たちが見てきたように、自然的能力と道徳的徳を「同じ基盤をもつ」ものとして一括りにするよう要求するが、しかしそれに従うと私たちの道徳感情の正しい対象である存在者とそうではない存在者の間に、原理に基づいた妥当な区別を与えられないという事態に陥ってしまう。〔それに対して〕徳についての修正された説明であれば、以下のように、その範囲を狭めるだろう。すなわち、徳と悪徳とは、道徳的反省や道徳感覚の活動や行使を通じて、涵養されるか、弱められるか、維持されるか、抑制されることが可能な、快や苦をもたらす精神の性質のことである。このような仕方で徳と悪徳を精確に記述し、その範囲を狭めることで、自然的能力と道徳的徳の間の区別にかんしても、また徳や悪徳〔を持つこと〕が可能である存在者とそうではない存在者の間の区別にかんしても、原理に基づく方法がもたらされるのである(117)。

「統括的徳」と見なされ、道徳感覚に依存する道徳的反省へと向かう気質の説明は、その説明がなかった場合にヒュームの徳理論において問題視される欠落となっていたある間隙を埋めている。ヒュームの理論に欠けているのはアリストテレスの思慮（それ自体が統括的徳と理解される）の説明に倣った道徳能力にかんする説得力のある説明だとたびたび主張されることがある。上述の修正された説明に基づいて、道徳的反省というヒュームにとっての統括的徳がこの溝を埋めると論じられるかもしれない。アリストテレスの提案したアナロジーを使用すれば、私たちの道徳感覚は、ヒュームが理解したごとく、船の舵のように機能すると言えるだろう。つまり、道徳感覚により私たちは、徳の方へと、悪徳という岩を避けて、航海を続けることができるのである(118)。しかしながら、この舵は、理性か感覚のどちらかひとつだけでは私たちを導くことができない。反対に、道徳感覚が徳の指示で私たちを導くには、私たちはまず、是認と否認の「発生を容易にする」そうした「知的能力」を働かせなければならない。それゆえ、道徳感覚は、理性と感情の融合を通じてはじめて徳を促進し、維持するために効果的に作用するのである。

徳、悪徳、迷信：無信仰と実践的道徳

本章の導入部で述べたように、ヒュームは『人間本性論』結びの箇所で、この徳の解剖はなんらかの仕方で実践的に使用されるだろうと述べている。[119] 表面上、この結びの記述はヒュームの広く「自然主義的な」プログラムと彼の「人間の学」のプロジェクトにとって、その直接の一部分になるものと解釈され得た。この読み方によれば、ヒュームは（その著作の副題が示しているように）「実験的な推論法を精神の諸問題へと」拡張したと信じている。そして、この科学における進歩を日々の生活において実践的に使用することを他の人々に託している。そのように解釈されると、ヒュームによる徳の解剖は、科学的基礎の上に道徳哲学を構築する役割を果たすということになる。その科学的基礎で前提とされているのは、人間本性を世界の因果が織りなす構造の途切れのない部分として、決定論的かつ総じて自然主義的に理解することである。徳理論は、こうした方針に沿って構築されており、（機械的な）自然的秩序とは独立して作用し適用される理性の法則や超越的存在に支配された非物質的な行為者の形而上学を必要としない。また、有徳な行為者は自らの本質的な自然本性もしくはこの自然本性のうちに含まれる可能性のある目標や目的に対してなんらかの理性的洞察を獲得しなければならないと前提する目的論的な人間本性の捉え方も、ヒュームの徳理論は必要としない。徳についての説明の基盤と考えられているヒュームの自然主義は、そうした類いのあらゆる形而上学的な見方に対して体系的に懐疑の目を向けているのである。

ヒュームの徳理論が彼の自然主義的な目論みのより広い文脈のうちに置かれるべきなのは、一方で確かに真である。しかし、これにより、ヒューム哲学全体を通じた全般的な哲学的意図がこの自然主義的な観点から（それらと関連する懐疑主義的傾倒と共に）読まれるべきか、というより一般的な問いが生じてくる。こ

うした仕方でヒュームを読んでいく際の一つの重要な帰結は、次のようになる。すなわち、宗教的な問題に対してヒュームが抱いている関心は、初期著作『人間本性論』では取るに足らないもの、もしくは小さなものであったが、その後の著作（とりわけ『人間知性研究』や『対話篇』）ではじめてより鮮明に明らかになったとみなすことである。こうした全体的な読み方によれば、ヒュームは宗教と道徳性の関係に対して関心を抱いているが、そのことは『人間本性論』における彼の狙いや目標の中核をなしているのではなく、『道徳原理の研究』においてさえ周辺的な関心事に留まっている。明らかに、このようにヒュームを読むことで奨励される見解は、ヒュームの徳理論は宗教の問題と関係があることは間違いないが、それにもかかわらず——ヒュームの主要なプログラムの一部ではなく——単なる派生的な関心事として私たちが脇に置いておくことができる事柄だということである。

ここでは、ヒュームの根本的な哲学的意図や、それが長い時間をかけどのように展開し、発展してきたのかを徹底的に調べ上げることはできないが、彼の徳理論およびそれと関連するヒューム哲学のこうした全体像については、疑問を付され、問われるべきである。『人間本性論』におけるヒューム哲学のうちにも後期著作のうちにも見出される懐疑的で自然主義的な主題は、より深い無宗教的・反キリスト教的な動機と目的に依拠して理解され、解釈されなければならないと私は他の論文で論じた[120]。『人間本性論』全体を通じてヒュームの議論に息を吹き込み、その議論を構築する原動力となっているのは、宗教の教理や教義を疑い、道徳的・社会的生活に非宗教的で科学的な代替説を提示しようとする彼の（懐疑的）試みだと私は主張する。ヒューム『人間本性論』のこうした無宗教的な性格は、後期著作におけるヒューム思想の発展と展開を導き形づくる役割を担っている（つまり、無宗教の目的と野望は、『人間本性論』のみならず、主要な哲学的著作全てを通じて、彼の思想を一つにまとめ、構築し、方向性を与えている）。ヒューム哲学に対するこうした全体的な解釈によれば、ヒューム思想の核となる無宗教の目標と関心の光のもとで、彼の徳理論を考察することが重要なのである。

非常に大雑把に言えば、ヒューム道徳哲学が基本的に目指しているのは、神学と宗教哲学のうちにある形而上学への傾倒および形而上学による歪曲を剥ぎ取ることである。ヒューム特有の徳についての見解には、これらの中核となる関心が反映されている。この種の事柄とともにヒュームが述べているさまざまな見解や主張のうちでも最も重要なことの一つは、キリスト教道徳主義者や護教論者たちが卑下を徳として、誇りを悪徳として提示しようと躍起になっていることをヒュームが批判している点である――ヒュームの主張によるとそうした人々の見解はこの問題にかんする真実を逆転させてしまっている[121]。これに関連して、ヒュームは徳についての自らの（建設的な）説明を用いることで、宗教的道徳性は与える影響の点で人々を堕落させる有害なものであると示すことで、その宗教的道徳性を批判し、蔑んでいる。効用に対する考慮に基づく、道徳の自然的・普遍的規準は、「迷信や誤れる宗教の欺瞞的な解釈に囚われずに、人々が自然のままの偏見のない理性によって物事を判断するところでは、いつか受け入れられるだろう[122]」とヒュームは主張する。

独身、断食、贖罪、禁欲、自己否定、卑下、沈黙、孤独、つまり一連の僧侶的徳の全体が、どこでも良識のある人々に拒否されている理由は、それらが少しも役に立たないためである[123]。

これに続く箇所では、そうした「僧侶的徳」は、徳の望ましい目的のどんなものにも役に立たないというだけでなく、「知性を麻痺させ、心をかたくなにし、空想力を曇らせ、気性を荒くさせる」と述べられている。ヒュームは、宗教に由来する「僧侶的徳」の実際の影響にかかわるそうした見解を、「それら僧侶的徳は反対側の欄に移され、悪徳の目録の中に置かれる[124]」べきだと提案して締めくくっている。宗教が道徳的規準と道徳的実践を腐敗させ歪曲する仕方にかんする以上のような全体的な見解は、ヒューム著作全体の至るところでそのなかに織り交ぜられているのである[125]。

宗教には道徳性を腐敗させ転覆させせる傾向性があることは明白であるが、しかし一方、徳は迷信からのどんな支えに頼らずとも獲得できるものだとヒュームは明らかにしている。『人間知性研究』において、ヒュームは自分に代わって「エピクロス」に語ることを許して、その箇所でこの種の問題に取り組んでいる。エピクロス（＝ヒューム）は、おそらく摂理と未来の状態にかかわる教義を否定するだろうが、「あらゆる人の研究や検討に対して開かれている出来事の行路それ自体」を否定することはしない。彼は次のように続けている。

私は、事物の現在の秩序においては、徳が悪徳よりもいっそう心の平安を伴い、また世間からのより好意的な受け入れ方をされることを認める。私は人類の過去の経験に照らして、友情が人生における喜びのおもな源泉であり、また節度が心の平静と幸福の唯一の源泉であることも感じとれる。私は有徳な人生行路の間で、決して選択に迷ったりしない。むしろ安定した心にとっては、あらゆる利点が前者のほうに与していることを感得できる[126]。

こうして、注意深い徳の解剖は、その基礎が人間の共感と効用に対する考慮にあることを示しており、人々を堕落させ致命傷となる迷信の影響から人々を解き放つ仕方で、私たちの実践を導いて、私たちの制度を構築することに役立つのであり、これこそが熟慮の末にヒュームが辿り着いた見解である。この点で、紛れも無いのは、ヒュームによる徳の「冷淡」な解体が「実践的道徳」の目的に適っているということであり、それは宗教的道徳を疑うことや、人間本性と人間的条件を適切に理解するための確実で信頼に足る基礎に基づいた無宗教の道徳を宗教的道徳の代わりに置くことで可能になっているのである。

原註

(＊)ダン・ラッセルがこの章にかんする有益で示唆に富むコメントや提案をくれたことに感謝している。

(1)ヒューム著作引用のための略記号は以下の通りである。〔訳註：本章におけるヒュームの引用については、英語版に併記してある日本語訳を参考にし、引用させていただいたが、文脈に合わせて修正を行った点が多々あることをお断りしておく。参照頁のうち、引用されているものについては該当する邦訳頁を付したが、参照だけのものについては煩瑣になるため省略した。〕

D *Dialogues concerning Natural Religion*（Hume [1779] 1993）
Dial. "A Dialogue"（これは*EM*と共に出版された）（「対話一篇」渡部峻明翻訳、『道徳原理の研究』所収、哲書房、一九九三年）
DPA *Dissertaion on the Passions*（[1757] 2007）
EM *Enquiry concerning the Principles of Morals*（[1751] 1998）
ESY *Essays: Moral, Political, and Literary*（[1777] 1985）
EU *An Enquiry Concerning Human Understanding*（[1748] 2000, ed. Beauchamp）
LET *The Letters of David Hume*（1932）
NHR *Natural History of Religion*（[1757] 1993）
T *A Treatise of Human Nature*（[1739-40] 2000, ed. Norton and Norton）
TA *An Abstract of A Treatise of Human Nature*（[1740] 2000）

引用箇所には、『人間本性論』および各『研究』のセルビー・ビッグ（Selby-Bigge）版のページ数も付されている。ノートン版の『人間本性論』（およびビーチャム版の『研究』）に付される慣習にしたがって、引用箇所を巻・部・節・段落番号の順に付し、その後にセルビー・ビッグ／ニディッチ（Selby-Bigge/ Nidditch）版の頁番号を付す。それゆえ、*T* 1.2.3.4/34 は、『人間本性論』第一巻第二部第三節第四段落／セルビー・ビッグ／ニディッチ（Selby-Bigge/ Nidditch）版三四頁を示すということになる。*EM* App. の場合は付録番号・節を付し、また *EM* Dial. の場合は節を付す。そしてそれぞれの後に対応するセルビー・ビッグ／ニディッチ（Selby-Bigge/Nidditch）版の頁数を付す。〔訳注：原著者は一つの註のなかで複数の箇所を参照する場合、まずノートン版での該当箇所を列挙した後で、セルビー・ビッグ／ニディッチ版での参照頁を順に付しているが、本訳では見やすさのために、ノートン版の該当箇所とそれに対応するセルビー・ビッグ／ニディッチ版の参照頁を一つずつ対応させて、順に記した。つまり、たとえば註（6）の場合であれば、原著では「*T* 2.1.2.5, 2.1.5.2/279, 285」となっているものを「*T* 2.1.2.5/279, 2.1.5.2/285」と記したということである。〕

（2）*T* intro 4-10/xix-xxiii, TA1/645, *LET* 1.13（no. 3）も見よ。*EM* 1.10/174, 517/219

（3）*T* intro 3/xviii, T 3.1.1.1/456, *EU* 1.1-2/5-6, 1.7/9

（4）*T* 3.3.6.6/621〔邦訳一八二頁〕、強調はヒュームによる。*TA* 1-2/645-6 を参照せよ。

（5）*T* 2.1.2.2/277, 2.1.5.3/286, 2.2.1.2/329, 2.2.1.6/331〔邦訳六七頁〕

（6）*T* 2.1.2.5/279, 2.1.5.2/285

（7）ヒュームの間接情念についての記述にかかわるさらなる詳細についてはÁrdal 1966, chap. 2 および P. Russell 1995, chap. 4 を見よ。

（8）*T* 2.1.2.5/279, 2.1.7/294-295

（9）*T* 3.3.1.3/575〔邦訳一三五～一三六頁〕、強調はヒュームによる。また、補いは邦訳者による。*T* 3.1.2.5 /473, *DP* 2.14-16, 3.1

（10）*T* 3.3.5.1/614〔邦訳一七六頁〕。ヒュームは道徳感情を愛と憎しみの穏やかな形態であると考えている。この解釈を支持するものとして Árdal 1966, chap. 6 を見よ。

(11) *DP* 6.19〔邦訳二八〇頁〕

(12) 性格の本性にかかわるヒュームの見解についてはBaier 1991, chap. 8およびPitson 2002, chap. 5を見よ。

(13) *T* 3.3.1.4/575〔邦訳一三六頁〕

(14) 例えば*EU* 8.7/83で、そこでは野心、強欲、自愛、虚栄などは、「情念」として記述されている。*EM* 9.5/271, *T* 3.3.3-8/603-604も見よ。

(15) *T* 2.3.4.1 /419〔邦訳一六六頁〕

(16) 情念が「持続する」ということを正確に理解するには、さらなる解釈と分析が必要とされる。例えば、任意の情念の「タイプ」と「トークン」を区別する必要がある。一方で、情念の特定のトークンは、他の知覚よりも「持続する」とヒュームは主張している、と解釈されるかもしれない。他方もう一つの解釈では、ある人は情念の特定のタイプが規則的に精神のうちに現れ、その人の振る舞いや行いに影響を与える限りでのみ、ある性格特性を持っているとヒュームは主張している、と解釈されるかもしれない。

(17) *T* 3.2.1.2/477「明らかに、私たちがなんらかの行為を称讃するとき……」。*T* 2.2.3.4/348-349も見よ。

(18) *T* 3.3.1.4/575〔邦訳一三六頁〕、強調はヒュームによる。

(19) *T* 3.3.1.5/575〔邦訳一三六頁〕、強調はヒュームによる。フランシス・ハチスンに対するヒュームの記述も見よ（*LET* 1.34）。『人間本性論』におけるもっと前の箇所で、ヒュームは、意図的な行為は常にある種の精神や性格特性のなんらかの持続的原理をさらけ出すか、明らかにすると主張している（*T* 2.2.3.4/349）。ヒュームはこの主張をほとんど支持しないが、私が説明しているように、実際ヒュームは精神の持続する原理のみが道徳感情を生じさせるという（明白な）主張をよりいっそう実質的に支持している。この点についての詳細な議論についてはP. Russell 1995, p. 98およびpp. 112-3を見よ。

(20) 例えば*T* 2.3.2.6/411〔邦訳一三六頁〕を見よ。

(21) *T* 2.1.6.3/291

(22) *T* 2.1.5.2/285〔邦訳一六頁〕、また*T* 2.5.5.5/286, 2.2.1.7/331も見よ。

(23) *T* 2.1.6.4/293

(24) *T* 2.1.6.4/293〔邦訳二五頁〕, *DP* 2.11, 2.42 を参照せよ。
(25) *T* 2.2.3.6 /349, 2.3.2.6/411, 3.3.1.4/575
(26) この区別にかんするより詳細な説明については、例えば Ballie 2000 と Cohon 2006 を見よ。
(27) *T* 3.1.2.9/474-475
(28) *T* 3.3.1.12/579〔邦訳一四〇頁〕
(29) *EM* 3.44-46/202-203
(30) *EM* App. 3.5/305
(31) *T* 3.2.2.23-24/498-500, 3.3.1.12/579-580
(32) *T* 3.2
(33) *T* 3.3.1.30/591〔邦訳一五二頁〕, *T* 3.3.2.16/601 を参照せよ。
(34) この点でヒュームの体系は、(スコットランド・アイルランドの)同時代人フランシス・ハチスン(Hutcheson [1726] 2004, II §§ii-vii)の体系と全く対照的である。
(35) *T* 3.3.1.24 /587, *EM* 9.2/269
(36) *EM* 9.2/269-270
(37) *EM* 9.2/269
(38) ヒュームによる徳の目録のより広範にわたるリストについてはビーチャムを見よ(*EM* editor's introduction, pp. 30-37)。ハチスンへの手紙のなかで、ヒュームは「私の徳の目録は『人間のあらゆる義務(Whole Duty of Man)』からではなく、キケロの『義務について』から」取ったと記述している(『人間のあらゆる義務』は一七世紀のカルバン主義者の小冊子であり、それについては Kemp Smith 1947, pp. 4-6 でヒュームとの関係が論じられている)。その他にヒュームの性格についての見解が典拠とした可能性のあるものとして、テオフラストス『人さまざま』があり、また(その『人さまざま』を翻訳した)ラ・ブリュイエールなどのフランス人作家たちがいる。
(39) *T* 3.3.6.2/618-619, *EM* App. 1.18/293, Dial. 37/336. ヒュームが認めるところでは、この分析は以下のことを示唆しているかもしれない。すなわち、私たちが有徳な性格を是認するための究極的な源泉は、私たちが家と家具とその他そのような無生物的対象を眺めたときに経験するものとなんら異ならない、と（*T* 3.3.1.20/584, 2.2.5.6/617, *EM* 2.10/179, 5.1/212）。しかしながら、一般的源泉は同じであるが（つまり効用に対する考慮）、他方で含まれる特定の感覚（私たちの精神のうちで感じられる感情）が同じではないかもしれないとヒュームは主張する（*T* 3.3.5.6/617, *EM* 5.1 n. 17/213 n.）。ヒュームの体系のこの側面に対する批判については、A. Smith [1790] 1976, p. 188, p. 327 を見よ。

（40）*T* 3.3.4.2/607

（41）*EM* 9.2/269-270, *T* 3.3.3.9/606 を参照せよ。

（42）ヒュームの『イングランド史』は、歴史を通じて現れる徳と悪徳の事例にかんするもう一つの優れた資料である。ディーズ（Dees 1997）は、この資料から抜き出したいくつかの示唆に富んだ例示について論じている。

（43）*T* 3.3.4.2/607-608〔邦訳一六九～一七〇頁〕、*EM* App. 4.6/316

（44）*EM* App. 4.17/320〔邦訳二〇一頁〕

（45）*ESY* 594. 徳のモデルにかかわるヒュームの見解と例示は、異なるが密接に関係する二つの主張に彼が肩入れしていることを示す。(1) 多元主義――この主張は、ある有徳な人のモデルには広範にわたる多様性が存在し、有徳な個人は徳を多種多様に組み合わせたものを有しており、多種多様な人生を送るだろうという見解として理解されている。(2) 徳の断片性――この主張は、ほとんど全ての人が徳と悪徳をなんらか混ぜ合わせたものや組み合わせたものを有しているから、完全に有徳な人か完全に悪徳に満ちている人は、いたとしてもほとんどいないという観察に基づく意見として理解される。こうした二つの主張（多元主義と徳の断片性）は、ヒュームの潜在的な「反-完全主義（anti-perfectionism）」として記述される可能性のある主張を裏づける。このように理解されると、ヒュームは、あらゆる徳が悪徳のいかなる痕跡もない一人の個人のうちに共存している可能性もあると提案する（楽観的）理想に対して抵抗を示すことになる。ヒュームの説明と見解が浮き彫りにしているのは、徳と悪徳は互いに関係しているので、この種のいかなる理想も、単に達成するのが難しいだけでなく、幻想であり不可能だということである。人間の倫理的生と、それに関連するさまざまな限界を知るためには、どんなものであれ理想的「完全な存在」（例えばイエス・キリスト）よりも、カエサルとカトーといった（信頼できる）実例のほうが、私たちの役に立つのである。

（46）*T* 3.2.6.7/529〔邦訳八七頁〕

（47）*EM* 7.22/258〔邦訳一一九頁〕、強調はヒュームによる。*EM* 2.18/180, 6.12/238を参照せよ。

（48）*T* 3.3.2.15/600-601, *EM* 2.3/177, 7.24/258

（49）*T* 3.3.3.3/604〔邦訳一六六頁〕

（50）*EM* 258 n.

（51）アリストテレス『ニコマコス倫理学』第二巻第六章。目下の目的のため、私としては、アリストテレスの「中庸」説を以下のようなものと見なしている。すなわち、全ての徳は超過と不足という二つの極端――そのそれぞれの側に対応する悪徳が見出される――の間にある性格の特性だと主張しているとされる説と見なしている。この読み方では、関連する二つの悪徳の間に位置している徳は、それら悪徳との関係のなかで解釈され、理解されなければならない（もちろん、この教説にかんするアリストテレスの記述のうちにはかなり曖昧な点があり、アリストテレスの見解についての解釈もさまざまに異なっている）。

（52）ヒュームにとって「節度」とは、私たちの行いと気質を支配し、それとして「精神の強さ」を獲得する「激しい」情念と対照的な「穏やかな」情念に主としてかかわる概念である。それにより、目の前もしくは近くにある対象によって引き起こされる（激しい）情念と欲求は、より長期間にわたる利益と関心を視野に入れることで、抑制されるのである（*T* 2.3.4.1/417〔邦訳一六六～一六七頁〕, *EM* 6.15/239-240, *DP* 5.4）。こうした種類の気質と特性を持っている人々が、ヒュームの基本的原理と合致して、「合理性」という一般的な徳を所有していると記述される見込みがあるということには意義がある。穏やかな情念と「精神の強さ」にかんするヒュームの見解については、Árdal 1966, chap. 5を見よ。また Árdal 1976も見よ。

（53）*EM* 6.19/241, 6.26 n. 31/245 n.〔邦訳一〇〇頁〕, App. 4.11/318, 4.11/321, Dial. 25/333

（54）*EM* 6.35 /248-249を見よ。またヒュームのエッセイ「国民性について」（田中敏弘翻訳、『ヒューム 道徳・政治・文学論集［完訳版］』所収、名古屋大学出版会、一六六～一七〇頁）も見よ。

（55）*EM* 5.3/214

（56）*EM* 6.20/242〔邦訳九五～九六頁〕、*EM* 6.9/237におけるファビウスとスキピオについてのヒュームの記述も見よ。

（57）この問題に対するヒュームの全体的立場のなかには、一定の不安定さや安定しない緊張関係が存在する。一方で、ある人物や性格を評価する際、幸福を生み出す点において、任意の特性が与える十全に有益な効果や影響を妨げ、遮る可能性があるような「外的な状況」は除外されるべきだとヒュームは論じようとしている（*T* 3.3.1.20/584-585〔邦訳一四五頁〕。とりわけ「襤褸をまとった徳」にかんするヒュームの記述を見よ）。他方でまた、有徳な人は、その人の性格が事実その人固有の状況と社会的情勢に見合っている人でなければならない、とヒュームは主張しようとしている（*EM* 6.9/237, 6.20/241-2）。第二の解釈について、性格が自らの歴史的状況や社会的地位に不似合いな人は、より公正無私で、距離をとった見解から考察されたときでさえ、徳の観点から欠乏しているとみなされるだろう。P. Russell 1995, pp. 130-3 を見よ。

(58) *T* 3.3.1.15-23/581-587, 3.3.1.30/591, 3.3.3.2/603, 3.3.6.3/619, *EM* 1.2 /169-175, 5.39 /225-229, App. 1.3/286

(59) *T* 3.3.1.15-18 /581-584, *EM* 5.39-42/225-229

(60) *T* 3.3.6.1-3/618-619, *EM* 5.42 n. 25 /229 n., App. 1.10/289

(61) *EM* 5. 42/229〔邦訳七九〜八〇頁〕, *T* 3.3.1.18/583-584, 3.3.1.30/591, 3.3.3.2/603

(62) *EM* Dial. 26/333〔邦訳二二一頁〕

(63) *EM* Dial. 36/335〔邦訳二二四頁〕。もちろん、ヒュームは、道徳と美学の間にある類似点を、著作全体を通じて強調している。後の箇所で、このアナロジーに戻る。

(64) とりわけ、ヒューム「対話一篇」（『道徳原理の研究』所収）における、近親相姦、自殺、姦通、幼児殺害、同性愛、決闘および他のそのような道徳的な不一致や食い違いのある事柄にかんするさまざまな記述と見解を見よ。

(65) ヒュームは道徳の（普遍的）規準を効用の一般的基礎に基づかせている一方で、ヒュームの「功利主義」への肩入れが正確にはどのようなものであり、どれほどの範囲にまで及んでいるのかということについては、論争がある。その肩入れが、ヒュームの徳理論と関係するからである。例えば Crisp 2005 や Swanton 2007a を見よ。ここでは、この善を最大化する必要性の観点から功利主義が理解される限りでは、ヒュームは功利主義を受け入れていないと指摘することで十分だということにしたい（これは Hutcheson [1726] 2004, II §3, no. 8 とは対比的である）。

(66) *ESY* 168〔邦訳一四七頁〕

(67) *T* 2.1.11.1/316, 2.2.5.21/365

(68) *EM* 9.10/276〔邦訳一四四頁〕。また *T* 3.2.2.26/500-501も見よ。

(69) *T* 2.1.11.1/316, 2.1.11.9/320, 2.2.1.9/331-332

(70) *T* 3.3.6. 6/620〔邦訳一八二頁〕, *EM* 9.23/283

(71) *EM* 9.10/276〔邦訳一四四頁〕。*EM* 9.23/283を参照せよ。また *T* 2.1.11.1/316, 3.3.5.4/615, 3.3.6.6/620も見よ。

(72) *ESY* 178〔邦訳一五三頁〕

(73) ヒュームの観点から、美しい人や豊かな人が常に幸福になるであろうと予想される理由がないのと同様、有徳な人が常に幸福になるであろうと想定する理由もない。それにもかかわらず、あらゆる個人一人ひとりの幸福や不幸に影響を及ぼす複数の要因が存在する一方で、徳は、幸福を確保し、維持することにおいて、とりわけ重要な要因として残る。

(74) *EM* 9.22/282-283

(75) ヒューム哲学のこの側面についての詳細な検討は、P. Russell 1995のなかで提示されている。

(76) *T* 3.3.1.5/575

(77) ヒュームにとって、行為者の意志に起因せず、完全に非自発的である振る舞いは、厳密に言えば全く行為ではない。もしある人の振る舞いが、外的な原因によって生じた場合、それはその人の精神を反映しておらず、徳や悪徳の点で道徳的評価の基礎としては役に立ち得ない。しかしながら、ここで問題となっているのは、単に問われている振る舞いが非自発的であるということだけでなく、その人の精神の性質もしくは性格を反映していないという点である。

(78) *T* 3.3.1.5/575

(79) *T* 2.1.11.3/317〔邦訳五二頁〕

(80) *EU* 8.15/88〔邦訳七八頁〕

(81) *EU* 8.9/85

(82) 例えば、ヒュームの見解によれば、ある人は、完全に称讃に値する仕方で行動し、「優れた誠実さ」を伴っていても、それでも「私たちの感情に対しては悪徳ないし不完全なもの」である、陰惨で憂鬱な気質を抱えている可能性がある（*ESY* 179〔邦訳一五四頁〕）。

(83) *T* 2.3.1-2, *EU* 8

(84) *T* 2.3.1.5-10/401-403, *EU* 8.7-15/83-88, 特に *EU* 8.11/85-86「風習は……」〔邦訳七六頁〕を見よ。

(85) *EU* 8.10/85. またヒュームのエッセイ「国民性について」（『ヒューム 道徳・政治・文学論集［完訳版］』所収、〔邦訳一六六～一七〇頁〕）も見よ。そのなかでヒュームは物理的原因と道徳的原因の区別を行っている（*ESY* 一九八）。

(86) *EU* 8.11/86

(87) *ESY* 168〔邦訳一四七頁〕を見よ。また *T* 3.3.4.3/608, *ESY* 140, 160, 579 も見よ。

(88) Reid 1969, p. 261 を見よ。「カトーにかんして古代の著述家が言ったことは、彼にかんして実際に言えたことかもしれない。他の仕方ではありえなかったから、彼は優れていた。しかし、このことが伝えているのは、もし文字通りに、厳密に理解されるならば、カトーの称讃ではなく、彼の気質についての称讃である。その彼の気質は、彼の存在におとらず彼の所業ではなかった」（強調はリードによる）。

(89) この問題はヒュームのエッセイ「懐疑派について」のなかで、かなり詳しく取りあげられている。そこでは徳を促進することにおける哲学の限界が強調されている（*ESY* 168-180）。

(90) *ESY* 169

(91) *T* 3.3.4, *EM* App. 4

(92) *T* 3.3.4.1/606〔邦訳一六九頁〕

(93) *T* 3.3.4.1/606-607〔邦訳一六九頁〕

(94) *T* 3.3.4.4/609〔邦訳一七一頁〕。*EM* App. 4.5/315 の「～ということを述べるのは難しい」という個所におけるヒュームの皮肉交じりの見解を見よ。思考にかかわる徳と性格にかかわる徳の（アリストテレス的な）区別をヒュームが批判している点についての議論は Vitz 2009 を見よ。

(95) *T* 3.3.4.4/609〔邦訳一七一頁〕

(96) *T* 3.3.4.4/609〔邦訳一七一頁〕

(97) *T* 2.3.2/470-476, *EM* 1/169-175

(98) *T* 3.1.2.5/473, 3.3.1.3/575, 3.3.5.1/614, *EM* 8.1 n. 50/261n., App. 1.10/289

(99) *T* 2.1.7.7/297, 2.1.8/298-303, 3.2.2.1/484, 3.3.1.15/576-577, 3.3.1.27/589-590, 3.3.6.1 /618, *EM* 1.9/173, 6.24/244, App. 1.13/291,

ESY 153. このアナロジーは、Shaftesbury [1711] 1964 と Hutcheson [1726] 2004 のなかでも顕著である。美と徳のアナロジーは、ヒュームの体系の細部に深い基盤を有している。評価の対象である個人にかんして、美と徳の両方は快を与える性質であり、そのようなものとして、（すでに記述したように）間接情念の一般的メカニズムを作動させる。これらの美や徳を評価する人々にかんして、両方の事例では、適切な評価の規準は、必要不可欠な経験および信頼に足る評価に必須な識別能力を備えた判定者を前提としている。このように構造的に類似していることは、「道徳的美」に対するヒュームの理解の土台となっている。

（100）*T* 2.1.12.5/326〔邦訳六三頁〕

（101）*T* 1.3.16.1/176

（102）*T* 2.2.5.15/363, 2.2.12 /397-398, 2.3.9.32/448, *EM* App. 2.13/302

（103）*T* 3.3.4.5/610

（104）*T* 2.3.1.13/404

（105）*T* 3.2.2.4 /486, 3.2.2.26/500-501, 3.2.6.11/533-534, *EM* 3.21/192

（106）*T* 3.2.2.26/500-501

（107）*T* 3.3.1.8 /576-577, 3.3.1.26 /589, 3.3.1.30/591, 3.3.6.6/620, *EM* 9.10/276, App. 4.3/314

（108）*EM* 9.10/276〔邦訳一四四頁〕

（109）道徳感覚があることおよび道徳的反省という関連する統括的徳があることは、常にある人が道徳的に称讃に値するように行為することを完全に保証するものではない。しかしながら、それは、その人が有徳であることにおそらく強く動機づけられていること、そして、その人がこの規準から逸脱するときにはいつでも、自らの行いをそれに従って改めようとすることの信頼できる標である。

（110）*T* 3.1.2.4 /472

（111）『人間本性論』においてヒュームが提示している説明は、「理性」とは対照的な「道徳的趣味」のほうに重きを置き、強調する点で異なっている（*T* 3.3.1.15/581, 3.3.1.27/589）。

（112）*EM* 1.9/172-173〔邦訳五〜六頁〕

（113）*EM* 1.9/173〔邦訳六頁〕。この点についてはヒュームのエッセイ「趣味の標準について」（田中敏弘翻訳、『ヒューム道徳・政治・文学論集［完訳版］』所収、〔邦訳一九二〜二〇八頁〕）を見よ。

（114）*EM* 1.9/173〔邦訳六頁〕

（115）*T* 3.3.1.15/581-582, *EM* 5.41-42/227-228

（116）*T* 3.3.1.18/583, 3.3.3.2/603

（117）徳と道徳感覚の「内的な」関係にかんするこうした説明によれば、この内的な関係は徳が身に付き生じるために道徳感覚に依存しているという関係に尽きるのではなく、道徳感覚は徳の行使や働きにとっても必要とされている。さらに具体的に言えば、(a) 有徳な人は、一定の重要性を持ち、それゆえに動機的な重要さを有しているものとして、適切な道徳的事由や理由を認識し、正しく評価する人である。また、(b) 有徳な人は、（自分自身だけでなく他人の）性格と行動に対して、（感情の面で）適切な応答をする人である。これら両方の側面において、道徳感覚は徳の行使と作用にとって不可欠である――それは単なる有徳な人の外在的もしくは「外的な」特徴ではない（これとは対照的に、自然的能力は、道徳感覚とのそうした内的な関係性を欠いており、その作用と行使に関与しない）。

（118）アリストテレス『ニコマコス倫理学』第一〇巻第一章一一七二a二一。この主題に対するさらなる検討については、P. Russell 2006 を見よ。

（119）*T* 3.3.6.6/621〔邦訳一八二頁〕

（120）P. Russell 2008

（121）*T* 3.3.2.13/599-600, *EM* 8.11/265-266, App. 2.12/301, *ESY* 86. この主題に対するヒュームの見解では、他者の感覚に対して当然払うべき注意と両立する自分の誇りや自尊心の感覚を私たちが明らかにするか示す可能性のある範囲について、ある重要な制限が許容されている。それでもなお、ヒュームは、正当に誇りを持っている人の明らかな尊厳とは対照的に、従順で卑下する人のことを称讃に値するとは見なしていない。

（122）*EM* 9.3/270〔邦訳一三六頁〕

（123）*EM* 9.3/270〔邦訳一三六頁〕

（124）*EM* 9.3/270〔邦訳一三七頁〕

(125) 例えば *EM* 5.3/214, App. 4.21/322, *D* 123-125, *NHR* chap. 14 を見よ。
(126) *EU* 11.20/140〔邦訳一三〇頁〕

訳註

〔1〕「慣習（convention）」は、林によれば、これまで「取り決め」、「黙契」、「規約」、「黙約」、「慣習」などさまざまな訳語があてられてきた（林誓雄『襤褸を纏った徳――ヒューム 社交と時間の倫理学』京都大学学術出版会、二〇一五年、一一〇～一一一頁）。

第6章

徳倫理学の衰退の歴史

ドロテア・フレーデ

イントロダクション――美徳なき時代?

アラスデア・マッキンタイアの『美徳なき時代』は、ずいぶん前の一九八一年に刊行され、徹底的に議論されてきたのだから、彼がこの著作の中で描いた徳倫理学の衰退というものを本章の引き立て役として使うことはどこか時代遅れなものと思われるかもしれない[1]。ルネサンス期および初期近代の哲学にかんしておこなわれたここ数十年の詳細な研究により、もっとずっと微妙な差異を含んださまざまな見解が生まれ、そうした見解のおかげで、この時代は「アリストテレス主義という束縛を振り払うこと」として特徴付けられるという旧来の固定観念をいまここでもう一度取り上げる必要などないように思われるかもしれない。だとしたらなぜ、決着のついたはずのこの話題を蒸し返すのか。マッキンタイアが提示した問題含みの主張から始める理由は、彼の主張が徳倫理学の歴史の描写としても、また何がうまくいかなかったのかの診断としてもシンプルなものだからである。ホメロスから中世末期までの人類の道徳の歴史を彼は再構成したが、そこでは一貫性を備え、全体に調和のとれた描像が再構成されている。この〔人類の道徳の歴史の〕展開で保たれている一貫性は、「満ち足りた生についての共有された見解」[2]に、つまり、社会的役割およびそれらの時代を貫く文化的伝統を表す普遍的な物語によってうまく定義された生というものに基づいている。マッキンタイアによれば、この共有された見解は、ホメロス的な英雄からアテナイ社会での優れた市民を経て、地上での生から天国での生へと向かう中世の旅人に至るまで存在するものである。共有されたこの見解において徳は決定的な役割を果たしていた。なぜなら徳は、善き生の本質的な条件を構成していたからである。最初は単に特定の社会的役割の実践として始まったものが、人間の生には意味のある序列があるという物語へと徐々にその姿を変え、最後には確立された道徳的伝統となり、それがその後何世紀にもわたって続いたのである。

マッキンタイアにとって、全体として一貫性をもったこの世界観に終わりが来たということが表しているのは「近代という時代の静かなる崩壊」であった。なぜなら、これが意味しているのは、アリストテレス倫理学とキリスト教が組み合わさったものとして中世盛期の頃より広く行き渡っていた、信頼のおける道徳システムの喪失だからである[1]。マッキンタイア自身は、簡潔で印象的な要約を彼なりの観点から提示している。つまり、(1)、(a)「偶々そうであるところの人間」と(b)「自らに不可欠な本性を実現したならばそうであるはずのところの人間」のあいだには根本的な対比があり、(2)倫理学とは(a)の状態から(b)の状態に人々が移行することを可能とする学問である、という要約である[2]。徳とは、われわれに固有の人間本性に適った仕方でわれわれの行為を決定する傾向性であり、悪徳とはその反対のことをする傾向性である。こうした基盤が人間本性にはあるのだとすれば、悪名高い〈である〉と〈べし〉の問題および「自然主義的誤謬」の余地は残されていない[3]。人間には果たすべきはたらきないし役割があるというまさにその事実から、一揃いの「なすべきこと（oughts）」が確定され――明確に言えば、「そうであるはずのところの人間」に特徴的なはたらきである行為や反応のすべてが確定され――導かれるのである。アリストテレスは、〔果たすべき〕はたらきをもった存在者として人間を理解することを考え出した人ではなく、そうした理解を代弁することが抜きんでて上手かった人にすぎない。こうした人間理解は、社会の構成員の一人一人に、たとえば家族の一員として、市民として、兵士として、奴隷としてなどの固有の役割を割り振るどのような社会にも深く埋め込まれていた。それゆえ、ある市民や父親や奴隷や兵士のことを「よい」と言うことはその人の行動にかんする事実的な言明なのである。つまり、その人が自分のはたらきをどの程度しっかり果たしているのかに応じて真であるか偽であるかのいずれかとなる言明なのである。

マッキンタイアによれば、かつて一貫性をもっていたこのシステムに残されているものは、古い伝統の残影と、もはや一貫性を欠いて残存している語彙だけである。現代の倫理学上の諸論争が、共通の基盤もなければ共通の方向性もなく、またどういった決定であれば受け入れられるのかについての規準も欠いた状態でさまざまに分裂した議論の不協和音となっているのはなぜなのかは、それゆえこの状況から説明されるのである。カント流の理性主義的な倫理学もヒュームに倣った感情説支持者の倫理学もベンサムとミル以降の功利主義的諸概念も、道徳性にかんする実りある議論のための適切な基盤を提供することができないのである。さらに悪いことに、さまざまな問題や問いや決定について、道徳的なものと道徳にかかわらないもののあいだにどんな違いがあるのか、これがまったく明らかではない(3)。マッキンタイアによれば、近現代における倫理学の主唱者たちにこの苦境が露わとならなかったのは、古い道徳システムとそのシステムで価値があるとされていたものが一部残滓として保存されたためである。

本章の関心の中心は、マッキンタイアの解釈が適切に選び出しているある一つの否定しがたい特徴である。

その特徴とはつまり、道徳的な言説の中心からだけでなく日常言語からも「徳」が消え失せてしまったということである。二五〇〇年以上ものあいだ道徳的な議論の焦点でありつづけていたこの概念が、ほとんど理解不能なものになってしまった。これまで学部の一年生を相手に古代ギリシア哲学の授業を行ったことのある人はみな分かるように、古代ギリシア人たちが「徳」によって意味していたことを学生たちに理解させることさえ困難なのである。アリストテレスの『ニコマコス倫理学』のロスによる翻訳の改訂版で「徳(virtue)」が「卓越性(excellence)」に置き換わったことが、その何よりの証拠である。[4] この置き換えによってアリストテレスのテクストに近づきやすくなったのかどうかは疑わしいが、われわれの関心はそこではない。われわれの関心は、徳が消失したということと消失してしまったさまざまな徳の方にある。わずか一章ではアリストテレスの徳倫理学の衰退について大掴みの素描をするのがせいぜいである。この素描の結末を予言すれば、衰退という展開を引き起こしたのは「静かなる崩壊」ではなかったと言わねばなるまい。実際いくつかの崩壊が起きたし、しかもそれらは、そうとはっきり聞き取れる崩壊であった。そして、そうした崩壊が倫理学と大衆道徳における中心概念としての徳の消失へと繋がっていったのだとしたら、それは初期近代の哲学者たちが人間のもつ理性の力に過度に夢中になっていたからではなく――マッキンタイアはそう考えていただろうが――、そうした崩壊がもたらしたさまざまな結果のゆえになのである。

アリストテレスの徳倫理学

ギリシア語における徳――アレテー――は、それに対応するラテン語のウィルトゥースと同様に、身体的なものであれ道徳的なものであれ思考的なものであれ、元々はなんらかのずば抜けた能力や才能のことを指していた。他の追随を許さない戦士であったアキレウスや傑出した政治家であったソロンが自らの徳を示したように、古代オリンピックでの勝者は自らの徳を示した。ソクラテスから始まる古典期の哲学者たちは、価値ある生の条件を考察する中で、この広範な概念により明確な意味を徐々に与えるようになっていった。彼らの考察は、伝統を受け継いだ諸価値を部分的には認め、また部分的にはそれらを改変することを目指したものだった。アリストテレスはこの概念のもつ社会的な側面をとくに強調している。なぜなら、彼は、共同体の構成員に自足的な生を保証するようなそうした共同体のなかで人は充足を得るという意味で、人間は「市民になるべく生まれた」動物（zōon politikon）であるという見解を唱えているからである。しかしながら、さらに注意して見ていくとわかるように、善き生についてアリストテレスが抱いている考えは人間本性についての伝統的な見解をかなり超え出ている。彼の理想では、善き生は二種類の異なった徳を統合したものでなければならなかった。その二種類の徳とはすなわち、(i) 正しい決断とその決断を実行するための手段や方法を考え出すのに必要な思考にかかわる徳である思慮（phronēsis）と、(ii) 習慣によって獲得された、〔自分が〕行為したり〔自分に対して〕何か為されたりすることにたいする適切な感情的態度である道徳的ないし性格的な徳（ēthikē aretē）の二つである。性格ないし倫理にかかわる徳はアリストテレス倫理学の特徴となった。なぜなら、アリストテレスの倫理学は、正しい「道徳的嗜好」、つまり優れたものを愛しみっともないものを嫌悪することを人間の行為にとっての最も重要な動機として扱っているからである。(4) それゆえ、「善き人」とは、正しい道徳的傾向性によって特徴付けられ、思慮の命じたことに合致して行為する、よい気質をもった個人のことなのである。

アリストテレスの徳倫理学の利点は明らかである。その利点とはすなわち、徳ある人が正しく行為するために〔上述の道徳的嗜好とは別の〕さらなる動機をまったく必要としない理由を、そうした人はその人自身にとっての善さにかんしてだけでなく、その人の友人や同胞にとっての善さにかんしても正しく行為することに喜びを感じるから〔と説明することができること〕である、という利点である。それゆえ、アリストテレスが議論の途中で言及しているように、しっかり訓練されなかった人の場合を除けば、外部からの制裁や強制は余計なのである。[5] さらにいえば、アリストテレス的徳倫理学は「みんなのための倫理学」である。なぜなら、適切な環境に置かれれば誰もがきちんとした性格を獲得することができるからである。つまり、〔きちんとした性格を身につけるために〕特別な洞察や複雑な哲学的反省が必要とされてはいないのである。[6] それゆえ、アリストテレス的徳倫理学では、プラトンの哲人王が備えるような超越的な知性や宗教的な類いの上位の権威などはまったく登場しない。もしアリストテレスが立法者として働く政治家に「〔人の〕生にかんする統括的学問」を担わせているとすれば、それはたんに、立法者は一般市民と比べて思慮深いがゆえに立法者であれば共通善のために必要な秩序と法のことが分かっていると想定されているからにすぎない。[7] 善き生（「幸福」）の本質は、人間のもつもっともよい能力ないし才能を育成し展開すること以外のなにものでもない。それゆえ、共通善によって自分の一番の可能性が育成され発揮される以上、啓蒙された市民は共通善が自分自身の善であると分かるようになる。[8] したがって立法者の仕事とは市民がそうした人生を過ごすための法整備を行うことであり、そこには市民の道徳および思考にかかわる教育ならびにそうした人生を可能とするための物的整備も含まれる。というのも、アリストテレスは、自身の倫理学体系にとって本質的な条件が何なのかについてはきわめて明確だったからである。それはすなわち、国制が本性的に最善のものとなっているような国家においてのみ人間本性における最善のものは実現しうる、という条件である。[9]

アリストテレス倫理学が古代を生き延び、そして中世盛期以後も中心的な役割を果たしたのはなぜなのかは、彼の倫理学にある自然主義的なアプローチによって説明される。アリストテレス倫理学の復活は、彼の主要著作群が再発見されたのちにその哲学が与えた桁外れの影響にのみ拠るものではなく、さまざまな社会状況に応じた調整を許容するという彼の倫理体系のもつ柔軟さにも拠っている。それゆえ、近代になってその魅力がついに失われたことの原因は初期近代におきたアリストテレス哲学への抵抗にあるとしばしばされてきた。アリストテレス主義が全体的に衰退したことが原因だと単純に考えるこの考え方が誤りだということは、彼の倫理学にかんして言えば専門家のあいだではずいぶん以前から常識となっている。徳倫理学が姿を消したことは、初期近代においてアリストテレス的な自然学および形而上学の基本原理が拒絶されたこととはほとんど関係がなかった。なぜなら、アリストテレスの倫理学は、近代の自然科学が独自の道を歩んだずっとあとになっても、大学のカリキュラムでは欠くことのできない部分でありつづけたからである。

徳倫理学の衰退の説明に向かう前に、アリストテレス倫理学が歴史上与えた実際の影響をもっと細かく見ておく必要がある。古代と中世は本章の話題ではないため、実際の影響の話をするなかでその部分は短めにしておくことができる。まずはじめに、過度な単純化の誘惑に抗わなければならない(10)。個別具体的な哲学的教義が、来る者すべてに等しく響くわけではない。それゆえ、アリストテレスの倫理学が古代における倫理学の分野で到底支配的ではなかったとしてもそれはまったく驚くには値しない。もっとも影響力のあった四つの学派――プラトン主義、アリストテレス主義、ストア派、エピクロス派――を代表する者たちはそれぞれ、徳を不可欠な条件の一つであるとしたうえで幸福――エウダイモニア――が人間の最上位の目的であると主張するが、四つの学派が共通して抱いているのはこの確信だけである。なぜなら、善き生の本性にかんしても善き生を得るために必要なさまざまな徳の機能と本性にかんしても、意見が一致していないからである(11)。もう一度述べれば、「徳」は、一揃いの性格特性に厳密に限定されているわけではなかった。関連するテクストによって示されるであろうが、人間本性にかんしてきわめて重要なことは、諸学派のあいだでおおいに論争となった一つの問いである。人間が到達しうる最善の状態についてのプラトンの見解はアリストテレスのものとはまったく異なっているし、同じことはストア派とエピクロス派についてもいえる。[12] アリストテレスおよび彼が提唱した性格の徳と知性の徳の二分法がこの分野で支配的となることは一度としてなかったし、ヘレニズム期には彼の倫理学で中心となっている特徴が注目を集めることはほとんどなかったことは強調されるべきである。紀元前一世紀以降にアリストテレス哲学が復興したことは、彼の著作について書かれた目を見張るような注釈書集が証拠となるが、論理学や形而上学や自然哲学と比べて彼の倫理学が彼の哲学の復興のなかで果たした役割は些細なものでしかなかった。[13] 彼の倫理学について古代ギリシアの時代の注釈書がほとんどないのは歴史上の偶然ではない。[14] 広大なローマ帝国の状況は古典期のギリシアの小さな都市国家（polis）の状況とはずいぶん違っていたし、古代末期の新プラトン主義の倫理学上の教義はアリストテレスというよりはプラトンに依拠したものであった。[15] キリスト教の初めの頃にギリシアの倫理学が受容される際には、アリストテレスの徳倫理学よりもストア哲学のほうが影響力をもった。それは、ストア哲学がもっていた普遍的な自然法という考え方のほうが、ユダヤ・キリスト教の中心にあった神の法というものと相性がよかったからである。いずれにせよ、初期キリスト教の神学者たちがギリシアの倫理学を受容した際、満場一致というわけには到底いかなかったのである。一部の神学者たちは、ギリシアの倫理学はキリスト教的な道徳的確信に合致しているのみならず、それを改良してくれるものだともみなした。というのも、ギリシアの倫理学は彼らキリスト教の神学者たちが暗に前提していたものを明らかにし体系化してくれるからである。別の神学者たちは、ギリシアの道徳理論はキリスト教の啓示的な真理とは相容れないものだとみなした。というのも、ギリシアの道徳理論では、人間理性に本来備わっている力にその基礎が置かれているからである。また別の神学者たちは、ギリシアの倫理学には無関心であった。というのも、神との関係は行為者の道徳的態度に拠るものではなく、神の恩寵による罪の赦しに拠るものだからである。[16] 最後に言えば、異教の哲学者たちの道徳観にたいして肯定的な態度を示す神学者たちでさえ、地上での幸福およびその価値は復活ののちの天国での幸福よりも低いものであるとしたのであった。[17]

中世におけるアリストテレスの徳倫理学

道徳哲学のギリシア・ローマ的伝統にかんする同様の曖昧さが、中世のあいだずっと広がっていた。アリストテレス倫理学の支持者たちにとってさえ、〈善き生の理想像が〉「アテナイ社会での優れた市民」といったものからキリスト教的旅人——地上の生から天国の生へと旅する者——といったものへと姿を変えたことは問題として残った。なぜなら、地上での幸福への関心は死後の幸福への関心よりも下位でなければならず、それゆえ地上での生の決め手となる徳および他人との交流は、信仰、希望、愛徳といったキリスト教的徳目よりも下位でなければならなかったためである。それゆえ、アリストテレス的徳倫理学は副次的な役割しか果たさなかった。「偶々そうであるところの人間」を「自らに不可欠な本性を実現したならばそうであるはずのところの人間」へと変える方法は、哲学の仕事ではなく宗教的権威の仕事になっていたのである。

これらの理由から、『アリストテレス著作集（*Corpus Aristotelicum*）』が大学教育の柱となっていれば少なくとも中世盛期および後期の哲学の分野ではアリストテレス倫理学が主流となっていたと考えることもまた誤りであろう。中世の著名なスコラ学者のほとんどはアリストテレス主義者であったが、アクィナス、ドゥンス・スコトゥス、オッカム、そしてそれぞれの支持者たちのあいだにはかなりの違いがあった。[18] さらにいえば、アリストテレス的な人間学の基本的な前提はキリスト教の教義とは本当のところうまく合わない。というのも、アリストテレスは、きちんと秩序だった共同体できちんと教育された個人は幸福の最高形態に到達することができると前提していたばかりでなく、そうした人々は自分たちが考案した仕組みだけでそこに到達することができるとも前提していたからである。これは、どのキリスト教神学者であっても受け入れられない考え方であり、アクィナスのような熱心なアリストテレス主義者にとってさえもそうである。幸福——至福（beatitudo）——のこととなると、アクィナスはかの哲学者〔アリストテレス〕に賛成せず、真の幸福は死後にのみ得られるとした。アクィナスがアリストテレスのエウダイモニアを地上の幸福に限定された次善のものとした理由はここにある。それゆえ、倫理学上の諸問題にかんして聖トマスの本当の見解が示された文言は、アリストテレスの『ニコマコス倫理学』に対する彼の注釈にではなく、彼〔自身〕の神学的著述にみられるのである。(19)

こうした理由はここで許された紙幅では到底収まりきらないくらいにまで話を広げて書くことができるだろうが、〔ともかく〕こうした理由のため、中世には統一された倫理体系は存在しなかったし、アリストテレスの徳倫理学は主要な役割を果たすにはほど遠いものであった。彼の倫理学は、地上でのさまざまな事態を統制する際の基礎という扱いをうけるのがせいぜいだったのである。一部の神学者たちがアリストテレスのいう幸福の最高形態を好意的に見ていたのは、彼らが『ニコマコス倫理学』第十巻第六章〜第八章で推奨された観想的生を神の観想と同一視していたからである。それ以外の点では、倫理学は実際のところ神学の婢《はしため》として扱われていた。もしアリストテレスの倫理学が大学のカリキュラムのなかで確固とした地位を得たとすれば、それは彼のこの著作が倫理学の主題をもっとも体系的に扱っていたためである。(20) しかしそのことは、アリストテレスの徳倫理学が最高の権威を独占していたことのしるしではないことは言うまでもないが、最高の権威を得ていたということのしるしでもないのである。

ルネサンス期には、神学と倫理学の関係は最初はそれほど変化しなかった。キリスト教信仰そのものが争点となることはなかった[21]。しかし、あらゆる側面で見解の相違が目立って増えていき、人間本性の描像はますます揺らいでいった。世界の特徴とその中での人間たちの居場所にかんして神学者たちと人文主義者たちが提出した見解のすべてがこのことを証言している[22]。一方には、この地上での人間の堕落した状態のありありとした描写に満ちあふれた膨大な数の厭世的な文学作品があった。それとは対照的に、他の作品では神が自分の姿に似せて人間を創りだし、他のすべての被造物の主人としたことが強調された。それゆえ、ルネサンス期には、人間は獣のレベルまで堕ちることもできれば神のようになることもできるという考え方が非常に興味を集めていた[23]。しかし、人間が神の近みへと高まることができるのは神の恩寵の賜り物だとみなされていた。そして、アリストテレスのなかにはこの点に対応するものがまったくない。それゆえ、スピリチュアルな性格をもつプラトン主義が影響力をまったく失うなどということは一度としてなかったし、ルネサンス期の重要な神学者や哲学者たちは、プラトンの倫理学はアリストテレスの倫理学よりもずっとキリスト教の教義に近いものだと見なしていた。たとえば、フィレンツェで新プラトン主義を創設したマルシリオ・フィチーノはプラトンの『テアイテトス』にある「神に似ること」（一七六b）という有名な到達点を最高善（*summum bonum*）と呼んで歓迎している[24]。フィチーノの目には、神に近づくことの本質は神の本性の吟味にあると映ったのである[25]。

しかしながら、本当の幸福は死後にのみ到来するということから思い出されるのは、実際のところはルネサンス期のすべての哲学者が中世の先達と共有していたある確信である。地上には、せいぜい不完全な至福（*imperfecta beatitudo*）ないし不完全な幸福（*imperfecta felicitas*）があるにすぎない[26]。この事実が中世のアリストテレス主義者たちに対してすでに引き起こしていた緊張はルネサンス期のあいだで増大した。とりわけ、アリストテレス倫理学とキリスト教神学の両立可能性を擁護している人たちにとってはそうであった。一つの解決は、キリスト教の教義が始まるまさにそこのところで倫理学との境界線を引くことであった。そうすれば、魂の救済は神との個人的な関係に拠るものとなる。しかし先に指摘したように、そうした「内省的傾向」と神の恩寵への希望はアリストテレスの倫理学にとってはまったく異質のものである。まさにその理由のために、神学者たちだけでなく多くの人文主義者たちもアリストテレス倫理学を「まったくの異教」として一刀両断したのである。[27] フィリップ・メランヒトンのような他の人たちは、〔キリスト教的〕二王国論を倫理学に当てはめた。つまり、人間理性は地上での諸事象に際して振る舞うための正しい規則を完全に考え出すことができるが、それと対照的に信仰の問題は聖書の啓示の担当とすることによって、両者は別の問題とされたのである。メランヒトンが述べているように、「キリストは人間理性がもうすでに知っている道徳規則を教えるために地上にやってきたわけではない。そうではなくて、我々を原罪から解放し、彼の存在を信じる者たちに聖霊を遣わすためにやってきたのである」[28]。それゆえ、メランヒトンはアリストテレスの倫理学を最初の段階とした。それは、法律制定がそうであるように共同体での人間の生活に必要なものだが、しかし信仰心によるさらに上位の洞察を阻害してはならない、そうした段階である。この精神から、人文主義的なプロテスタントの人たちのあいだで古典倫理学は基礎的な学問分野として扱われつづけ、聖書の言葉のみに基づいたキリスト教の道徳的教義があるからといって放棄されることはなかった。しかし、中世でそうだったように、アリストテレスの倫理学に限って言えば、ルネサンス期のこの折衷的な解決は半身のアリストテレス（*Aristoteles dimidiatus*）だったのである。

さらに、アリストテレスは倫理学の分野における唯一の大家でもなければ、大家という立場をプラトンと二分していたわけでもなかった。初期近代には、ストア派やエピクロス派もふさわしい注目を受けていたからである。これらの学派が中世においてまったく影を潜めることも一度としてなかったが、それはキケロやセネカ、一部の教父たち、そして誰よりもアウグスティヌスのお陰である。[29] たしかに、各大学の授業では『ニコマコス倫理学』が基本書でありつづけた。これはカトリック信仰が広まっていた国々の大学でみられ、後期スコラ哲学の第一人者であったフランシスコ・スアレスの著作によってその傾向は強まった。[30] しかし宗教改革以後は、プロテスタントの国々でも同じことが起きた。ヴィッテンベルクにあるプロテスタント系大学の牙城のもつ〔教育〕モデルが、テュービンゲンからケーニヒスベルクにいたるまでのあらゆるプロテスタント系の大学を支配したのである。しかしながら、こうした事態は、必ずしもアリストテレス倫理学そのものの支配的な影響力をしめすしるしだというわけではないが、やはりアリストテレスの著作のもつ体系性ゆえに彼の倫理学が教育上適切な基本書と見なされていたことをつくづく思わせる。『ニコマコス倫理学』にかんする中世の注釈書も使われつづけ、そのなかでもとりわけトマス・アクィナスの注釈書がもっともよく使われつづけたのはこの理由のためである。それは、十七世紀になってアクィナスの注釈書が多数再版されたことが示している通りである。これに加えて、新たな注釈、言い換え、要約が出されつづけ、その他の点では知的独立性を誇っている多くの哲学者たちでさえも、そうしたテクストにかなり依拠していたのである。[31]

しかしながら、アリストテレス倫理学の中心となる点にかんしては、世俗の権威者たちのあいだばかりでなく、聖職者たちのあいだでも意見にかなりの相違があった。この相違はとりわけ、人間にははたらき(function)がある——しかもそれは、そのはたらきを満たすことが同時に人間の自然本性を満たすことでもあり幸福のためにはそれで十分であるようなはたらきである——という考え方にかかわるものであった。また、性格の徳と知性の徳の分離およびそれらの協働にかんして意見の相違もあった。そしてさらなる争いの種があった。それは、プラトンやストア派と対照的に、アリストテレスは、人間本性の発展と実現のためには外的な善が十分備わっていることが不可欠だとしていることである。この点は、禁欲的な宗教思想家たちにはまったく受け入れることのできないものであった。また他に隔たりがみられるものとして、純粋に知性的な活動は最高にして最善の、そして幸福をもっとももたらす生のかたちだというアリストテレスの考え方がある。アリストテレスがこの活動を学問的な観想的思考と同一視していることを歓迎する者もいれば歓迎しない者もいた。同様に、彼の「中庸」論、つまり徳とは超過と不足の中間であるという理論についても意見の相違があった。この理論を称讃する者たちもいたが、激しい批判にも見舞われた。とりわけ、「正しい尺度」の問題は、定量化に伴うさまざまな困難やアリストテレスがこれを適用するための方法をほとんど提示していないという事実からみて、かなり議論のある論点である。それに加えて、どの徳にも〔超過と不足という〕二つの対極があるなどありえないという批判をする者たちもいた。彼らは、経典〔である『ニコマコス倫理学』〕にみえる煮え切らなさを非難する立場から、中間的な善の代わりに極としての善を提案したのである。(32)

しかし根本的な問題が残っていた。それは、アリストテレス倫理学とキリスト教の教義が全体として両立する可能性があるのかという問題である。そこでアリストテレスの信奉者たちは、一見したところ矛盾があるように見えるがしかしアリストテレスの思想は個人の不滅性と両立可能なのだということを示そうと躍起になった。まさに中世においてもそうであったように、そのためのおもな証拠は、観想的活動のもつ神に似た位置づけをアリストテレスが称讃している箇所に見出されたのである。[5] 一部の権威者たちはキリスト教の教義とのこうした和睦を歓迎したが、しかしそれを拒絶する者たちもいた。アリストテレスにとってもっとも容赦のない敵対者の一人はもちろんマルティン・ルターである。彼は「アリストテレス倫理学のほとんどすべてが根本からして害悪であり、恩寵の敵である」と述べている。[33] ルターの評価は無知によるものではなく、むしろまったくその反対であった。つまり、宗教改革に身を投じる前、ヴィッテンベルク大学の若き教授であった彼は自身の講義の教科書として『ニコマコス倫理学』を使用していた。後にルターは地上と天国を分けるメランヒトンの二王国分離論を受け入れるようになり、その結果として、アリストテレスの倫理学は再びプロテスタントの高等教育の一部となることができた。[34] しかしこれは、メランヒトンの尽力に依るところが大きかったのである。

アリストテレスの拒絶

アリストテレス哲学の受容に際してメランヒトンが果たした特別な役割は、彼の時代をあらわしている。かなり若い頃――この神童の場合、「かなり若い」とは十代の頃ということである――、彼はアリストテレスの熱狂的な信奉者であり、ロイヒリンや他の著名な人文主義者らと一緒になって新版のアリストテレス著作集の計画も立てていた。しかしルターと出会った後しばらくは、この圧倒的なまでに精力的な宗教家の影響を受け、アリストテレス哲学への激しい敵対者へと立場を変えていた。こうして彼は、プロテスタント系の大学はまったくアリストテレスなしでやっていかねばならないのだと公言し、アリストテレス主義に対するまさに反対運動に身を投じたのであった。しかし、彼の敵対心が続くことはなかった。ルターの信奉者たちのあいだにある熱狂と精神的な混乱を目の当たりにして、一般向けの教育および聖職者向け教育のための新たな枠組みをつくる必要があると彼は気づいた。彼が導き出した結論は、アリストテレスの著作群およびそのそれぞれにかんする注釈書以上に、大学教育をおこなううえで明確な構造、方法、および内容をもったものを提供できるものはないということであった。アリストテレスと中世のアリストテレス主義のあいだの違いにルター自身がしっかり気づいたことにより、カリキュラムを元に戻すというメランヒトンの仕事はいっそう容易に成し遂げられたし、それゆえに古代の「本当のアリストテレス」への回帰と対立することはなかった。その後、メランヒトンは概説書やハンドブックを著すことで、プロテスタント系の大学においてアリストテレス的伝統が継続する原動力となったのである。このすべてが示しているのは、ルネサンス期および初期近代の哲学においては、アリストテレスの倫理学が彼の自然学や形而上学のように退けられることはなかったということである。

しかしこれまでと同じく、アリストテレスの倫理学がこの分野で支配的なものとなることは決してなかった。一部のプロテスタントはアリストテレス的な教義とキリスト教の教義の折衷案を拒否しつづけたし、カトリックの神学者たちの側にも同じ態度をとるものたちがいた。たとえば、エラスムスの友人でもあった人文主義者のファン・ルイス・ビベスは、アリストテレスの幸福概念はキリスト教的な魂の救済とは両立しないと考えた――「アリストテレスは現世の生のなかに幸福を探し求めていて、来世の生になんら余地を認めていない」[35]。さらにビベスは、善き生にかんするアリストテレスの細かい条件は問題含みであると考えていた。この問題はとりわけ、さまざまな最高の名誉を求める気高さという徳に当てはまる。ビベスによれば、名誉などといった価値は山上の垂訓の精神と齟齬をきたす。こうした激しい非難をしているのはビベスだけではなかった。十六世紀、幸福と外的な善の価値にかんするアリストテレスの考え方はキリスト教信仰にとって有害だとする神学者が数多くいた。貧しく、醜く、身分の低い家に生まれた人が本当の意味で幸福になることはありえないのだと公言するアリストテレスの考えは、キリスト教のもつ原則的には平等主義的な精神とはまったく相容れないものである。こうした理由から、神学者たちはアリストテレスの性格にかんする徳が信仰、希望、愛徳というキリスト教の徳と両立しないことを指摘したのである。結局のところ、性格にかんする徳が習慣付けによってのみ習得されるのに対して、キリスト教の徳は聖霊からの賜り物なのである。

これとは対照的に、アリストテレスの哲学を改変しようとする哲学者たちもいた。たとえば、改革派の神学者であったオランダのアントニウス・デ・ヴァエレは、神学をアリストテレス哲学に合わせようとするスコラ学者たちの試みも拒絶し、アリストテレスのテクストの細部でうまく合わない箇所をただ無視するというメランヒトンの方針も拒絶した。そのかわりに、デ・ヴァエレはキリスト教の教義と整合しないと思われる箇所ではアリストテレスのほうを修正したのである[36]。またべつのアリストテレスの扱い方としては、聖書および教会の歴史から採られた例を使って彼の倫理学を説明するというものがあった。たとえば、超人的な勇気と自制心を兼ね備えた人の例として殉教者たちが登場した。こうすることで、一方でアリストテレス倫理学は天国へと至る階梯の下層階を提供するのにふさわしく、他方でキリスト教の教義はその階梯の最上層の段階を表しているのだという主張が正当化された。こうした雑多な意見の山は、十六世紀のあいだじゅうアリストテレスの倫理学に熱烈な関心が向けられていたことを証言しているばかりでなく、彼のテクストそのものが熱心に研究されたことを証言してもいるのである[37]。

ここまで、われわれはアリストテレスの倫理学をめぐっては、宗教的な観点からの意見の不一致に話を絞ってきた。しかし、倫理学と政治学の密接な関係――これがアリストテレスの思想の中核である――という観点からも、意見の不一致に関係する要点を長々と書き連ねることができるだろう。一方では、資格のある市民全員が参加することを前提とした共同体における倫理を基礎付けた彼の著作は、イタリアの一部の都市国家の政治的状況に後押しされるかたちで、共和制に傾いていった中世の思想家たち全員に歓迎された。他方で、他の思想家たちは聖職上のことにおいても地上の世事においても君主制的統治に傾いていった。さらにいえば、キケロを経由したストア派の教義にきわめて多くを負っている自然法理論における倫理学の基礎付けをしたのはアリストテレスであるとトマス・アクィナスがしたのに対して、他の哲学者たちはその点について同意しなかった。われわれとしては、ルネサンス期および初期近代にアリストテレスの政治学がどう受容されたのかを振り返るのは置いておくことにして先に進まねばならないだろう。〔この点については〕彼の倫理学がそうであったのと同じようにさまざまな見解と論争があったと述べておくことで十分としよう。

悲観主義、政治学、倫理学

では、アリストテレスの徳倫理学を決定的な瓦解へと導いたのは、全体としては彼の徳倫理学の役割をめぐって神学者と人文主義的哲学者のあいだでつづけられたこの論争だったのか。こうした意見の不一致が、あまりに多様な仕方で使用したり悪用したりすることのできる倫理学説に対する不満の一因となっていたかもしれないが、その決定的な要因となったのはルネサンス期の終焉と初期近代の幕開けを告げたまさに実際の崩壊であった。数世紀ではないにしても何十年にもわたってヨーロッパ各国で繰り広げられたあまりに残忍な政治的宗教戦争による荒廃とその後の政治状況は、癒えることのない衝撃をもたらした。なぜこうした歴史的状況が決定的な役割を果たしたのか。マッキンタイアが明確にすることのなかったさらなる条件がアリストテレス倫理学にはあることに気づければ、その理由は明らかとなる。人間が「自らに不可欠な本性を実現したならばそうであるはずのところの人間」となるための本質的な条件とは、「現に最善の状態にある国家」で生きることである。後半のこの要因は中世のアリストテレス主義者たちのあいだではまったく目立った役割を果たしていなかった。それは、キリスト教のさまざまな社会のあいだの政治秩序を含め、本来の正しい秩序を保証する者としての神に対する全体的な信頼があったためである。しかしその基盤への信頼に対する見通しがひとたび悲観的なものになってしまったことで、アリストテレスの倫理―政治学的体系は説得力を失った。こうした悲観主義の徴候の証拠となるのが、〈平穏さと秩序と自制心を兼ね備えた生というものが自然としっくりくるポリス的動物としての人間〉というものに対する懐疑主義である。モンテーニュは懐疑主義的態度を注意深く表明し、ホッブスは万人の万人による戦いが自然状態であるとする見解を示したが、これらはいま述べた点における根本的な転換を示唆するものとなっている。さらに、より重要なこととして、何世紀にもわたる対立は、ヨーロッパのほぼ全土を支配するようになった国家と教会のどちらにおいても、「神によって任命された王」という絶対主義的な統治に帰着した。長きにわたって続いたこうした崩壊は、宗教改革後のヨーロッパでなされたアリストテレス倫理学の適切さをめぐる絶え間ない哲学的議論で人が感じたであろう疑念よりもずっと甚大な仕方で、その知的風土を変えたのである。

不安と暴力、宗教的迫害や政治的抑圧が絶え間なく起こるという仮借のない経験を前にして、人間の完成という統合的状態を目指す目的論的眺望がうまくいくようにはもはや思えなかった。もちろん、戦争も残虐な行為も迫害も抑圧も中世のあいだじゅう起きていたが、少なくとも、共通善を自らの目的として機能する政府という理想は生きていた。トマス・アクィナスが言い表したように[38]「一人の王のもとで統治される領国や都市は、平和を享受し、正義のうちに栄え、繁栄を謳歌する」のである。仮に、数世紀に及ぶあらゆる重圧や緊迫にもかかわらず、善き共同体での生についてそうした「共有された見解」がキリスト教精神のなかで生きつづけたとしても、キリスト教国連合が統合性を失っていることはその外観からして明らかであり、この事実がその見解に引導を渡しているのである。絶え間なく続く戦争による市民生活の崩壊、永続的な宗教断絶、そしてそれらの結果生じた専制主義的な政治体制のことを、マッキンタイアは道徳哲学の歴史にとってたまたま生じた不運な出来事くらいに考えているようだが、そんな小さな問題ではなかった[39]。これらの出来事は、その後の道徳的および政治的な見方を根幹から変えてしまう程の衝撃だったのである。もちろん、理想と現実のあいだにはつねにギャップがある。しかし、ある時点で理想はもはや憧れの対象ではありえなくなる。それは、理想が実現可能性を超えたところにいってしまうからである。地上の世事に際しても聖職上の事柄に際しても王侯支配者たちが徳のモデルとなるはずだという確信は、スコラ主義の哲学者や人文主義の哲学者たちが彼らの豊かな「君主の鑑」論のなかで表明してきたことであったが、もはや息絶えてしまった。[6] 仮に、マッキンタイアのいう人間一人一人を地上の生から天国での生へと旅する人と見なす「共有された見解」がかつてあったとしても、その見解は打ち砕かれてしまったのである。たしかに、過去の伝統との明示的な決別はどこにもなかった。つまり、道徳哲学の基礎付けを他のところに探し求めるようになった原因が政治的および宗教的に大きな危機だったと明確に主張する者は、ホッブスからグロティウスにいたるまでの初期近代の道徳哲学を推進してきた者たちのなかには一人もいなかったのである。しかし、彼らがかなり距離をとりながらスコラ主義的な倫理学のことを見ていたというまさにその事実が、その伝統ではもはややっていけないと思われていたことを示している。[40] 最善の生を過ごす機会を提供する共同体というものに対する信仰の喪失は、倫理学の基礎としてのエウダイモニア主義がどんどん一般でなくなっていくことと一緒になって進行していった。そして、満場一致で人々に受け入れられるような基礎付けがこの喪失にとってかわることは二度と起きなかったのである。

道徳の新たな基礎

見てきたように、この地上の世で満ち足りた生を過ごす人としての「最善の人」というアリストテレスの考え方は、中世およびルネサンス期のあいだじゅう不安定な状態に置かれていた。それだから、人間の徳を発揮した結果としての地上での幸福という考え方はせいぜい二番手の役割しか果たさなかったのである。哲学全体がそうであったように、倫理学は「神学の婢《はしため》」として仕えた。しかし、ひとたび神学がいろいろ異なることを言い出し、そのためにスコラ哲学の最盛期から宗教改革までの時代を特徴付けるさまざまな宗教的な緊張と葛藤のあいだもずっと（全体としては）疑問視されることなく享受してきたその権威を喪失すると、こうした比較的安定した関係性でさえも崩れていった。それゆえ、初期近代の哲学者と政治思想家たちは道徳の別の基盤を探しはじめたのである。影響力のあった理論家の誰一人として、アリストテレスが『政治学』で提案したような地上の国家がそうした基盤を提供しうるかもしれないということをまじめに考えてみることはしなかったのである。

自然状態における万人による万人の戦いよりも社会における生を好むのに必要となる動機を提供しうるのは合理的な自己利益だけであるとするホッブス的理論に倣って、グロティウスやプーフェンドルフのような思想家たちはアリストテレスにおける自然法の一見周縁的な役割を深刻な欠点だとした。プーフェンドルフの友人にして信奉者であったトマジウスは、アリストテレスの倫理学は「アレクサンダー大王の宮廷に集う貴族階級にとって思慮分別の規則となるもの」を集めたものにすぎないとみていた。こののち、人文主義およびそこで強調されていた「ギリシア的なるもの（Graecitas）」がともかくも廃れていった時代の十八世紀には、彼のこの見立てはブルッカーの『哲学史（*History of Philosophy*）』に受け継がれ、またアリストテレス倫理学の受容に際してもかなりの影響を与えた[41]。

しかしながら、驚天動地の政治的宗教的動乱がすぐさま哲学における諸々の徳の瓦解へと繋がったとするのはきわめて誤解を招きやすい主張であろう。真実はその正反対にある。多くの哲学者たちは徳の概念と諸々の徳に関心を抱いていたし、シャフツベリやイギリスの感情説支持者たちからヒューム、アダム・スミス、そしてルソーに至るまで、それらに中心的な役割を与え続けてきた。しかし、彼らは——宗教的ないし法律的な基礎に立つ者もいれば立たない者もいたが――諸々の徳、それらの本性や起源、そしてそれらのはたらきにかんしては異なる見解を示した。(42) 異なった原理や正当化の方法をもつこうした理論が複数あるというまさにそのことが問題の中心だった。つまり、古代の頃と比べると、道徳哲学においては、諸々の徳という概念やそうした徳が果たす役割について合意が成り立つことはずっと少なかったのである。それだから、哲学者や政治思想家たちが「個人の自律」に重きを置くようになっていったのは、知識人たちが「個人主義」に突然気まぐれに魅了されたというマッキンタイアが強く主張したようなことのためではなかったのである。またこれは古い伝統が無謀にも放棄されたためでもなかった。そうではなくて、一つにまとめあげられた伝統が消えてしまったためだった。生の条件についての大転換によって、公的な生であれ私的な生であれ生の正しいかたちについて合意が成り立つための基礎が提供されることはもはやなくなったのである。(43)

徳の不幸

十七世紀と十八世紀のさまざまな哲学者たちによる徳概念の扱い方を概観しはじめたら、本章に収まりきらないだろう。代わりに、シュナイウィンドが論文「徳の不幸（The Misfortunes of Virtue）」（1990）のなかで主張した主要な論点を議論しそれを結論とすることで満足しよう。サドの同名の小説とは異なり、[7] シュナイウィンドの論文は、徳への素朴な信仰が悪徳に満ちた人々によってむごいほど好き勝手にいいように利用されるさまを記述したものではない。そうではなくて、彼のこの論文は、徳を中心に据えた道徳哲学が指導的な立場を失い、自然法理論を基礎に行為と規則を中心に据えた対立理論の付随物となるさまを、段階を踏んで素描したものである。

規則の台頭

トマス・アクィナスにおいて、最初自然法はアリストテレス的な徳倫理学の基礎だと考えられていたが、アリストテレスの目的論（「自身の最善の可能性を実現すればそうであるところの人間」）が瓦解したことで道徳の法的側面に焦点が徐々に移っていった。初期近代における自然法の提唱者としてもっとも有名な人たち——グロティウスとプーフェンドルフ——の手にかかると、道徳的徳は、明示的な規則と法に付随するものとなった。こうした強調点の変化の根源が、道徳思想のいっそうの世俗化へと繋がる宗教的政治的動乱にあったことは明らかである。なぜなら、グロティウスとプーフェンドルフはそうした法には神聖な起源があるという信仰をそれでも保っていたが、彼らの理論が目標としていたのは完全に地上の世俗的なものだったからである。つまり、厳格な法というのは、平穏な生を保証するような社会の成立それ自体にとって必要な条件だったのである。徳とは、法に従おうとするもの、そして選択の余地のある場面では許容しうる選択肢のなかに留まろうとするものだと考えられた。法と徳のあいだのこの区別は、自然法論者たちによって受け入れられ、完全義務と不完全義務の区別に反映されている。完全義務とは法によって要請される義務であり、それに対して不完全義務とは〔それを果たしたならば〕称讃に値するものである。不完全義務は法の制約を受けない類いの社会的関係を支えているため、不完全義務を遂行することは生の質（quality of life）を改善する。こうして、シュナイウィンドが指摘しているように、自然法論者たちの存在は徳にとって純然たる不幸だったというわけではない。なぜなら、愛徳（charity）は、社会生活を改善するのに役立ったキリスト教的徳の世俗的形態〔すなわち「奉仕の精神／チャリティー」〕となったからである。[44]

完全義務と不完全義務の区別は道徳哲学がさらに展開する上で非常に大きな影響を与えた。その証拠となるのがヒュームの人為的徳と自然的徳の区別である。ヒュームは人為的徳の明快さをわかっていた。つまり、正義、契約と政府に対する忠実さ、およびそれらの遵守が社会の成立それ自体にとって必要だったのである。それゆえヒュームは、法の基礎付けとしての神による制裁というグロティウスやプーフェンドルフが依然として放棄しなかったものを無しにして済ませることができた。人為的徳とは反対に、自然的徳は相互共感に基づいており、人間の性格から生じる。それだから、ヒュームの道徳理論はある程度は古代の伝統を支持していた。しかしそれはまた、古代の伝統の弱みを引き継ぐことでもあった。つまり、彼の理論は明確な規則や境界線を設けることをしないばかりか、人間の生を改善するさまざまな徳のもつ異なる目的を一緒くたにしてもいたのである。それに加えて、彼の理論は道徳に対して行為を中心に据えた司法的アプローチを採用するアダム・スミスのような人たちを説得することができなかった。それは、ヒュームの理論では道徳的な行動のためのきちんと整った指令が提供できなかったためである。[45] 後者〔すなわち明快な指令〕が関心の対象になったということが、道徳理論が個人の行動の手引きというよりも公共政策のための手引きになっていたことを示している。アリストテレス的伝統のなかでは、どちらの関心も欠くことのできない部分であった。しかし、それらがひとたび別々の問題として扱われはじめると、普遍的な妥当性と明確な境界線を求めることが何よりもまず重要なものとされたのである。

義務の台頭

カントの倫理学が「徳の不幸」の最終段階であるとシュナイウィンドは論じている。[46] ヒュームの人為的徳と自然的徳の区別と同じように、カントの完全義務と不完全義務の区別も自然法の伝統に負っている。この区別が最初に登場したのは、簡潔なかたちではあったが『人倫の形而上学の基礎づけ』であった。[47] 不完全義務の例として、カントは困ったときの相互援助を挙げている。カントにとって、完全義務と矛盾する格率は考えることさえできないが、相互援助を拒絶する格率は自己矛盾をきたすことなく思考可能である。しかしそうした格率を意欲することはできない。なぜなら相互善行のない生は望ましくないからである。この区別の大きな問題は、不完全義務を遂行する動機付けを、つまり不完全義務を遂行する場合としない場合を決定するものを、カントが説明しそこねていることである。種類の異なる義務にかんするいっそう明確な区別は、カントの後期の著作である『人倫の形而上学』の第二部に含まれている(48)。そこでカントは「法の義務」と「徳の義務」を区別しており、第二部〔全体〕で徳論の形而上学的起源を広範囲にわたって論じている。そこで彼が明らかにしているように、諸々の徳は、幸福へと繋がる義務に対する内的態度を構成する重要な要素である。なぜなら、そうした態度がその人自身の完成をかたちづくり、また他人の幸福に寄与するからである(49)。しかしカントはこの点ではヒュームと同じく、精確さは法の義務の場合にだけ可能であるとしている。徳の義務についていえば、きちんと決まった規則はなく、あるのはただ「思慮分別という実用的な規則」だけである。徳は他人の善に寄与するとしたことで、カントは徳の義務の重要性についてきわめて明示的に述べたという事実にもかかわらず、『人倫の形而上学』は『人倫の形而上学の基礎づけ』や『実践理性批判』に比べてほとんどインパクトをもたなかった。のちにカント倫理学が受容された際には定言命法とその適用条件に議論が集中したことにより、後期のカントが示していた徳への関心に〔注意が向けられる〕余地はほとんど残されなかったのである(50)。

十九世紀にはいり、倫理学的な論争では、カントに倣った合理主義的な義務倫理学と功利主義が席巻していた。それゆえ、徳を基礎にした有意味な人間の生という問いはもはや哲学的な議論の争点ではなかった。その結果、徳のさらなる衰退は避けがたいものとなった。なぜなら、もはや徳の使用と〔好き勝手な〕利用は大衆道徳に引き渡されたからである。哲学的に言えば、徳は「ホームレス」になってしまっていたのである。[8]西洋世界の日常言語のなかで、とりわけヴィクトリア朝時代とそのすぐあとの時代において、「徳」という言葉の使用が衰退していった様子を辿るためには、社会言語学者による大規模なプロジェクトが必要であろう。しかし本章の目的に鑑みて、人々の意識のなかで諸々の徳の役割がすでに何世紀にもわたって目を見張るほどに狭まっていっていたことを観察することでよしとしよう。何世紀ものあいだ、セクシュアリティこそがとりわけ悪徳であるとされていたので、ほとんどそれしかないというくらいに徳は性的な禁欲と同一視されるようになった。そしてこれは男性よりも女性に対してはるかに強く要求されたため、性的な禁欲は、無私、謙遜、従順などの他のキリスト教的な徳と一緒に、最終的には女性にかんするものとなった。徳を他の要素よりも狭く限定したことで、公共の場での人々の会話の話題としての「徳」が廃れていき、その結果、徳という言葉そのものが、理解不能ではないにしても廃れてしまったのである。

道徳の中心概念としての徳の衰退は、価値のある善き生としての幸福という考え方の衰退と一緒になって進行していった。元々は密接に繋がっていたこの二つの概念は、今日の一般的な意識ではほとんど相反するものと見なされるまでに疎遠なものとなってしまった。徳が自己犠牲や禁欲と結びつけられてしまうと、徳が幸福の条件であるという主張はもはや理解不能である。徳が天上の喜びと何世紀にもわたる結びつきをもった後で、幸福が、「善く生きる」という自らのかつての意味を取り戻そうとして、徳を地上の世俗に引き戻したことは一度としてなかったようにおもう。今日、幸福は通常、高揚感ないし幸福感といった主観的な状態と結びついているが、客観的に価値ある生とは結びついていない。他方で、「善き生(good life)」とは、一般に、物質的に満ち足りていることや快適であることと同一視されており、徳を考慮することとはかけ離れている。[9]徳、幸福、善き生というこれら三つの概念がおたがいひとたび疎遠になってしまうと、王の馬と家来がよってたかってもそれらを再び結びつけて元に戻すことはできないように思われる。[10]それゆえ、徳倫理学の存在と徳倫理学と幸福の繋がりが、教養ある一般の人々のあいだでさえほとんど注意を惹かなかったことは、新アリストテレス主義的徳倫理学が今日までの数十年のあいだで広く顔が知られるようになったという事実があるにせよ、ほとんど偶然ではないのである。

シュナイウィンドの批判

こうした困難に加えて、シュナイウィンドの極めつけの挑戦がある。[51] それは、徳が不幸に見舞われたのは徳自体の弱さのせいではないことを、徳を支持する人たちは示さなければならないというものである。アリストテレス的精神をもつ徳倫理学が直面せざるをえないであろう困難が〔以下のように〕幾つかある。[52]

(1) 道徳的に健全な行為者、つまり思慮ある人は、他人を説得するにあたって、彼らをすっかり教育し尽くす以外の方法をもっているのだろうか。

(2) 意見の深刻な不一致を解消したり、有徳な行為者を有徳でない行為者から区別したりするためのどのような規準があるのか。

(3) 道徳的な意見の深刻な不一致があるとき、それはどちらか一方の人々に道徳的に欠点があるということを前提してはいないのだろうか。

シュナイウィンドの批判的な問いかけで前提とされているのは、アリストテレス倫理学には、成人にはもはや必要の無い、若者の教育向けの非常に単純な法や規則を除くと、明確な法や規則がまったく存在しないということである。先に言及したように、立法者によって提供され、公教育においても公的生活の規制においても〔人々に〕課される法や基準が必要であることをアリストテレス倫理学は強調しているが、これを無視することはアリストテレス倫理学に対する曲解である。そうした基準に訴えるというやり方は、どの合理的な行為者にたいしても――ただし、理性的能力か性格のいずれかに、あるいはその両方に欠陥がなければであるが――同じ仕方ではたらくはずである。しかしこのことはあらゆる倫理学的な言説に当てはまる。つまり、倫理学的な言説では、基礎となる一定の原則が容認されていることのみならず、功利主義者であれ義務論者であれ、論じ合う人たちが道徳的に成熟していることも前提されているのである。さらにいえば、二人の思慮ある人のあいだの意見の不一致をアリストテレスは強調しないが、しかし熟慮と決断という話になれば、つまり目的が適切に定められているかどうか、またそのための方法や手段が十分に選ばれたものとなっているかどうかという話になれば、深刻な不一致が生じる余地は十分にある。アリストテレスが衝突にほとんど注意を払っていないのは、〔しかも〕異なる徳が〔それぞれ〕もつ最終目的のあいだの衝突についてでさえそうであるのは、彼が現実の状況というよりはむしろ理想的な状況に焦点を合わせていたためである。しかし、深刻な衝突が起こりうることに彼が気づいていたことは、たとえば本意からの行為の「混合的な事例」を論じている箇所から窺い知ることができる。[53] そこで考察されているのは、行為者が強いられて行う事例であり、たとえば自分の家族や友人を救うために恥ずべき行為を行うよう独裁者に強いられる場合がそれにあたる。これは、友愛のために正義に背くこと、あるいはその反対に正義のために友愛に背くことを意味しうる。どちらに背くほうがより悪いのかにかんする意見の深刻な不一致があったからといって、どちらか一方の意見の人たちに道徳的に欠陥があるにちがいないということにはならないだろう。それゆえ、アリストテレスの徳倫理学はシュナイウィンドの批判的な問いかけにかんしては十分に対応できるのである。

アリストテレス由来の徳倫理学はここ数十年で数多くの支持者を得てきたが、その理由の一つは、功利主義務論的性格のものであれ、行為中心型の倫理学や規則支配型の倫理学もまた由々しき問題に悩まされていたからである。学術的論争においてきわめて新奇な例や反例について議論していることから示されているように、問題となっているのは法の原理や法の個別事例への適用ということだけではない。立法の原理や法に対する一般の人々の態度もまた問題となっているのである。もし、絶えず監督や強制をせずとも市民は法に従うものだと仮定すれば、自国の市民の平穏と幸福を目指す国家では、市民が法に従う際に、法によって「自らに不可欠な本性を実現したならばそうであるはずのところの人間」がもたらされることを期待して従うということがあるはずがないのではないか。しかし、そうした理想がなくともわれわれはやっていけるのだろうか。とりわけ、法に対するあらゆる抜け穴が作られ、社会の頼みの綱としての法と規則の施行に対する信頼が深刻なまでに失われているような時代に、やっていけるのだろうか。この点で現代社会には欠けたところがあるため、ここ数十年で哲学者たちが唱えてきた「徳倫理へ帰れ」という主張が魅力的なものになっているのである。

こうした試みをどう評価するのかは、本書の他の章の話題である（第1章、第7章、第8章）。〔そこで本章では、〕新アリストテレス主義者たちが、諸々の徳の定義と正当化、そして善き生の確定にかんする厄介な論争に直面していることを確認することでよしとしよう。それが厄介な論争なのは、少なくとも西洋世界では「多元主義（pluralism）」が、現代に特有の理論というだけでなく、現代の最上の理論にして喜ばしい理論だからである。それゆえ、人間本性、その本性にふさわしい善き生、そしてそうした善き生を可能とする社会〔という三つ〕を統一的に考えるものの見方を目論むことが困難なのである。なぜなら、欲しくないものについて合意に至ることのほうが、欲しいものについて合意に至るよりもずっと簡単だからである。こうして、ある一部の性格特性については世界中どこでも望ましいものとされるべきだということを誰も否定しはしないだろうが、〔望ましい性格特性の〕リストを作成する段になってわれわれがミニマリスト的観点を踏み越えてしまった途端に数々の困難が立ちはだかるのである。(54) 文化的にも宗教的にも衝突ばかりしている世界にあっては、意見の一致に至る機会などほとんどない。さらにいえば、何が望ましい性格特性なのかについてたとえ合意に到達できたとしても、望ましい性格特性にどのように到るのかという問いによってわれわれはさらに当惑することになる。かつては、家庭や学校や教会が必要な教育を提供するものだという期待があった。現代の西洋社会のなかで、こうした場のもつ影響力が衰退していったということだけでなく、そうした場がかつて本当に有効に機能していたのかを疑うもっともな理由まである。二十世紀前半の身の毛もよだつような〔数々の〕罪のかなりの部分が、「きちんと」躾けられ必須の文化的背景をもった人々の手によってなされたのである。道徳教育というものが、古代アテナイの有名な悪漢たちである三十人政権のときに道徳教育が予防手段として果たした役割よりも少しでもましな役割を、そうした事例で果たしたとは思えない。そして、もし望ましい性格特性に到達することが〔古代アテナイのような〕小規模な都市国家で保証され得ないのだとするならば、どうして一体性を欠いた現代の大衆社会でそれができるというのか。アリストテレスが『ニコマコス倫理学』を著したとき、ギリシアの状況を実際のところどのように判断していたのかという問いは未解決のままである。われわれとしては、徳倫理学に基づいたアリストテレスの善き生という考え方は、適切に解釈されたポリス（polis）——すなわち、続いていくものと仮定されたポリス——で機能するはずだと彼は考えていたとするのが、推察として一番よいものであろう。そして、その仮定のうえに立って、アリストテレスは善き生という考え方を〔われわれに〕残したのかもしれない。

原註

(1)統合されたこの見解を分析してみると、そこには、マイモニデスのおかげでユダヤ教が、そしてアヴェロエスのおかげでイスラム哲学がそれぞれ含まれている。MacIntyre 1981, pp. 51, 111 など〔前者は邦訳六六頁、後者は参照された頁ではなくおそらく一四五頁〕。

(2)MacIntyre, *After Virtue*, 1981, p. 50〔邦訳六五~六六頁〕。本章のさまざまなところで男性形が使われているとしたら、それは〔マッキンタイアの〕この本が書かれた時代はまだそれが慣例だったからというだけではなく、二十世紀までの哲学的著作で使われていたのが男性形だからでもある。

〔訳注:ここでフレーデは初版(一九八一年)での文言を参照しているが、邦訳もある第二版(一九八四年)および第三版(二〇〇七年)では、参照部分のなかで数カ所修正が加えられている。本章では、フレーデが参照している初版に基づいて翻訳を示しているため、邦訳と一部違うところもあるが、煩瑣になるためいちいち指摘はしなかった。〕

(3)このカオス的状況に対するマッキンタイアの批評は、エリザベス・アンスコムが一九五八年の論文のなかで現代倫理学がもつ欠点として下した診断で予見されていた(Anscombe 1958)。「道徳的責務」や「義務」や道徳的な意味での「べし」などの重要な語彙がもはやまったく理解されていないかつての倫理的な考え方から生き延びたものにすぎないため、おもにオックスフォードとケンブリッジで十九世紀後半と二十世紀前半になされた道徳にかんする論争は基礎付けを欠いていることをアンスコムは示したと主張している。この議論については、本書所収のティモシー・チャペルの章をみよ。

(4)『ニコマコス倫理学』第二巻第一章一一〇三a一四~一八。この分野の伝統的な名となったエーティケーという形容詞はアリストテレスが作りだしたものだろうが、「倫理学」はもはや性格の徳に優位を認めない他学派たちに乗っ取られた。モーラーリスというラテン語訳はこのギリシア語のキケロ訳に由来する(『運命について』第一巻)。〔訳註:原文の「1103」は誤植。〕

(5)『ニコマコス倫理学』第十巻第九章一一七九b一〇~二〇。

(6)哲学的探究をして過ごす「神的な生」をどうやって統合するのかという『ニコマコス倫理学』第十巻第六章~第八章で提起されたやっかいな問題を脇にのけておけば、すくなくともそうである。

（7）『ニコマコス倫理学』第一巻第二章一〇九四a二六〜b一一をみよ。アリストテレスを個別主義者として扱うと、人の生にかんする普遍的な基準と規則を法が供給しているという重要なことが見落とされてしまう。そうした見落としが生じるのは、こうした基準はどうしたって不明瞭なものであり（『ニコマコス倫理学』第一巻第三章一〇九四b一一〜二七など）、またあらゆる個別の判断に際しては、行為者や被行為者、行為の方法や手段や場面などの観点から調整をする必要がある（第二巻第六章一一〇六b二一〜二三など）とアリストテレスが強調していたせいである。しかし明らかに、こうした調整は普遍的な基準を前提している。調整があるからといって普遍的な基準が無用のものとなるわけではないのである。

（8）アリストテレスの倫理学には〔彼の倫理学の講義の〕聴講者を善き人にするという目的があるということは、『ニコマコス倫理学』第二巻第二章一一〇三b二六〜二九で誤解しようのないほどはっきりとした言葉で述べられている。『ニコマコス倫理学』全体をつうじてアリストテレスは、〔聴講者を善き人にするという〕この仕事に携わるおもな人は立法者だとしている。そして、将来の立法者の教育の議論は『ニコマコス倫理学』の結論部分であり、『政治学』への移行となっている。アリストテレスにおける倫理学と政治学の統一性については、Schofield 2006を参照。

（9）『ニコマコス倫理学』第五巻第七章にある、自然的な正義と規約的な正義の区別や、国制におけるその類比物を参照せよ。

（10）詳細なサーヴェイについてはIrwin 2007の第五章〜第十三章および本書に収められたジーン・ポーターの章をみよ。

（11）この点についてはAnnas 1993, p. 322をみよ。そこで彼女は「ここでの幸福という考えは、とても控えめで融通のきくものである。これは、道徳性や他人の利害関心に由来する様々に異なった主張を含むことができる」と述べている。

（12）マッキンタイア（MacIntyre 1981, pp. 111-113〔邦訳一四四〜一四七頁〕）はそうした意見の不一致を所々で認めているが、「古典的伝統」および「古典的人間観」にかんする彼の再構成全体としては、「アリストテレスとの対話という関係に常に自らを定位する」（p. 154〔邦訳二〇二頁〕）という理由でそうした不一致を無視している。

（13）二十三巻にものぼる『ギリシア語によるアリストテレス注解（*Commentaria in Aristotelem Graeca*）』（H. Diels (ed.) 1882-1909）には、アリストテレスの著作集にかんしてかつては残存していた注釈書のごく一部しか含まれていない。

（14）二世紀に著されたアスパシオスによる初期の注釈書をのぞけば、そのずっと後になって、十世紀の著者不明の注釈書と、十二世紀のエウストラティオスによる注釈書の二つがあるのみである。古代でもっとも著名な注釈者であったアフロディシアスのアレクサンドロスによる『ニコマコス倫理学』の注釈書があったのかどうかはわかっていない。

(15)キリスト教信仰がギリシアやローマから受け継いだ文化と混ぜ合わさることで、三世紀以降、超世俗的なプラトン主義といういっそうスピリチュアルな描像が好まれるようになった。

(16)この点については、Irwin 2008 の第十四章「キリスト教神学と道徳哲学」を参照。

(17)アウグスティヌスは『神の国』において、地の国と神の国があるとする彼の「二つの国」理論のなかでこの区別を詳細に追求している。

(18)マッキンタイア(MacIntyre 1981, p. 154ff.〔邦訳二〇二頁以下〕)は、数々の衝突が——中世のあまりに数の多い理想同士の衝突でさえ——以前はまったく異なる異教の文化がキリスト教化されたために生じたことに気づいている。彼はまた、中世のアリストテレス的見方とストア派的見方のあいだの違いによって衝突があったことも理解している(p. 158〔邦訳二〇七〜二〇八頁〕)。しかし全体としては、アクィナスがキリスト教的教義とアリストテレス的道徳観を調停しようとしたことで、同時代においてさえもアクィナスが非常に変わった人物と目されたことをマッキンタイアは認めているにもかかわらず(pp. 162-8〔邦訳二一二〜二二一頁〕)、道徳観にかんする中世の枠組みはアリストテレス主義者たちによって形作られたのだと主張しているのである。

(19)後のスアレスの反応については、『人間の究極目的について(*De fine hominis*)』IV3をみよ。〔訳註:著作名としては *De ultimo fine hominis* と記されることもある。〕

(20)内容豊かな概観としては、Lines 2002 をみよ。

(21)Kraye 1991, pp. 317-319 をみよ。

(22)Kraye 1991, pp. 306-316。

(23)Giovanni Pico della Mirandola 1942, pp. 104-106 をみよ。

(24)Marsilio Ficino 2001-6, XIII, 3; Allen 1984 もみよ。〔訳注:「神に似る」という邦訳は『プラトン全集 第二巻 クラテュロス テアイテトス』(岩波書店、一九七四年)の田中美知太郎翻訳による当該箇所の訳を参考とさせていただいた。〕

(25)初期ルネサンス期のプラトン主義者たちのあいだの論争では、幸福へと導くのは純粋知性なのかあるいは意志なのかという点が争点となっていた。それは、知性を神へと引っ張っていくのは意志だとされたからである。しかしわれわれはこの論争を脇にのけておくことにする。なぜなら、主意主義の問題はわれわれの話題の中心ではないからである。

(26) Kraye 1991, p. 318.

(27) Guillaume Budé 1775, 1, 227. 同様に、Valla 1972 および Vives 1785, VI, 120.

(28) Melanchiton 1850, vol. 16, col. 281. Luther 1523 もみよ。

(29) Kraye 1991, pp. 360-364 をみよ。ストア派の要求の高さと諸々の必須の善に対する評価の低さからして、彼らの教義は全体として厳格で狭量なものだと見なされていた。エピクロスの復活は、一四二〇年のディオゲネス・ラエルティオスのラテン語訳と、一四一七年のルクレティウスの再発見に依るところがおおきい。

(30) スアレスとその影響については、Irwin 2008 の第二章および第三章をみよ。

(31) Peterson 1921, p. 124; Wollgast 1988; Kraye 1996, pp. 142-160 をみよ。

(32) Valla 1972, pp. 95-97 および Valla 1982, p. 80。

(33) Luther 1883, vol. I, p. 226 の提題四一「Tota fere Aristotelis Ethica pessima et gratiae inimica est」。〔訳注：本文ではフレーデの英訳を加味して独自に訳したが、原文には邦訳がある。それは、『ルター著作集 第一集 第一巻』（ルター著作集委員会編、聖文舎、一九六四年）に収められた「『スコラ神学反駁』討論 一五一七年」（山内宣翻訳）の提題四一であり、そこでは「ほとんどアリストテレスの倫理学の全体が、恩恵の最悪の敵である」と訳されている（五四頁）。〕

(34) プラトン哲学に対するルターとメランヒトンの評価はよりいっそう否定的なものであった。つまり、もし過ちが無知によって引き起こされ、知識によって繕われるなら、恩寵によってのみ罪が許されるとすることと両立しえない。それにくわえて、アリストテレスの手続きのもつ体系的性格はプラトンが曖昧に表現した教義よりも優れているとメランヒトンはみなしていた（Melanchton 1843, vol. 11, col. 348）。

(35) Vives 1785, VI, 211:「Aristoteles in vita hac quaerit beatitudinem, alteri nihil relinquit」。

(36) de Vaele 1620, col. 7:「Nos conati sumus... .materias ab Aristotele in Ethicis ad Nicomachum praecipue tractatas... eodem fere ordine compendiose proponere, et errores in eis observatos ad veritatis Christianae normam corrigere.」。〔訳註：試訳すれば、「われわれは、アリストテレスがとりわけ『ニコマコス倫理学』のなかで扱った問題をほぼ同じ順序で要約し提示する

よう努めた。また、そこに見出された誤りは、真なるキリスト教の規範に適合するようそれらを修正するように努めた。」〕

(37) G・ライシュによる『哲学の真珠（*Margarita Philosophica*）』（Reish 1512）がこのことの証拠となっている。そこには、〔自由七科のなかの〕三科や四科のほかに、アリストテレスの自然哲学と倫理学が含まれている。この著作は一世紀ものあいだにわたって増刷され、のちにイタリア語訳が一五九九年に登場している。Park 1988, p. 465 をみよ。

(38) Aquinas 1973, 1.4, p. 260〔邦訳二二頁〕。〔ラテン語原文は〕「provinciae vel civitates quae sub uno rege reguntur, pace gaudent, iustitia florent et affluentia rerum laetantur」である。〔訳註：なお、アクィナスのこの著作の書名として、フレーデは『王制について（*De regno*）』と表記し、参照した邦訳は（そしてそれ以外の邦訳も）『君主の統治について（*De regimine Principum*）』と表記しているが、これは元々の写本のあいだですでに書名について複数表記があることに由来しており、別の著作ということではない。それゆえまた、フレーデが引用したラテン語原文についても、「vel」を「et」としたり後半にカンマを加えたりしている底本もある。〕

(39) マッキンタイア（MacIntyre 1981, p. 200）は、アリストテレスの科学が失墜したことだけでなく、国家においても教会においても絶対的な専制主義が採られたことにより彼の政治学の「価値が失われた」ともしている。〔訳注：邦訳は二八九～二九〇頁。ただしここでは、邦訳の「体面を汚す（disfigured）」とは別に、独自に訳した。〕

(40) シュナイウィンド（Schneewind 1997, esp. pp. 70-81〔邦訳一〇二～一一八頁〕）は、こうした戦争の経験にもたらされたさまざまな事柄を論じており、それらは、自然法理論の擁護者たちにとっても、また道徳観の再構築のための統一的な基盤としての徳の不十分さの認識にとっても問題となるものであった。アーウィン（Irwin 2008）は、世俗的モラリストたちはしばしばそう考えられているほど伝統から外れた異質なものだったわけではないということを最善を尽くして示しているが、それが彼らの意図したことであったと彼の注意深い研究が示しているわけではない。

(41) Brucker 1743, p. 835.〔訳注：文献一覧ではもともとのラテン語題でただしく表記されているが、本文中のブルッカーの著作の英訳題は省略的であり、ラテン語からより正しく訳せば『批判的哲学史』となる。〕

(42) Schneewind 1997 の第十四章「徳の復興」をみよ。

(43) シュナイウィンド（Schneewind 1990, pp. 61-62）が、意見の不一致——「意見の不一致には、国家、宗派、法的論争での政党が含まれる……」――から生じる困難に対処しようとする動機を自然法論者たちに帰するとき、彼は少なくとも部分的にはこの診断に同意している。

(44) Schneewind 1990, pp. 48-51.

(45) Schneewind 1990, pp. 54-58 をみよ。

(46) Schneewind 1990.

(47) Kant 1785.〔訳注：邦訳五四頁以下。不完全義務の例は五七頁に登場する。〕

(48) Kant 1797.

(49) 近年、この点はある一定の学問的注目を浴びている。Engstrom and Whiting 1996; Sherman 1997 をみよ。

(50) Schneewind 1990, p. 61.

(51) Schneewind 1990, p. 63.

(52) Schneewind 1990, p. 62.

(53)『ニコマコス倫理学』第三巻第一章一一一〇a二四～二六。

(54) 人権にかんする一九四六年以降の国連の努力は一つの好例である。そうした権利が前提としている徳とはどんなものなのかは独自の研究が必要であろう。

訳註

〔1〕同書は、一九八四年に第二版が刊行され、それには邦訳がある（『美徳なき時代』篠崎榮翻訳、みすず書房、一九九三年）。また、その後二〇〇七年に第三版が刊行されている。

〔2〕「満足のいく人生についての共有された見解（shared view of a satisfactory human life）」という表現は本章ではキータームの一つであるが、この表現そのものは『美徳なき時代』のなかには見当たらない。

〔3〕「悪名高い〈である〉と〈べし〉の問題（the notorious is/ought problem）」および「自然主義的誤謬（naturalistic fallacy）」については、本書第七章二三二～二三三頁を参照。

〔4〕これは、本書文献一覧に記載の Aristotle 1980 を指している（とりわけ、同書の pp. xxv-xxvi を参照）。

〔5〕『ニコマコス倫理学』第十巻第六章〜第八章。

〔6〕『「君主の鑑」論（mirror-of-princes literature）』とは、理想の君主像を描いた中世ヨーロッパの文芸作品を総称する文芸ジャンルのことである。代表的な作品としては、アウグスティヌス『神の国』（の第五巻第二十四章以降）、ソールズベリーのジョン『ポリクラティクス』、アクィナス『君主の統治について』、マキアヴェッリ『君主論』などがある。

〔7〕「サドの同名の小説」とは、マルキ・ド・サドの『*Les Infortunes de la Vertu*』（1787）、それに加筆修正を加えて改題した『*Justine ou les Malheurs de la Vertu*』（1791）、そこからさらに手を加えた『*La Nouvelle Justine ou les Malheurs de la vertu*』（1799）のことである。抄訳も含め邦訳には、『美徳の不幸』（澁澤龍彦翻訳、河出文庫、一九九二年）や『ジュスチーヌまたは美徳の不幸』（植田祐次翻訳、岩波文庫、二〇〇一年）などがある。ただし、本章の議論全体に鑑みサドの邦題と表現を合わせることはしなかった。

〔8〕「ホームレス（homeless）」になっているとは、徳を倫理学的な論争点として論じるための理論的で哲学的な拠り所つまり本拠（ホーム）を失っているということである。

〔9〕ここでは「good life」ということが、元々の徳倫理学的な意味での「善き生」から離れて、いわゆる「よい人生」という意味になってしまったことが述べられている。

〔10〕「王の馬と家来がよってたかっても……元に戻す（all the king's horses and all the king's men ... together again）」という表現はマザー・グースのなかの童謡「ハンプティ・ダンプティ」から採られたものである。この童謡から、「ハンプティ・ダンプティ」という言葉は「一度だめになったら元に戻せない人や物」という意味をもつ。

第7章

二十世紀の徳倫理学(*)

ティモシー・チャペル

二十世紀の徳倫理学——それはどこからやってきたのか?

過去の哲学者たちは何かあたりまえのことを見落としていた——このように考えることはあまりにたやすく、避けがたいほどである。そしてそこからわずか一歩先に進めば、そうした見落としをしてきた過去の哲学者たちがそれほど優れていたはずがないという結論に達する。徳倫理学は、実践にかんして規範となるものを説明するにあたって、正義、親切、勇気、思慮(wisdom)などといった性格のもつ称讃すべき傾向性から始める。こうした理論はどう考えてもあってよさそうなものに思われるので(今日では実際にある)、こうした理論の可能性が二十世紀前半の英語圏の著名な哲学者たちにはどうやら見えていなかったということが、われわれには不思議に思えるのである。そんな見落としがどうして起こりえたというのだろうか。

しかし、一九五八年(頃)までの二十世紀の倫理学をもっとも一般的な仕方で簡潔にまとめた歴史によれば、まさにその見落としが実際に起こっていたのである。〔まず、〕行為にかんしてなじみ深く基礎的な問いが二つあると考えられている。

「この場面では、理性的には、私はどういった格率に基づいて行為することができるのか。」（カント的／義務論的問い）

「この場面では、どういった行為が功利性を最大化するのか。」（功利主義的問い）

そして標準的とされる歴史ストーリーによれば、上記二つの問いと並んで、どう行為すればよいのかについて同じく問うてよい第三の基礎的な問いがある。

「この場面では、どういった類の行為が徳にかなっているのか。」（徳倫理学的ないしアリストテレス的問い）

一九五八年までは、人々にはこの第三のアプローチの可能性は見えてさえおらず、見当がつかずにただまごつくばかりであったと〔標準的なストーリーでは説明が〕されている。それからエリザベス・アンスコムの「現代道徳哲学（Modern Moral Philosophy）」（1958）やフィリッパ・フットの「道徳的議論（Moral Arguments）」（1978a）および「道徳的信念（Moral Beliefs）」（1978b）が発表され、それと同時に〔この第三の可能性に対して〕人々の目が開かれたのである。[1]

上記の三つの論文はじっさい革命的なものだった（これほど革命的なものはその後の徳倫理学ではみられない）。あまりに革命的なものだったので、わたしは本章のそれなりの部分を割いて、もっぱらこれら三つの論文を詳述しようとおもう。それでも、二十世紀の徳倫理学の来歴を物語るこの標準的なストーリーにはどこか間違ったもの、つまりどこか薄っぺらく勝利者史観めいたものがあるし、幾つかの興味深い問いに答えないままになっている。一つには、徳倫理学に舵を切ったことが本当にそれほど抜本的な変化だったのかどうかを問わねばならない。英語圏の哲学ですでに起こっていた他の変化がそれを先取りしていたのではなかったのか。デューイ、ロイス、ブラッドリーらはあきらかにこの探求の路線の出発点である。あるいは、現代の徳倫理学がとりわけオックスフォードで勃興したのはなぜなのかと問うてもいいかもしれない。ひょっとしたら、オックスフォードでアリストテレスの倫理学を学部学生に徹底的に教えたことが、結果としてそうした成果をもたらしたのだろうか。（また、なぜ徳倫理学の最初の代表的な哲学者たちのほとんどが女性だったのか、なぜ女性哲学者たちは、哲学はもとより倫理学という分野においてさえ、他のほとんどの領域と比べて徳倫理学という領域でこれほど立派に代表格でありつづけているのか、ということも気にしてもいいかもしれない。二つのジェンダーには異なった倫理的な「声」ないしスタイルがあり、女性にはより共感的になり理性的に冷たく突き放した感じにならない傾向があるとする事実に訴えるギリガン流の説明をすることを好む人もいよう（Gilligan 1982）。ただアンスコムやフットのことを知る人なら、そういった訴えかけを彼女たちならどう思うだろうかということについていかなる疑いももちえないだろうが。）

　通常のストーリーではまた次のこともきっぱりと想定されている。それは、功利主義者、カント主義者、徳倫理学者らはおしなべて——そしておそらくは道徳哲学の他のすべての学派もまた——同じ一つの問いに答えようとしているという想定である。誰もがみな、道徳的に正しい行為の定義、つまり「ある行為が道徳的に正しいのは、……の場合でありかつその場合に限る」の「……」のところに入るものを探しているのである。[1] そして、この「……」に何を入れるかをめぐる争いは、事例の提示とそれに対抗する反例の応酬からなる一つの〈知的〉競技である。これは、道徳的に正しい行為を定義するための、説得力のある仕方で例外をもたない、しかし実質的でもある定式を与えることにこの三つの理論のうちのどれがもっとも肉薄しているかを見極める営みである。定式を整えようというこの争いは、規範倫理学をめぐる現代の多くの議論にとりわけ顕著なものだろう。しかし、こうした争いに古代の徳倫理学の創始者であるプラトンとアリストテレスのどちらもまったく興味を示さなかった。そしてそれにはもっともな理由があった。もっと言えば、カントや初期の功利主義者たちもこうした争いに多くの関心を示すことはなかった。そうした争いはわれわれの興味を惹くようなものでもないと思うのだが、どうだろうか。

〔「道徳的に正しい行為」というときの〕正しい（right）ということが問題となるところでは、プラトンとアリストテレスはたしかにこの問題に関心を示しているが、他の多くの問題にも関心を示している。それは、善い性格、正しい感情、〔人生が〕全体として幸福であること、そして、個人の卓越性が市民的で政治的な秩序に従って社会のなかで具体化されることなどである。彼らは〈正しい〉ということに焦点をきつく絞ることはまったくなかったし、何であれ何かしら簡潔な定義をそれに与えようと熱望することもなかった。プラトンには、簡潔な定義に出くわすとほとんどいつもそれを破壊しだすという、かなりほほえましい習癖があり、また有名なことだが、〔正しさに〕関係する諸々の徳の定義を手にするまでは正しいとは何であるのかをまったく知りえないのだという主張を是認している（少なくともとても真剣にとらえている）。そこでプラトンは、諸々の徳のどんな定義も使い物にならないこと、すくなくとも誰にも使えないのだということをわざわざ具体的に示すのである。幾分似た仕方でアリストテレスは「正しい実践的推論（orthos logos）」について語るが、そこには、何がオルトス・ロゴスとされるのか、またそれはなぜなのかを語ることができるのはフロニモスという実践的に思慮深い人だけであるという主張が、ほとんどいつも一緒になっている。

道徳性（morality）の場合、プラトンもアリストテレスも「道徳的」を意味する言葉をもたなかったので、彼らは「道徳的に正しい」に相当する表現をすることすらありえなかったのだと、再びアンスコムにしたがってわれわれはただちに述べなければならない。ギリシア語のエーティケー・アレテー（ēthikē aretē）は「性格の卓越性（excellence of character）」を意味するのであって「道徳的な徳（moral virtue）」を意味するものではない。[2] 英語の道徳的徳の直接の由来となったキケロのウィルトゥース・モーラーリス（virtus moralis）は、たんにエーティケー・アレテーのラテン語訳なのである。これは語彙的な誤りではない。つまり、「道徳的」という語がなかっただけということではないのである。〔そうではなくて〕「道徳的」という特殊なカテゴリーがあるという考えそのものがなかったのである。厳密に言えば、キケロのモーラーリア（moralia）が〔「習慣」を意味する「モース（mos）」の複数形である〕モーレース（mores）からつくられたのと同じように、タ・エーティカ（ta ēthika）というアリストテレスの表現はたんに、「性格的な行動（characteristic behaviors）」を意味するエーテー（ēthē）を一般化してつくられた名詞である。完全に正しく表現しようとすれば、われわれは、アリストテレスの『ニコマコス倫理学』ではなく、（ちょっと不格好な言い方なのは認めるが）アリストテレスの『ニコマコスが編纂したわれわれの性格的な行動に関する諸研究』と言うべきなのである。[3]

プラトンとアリストテレスが関心を抱いていたのは――とりわけプラトンが関心を抱いていたわけだが――、正義や節度や勇気といった善い傾向性が突きつけるより厳しい要求がどうすれば理にかなった要求となりうるのか、つまり、甚だしいコストを払ったとしても従うことに意味のある要求となりうるのか、という問いである。現代人であれば、それは単純にそうした要求が特別で不思議と強制力のあるもの、つまり道徳的な要求だからであると自然と考えるだろうが、プラトンやアリストテレスにそうした考えがわき起こることは決してなかった。この問題に対する彼らの回答はいつも、われわれの善い傾向性から生じる強い要求に従う理由がわれわれにはあるということを示すためには、そうした傾向性が要求しているものは、なんらかの仕方で人間の幸福（well-being; eudaimonia）の一部であるか、あるいは幸福に必要な手段であるということを示さなければならないというものであった。現代には「道徳的ということ（the moral）」と「思慮深いということ（the prudential）」という誤解に基づいた区別が成り立っているのだが、それでもこの区別に従って分けなければならないとしたら、彼らの答えは明らかに思慮深さのカテゴリーに分けられる[4]。諸々の徳によって与えられる理由は〈幸福（well-being）〉という考えに根付いたものなのだとプラトンとアリストテレスが強く唱えている姿を、道徳的／思慮深いという区別の上で育ってきた現代の読者たちが目にしたとき、通常そうした読者たちは彼ら二人を「道徳的エゴイスト」に分類する。しかしこれは、プラトンやアリストテレスが正しくも認識していなかったある区別を彼らに誤って当てはめているのである。

古代ギリシア人たちからカントや古典的功利主義者たちに目を向け変えて、プラトンやアリストテレスとくらべて彼らが「道徳的に正しい」ということのきちんとした定義を見つけ出そうという現代的な関心をわれわれとより共有していたかといえば、それは疑わしい。カントがしたことはせいぜい、個々の行為者の（道徳的に正しいではなく）理性的に許容可能な行為の（必要十分条件ではなく）必要条件を提示したくらいである。そしてこの条件をとにかく簡潔に表現することに、普段よりもずっとおおきな困難を彼は感じていた[5]。古典的功利主義者たちは、個々人の行為よりも法体系に関心をむけることが多かったし、個々の行為に関心を向けることがあっても――これは、J・S・ミルはしばしばしたがベンサムは通常はしなかったことであった――、長期的な功利性に関心をもち、彼ら自身もそうであるような気高いヴィクトリア朝風の自由主義者によって認められた「常識道徳」を救い出すことに目を見張るほど躍起になるところがあった。カントと古典的功利主義者たちのあいだで意見が一致しない場合、それは「道徳的に正しい行為の必要十分条件は何なのか?」という問いについての不一致ではなかった。彼らはそんな問いをたてることすらなかったのである。

そうだとすると、なぜわれわれはそのような問いをたてるのか。二十世紀前半の倫理学において、〈道徳的に正しい〉ということの境界を論理的に精確に画定することがどうしてそれほど中心的な問題となったのか。きわめて一般的な話としてだが、それは一部には、諸概念の境界を論理的に精確に画定するということが、哲学が〈理解(understanding)〉というものに貢献しうるおもな、そしておそらく唯一のものだと思われるようになったからである――およそ言い表しうるものはすべて明晰に言い表しうるのである[6]。この境界画定作業は、概念分析というプログラムを〔倫理学という〕特定の領域に適用して、それによって倫理学にもたらされうるものをみようとしたものにすぎない。それだから、あるきまった倫理的(諸)概念が、分析の対象となる中心的な概念として選ばれねばならなかったのである。そしてここで、「道徳的に正しい」「道徳的なるべし」「道徳的責務」「道徳的義務」といったものが被分析項として選ばれたことはほとんど自動的なことだと思われていた。なぜなら、シジウィックからG・E・ムーアに至るあいだに、強調点の変化という第二の要因が生じていたからである。シジウィックは、研究歴を重ねるにつれて還元主義的な考えに顕著に傾いていったが、内容豊かで変化に富んだ理論的な語彙から研究を始めてはいた。ところが――と論じてムーアはまったく新たな議論を構築しにかかるわけだが――、そういった語彙には概念的な曖昧さが混入していた。シジウィックと対立しながらムーアが熱心に主張したのは、道徳的ということ(彼はこれを「善さ」と呼んだが)は有益だとか幸せだとか快いとかそういった他の「自然的性質」とは本質的にはまったく異なるものだということである。道徳的な概念はその定義からして非道徳的な概念に還元することはできず、還元できると考えることは「自然主義的誤謬」である。(まばゆいほどにまったく明白なことを愚かにも古い世代は見落としてきたのだと考えたくなるこの絶え間ない誘惑こそ、シジウィックを相手にしたときにムーアとその弟子たちがつねに嬉々として屈していたものである。[7])「道徳的に正しい事柄」の在処はどこなのかといえば、それは幸福の観点からさまざまな帰結を計算した結果によって指し示されるであろうところだということはきっと疑いないだろう。〔その意味では〕ムーアもまたある種の帰結主義者なのである。しかしもしそうだとするならば、それはつねにア・ポステリオリな発見であり、「善さ」という概念だけからア・プリオリに演繹できるようなものではないことになる。したがって、倫理学がなすべき本当の仕事は、どこに「善さ」が見いだしうるのかについて単なる偶然的な事実を列挙することではありえない。ムーア自身が「日常言語学派[2]」と呼び、また彼が採用したより一般的なアプローチの路線に沿っていけば、倫理学の本物のリサーチプログラムの本質は、善さそのものの観念の直観的な反省ないし概念的な明確化でしかありえないのである。

そうした「善さ」や「正しさ」の概念的な明確化にはどういったかたちがありうるのか。この点については、二十世紀前半の哲学に論理実証主義が及ぼした多大な学問的圧力からくるさらなる制約がかかった。論理実証主義の核には、事実と価値の、つまり「である」と「べし」の絶対的な区別がある(この区別はヒュームに由来し、ムーアが「自然/非自然」の対比というかたちで模倣したものである。論理実証主義はこれを改訂したにすぎない)。もし価値が事実であり得ないなら、つまり、客観的な世界の一部ではあり得ないなら、価値の候補としては態度や選好や欲求くらいしか残らない。ムーアは、価値とは、善さの唯一にして神秘的な「非自然的」性質のもつさまざまな側面だとしている。しかし、エイヤーといったその後の人たちにおいては、ムーアの神秘は態度表明という実証主義的に受け入れ可能な考えへとかなり早い段階で整理された。つまり、ある対象について善いとか正しいとかを言うことは、その対象の性質を述定しているのではなく、その対象に対する称讃や是認の態度を表明しているのだということにされたのである。この態度が普遍化可能である場合、そこでの是認は、他とは区別された仕方で道徳的な是認となる。

二十世紀前半の哲学はこの種の擬似ウィトゲンシュタイン的なリサーチプログラムに席捲されていた。このプログラムは言語分析と呼ばれることもあり、オースティンやライルといった哲学者たちが擁護したものだった。[8] 倫理学の分野では、リチャード・ヘアによる「普遍的指令主義」においてその論理的な終局を迎えた。ヘアは、あらゆる道徳的な言語は一つの基本的な概念によって分析可能であると考えた。それが責務すなわち「べし」の概念であり、この単一の概念でさえも、その本性は基本的には記述的すなわち非評価的なものではなくて指令的で評価的なものだということを明らかにするという仕方で分析された。「べし」は世界のあり方については何も語らず、話者の普遍化された選好を具現化しているにすぎないとされたのである。まず、シジウィックやムーアが提案した路線に沿って、あらゆる道徳的価値は一つのものへと分析された。それから、この一つのものでさえもそもそもものではなく、ものへの態度であったことが証明された。そのようにして、倫理的な世界は、価値を伴わない科学的自然主義にとって危険のないものとなったのである。

クーデター——フットとアンスコム

倫理へのこうした還元主義的で簡素化された反記述主義的なアプローチは、徳倫理学に真っ向から対立するという点で他のどのアプローチともほとんど変わりはない。もし二十世紀前半の英語圏の倫理学が徳倫理学の可能性を理解しなかったとすれば、それはおそらく一八〇度反対の方向を向いていたからである。(英語圏の倫理学の極めて多くは依然として反対の方向を向いている。）フットとアンスコムが一九五八年の論文で成し遂げたブレイクスルーは、言語分析のもつ還元主義的で簡素化を志向する傾向にどのように抗うことができるのか、またそれどころかどのようにしてこれを転倒させることができるのかを示したものであった。

言語分析による道徳哲学に対する彼女らの攻撃はクーデターだった。一九五〇年代のオックスフォードとは、それまで学生であったアンスコムとフットが学生の個別指導を担当する立場になり、またオースティン、ライル、ヘア、エイヤーが活躍した時代だった。しかし彼女たちが成し遂げたことは、単なる制度的な意味以上の内部崩壊であった。彼女たち自身が（とくにフットが）言語分析という方法論の実践者だったからである。彼女たちが抱いたおもな不満は、他の人たちが念入りに言語に注意を払っていたことではなく、その人たちが念入りに言語に払っていた注意が十分なものではなかったことである。有名なことだが、J・L・オースティン自身は「主義主張《イズム》に興味を持たなかった」し、ウィトゲンシュタインは「きみに違いを教えてあげよう」（『リア王』第一幕場面四）という台詞を『哲学的探究』の題辞《エピグラフ》としてほぼ使いかけていた。[3] アンスコムとフットはただ、日常言語の襞に念入りに注意を向けよというウィトゲンシュタインとオースティンの主張を用いることで、一九五〇年代に席捲していた道徳の言語に対する大雑把な一般化をどのようにして阻止しえたのかを指摘しただけなのである。[4]

エリザベス・アンスコム

そこで、アンスコムが「現代道徳哲学」の冒頭で撃ち放った有名な一節が次のものである。

本章で提示する三つの主張を述べることから始めたいと思う。第一の主張は、現在われわれが道徳哲学を営むことに益はない、ということである。われわれに著しく欠けている心理学の哲学をわれわれが十分に手にするまでは、とにかく道徳哲学は脇にのけておくべきである。第二の主張は、責務および義務の概念――すなわち道徳的責務と道徳的義務の概念――および道徳的に正しいとか間違っているという概念、そして道徳的な意味での「べし」の概念は、心理的に可能なら投げ捨てられるべきだ、ということである。なぜなら、そうした概念は、もはや一般には生き残っていない旧来の倫理的観念の残存物ないしは残存物から派生したものであり、旧来の倫理的観念が失われた今となっては有害なものでしかないからである。第三の主張は、シジウィック以降現代に至るまでの英語圏の著名な道徳哲学者たちのあいだの違いはほとんど重要ではない、ということである。（Anscombe 1958, p. 195）

特別な意味での「道徳的」や「べし」や「よい」の論理文法と思しきものに執着し、そうしたものだけから倫理全体を導きだそうとするのは、ただ無益なだけでは済まないとアンスコムは考える。それは無益どころではなく悪いことなのである。なぜなら、本当は注意を向ける必要のあるあらゆる問いをわれわれから覆い隠してしまうからである。まるでそうした語には歴史的な背景もなければ心理的な背景もないかのようにして、そのうえでそうした語の意味するものを問うことは、それがひょっとしたら無能な言語分析をしているというのでない限りは、それは「言語分析をする」ことではない。それは、あらゆる言語あらゆる文化でそうした語およびその翻訳語が意味する、ある一つの固定化された普遍的なものが存在すると想定することなのである。そして、ひとたび理解されたならば、そうした語がどのようにして動機づけに関与するのかについて実質的な問いは生じえないと想定することなのである。（ヘアの考えでは、道徳的な語を理解するとは、まさにそれを理解するということによってその語のもつ動機付与力を感じるということなのであり、この動機付与力とは、ヘアにとっては関係する語の意味の問題なのである。「心理学の哲学」において新たな研究を要求することでアンスコムが意味していたことの一つは、心の哲学における複雑な問題をそれぞれの語自身の用語法がもつさまざまな含意を理解するという問題に還元してしまうことを拒絶することであった。）

またアンスコムは、われわれの道徳的な概念および言語の起源——ニーチェの用語で言えば系譜学——について、より注意深くそして歴史的なものに敏感に思考することも要求している。アンスコムはニーチェと同じように、われわれの道徳言語の鍵となる諸部分、とりわけ責務についてのわれわれの考えはユダヤ教とキリスト教の伝統が結びついたかたちでの「倫理についての法的理解」から生じたものだと考えている。

もしこうした〔倫理についての法的な〕理解が何世紀にもわたって支配的となったのちにその支配が解かれたなら、「責務」という概念や法によって制約されているという概念、あるいはまた法によって要求されているという概念は、その根っこを失いながらも残るはずである。そしてもし、「べし」という語がある一定の文脈では「責務」という意味を付与されるようになってしまったなら、この語もまたそうした文脈では特別な強調と特別な感情が込められながら話されつづけるだろう。（Anscombe 1958, p. 176）

われわれの現在の道徳的な諸概念が不整合をきたしているのはこの歴史の結果なのである。

これはまるで、刑法や刑事裁判所が廃止され忘れ去られてしまった時代に「刑事罰の」という考え方が残ってしまっているようなものである。……私が正しければ、これは、ある概念を真に理解可能なものとする思考の枠組みの外側でその概念が生きながらえているという興味深い状況である。(Anscombe 1958, p. 176)

そうして、責務という考え方のもつ永遠の本質を言語分析という方法によって探し求めようと企てるという、妙に無駄なことになったのである。そんな永遠の本質などは存在しないのであり、倫理について満足のいく理解に到達したいのであれば、われわれはもっと歴史的に考える必要がある。これとは異なった道筋を辿り、おもにカントへの応答というかたちでこれときわめて似た結論に到達しているのが、ヘーゲルと(すでに言及した)ニーチェである。

私はさきほど、アンスコムが「心理学の哲学」を要求した際に彼女が要求していたものの一部は、動機付けの説明としてはたとえばヘアの指令主義が提供するものよりも満足のいくものだということを示唆しておいた。この示唆は、「現代道徳哲学」の後のほうで、アンスコムが正義と善さの繋がり、そしてこれら二つのものと動機付けの繋がりを吟味していることによって確認される。その前のところでは、アンスコムは次のようにも述べている。

ただただ心理学の哲学の一部として探求する必要のある概念が幾つかあるということ、しかも私が提案しているように、倫理学をまるごとわれわれの心から消し去りながらそうする必要があるということ、これらは明らかなことではないのか。具体的には、「行為」「意図」「快楽」「欲求」といったもので始めるのである。こうしたものから始めればおそらくもっと多くのものも出てくるだろう。その結果として、われわれがある種の倫理学研究を始める際に携えるべき（だと私は考えている）「徳」という概念を考察すべく前進することが可能となるかもしれないのである。（Anscombe 1958, p. 188）

この引用の後半部で提示されているリサーチプログラムへの一つの大きな貢献は、一九五八年までにすでに公のものとされている。それが、アンスコム自身による『インテンション』（1957）である。この有名な小冊子のもつ難解で、ときに明らかに直線的でない議論はほとんど要約を拒むものであるが、この本の核にはアンスコムの新トマス主義者としての主張がある。それは、行為における意図とは、典型的には、「行為者であるあなたはなぜこれをしているのか」という問いに対する正しい答えである、という主張である。行為者がこの答えを知っている場合、その行為者はそれを直接的に、また観察に拠らない仕方で知っている。しかし、その行為者が答えについて間違えるということは起こりうる。これは、その行為者は自らの意図について他の人には訂正できないくらい本人に権威性があるわけではないということである。それゆえ、行為者の意図の内容は事実にかかわる問題であり、しかもこの事実は、自己知を何か言葉で明言したもの（それがどんなに真摯なものであれ）によっても、あるいは行為者の為しうるなんらかの振る舞いによっても、完全には確定されないのである。つまり、デカルト主義者と行動主義者のどちらもが意図にかんして間違っているのである。

われわれが道徳哲学を営むうえでこうした結論がどう手助けとなりうるのか不思議に思われるかもしれない。これは、アンスコムが（われわれは「倫理学をまるごとわれわれの心から消し去り」もっぱら心理学の哲学をすべきなのだ、と先のように述べることによって）撃退し、また（先の引用にあるように、この心理学の哲学は倫理学にとって鍵となる序説なのだという含みをもたせることで）引き寄せもした疑問である。私としてはこの疑問に対して三つの答えを提示しようとおもう。

第一の答え（「現代道徳哲学」[5]の後のほうでアンスコム自身が提出しているもの）は、意図を正しく理解することは、二重結果原則や作為／不作為の区別が適用されてきた事例のように、とりわけ難しい事例を評価する場合に決定的なものとなる、というものである（「決疑論」）。

第二の答え（アンスコムが『インテンション』で展開しているもの）は、さまざまな行為の目指すものとして理解しうるような善きものたちとは何でありまた何でありうるのかを考察することによって、われわれは倫理学的に重要な事柄の大部分を学ぶことができる、というものである。一九五七～八年にみられた多くの意見に異を唱えながら、とにかくどんなものであっても目的として理解しうるなどということはないのだとアンスコムは論じている。

しかし、何でも欲求することができるのではないか。少なくとも獲得されうると考えられうるものは欲求できるのではないか。このように考える人に対しては、誰かに近づいて行って、「私は泥の皿が欲しい」とか、「私はトネリコの枝が欲しい」と語る場合を想定してみるのは有益であろう。おそらく、「何の為に？」と尋ねられるだろう。それに対して「自分は何かのため
にそれが欲しいのではなく、ただ欲しいだけだ」と答えたとしよう。この場合、哲学において挙げられる例文は大抵奇妙なものだと考え、それ以上追求しない人もいるだろうが、しかし、これに納得できず、しかも右に挙げた人物が戯れ言を言っている馬鹿だとして無視しないとすれば、欲求された対象がどういう点で望ましいのかを探そうとするのではないだろうか。……さて、もしそれに対する返答が、「哲学者達はどんなものでも欲求の対

象になりうると教えており、だからそれらの対象をなんらかの仕方で望ましいものとして性格づける必要は無く、たまたま私はそれらを欲しただけなのだ」というものであるとすれば、それは明らかにナンセンスである。（Anscombe 1957, pp. 70-71〔邦訳一三四頁[6]〕）

倫理学を営むうえで心理学の哲学がどんな役に立つのかという問いに対する第三の答えは、われわれの各種の道徳研究にとって実りある端緒となるものとして関心をむけるようアンスコムが提案している、心理学の哲学におけるまことに多種多様な概念というものが、反還元主義的で簡素化に抗うという今日の徳倫理学にみられる傾向性を示している、というものである。この第三の答えをより具体的に描くためには――また、何が価値をもちうるのかにかんするさまざまな問いに対して提出された幾つかの答えは到底理解しうるものではないというわれわれの第二の答えにいっそうの実質を与えるためには――、アンスコムから翻って、一九五八年の「倫理学革命」のもう一人の主唱者であるフィリッパ・フットに目を向けるのがよいだろう。

フィリッパ・フット

レイ〔モンド〕・ゲイタの言葉を借りれば、フットの論文「道徳的議論」において鍵となる主張とは、「われわれは物事を一方的な仕方で理解可能なものにすることはできない」というものである（Gaita 1991, p. 161）。〈物事を一方的な仕方で理解可能なものにする〉とは、どんな選好や是認的態度であれ、それを首尾一貫して適用できるならば道徳原則として用いることができるとする指令主義の標準的な説で含意されることの一つである。議論のときにヘアがよく言っていたように、ユダヤ人は全員ガス室送りにすべきであるという態度をとっている人は、自分がユダヤ人だということがわかったなら自分もガス室に送られるべきであるということに同意しているならば、論理的には何も間違ったことは言っていない。しかしフットは、アンスコムと同様に、選好ないし是認の対象となりうるものにかんするこの主意主義にはまったく理解しえないものがあるとみている。こうした「道徳的態度」が抱えている問題とは、そうした態度が論理的に不整合をきたしているということではない。むしろ、是認すること、善いと考えること、そして義務という観念を、それら観念に通常意味を与えている（欲求／選好というものを除いた）あらゆるものとの繋がりから切り離して捨てるならば、残されたものは、それが依然として普遍化可能であるとしても、是認や善いと考えることや義務としてまったく理解しうるものではないということである。

> 道徳的な命題を主張するためであれ否定するためであれ、とにかく道徳にかんする言葉を使う人は誰でも、そうした言葉の使用にかんする規則を受け入れていなければならない。そうした規則には、関係する道徳的判断を支持したりそれに反対したりする証拠として見なしてよいものについての規則が含まれる。……〈ある種のことが為されないならそれは問題だという理由を示そうとする試みがない限り、それを為すことがある人にとって義務となる〉と語ることがいったい何を意味しうるのか私にはわからない。……害、利点、利益、重要性等の概念が、正しさ、責務、善さ、義務、徳といったそれとは種類を異にする道徳的概念と、精確なところどのように関係するのかということは、もっとも忍耐強く探求する必要のある類いのものである。しかし、両者が関係しているということは否定できそうもないように思われる。そしてこのことから、道徳的事象に際して証拠となるにふさわしい考慮事項〔が何なのか〕にかんして、人は、自身で個人的に決定を下すことはできないということが帰結するのである。
> （1978a, pp. 105-6）

そして、ある語およびその同族語の理解可能な用法が、その語のもつ論理文法によって、〈人間の幸福〉というわれわれの考え方に必然的なかたちで根付いているような、そうした語は道徳以外にもあるとフットは論じている。〈道徳の場合と〉おなじことが、われわれの倫理にかんして中心となる言葉のすべてに当てはまるし、さらには、社会的／実践的な生活の場面でわれわれが用いる言葉のほとんどにも当てはまるのである。フットが「道徳的議論」のなかで論じている例の一つが無礼である（1978a, pp. 103-5）。「道徳的信念」のほうでは、フットは、誇り、恐れ、狼狽、危険、警告、害、傷害を例に論じている。

> 誇りに特徴的な対象とは、(a) なんらかの仕方でその人自身のものとして、かつ、(b) なんらかの種類の達成ないし利点としてみなしうるものである。この対象がない場合、〔その人の心の状態を〕誇りと記述することはできない。（Foot 1978b, pp. 113-4）

> 恐怖とは、たんに身震いすることでもなければ逃げ出すことでもないし、青ざめることでもない。脅威となる悪について思うことがなければ、これらすべてを合わせても恐怖とはならない。また、悪いことだと見なしていない事態に対して狼狽していると言われることもありえない……。（Foot 1978b, p. 114）

危険という性質について頭を悩ませている哲学者たちが、この言葉はそもそも性質を表すものではなく、本質的には……行為の手引きとなる語であり、警告のために用いられるものであると判断し、……「その場合、」われわれとはまったく違う仕方でその言葉を適用する人が〈最も風変わりなものが危険である〉と反駁される心配なく語るかもしれない、と想定してみよう。……〔しかし〕これはナンセンスである。なぜなら、その固有の対象がなければ、〈危険である〉と同様に、警告はそこにはないだろうからである。脅威となる悪だと思われていないものについて警告することは論理的に不可能であるし、危険の場合であれば、傷害や死といったある一定の決まった種類の深刻な悪が〔対象として〕必要なのである。(Foot 1978b, pp. 114-5)[7]

もし誰かが危険な〔という言葉〕を風変わりな仕方で使おうとするならば(たとえば「あの辞書は危険だ」)、それに対する自然な問いは「どういうことですか?」である。「あの辞書はとても重いし、高い本棚の端でぐらついているんだ」や「あの辞書は毒を『栄養に富んだ食物』と定義しているんだ」などといった答えが返ってくるかもしれない。そうした答えであれば、「危険な」をそのように使うことは理解可能となる。しかし、もしその答えが「あの辞書はわれわれが遠ざけねばならないものだと私は信じているから、あれは危険だと私は言っているんだ」だとしてみよう。この答えでは、危険なという言葉のそうした用法を理解可能とするにはほど遠い。なぜわれわれはその辞書を遠ざける必要があるのか。このことに答えが与えられるまでは、話者が意味していることが何なのか、われわれには皆目見当がつかないのである。

同様に、道徳的な発話を指令主義や論理実証主義が望んだように理解することは、つまり、道徳的発話を、何でもいいがとにかく人が推奨に値するものだとそのときみなしたものについて〈普遍化可能な仕方で推奨すること(universalizable commendation)〉として理解することはわれわれにはできない[8]。論理文法の問題として、とにかくどんなものでも理解可能な仕方で推奨できるわけではないのである(普遍化可能な仕方で推奨できるわけではないのはもとより、単一の事例に限っても推奨できるわけではないのである)。われわれには、何かが推奨可能なものとして提示されたとき、それが意味していることを理解する必要がある。つまり、その提示が意味していることを示すためには、われわれは、推奨というものをその背後にある人間の幸福や人間にとっての害というものに結びつける仕方を見いだす必要があるということである。

フットとアンスコム以後の展開

濃密な概念

後半の論点を十分に理解していれば、「濃密な概念（thick concepts）」をめぐって現代の論争のなかで再燃している議論にみられるある種の新たな傾向を防げたかもしれない。「濃密な概念」という言葉は、ギルバート・ライルの著作に由来し、ジョン・ロールズとクリフォード・ギアツを経て、バーナード・ウィリアムズの『生き方について哲学は何が言えるか』で有名となったものである。〔9〕この言葉は、フットが記述している類いの現象を表すのにぴったりのラベルである。（ウィリアムズの例を使えば）裏切り、約束、残忍、勇気は濃密な概念であるわけだが（Williams 1985, p. 129〔邦訳二一五～二一六頁〕）、通常、ある倫理的概念が「濃密な」場合、それが意味するのは、われわれはその概念を使うことで「記述」と「指令」の両方をおこなっている、ということである。つまり、その概念のもつさまざまな用法によって道徳的な推奨や非難やそういった類いのものが表せるのかもしれないが、何を裏切りとし何を約束とするのか、また何を残忍とし何を勇気とするのかを決める社会的文脈を理解していなければ、その概念のもつ用法は理解不能でもあろう。サール以降の道徳実在論者たちは、そうした概念は自然的なものと倫理的なもののあいだを橋渡しすると幾度も主張してきた。また、道徳反実在論者たちも、記述的な要素と指令的な要素にわけることで濃密な概念の「もつれをほぐす」ことができ、それだから濃密な概念はよく知られた〈事実〉と〈価値〉のあいだの隔たりを脅かすことにはまったくならないのだと、同じくらい頻繁に応答してきた[10]。マクダウェル（McDowell 1979）の影響の下、濃密な概念をめぐる現在の論争は次の問いに焦点化される傾向にある。それは、典型的には濃密な性質（とりわけ徳にかかわる性質）がどんな記述的な性質ともきちんと横並びになることはなく、それゆえ濃密な概念が具体的なかたちで現れる場面を精確に見てとることそれ自体が徳の功績であるとするならば、濃密な概念のもつれをほぐすことは実現可能なことなのかどうかという問いである。

フットとアンスコムがこの問題をどう取り扱っていたのかということにふたたび目を向ければ、議論のこうした傾向は必ずしも進歩ではないことが示唆される。彼女たちにとって、とにかくどのようなものに対しても推奨的な態度や非難的な態度をとることが論理的に可能なのかどうかがポイントであったことは一度としてなかった。（もちろん論理的には可能である。つまり、あらゆる種類のナンセンスは可能ではある。）そうではなくて、彼女たちのポイントはむしろ、推奨したり非難したりするということがとにかくどのようなものに向けられた場合でも理解可能であるなどということになるはずがなく、それというのも、（この意味での）あらゆる理解可能性の基礎には人間の幸福にかんしてわれわれに共有されている理解があるからである、ということだったのである。したがって、たとえばブラックバーンやレンマンが指摘してきたように、殺人を一般的なかたちで推奨し友愛を一般的なかたちで非難することがわれわれにできない論理的な理由はまったくないと指摘する道徳反実在論者たちは、フットやアンスコムが否定していることを何一つとして言ってはいない。反実在論者がフットとアンスコムを実際に否定していることになるのは、そうしたさらなる説明の基礎には人間の幸福にかんしてわれわれに共有されている理解のようなものはまったくないだとか、あるいは、共有されたそうした理解はあるが、そうした理解に訴えるさらなる説明がどれほどのものなのかについてはまったくどのような制限もないのだ、とまで言う場合である。ただし、こうした主張については後でさらに検討することにしよう（本書二五〇～二五五頁）。

もしフットとアンスコムが正しいのなら倫理学における言語分析というプログラムは崩壊するということが意味しているのはこのことである。なぜなら、少なくとも指令主義のかたちで発展した言語分析は大雑把な仕方で一般的なものだからである。それまでの言語分析が、倫理に対するシンプルで簡素化された、そして非歴史的で非自然主義的な研究方法の方へとわれわれを向けていたのに対して、フットとアンスコムが新たに提出したその変種はわれわれを逆の方向へと、つまり、ケース・バイ・ケースな自然主義へと向けるのである。この自然主義は、われわれの人生に見いだされる一つ一つの倫理的な現象をまさにそれ自体として見つめ、その現象を理解しようとする際にはその現象の来歴を真面目に受け取り、その現象がより広いパターンにきちんと還元できたり嵌め込んだりできるのかどうかにかんしてはなんら前提を立てたりしない。「理論は典型的には、私たちのもっている倫理的な観念はおそらく多すぎて、そのいくつかは偏見にすぎないことが明らかになるだろう、という前提を用いる。しかし、実際には、私たちの主要な問題は、倫理的な観念が多すぎるのではなく、少なすぎるということである。そして、できるだけ多くの倫理的観念を育てる必要があるということである」（Williams 1985, p. 117〔邦訳一九三～一九四頁〕）。

アンスコムとフット以来の徳倫理学の一番の研究成果に対して、その研究の大部分はまさに、彼女たちが一九五八年に刊行した三つの革命的な論文のなかで概略を描いたリサーチプログラムの細部を埋め充実させたものだと言っても、それはその研究成果に対する中傷とはまったくならない（私が彼女たちにこれほど多くの頁を割いてきた理由もここにある）。それだから、たとえば、バーナード・ウィリアムズの素晴らしくて射程の長い著作『生き方について哲学は何が言えるか』は、ほとんどニーチェ的ともいえるアンスコムの悲観主義――われわれの大部分が非宗教的であるこの時代がプロテスタント系キリスト教の教義から受け継いだ〈規範的ということ（the normative）〉の考え方が、将来どうなるのかにかんする悲観主義——をもしわれわれが真面目に受け取るならば、そして、「道徳的ということ」があらゆる実践的な問いに対して統一的な枠組みとして使えるという考えを放棄せよという彼女のアドバイスを真面目に受け取るならば、どういったことになるのかという問いを考え抜いたものである。また、チャールズ・テイラーの素晴らしい著作『自我の源泉』（Taylor 1989）は、新ヘーゲル主義の捌き方によって、パーソンすなわち主体というわれわれの考えを長い歴史とそこに刻み込まれた複雑に絡み合った社会のあり方をともなったものとみなすことで、またその歴史をよりよく理解しようとすることで、「心理学の哲学」（およびその他多くのこと）に貢献したものなのである。

アラスデア・マッキンタイア

第三の例は、アラスデア・マッキンタイアのとても見事な著作『美徳なき時代』（MacIntyre 1984〔11〕）である。同書およびそれに続く『誰の正義か、どの合理性か（*Whose Justice? Which Rationality?*）』（1988）と『道徳的探求にかんしてライバルとなる三つのバージョン（*Three Rival Versions of Moral Inquiry*）』（1991）の二つの著作での彼の計画は、「現代道徳哲学」のなかのわずか数頁でその大意が述べられていたわれわれの倫理思想の歴史を詳しく展開し、また掘り下げることにより、アンスコムが述べたように根深くて倒錯的な不整合のせいで道徳にかかわるわれわれの諸概念が苦しめられているという歴史上の事態に、われわれはどのようにして、またどのような意味で至ったのかを精確に示すことである。(9) そしてこのことが達成された暁にはこの不整合の治療法を提案する、ということもまた彼の計画である。マッキンタイアの診断はこうである。倫理を「理性」に基礎づけようとする「啓蒙主義の企て」と彼がよぶものの結果として、人間のテロス――倫理的生活に客観的目的と（これまで述べてきたような）理解可能性を与える、人間の幸福についての特定の種類の描像――というかつては明白だった考え方が、われわれにはまったく理解できなくなってしまった。

> ［この啓蒙主義の鍵となる思想家たち］すべてが、人間本性に関する目的論的見解、つまり、人間の真の目的を規定《ディファイン》する本質を有するものとして人間をみる見解をどれも拒絶している。しかしこのことを理解すれば、なぜ道徳の基礎を見出そうとする彼らの企てが失敗せざるをえなかったのかを理解することになる。彼らの思考の歴史的背景を形成する道徳的枠組みは……三つの要素を要請する構造をもっていた。〈未教化の人間本性〉〈自らのテロスを実現したならば可能となるところの人間〉そして〈一方の状態から他方への移行を可能としてくれる道徳の教え〉である。しかし、プロテスタントとカトリック双方の神学を世俗が拒絶したこと、アリストテレス主義を科学と哲学の世界が拒絶したこと、この両者の結果が合わさって、〈自らのテロスを実現したならば可能となるところの人間〉といった観念は一切除去されてしまった。……テロスという観念を放棄してしまえば、そこに残されるのは、その関係がまったく不明瞭になった残る二つの要素から構成されたある道徳枠組となる。（MacIntyre 1984, pp. 54-55〔邦訳六八頁[12]〕）

この病に対するマッキンタイアの治療法としてわれわれがしなければならないのは、人間のテロスという考えがもっとも明瞭でもっとも説得力のあるかたちで表現されることになると彼が考える類いの共同体を、われわれが再建しようとすることである。

この段階で重要なことは、すでに到来している新たな暗黒時代を乗り越えて、礼節と知的・道徳的生活を内部で支えられる地域的形態の共同体を建設することである。そしてもし諸徳の伝統があのかつての暗黒時代の恐怖を生き抜くことができたのならば、私たちに希望の根拠がまったくないわけではない。しかしながら今回は、蛮族は国境の向こうで待っているのではなく、すでにかなりの期間私たちを支配し続けているのだ。(MacIntyre 1984, p. 263〔邦訳三二〇~三二一頁〕)

マッキンタイアの描像は数々の疑問を生み出している。一つには、そうした徳の共同体を再建するなどということが可能なのかと訝るかもしれない。マッキンタイアは、自分の見解が結局は非現実的な歴史的ノスタルジーにすぎないものだという非難を何度もかわさねばならなかった。この懸案は、もしこの再建が自覚的になされねばならないとしたら(そしてそれは避けがたいことに思えるのだが)、とりわけ差し迫ったものとなる。すなわち、アル・ガザーリーの辛辣な言葉に「伝統的な信仰を保持している人は、自分が伝統主義者であるとは気づかない質《たち》の者である」というものがある(これはDodds 1951, p. 207〔邦訳二五三頁〕から引用した[13])。(たとえば慎みや無垢といった一部の徳は、伝統主義と同じくらい、自覚の欠如の上に成り立つものだと思われるが、こうした徳を含む諸々の徳についてわれわれが考える際に別の点でもわれわれを悩ましかねないある困難を、この警句《エピグラム》は暴露しているのである[10]。)

また、「啓蒙主義の鍵となる思想家たち」が倫理の基礎としての目的論を放棄したとするマッキンタイアの主張は間違っていると思われる。「啓蒙主義の鍵となる思想家たち」と呼ばれるに値する人が誰かいるとすれば、それはルソーとロックであるが、どちらも〈自然的ということ(the natural)〉という考えに完全に基づいた政治理論を提唱している。おかしなことに、マッキンタイアは、自身のこの点にかんする論証ではルソーにもロックにも言及していない。しかし、彼がここで実際に言及している思想家たち――パスカル、カント、ヒューム、ディドロ、アダム・スミス、キルケゴール――でさえ、非目的論的な倫理学者だと異論の余地なく言えるわけではないのである。(11)

バーナード・ウィリアムズ

マッキンタイアの歴史的説明の細部に対するこうした反論とは別に、彼の説明が提起する、より深くそしてより重要な問いを見落としてはならない。それは、現代の進化論的な科学がアリストテレス主義に取って代わったあとでも、人間のテロスという観念はどういったかたちであれ生き延びることができるのかどうかという問いである。

アリストテレスの目的論的宇宙にあっては、あらゆる人間は……少なくとも公民的な徳の生活へのいわば志(inner nisus)のようなものをもっており、しかもアリストテレスはこれがどのようにして育ちの悪さによって駄目にされるかということについて十分には語らないので、そのように育まれてしまった後でもなお自分が現にある状態とは違った状態になることがなぜ当人の真の利益にかなうか、ということがはっきりしないのである。〔原文段落変更〕あらゆる自然種に属するものがその完成に向けて運動する志向があるという強い想定で考えるアリストテレスでさえ、この結論を確実に導くことができないならば、私たちにそれができるというのはおよそおぼつかないことに思われる。〔それでも、あえて検討してみると、〕(14) 進化論的生物学――それはアリストテレスが形而上学的目的論の枠組みで表現した事実についての最も分かりやすい説明を与えるものだが――は……個人の幸福とは直接には何の関係もなく、その適合性（fitness）つまりその個人が子孫を残す蓋然性に関わっているということである。……アリストテレスは、自然についての絶対的な理解から極めうる、人間の可能性の調和した究極的なあり方として特定の倫理的、文化的、そして政治的な人生を思い描いていた。私たちにはそのようなことを信じる理由はない。（Williams 1985, p. 44, 52〔邦訳七四～七五、八八頁〕）

十九世紀中頃に誕生した進化学はその後のあらゆる思想に深く影響を与えてきた――それゆえ、道徳にかんする思想に影響を与え損ねたなどということは到底ありそうにない。[15] われわれは次のように思弁を巡らすことができるのかもしれない。それは、二十世紀における徳倫理学の再興は進化論的思想のさまざまな影響に触発された可能性があるが、そうした影響の一つが倫理学と政治学の基礎としての〈自然的ということ（the natural）〉というカテゴリーへの新たな興味であり、また人間の幸福の本当のかたち（true nature）への好奇心の再燃であったという思弁である。しかし、以前よりも幸福主義的《エウダイモニスティック》な仕方でふたたび考え始めるよう人々を駆り立てたのが進化論だったのかもしれないのに対して、先の引用文でのウィリアムズがそうであるように、多くの哲学者は、現代の進化論を適切に理解したならば、その理論がこれまでよりなんらか深みのある仕方で徳倫理学の味方となるのかどうか、いやそもそも徳倫理学と両立可能なものとなるのかどうかと真剣に疑念を抱いている。もし人間には不変的な本質があり、その本質によって人間の科学的に然るべきあり方と行為――人間のテロス――は揺るぎない仕方で定められている、という考え方に徳倫理学が依拠しているのだとすれば、たしかに徳倫理学はおしまいだろう。というのも、テロスのこうした考え方は、もしそれがまさにアリストテレスが彼の倫理学のなかで使っていた考え方なのだとしたら、マッキンタイアは

『美徳なき時代』のなかで幾つかのテロスの考え方は歴史的にわれわれの手の届かないところにあると論じているが、この考え方はたんに歴史的にわれわれの手の届かないところにあるというだけではない。進化論がこの考え方を論破してしまったために、テロスのこうした考え方はあらゆる意味で手の届かないものなのである。〔ただしこれは、〕もしそれがアリストテレスが彼の倫理学の中で描いているテロスの考え方だったならばである。もちろんこれを疑うことはできるし、おそらくそうすべきである。たとえウィリアムズが標的とした類いの目的論が擁護可能ではないとしても、その類いの目的論はアリストテレスのなかには見いだせないものだということはありうるだろう。実際、アリストテレスの科学においてさえ、テロスというものをウィリアムズが物事における「志」と呼んだものとして理解してよいものなのかどうかは論争の的である。しかし、たとえアリストテレスがそうした考え方を自身の科学的著作群で使ったとしても、彼が自身の倫理学的著作群でテロスをそれと同じ意味で使っているということにはならないだろう。たとえば、『ニコマコス倫理学』の第一巻では、テロスはむしろ単にゴールを、とりわけ実践的推論を理にかなったものにするためのゴールを意味しているようである。一部の注釈者たちによれば、アリストテレスが自身の倫理学において人間の幸福をとにかく何かしら「倫理を越えた」意味で考えているのだとする理由はほとんどない。なお、現代の文献の中では、ジョン・マクダウェルの仕事（とりわけ McDowell 1980）がこの読み筋の標準的な典拠である。

それはともかく、アリストテレスのテロスの考え方を自然主義的に捉えようとする読み筋は根強くあり、そのことが多くの徳倫理学者たちに根源的な不安を与えつづけている。そうした不安を抱く者のなかにはフィリッパ・フット自身も含まれるが、その不安は彼女の最新の著作にして最も注目に値する『人間にとって善とは何か』（Foot 2001）に窺える。ジェイムス・レンマンが正しく注目しているように、フットのように多くの徳倫理学者たちは、動物学的な理解を基本とした人間にとっての善き生について詳述したがる一方で、動物学を論じるさいの手持ちの科学としては一番のものである新ダーウィン主義《ネオ・ダーウィニズム》については、異常なまでに話したがらないのである。

フットが『人間にとって善とは何か』の全編にわたって一度たりともダーウィンに言及していないのは……異常なことだと思える。……同様に、進化論と遺伝学が現代のダーウィン主義によって全体的に統合されていることも、フット、マクダウェル、ハーストハウスの皆がインスピレーションを得ているマイケル・トンプソンの論文では抜け落ちているのである。たしかにトンプソンは、DNAに何かしら言及することが生（life）とは何かについてのわれわれの理解を前進することと関係があるのかもしれないと少しは考えているが、しかし「数匹のゴリラと数株のカブを指さして挙げる」以上にわれわれの理解を前進させることはないとしてこれを退けている（Thompson 1995, 256-257）。この意見が乱暴なまでに愚かであることは確実である。これではまるで、アミノ酸について何か語ることでプロテインとは何かについてのわれわれの理解が進むかもしれないという提案が、ソーセージを数本指さして挙げる以上の価値はないという理由で撥ねつけられるようなものである。（Lenman 2005, p. 47; Thompson 1995を参照している）

「そうすると、徳倫理学は、人間のテロスにかんするアリストテレス的な考え方に基づくことはできない。これは、徳倫理学が人間のテロスにかんするいかなる考え方にも基づくことができないということを意味しているのだろうか。」果敢な新ダーウィン主義者は、これこそが新ダーウィン主義の意味するところなのだと言うかもしれない。

このように言うことは、ハーストハウス（Hursthouse 1999, 256〔邦訳三八四頁〕）が論じた一節の中でウィリアムズが「ダーウィニズムの第一の、そして最も手厳しい教訓」と呼んでいるものを繰り返して述べることである。それは、自然の中には目的論は一切ないという教訓である（Williams 1995b, pp. 109-110）。この教訓が手厳しいのは、目的論をもつかのようなものとして自然界を解するのがあまりに自然だからである。……ダーウィン以降、われわれはこの目的論がどれほどうわべだけのものであり、そして還元可能なものであるのかを知っている。種Xが性質Pをもつのはそれが機能Fの役に立つからであるという目的論的説明がまっとうなものとなるのは、まったく無計画で無目的な自然選択というプロセスという枠組みでなされるより長い説明を簡略化したものとした場合のみである。（Lenman 2005, p. 47; Hursthouse 1999 と Williams 1995b を参照している）

レンマンとウィリアムズのいずれかがこの点にかんして完全な還元主義に入信するなどということは、実のところかなり驚くべきことである。どちらもヒューム主義者であり、そして註(11)で指摘したように、ヒュームの目的論を間主観的に構成されたものだと理解するならばヒュームを目的論的な思想家として読むことは容易にできることである。同様に、一部のダーウィン主義者は、レンマンやウィリアムズよりも平和的な路線を採り、新アリストテレス主義が重視する類いの目的論は、その目的論を究極的には還元することのできる一層基礎的なレベルにある説明を単に簡略化して述べたものではないのだ、ということを受け入れるかもしれない。他の多くの人間の現象のように、この目的論は、それ自身として（「実在（real）」のある適切な意味で）実在するものであり、より基礎的なレベルから創発したものなのである。

ここからどこへ向かうのか？

上述のより平和的なアプローチが維持可能な立場だとするならば、「人間にとって幸福とは何か」という問いがどういった類いの問いとなり、この問いに対してどういった類いの答えがよい答えとなるのだろうか。ここでこれらの困難な問題を十分に論じることはできない。[12] ざっぱくに言えば、「人間にとって幸福とは何か」という問いは、経験的知見を踏まえた哲学的な熟考が扱う問いであり、この問いに対するよい答えとは、人間の経験と人間の知恵にしっかり支えられた答えである。しかし、この種の熟考ないし知恵を科学的あるいは準科学的に立証するものを探し求めることは――これはフットが『人間にとって善とは何か』でしていることであるが――、完全に間違った方向に目を向けることである。われわれは、小説や詩や他の芸術作品からそうした問いの答えを引きだしたほうがよいだろう。（これは、近年の徳倫理学では知られていないわけではないアプローチである。この点についてはマーサ・ヌスバウムの仕事を考えるのがよい。）

フットの描く「アリストテレス」像は、テロスという観念にとって科学が大いに助けとなると考えている点でまったく間違っているように思われるが、それはたんに紀元前四世紀以後の科学の発展のせいだけではない。プラトンの『ゴルギアス』で、カリクレスは不正が有益であり得るということを詳しく論じており、おなじプラトンの『国家』の第一巻では、公正な支配者がホメロス流にまさしく羊飼いに比せられるのなら、彼が自らの臣民から〔毛を刈るごとく〕巻き上げることになんら不正なことを見出すべきではないということをトラシュマコスが述べている。[16] アリストテレス本人には明らかになじみ深いものとしてよく知られていたこれら二つの対話篇のなかに、われわれはすでに、人間本性への準科学的な訴えかけが孕む根本的な問題を目にすることができる。その問題は単純で、そうした訴えかけは真に科学的な基盤を欠いているか、あるいは善さを決定しきれないでいるかのいずれかである、というものである。[13]その種のどのような訴えかけにもそれによって示唆される美しい性格と幸福な聖人性についての範型があるだろうが、しかし「カリクレスが考えたよりは少ないかもしれないが、現実の人間にはひどい人でありながら、まったく惨めでなく、しかも危険なことであるが、表面的な基準で測るかぎり、繁栄している者もいる」のである（Williams 1985, p. 46〔邦訳七七頁〕）。[14]

倫理にとってわれわれが必要としている人間のテロスという考え方は科学から引き出される考え方ではなく、ウィトゲンシュタインが「人間共通の行動様式（die gemeinsame menschliche Handlungsweise）」と呼んだものから——実はアリストテレス本人であればタ・エーテー（ta ēthē）と呼んだであろうものから——引き出される考え方である（『哲学探究』第一部二〇六節）。[17]この方向性を覗き見ることによって、自然主義的倫理学を「日常生活」よりも少なくとも部分的には科学に根付かせようとする後期フットの熱望と手を切ることになるかもしれない。しかしその期待はどのみちいつも幻想だったのだ。そしてもし、その幻想を振り払うことで、カントであればこの種のアリストテレス的見方のもつ「他律性」と呼んだであろうもの——選択や自己創造の余地を残すことがまったくあるいはほとんどないような自然による人生の目的をわれわれに課す傾向性——もまたわれわれが振り払うことができるのであれば、そのほうがずっとよい。

ここで、おそらくアリストテレスの影響によりわれわれが注意を逸らしてしまった点〔が何だったのか〕は、それとはかなり異なるウィトゲンシュタインの影響という助けを得ることで明確にすることができる。ウィトゲンシュタインはしばしばまったく倫理学者ではないと理解されており、そしてそれはおそらく無理もないことである。しかしながら、私の考えでは、実際には彼は二十世紀において群を抜いてもっとも重要な倫理学者である。彼の影響が徳倫理学へともたらされたのは、アンスコムや少なくとも初期のフィリッパ・フットの仕事と並んで、ピーター・ウィンチ、ロイ・ホーランド、デイヴィッド・ウィギンズ、ジョン・マクダウェル、レイ・ゲイタ、マーサ・ヌスバウム、ステファン・マルハル、スタンリー・キャベルといった様々な論者たちの仕事によるものである。いまや、新アリストテレス主義的徳倫理学によって人間本性と人間のテロスについて準科学的説明――かくかくしかじかの行動が自然であったり不自然であったりするということをそこから容易に読み取ることができるもの――が与えられると真面目に期待している人は、ローマ教皇庁の外にはほとんどいない。人間のテロスについてのわれわれの理解を助け、それゆえエウダイモニアの自然本性についてのわれわれの理解を助けるために徳倫理学にできることは、何が幸運で何が不運なのか、何が称讃に値し軽蔑に値するのか、何が有徳なことで何が悪徳なことなのか、これらのことについて――つまり、われわれがすでに、ただしかならずしも無批判的にではないが、馴染んでいる希望、期待、熱望、態度、傾向性からなる、緩やかに編み込まれ社会的にも文化的にも規定されたネットワークにすでに暗に含まれていることについて――われわれがすでにできるかぎり明晰に考えていることの詳細と襞を探求することなのである。人間のテロスを理解するとは、このことを理解することであり、それが可能とする類いの幸福を理解することなのであって、実験科学の分野で仮説を提起することではないのである[15]。

わたしがいま述べたことは、徳倫理学者たちが人間のテロスとエウダイモニアについてどのように考えるべきなのかをただ指摘しているのではない。徳倫理学のやりかた、そして実のところ、およそ倫理学のやり方についての一つの勧めをおこなっているのである。二十一世紀の徳倫理学にとっての最高の未来とは、現在広く流布している〔倫理学研究の〕リサーチプログラムに乗ることではないことは確かである。そうしたリサーチプログラムが探求しているのは、主導的な道徳理論のうちのどれが、一番少ない数の周転円〔つまり、アドホックな例外規則〕で道徳に関係する日常の言葉を一番多く説明するための基礎を与えられるのか、というものである。これは、学者たちでさえも彼ら自身が一見して思っていたよりはやく飽きてしまうだろうとあなたも考えたであろう（ほとんど）無害な屋内遊戯なのである。また、徳倫理学とは個々の熟慮を要する実践的な問いを扱うものであり話はそれで尽きるのだと考えることにも、あまり未来はない（幸運なことにすべての徳倫理学者がそう考えているわけではない）。「徳ある人ならどうするだろうか」とただ内心で問うことで熟慮を要するあらゆる問題は解決できると考えることは、ただ「何が効用を最大化するだろうか」とか「普遍化可能な原則はなにを命じるだろうか」と問うことでこれを解決できると考えるのと同じくらい望みのないものである。（もし自分が実際に徳ある人である場合――これは不可能なことだとは通常想定されていない――、それは自分自身への手引きとしてはとりわけむなしいものである。）また、〔だからといって、〕われわれの熟慮を要する問いとわれわれの正しさの規準の間にあるよく知られた理論的なギャップをたてたところで、状況が大いに前進するわけでもない。というのもその場合、いったんわれわれが開いてしまったこのギャップをどう乗り越えるのかにかんしてよく知られた、そして解決不可能だと私には思われる幾つかの問いにわれわれは直面することになるからである。徳倫理学者は、自分たち自身あるいは他の誰かが、熟慮を要する一つの問いにだけ、すなわち正しさの規準の問題に第一に取り組んでいるのだとは最初から考えない方が上手くやれる。つまり、先にも述べたように、徳倫理学の素晴らしい点は、われわれが抱くことを許容している倫理的思想の多様性である。事実、徳倫理学は体系化を企図するものという意味で自分が道徳理論だと考える必要はまったくないし、そうならないようにという忠告を現によく受けているのである。

現代徳倫理学が将来の研究計画表《アジェンダ》として有用性のあるかたちで掲げうるのは、われわれの日常生活の現象学、とりわけ、幸福および卓越性というわれわれの考え方が日常生活で占める場の現象学である。この企図は記述的で解明的なものである。〔というのも〕「われわれが考えていること」を明るみに出すことにかかわるからである。しかしこれは、批判的で指令的なものでもある。自分たちが考えていると思っているにすぎないものを暴露することにかかわるからである（Williams 1993, p. 7, 91）。これは、われわれが確かに考えてはいるが整合的なかたちでは一緒にすることのできない複数の事柄のあいだにある矛盾〔の在処〕を探し出し、考えるのをやめた方がいいとわれわれが考えているもの――「取り外せるなんて考えたこともない眼鏡」つまりわれわれの偏見――を全部まとめて取り除くことを通じてなされるのである。

こうした道徳現象学――「心理学の哲学」と呼ぶに値するかもしれないし値しないかもしれないもの――はおのずとかなり複雑な作業となり、またそのための多くの細かい作業を伴う。よいニュースとしては、徳倫理学者たちはすでに広範囲に及ぶこれらの探求に着手しているということである。人間の幸福とは何か、そしてそれにかんする真実は科学のいうさまざまな真実とどのように関係し、またどのように関係しないのか。これらの問いについてわれわれはすでにある程度考察してきた。どの傾向性が徳ないし卓越性なのかという問いと傾向性とは何かという問い。経験的に検証可能な事実として、傾向性と呼ぶに値する何かがわれわれにあるのかという問い[16]。そして（一つの）徳という立ち位置から世界を理解するとはどういうことかという問い。これらの問いもまた先の計画表に載るものである。さらにまた、アクィナスなどがかつてしていたことだが、個々の具体的な徳とその他の倫理的に重要な諸現象――正義、勇気、愛、友愛、信頼、慎み深さ、希望、誇り――の綿密な現象学的研究に今一度携わること、しかもその探求を、これらが何であり、お互いにどう関係していて、われわれをどう動機付け、われわれが熟慮し追い求めるべきものとしてどういった理念をこれらが打ち立てうるのかを理解するためにおこなうこと、こうしたことが非常に実り豊かなものであることはすでに証明済みである。(17) それと軌を一にして、部分的にはすでに満たされてはいるものの、諸徳の反対に位置する諸々の悪徳——高慢、肉欲、憎悪、怒り、強欲、嫉妬、怠惰など——にかんするすぐれた分析が必要である（G. Taylor 1985 および 2006）。さらに、アリストテレス自身指摘しているように、諸々の感情や快楽という概念に肉薄した探求を欠くならば、徳と悪徳の研究を上手く進めることはできない。また、アンスコムにある意味で立ち返って言えば、意図や動機といった概念をしっかり理解することなしには、われわれは徳というものを十分に理解することもできないのである。

こうしたすべての仕方や他の仕方で「徳倫理学」が肥沃にしているのは、単に一つの前進的なリサーチプログラムではなく、それら〔徳倫理学を含めたさまざまなリサーチプログラム〕のもつ射程全体なのである。このことで徳倫理学が、その他の相対的には実り豊かでない規範倫理学へのアプローチに対してアドヴァンテージをもつかぎり、「どの道徳理論が一番か」をめぐるさまざまな論争——こうした論争が実際になされるときは、そうした他のアプローチのもつ著しく不毛な用語で取り仕切られるのが常である——に徳倫理学が引きずり込まれてしまうことは、戦術的には下策でしかないのである。

原註

（＊）コメントをくれ手助けしてくれたサラ・ブローディ、クリストファー・クープ、ロジャー・クリスプ、ミランダ・フリッカー、ブラッド・フッカー、サイモン・カーチン、ケルビン・ナイト、エイドリアン・ムーア、ダニエル・C・ラッセルに謝意を表したい。

（1）この想定については、たとえば Hursthouse 1999 の第一章をみよ。また、この想定に対する近年の批判については、Coope 2007 をみよ。ここでの私の議論はクープのこの議論に多くを負っている。

（2）「徳」というわれわれの語もまたアレテー（aretē）には含まれていなかった不可思議な意味をした道徳的という含みに

汚染されており、それゆえ、できることなら「卓越性」や「称讃に値する特性」という語を用いた方がよいのである。しかしいまとなってはこれを首尾一貫しておこなうことができない。「徳」も関連する語彙群のなかに、とりわけ「徳倫理学」という表現そのもののなかに、しっかりと根を下ろしているのである。それだから、やや気乗りしないが、私としては通常の用法に概ね従い、「卓越性」よりも「徳」を用いることとする。

(3)エートス (ēthos) とこの語と近い関係にあるエトス (ethos) ――「習慣」――にかんするアリストテレスの見解については、『ニコマコス倫理学』第二巻第一章一一〇三a一七をみよ。

(4)キケロとアクィナスがプルーデンチア (prudentia) をウィルトゥース・モーラーリス (virtus moralis) と呼んで以来、プルーデンチアはわれわれが道徳的徳 (a moral virtue) とよく呼んでいるものの名前であることを思い起こせば、この区別が誤解であることは明白である。〔訳注:「道徳的 (moral)」と「思慮深い (prudential)」という伝統的な区別が誤解であり、徳倫理学がその誤解を糾すという主張は、たとえば最近では、フィリッパ・フット (Foot 2001) によってもなされている。彼女は、『人間にとって善とは何か』のなかで「「道徳的」な考慮と「思慮深い (prudential)」考慮とはプラトンやアリストテレスのなかには見いだされない仕方で対置されることになる」と述べた上で、そうした対置の代表格としてJ・S・ミルを挙げている (邦訳一三二頁)。〕

(5)それ自体で道徳的に正しい、ではないということである。たしかに、カントにとって、〈道徳的〉は〈理性的〉と同一視されることになる。しかしカントがまずもって焦点に当てていたのは〈理性的〉であり、それと〈道徳的〉を同一視したことは、少なくとも認識論的には「ほかでもありえた」哲学的発見なのである。

(6)ウィトゲンシュタイン『論理哲学論考』四・一一六〔訳注:野矢茂樹翻訳、岩波文庫、二〇〇三年、五二頁。ただし英文に合わせて一部表現を変えた〕。この言い方での「言い表す」の意味は、「明晰に」の意味が不明瞭であるように、不明瞭である。

(7)J・M・ケインズが一九〇六年にリットン・ストレイチーに宛てた手紙をウィリアムズが引用している――「ムーアの驚異と独創性とを誇張することは不可能だ。人々はすでに彼があたかも理屈をこねまわす一種の折衷派に過ぎないかのごとく語りはじめている。ああ、彼らはどうしてわからないのだろうか。われわれが、そしてわれわれだけが、倫理学の真の理論の基礎を知っていると考えることは、なんと驚くべきことだろう。なぜなら、大綱が真であるということ以上にたしかなことは何もありえないからだ。世間はいったいなにをしているんだろう。P・E〔ムーアの『倫理学原理』〕以前に書かれた書物を読んで見ればそのことがよくわかるはずだ。僕は、シジウィックに関するムーアの考え――彼は邪悪な思想善導型の人物であったという――にさえ賛成しはじめている」(Williams 1995b, p. 155)。〔訳注:ウィリアムズはR. F. Harod. 1951 *The Life of John Maynard Keynes* (Macmillan) からこの手紙を引用している(邦訳:R・F・ハロッド著、塩野谷九十九翻訳、『ケインズ伝 改訳版』上下巻(一九六七年、東洋経済新報社、同手紙は上巻一三四頁)。引用に際して邦訳を使用させていただいたが、邦訳での強調の印であるダブルクォーテーションマーク(〝〟)は、本翻訳の凡例に倣い、傍点に変更した。また、引用文中のムーアの著作に関する補いはチャペルによるものである)。〕

(8)「擬似」〔と付す理由〕:オースティン自身は(ライルがそうであったように)ウィトゲンシュタインに対して極めて否定的であった。彼は、自分の仕事はG・E・ムーアの日常言語の哲学(ordinary language philosophy)とより繋がりがあるとみていた〔からである〕。

(9)『美徳なき時代』の文献一覧は驚くほど短い。アルファベット順ということで、アンスコムの「現代道徳哲学」が最初にきている。そしてそれは〔徳倫理学の二〇世紀における再興の立役者がアンスコムの同論文であるということに鑑みても〕ふさわしいことである。

(10)Drive 1989と比較せよ。また、シモーヌ・ヴェイユはこう言っている――「ある行動(あるいは芸術作品の完成)ののちに自己満足に陥るのは、高等なエネルギーを堕落させることである。だから右手は知らずにいなければならない……。あらゆる形の報酬(misthos)は、エネルギーの堕落となる。」(Weil 2006, p. 354)〔訳注:邦訳は『カイエ2』田辺保、川口光治訳、みすず書房、一九九三年、二二一～二二二頁。原文に合わせるため、邦訳の表記等を一部改変した。また、チャペルの元の文章での出版年は二〇〇六年となっているが、言及先となっているのは全集版でいえば一九九七年刊行の *Euvres completes, t. VI, Cahiers vol. 2* であり、同全集で二〇〇六年が刊行年なのは同 *vol. 4* である。〕

(11)パスカル、カント、キルケゴールはみな人間の客観的なテロスというものについて明確で顕著な考えをもっていたし、テロスについての彼らの考え方は、たとえばアクィナスのそれとほとんど同じである。つまり、救済というキリスト教的考えである。ヒュームとスミスはテロスというものについて客観的な考えをおそらくまったくもっていなかっただろうが、そうしたテロスでも間主観的に構成されたものだと考えていたのは確かである。ディドロでさえ、カール・マルクスと同程度には人間本性と人間的善について何かしらの理解をもっていた。

(12) 優れた議論としては、Lenman 2005; Williams 1985; Williams 1995b に収められた「進化、倫理、表象問題」、そして Hursthouse 1999 のとりわけ p. 256〔邦訳三八四頁〕以降をみよ。

(13) ワトソンは「人間本性についてその理論で中枢となる説明は、道徳的には曖昧なものか、客観的には十分基礎づけられたものではないかのいずれかである」と述べている（Watson 1990, p. 462）。

(14) レイ・ゲイタがかなり似た調子でこう注記している。アリストテレス的な徳倫理学には、どちらかといえば憐れみには手薄な傾向があり、これはたとえばシモーヌ・ヴェイユの態度とは対照的である（Gaita 1991, pp. 193-5 を参照）。われわれがキリスト教的徳と呼ぶものは、アリストテレス的なものを正統な徳倫理学とする限り、驚くべきことに徳倫理学ではしばしば脇に押しやられているのである。正義を格上げし慈善／善意を格下げする傾向を示している Coope (2007) と比較せよ。

(15) この種の推移をウィリアムズは「ウィトゲンシュタイン的逃げ口上」と呼んでいる――「人間の諸活動を洞察しようとする際に中心となる概念は「言語ゲーム」という概念であるという考え方は……人間の自律性を示唆しており、それは言語的および概念的な意識という確定的な（defining）考え方に基づいていて、この考え方は生物学的なものについての興味深いどんな問いでも、それに着手すらせずにその前に押しとどめてしまう傾向があるのである」（Williams 1995b, p. 103）。ウィリアムズの批判は、「ウィトゲンシュタイン主義者たち」が融合する必要のない二つの問いを不当にも融合させてしまっている。その二つの問いとは、ある言語ゲームが現在どのように機能しているのかにかんする共時的な問いと、ある言語ゲームがどのように生じ、時とともにどのように変わりえたのかという言語ゲームの歴史にかんする通時的な問いである。『哲学的探究』が前者の問いにおもに関心を示しているものであることは間違いない。そのことは、ウィトゲンシュタイン主義者たちが後者の問いを追求できないということを意味するものではないのである。

(16) Doris 1998; Harman 1998. 応答としては Merritt 2000; Miller 2003 をみよ。

(17) Geach 1977; Williams 1980; Chappell 1993; 2011, Zagzebski 2007.

訳註

〔1〕フットの「道徳的議論」は *Mind*, 67（1958）、「道徳的信念」は *Proceedings of the Aristotelian Society*, 59（1958-1959）がそれぞれ初出である。

〔2〕「日常言語学派（ordinary language philosophy）」とは、日常言語の使用を観察し分析することによって哲学的問題は解決されると考える立場である。一九四〇年代から一九七〇年代にかけてオックスフォードを中心に盛んとなり、N・マルコム、G・ライル、J・オースティンなどが代表的な研究者である。ムーアの議論や後期ウィトゲンシュタインの哲学もこの学派に影響を与えた。

〔3〕ドゥルーリーによれば、一九四八年の秋に彼がウィトゲンシュタインと交わした会話のなかでウィトゲンシュタインがこのことを述べている。この会話を含む彼の回想録は M. O'C. Drury "Conversations with Wittgenstein" として R. Rhees (ed.) 1981 *Ludwig Wittgenstein: Personal Recollections*, Basil Blackwell, pp. 112-189 に収められており、当該の会話は同論文の p. 171 に記載がある。

〔4〕ここで「道徳の言語（language of morals）」とは道徳にかかわるさまざまな言語表現のことであるが、ヘアの最初の著作がこれと同名（『道徳の言語（*Language of Morals*）』、小泉仰＋大久保正健翻訳、勁草書房、一九八二年）であり、それを想起させる表現となっている。

〔5〕二重結果原則（principle of double effects）とは、ある一つの行為が良い結果と悪い結果の二つ（つまり二重の結果）を引き起こすとき、当該の行為を遂行することが道徳的に正当化される条件として次の四つを定めた原則のことであり、哲学的行為論の分野においてのみならず、生命医療倫理学といった応用倫理学の分野においてもしばしば議論されるものである。

(1) その行為は、それ自体としては良いものであるか、道徳的に中立なものである。
(2) その行為による良い結果のみが意図されており、悪い結果は予想されるが意図されていない。
(3) 良い結果がもたらされるのは悪い結果を手段としてではない。

(4)　良い結果には、悪い結果に見合うだけの、あるいは悪い結果以上の良さがある。

〔6〕傍点を付した「のために（for）」は、アンスコムの原著およびチャペルの引用文ではイタリックになっているが邦訳では強調されていない。この強調の傍点を除き、邦訳に従った。

〔7〕大括弧（［　］）はチャペルが補ったものである。

〔8〕「推奨（commendation）」とは普遍的指令主義者であるヘアが『道徳の言語』（小泉仰＋大久保正健翻訳、勁草書房、一九八二年）で用い始めた言葉である（同翻訳では「勧め」と訳されている）。

〔9〕原文では「米国の社会学者スチュワート・ゲッツ」と記されているがこれはチャペルの勘違いであり、正しくは人類学者のクリフォード・ギアツである。

〔10〕「よく知られた〈事実〉と〈価値〉の隔たり（the familiar fact-value gap）」については、二三二頁を参照。

〔11〕初版は一九八一年。一九八四年の第二版では、誤植等の訂正と並んで、初版に寄せられた批判に応答するかたちで執筆された第十九章が加えられている。この第二版には邦訳がある。その後、二〇〇七年に第三版が刊行されている。

〔12〕「ディファイン」というルビは同書邦訳のもの。大括弧（［　］）はチャペルの補い。

〔13〕原文では参照頁がp. 206なっているが、これは誤りで、正しくはp. 207。ルビはドッズの本の邦訳者によるもの。またチャペルの引用に合わせて、一部邦訳を改めた。

〔14〕これは同書の邦訳者の補いである。

〔15〕「進化学（evolutionary science）」とは、ダーウィンの『種の起源』（一八五九年）を古典的研究とする、生物の進化にかんして科学的に研究する研究分野のことであり、一般には「進化論（(the theory of) evolution / evolution (-nary) theory)」と呼ばれることもある。ここでは、学問の名称としては「進化学（evolutionary studies）」がふさわしいので、ここではそのように訳したが、文脈に応じて互換的に訳を当てている。

〔16〕プラトン『国家』第一巻三四三a～dを参照。また、ここで「巻き上げる」と訳した「fleecing」には「羊の毛を刈る」の意味もあり、羊飼いの比喩がこの動詞においても重ねられている。ちなみに、ホメロスの『イリアス』では、総大将のアガメムノンが、「軍勢の牧者」や「羊飼い」などと言われることがあり（第十歌冒頭）、また、アキレウスが「牧

者」といわれることもある（第十六歌冒頭）。

〔17〕邦訳は、藤本隆志翻訳、大修館書店、一九七六年、『ウィトゲンシュタイン全集 第八巻』より（一六四頁）。

第8章

徳倫理学と正しい行為

リーゼル・ファン・セイル

いかなる規範理論に対しても正しい行為（と間違った行為）についてのなんらかの説明を要求することはもっともだと思われる。正しい行為の説明とは、「あらゆる正しい行為に共通する点があるとすれば、それは何か」という問いや「行為を正しいものにするのは何か」というような問いに答えるものだと想定されている。ある規範理論が別の規範理論と区別され、ある規範理論がたとえば義務論ではなく帰結主義の一形態となるのは、そうした問いにどう答えるかによって決まるのが通例である。さらに、正しい行為の説明には実践上の目的があると考えられている。つまり、正しい行為全般に共通する点を見つけることができれば、「その行為者は正しい行為を行ったのか」という問いや「この状況で私は何をなすべきか」といった問いに答えることができるようになるということである。

だが、残念ながら事情はそれほど単純ではない。倫理学理論によって上記の問いのすべてになんらかの種類の答えが与えられるだろうと期待してもよいのだが、正しい行為を定めるただ一つの規準のうちにそうした問いへの答えがすべて含まれると期待するのは決して現実的ではない。第一に、「あらゆる正しい行為に共通する点は何か」という問いは、「正しい行為は何ゆえに正しいのか」という問いと同じではないことに注意すべきである。一番目の問いに対する答えとして倫理学理論が与える説明は、正しい行為の実質的説明(substantive account)と称されることがある。その種の説明によって、われわれは適切に、ある行為を正しい行為と認定したり評価したりすることができるようになる。これに対して、二番目の問いが要求するのは、正しい行為の解明的説明(explanatory account)、すなわち行為の正しさは何に存するのかを解明することである。ロジャー・クリスプは次のように指摘することで二種類の説明の違いを明らかにしている。ある特定の規範理論は、あらゆる正しい行為の共通点として最善の結果を促進するという事実を挙げるかもしれない。ところが、何が行為を正しいものにするのかを説明する際には、まさにその同じ理論が先ほどとは異なる答えを、たとえば「その行為は適切な道徳規則に従っているから」というような答えを与えることがありうる、と。(1)それゆえ、正しい行為にかんする特定の説明を考察するときには、その説明が意図するのは解明的説明なのかそれとも単なる実質的説明なのかを確かめなければならない。

事情を複雑にしている第二の要因は、あらゆる倫理学者が「正しい行為」という言葉を同じ意味で用いるわけではないことである。一般に義務論者と帰結主義者は、「許される(permissible)」あるいは「責務である(obligatory)」という意味で「正しい(right)」という語を使うのだが、「間違った(wrong)」という語は「許されない(impermissible)」と同義であると理解する。少数の帰結主義者に加えて、多くの義務論者には、義務の範囲を超える(supererogatory)行為というカテゴリーがある。すなわち、「義務の要求を越え」ていて、特別な称讃と評価に値する行為を表す特殊なカテゴリーである。さらに、正しい行為は、善い動機に基づく行為という意味での善い行為とは区別される。これに対して、徳倫理学者はうまくやっている(acting well)かどうかという観点から、つまり、高潔な行為か卑劣な行為か、称讃に値する行為かけしからぬ行為か、善い行為か悪い行為かという観点から主として問題を考察するのである。徳倫理学者のなかには、(「正しい／間違った／責務である／許される」などの）義務論的概念が至高の立法者〔としての神〕の存在を前提にしているという理由で、それを完全に不要とする者もいる。[2] 他方で、一部の徳倫理学者は正しい行為を徳倫理学的な観点から説明するのだが、そのうちの何人かは、正しい行為という言葉をうまくやることという意味で用いることによって、行為の正しさと行為の善さの区別を曖昧にしている。

第三に、行為の手引き（action guidance）と行為の評価（action assessment）という重要な区別に注意を払うべきである。「Xは一つの（または唯一の）正しい行為である」という言明は、「何をなすべきか」という問いへの応答として、行為の手引きのために用いられることがある。他方で、その言明は行為の評価や価値づけのために用いられることもある。義務論者と帰結主義者は、この二つの役割を同一のコインの両面と考える傾向がある。つまり、自分のなすべきことを行うとき、行為者は正しい行為を行う結果になるのである。だが後に見るように、一部の徳倫理学者の主張によれば、行為の手引きと行為の評価は必ずしも一致しない。すなわち、自分のなすべき行為をしているのに、正しい行為をしていることにはならないという事態がありうる。したがって、正しい行為の説明は、行為の手引きと行為の評価の両方の説明を含むべきなのである。

事情を複雑にしている最後の要因は、正しい行為の規準、すなわち正しい行為の実質的説明と解明的説明のどちらかを与える規準が、有用な意思決定手続きにもなるということを必ずしも期待すべきではないという点である。近年、少なからぬ倫理学者たち（彼らの皆が徳倫理学者というわけではない）は、道徳にかんする意思決定の複雑さを考慮して、規範理論に次のような期待を抱くのは妥当なのかどうか疑わしいと考えている。すなわち、適切な結果をもたらすために誰でも適用することのできる意思決定手続きを規範理論が考案するという期待である。たとえば、功利主義者のなかにはこう主張する者もいる。功利性の原理は、ある行為が効用を最大化するならば、その行為を正しい行為とみなすのだが、その原理を意思決定の道具として用いると、効用の最大化が妨げられることも十分ありうる。差し迫った状況の下で、関係者全員にとっての最善の結果を実現する最も信頼できる方法は、全体にとっての善を意識的に目指すことではなく、ひと揃いの規則や手引きに従うことであろう、と。[3] 同様に徳倫理学者たちも、「正しい行為の理論」なるものを、つまり、どの行為が正しくてなぜその行為が正しいのかを教え、道徳的発達のどの段階においても一種の意思決定手続きとして誰もが利用することのできる理論を期待することは非現実的だと主張する。その代わりに、徳倫理学者たちは、徳を身につけることによって、とりわけ思慮(practical wisdom)という徳を身につけることによって、現実生活の諸問題に対処できるようになるということを強調する傾向にある。

以下では、正しい行為にかんする三つの徳倫理学的説明を論ずる。すなわち、適格な行為者を立てる説明(qualified-agent account)、行為者に基礎を置く説明(agent-based account)、目標を中心とする説明(target-centered account)である。それぞれの説明を吟味する際、次の三点を考慮に入れることが有益であろう。(1)当の説明は、正しい行為の実質的説明なのか、それとも解明的説明なのか。(2)「正しい行為」という言葉はどのような意味で用いられているのか。(3)正しい決心をすること(行為の手引き)と正しい行為を行うこと(行為の評価)は区別されているか。なお、徳倫理学者は応用倫理学に重要な貢献を行ってきたものの、本章で私は規範理論に焦点を絞る。そのため、「正しいとされる行為の遂行に私はどのようにして取りかかればよいのか」というような実践的な問いは脇に置くことにする。

適格な行為者を立てる説明

正しい行為を理論化する徳倫理学者の試みとして最もよく知られているのは、有徳な人ならば行うであろうことという観念に訴えることである。これには、「目下の状況において重要なことは何か」、「どの徳が要求されているのか」、「有徳に行為することはこの状況において何を含むのか」について考えることも含まれる。この種の理論は「適格な行為者説」と呼ばれる。本節では、適格な行為者説のうちロザリンド・ハーストハウスの説に焦点を絞ろう(4)。

「どのようにして徳倫理学は行為の手引きを与えるような仕方で正しい行為を説明することができるのか」という問いに答えて、ハーストハウスは次のような規準を提示する。

(V) 行為は、もし有徳な行為者が当該状況にあるならばなすであろう、有徳な人らしい行為である場合、またその場合に限り、正しい(5)。

これに続けてハーストハウスは、有徳な行為者とは徳を所有しかつ発揮する人であり、徳とは〔人間の生が〕開花する(flourish)ために、すなわち善く生きるために人間が必要とする性格特性である、と定義する。

この規準にかんして指摘すべき点の一つは、それが正しい行為の解明的説明ではなく実質的説明であることだ。ある行為が正しいとされるのは、有徳な行為者ならばそれを行うであろうから、、、である、という考え方はこの規準に含まれていない。有徳な行為者がある種の行為を選択する理由は、その種の行為が有徳な行為者ならば当該状況においてなすであろう有徳な人らしい行為であるという事実とは独立である。この場合、ある行為を正しいものにするのは、有徳な行為者がなんらかの理由に基づいて行為するという事実ではなく、むしろ当の理由それ自体であると考えられるだろう。適格な行為者説を支持する人々は、正しい行為のすべてに共通する、行為を正しいものにするただ一つの特徴が存在するということを認めない。むしろ彼らは、W・D・ロスなどの義務論者たちと同様に、多元主義的な見方を採用し、行為を正しいものにする特徴にはさまざまなものがありうると考える。[6] たとえば、ある行為が正しいものとなるのは、重要な要求を満たすとか、相応の取り分を与えるとか、真実を語ることから成り立つといった特徴があるからだ。まさにこの理由のために、適格な行為者説の支持者は、特定の状況においてふさわしいことや適切なことを認識したり見分けたりする能力としての思慮の役割を強調するのである。

こうした類似点があるとはいえ、適格な行為者説と義務論は重要な点で異なる。両者の違いは、道徳的ジレンマ、そのなかでも特に悲劇的ジレンマの扱い方を比較することによって示すことができる。[7] ハーストハウスによれば、行為者が非劇的ジレンマに陥るのは、二つかそれ以上のおぞましい行為の間で選択を強いられるときである。ここで言う「おぞましい」とは、当の行為がたとえば多大な苦しみをもたらすことや約束を破ることや誰かを殺すことなどを含むという意味である。想定できるおぞましい行為の一例として、ハーストハウスはバーナード・ウィリアムズの考案した有名なジムとペドロの事例に言及する。[8] 一人の農民を殺すにせよ、それを断ることで二十人の農民が殺されるにせよ、ジムは「おぞましい」としか表現できないことを行うはめになるだろう。しかし、ジムはひどく間違ったことをするよう強いられているのだろうか。上記の(V)から導かれる(W)について考えてみよう。

(W) 行為は、もし悪徳な行為者が当該状況にあるならばなすであろう、悪徳な人らしい行為である場合、またその場合に限り、間違っている。

一見すると、何を行うにせよジムは間違った行為をすることになる、とハーストハウスは言わなければならないように思われる。だが、「ジムは農民を殺す」のような言明は当の行為者が行うことの正確な記述ではないと述べることによって、彼女はその結論を退ける。ジムの行為のうちには、行為の仕方、感情、態度、動機もその一部として含まれるのであって、それゆえにハーストハウスは次のように言うことができるのである。つまり、有徳な行為者は、二つのおぞましい行為の間で選択を強いられるとき、どちらもおぞましい行為である以上、人生に汚点を残さずにその苦境から抜け出すことはできないものの、それでも彼は間違った行為をするよう強いられるわけではない。なぜなら、悪徳な行為者とは違って、有徳な行為者ならば冷淡に行為することも喜んで行為することもせず、むしろおびただしい後悔[1]と痛みを感じながら行為するからである、と。[9]

次に生じる疑問は、非劇的ジレンマに陥った有徳な行為者は正しい行為を行うことができるのかというものである。ハーストハウスは、非劇的ジレンマには解決可能なものもあると主張する。有徳な行為者は、一方の選択肢がもう一方の選択肢よりも望ましいことがわかるからである。そうしたジレンマについて、ロス流の義務論者はこう主張する。行為者は一見自明の義務（prima facie duties）が互いに衝突する状況に直面しているが、当該状況で優先される義務に応じて行為することを選択するならば、彼は正しく行為することになる、と。これと同様の結論は、(V)をそのまま適用することによっても得られる。つまり、行為者は、（ジレンマを適切に解決し、おびただしい後悔と痛みを感じながら行為することによって）有徳な行為者にふさわしい仕方で行為するならば、正しい行為を行うことになるのである。しかし、いくぶん驚きであるが、その結論は誤っているとハーストハウスは考える。ハーストハウスによれば、「有徳な行為者の人生に汚点を残すようなこのおぞましい行為に対して善い行為であるかのようなお墨付き」を与えることは誤りである。[10]

それゆえ彼女は、有徳な行為者が正しい決心をする(あるいはジレンマを適切に解決する)ことができるという点は認めるが、それによって正しい行為を行うことにもなるという点は否定するのである。

とはいえ、そのような考え方はいかにして可能になるのか。「正しい行為を行うこと」とは、「なすべきことを行うこと」や「正しい決心をすること」と単純に同義であるのではないのか。ハーストハウスによれば、必ずしもそうはならない。彼女は「正しい行為」という言葉が用いられうる二つの仕方を区別する。第一に、「あなたはXをなすべきである」や「Xは正しいであろう」というような言明は、行為の手引きを与える。その言明は、Xをするという決心が正しいことを告げている。これに対して、「Xは正しい行為である」という言明は、行為を評価したり価値づけたりすることを、すなわち、善い行為あるいは卓越した行為としての「お墨付き」を与えることを含んでいる。自分のなすべきことを行えば、正しい行為を行う結果になる場合もあるものの、いつもそうなるとは限らない。非劇的ジレンマは、行為の手引きと行為の評価が乖離しうる事例の一種であって、そうした事例では「行為者はなすべきことをしたものの、彼の行為は正しい行為ではなかった」と言うことができる。その場合、正しい行為は、「なすべきこと」と同義ではなく、「非難よりも称讃に値する行為、行為者がそれをおこなうことに不満を感じるよりはむしろそれを誇りに思うことのできる行為、つまり、まっとうで有徳な行為者がそれをおこない、またそれをおこなえるような機会を捜し求めるような行為」ということになる(11)。

このように、ハーストハウスは「正しい行為」の意味を普通とは異なる仕方で理解している。このことに気づくならば、非劇的ジレンマに直面したときに有徳な行為者は正しい行為を行うことができないと彼女が信じる理由も明らかになる。それゆえ彼女は正しい行為の当初の規定(V)に限定を加える。すなわち、「ただし、悲劇的ジレンマにおける場合は別である。そこで下された決定は、有徳な行為者が下したものである場合、またその場合に限り正しいものではあるが、しかしまた、そこで決定された行為があまりに酷すぎて、もはや「正しい」とか「善い」とはとても呼べないこともありうる」という限定である。[12] このようにしてハーストハウスは、自分に落ち度がなくとも「正しい」とみなされうることが何もできない状況に陥ることがある限り、人間は道徳的運（moral luck）の影響を受けやすいということを認めている。

以上の見解に魅力を感じない人もいる。もっと単純で率直な解決法は、次のように考えることであろう。自分に落ち度はないのに非劇的ジレンマに陥っている有徳な行為者は、自分に選択可能な行為のうちで一番ましであるという理由で行為を選択し、おびただしい後悔と痛みを感じながらその行為を行うならば、正しい行為を行っているのである、と。[13] この考え方は、行為の正しさをもっぱら行為者の動機に基づいて判断する理論によって支持される見解であり、私は次の節でこの種の理論の一例を論ずる。現段階で指摘すべき点は、ハーストハウスにとって、有徳な動機に基づいて行為することは正しい行為の必要条件ではあるが十分条件ではないということである。彼女の見解では、善い動機に基づいてはいるがおぞましい結果を生みだす行為は、たとえその行為が「二つの悪事のうちのましなほう」であるにせよ、正しい行為ではありえない。ハーストハウスはこのような仕方で、徳倫理学は結果と成り行きにかんするわれわれの真剣な実践的関心に注意を向けなければならないという点を受け入れるのである。[14]

さて、ここで別の種類の道徳的ジレンマを見てみよう。すなわち、性格のなんらかの欠点や過去の悪事のゆえに陥るジレンマであり、おそらくこちらの種類のほうがより一般的であろう。ハーストハウスの挙げる例は、二人の女性AとBに妊娠させてしまったが、結婚して養うことができるのは一人の女性だけであるという状況にいる男である。B自身とその子どもを喜んで養ってくれる別の求婚者をBが見つけたので、Aを捨てるほうが明らかに悪いことになりそうだという事態を想像してみよう。[15] この場合にAと結婚するならば、彼は正しい行為を行うことになるのだろうか。有徳な行為者はそもそもこうした状況に陥ることはないという それだけの理由に基づいて、この種の事例に(V)を適用することに反対する論者もいる。[16] これに対してハーストハウスは、この種の事例に対しても(V)は行為の評価を与えることができると応ずる。つまり、その女たらしが正しい行為を行うことは不可能〔であり、Aと結婚しても正しい行為を行うことにはならない〕という評価である。「正しい行為」は「なすべきこと」と同義ではなく、「お墨付き」を保証する行為であるという点を思い出すならば、これは満足のいく返答になるかもしれない。「Aと結婚することは正しい行為ではない」は「彼はAと結婚すべきではない」を含意しない。それが意味するのは単に、彼の行うことは善い行為ではないということ、あるいはハーストハウスの言葉を借りれば、彼は自分の行為を満ち足りた思いで顧みることはできないということなのである。[17]

しかしながら、批判者たちはこの返答に完全には満足していない。ロバート・ジョンソンによれば、〈有徳でない行為者は、有徳な行為者ならば行うであろうことをたとえできないとしても、正しい行為をすることがありうる〉という見解は直観的に真実味がある。ジョンソンはある嘘つきの常習犯を例に挙げている。その男は、真実を語ることがなぜ重要なのかを自分に言い聞かせながら、自分の嘘をすべて書きとめるべしといった内容のセラピストのアドバイスに従って、実際に性格を改善しようと試みる。ジョンソンは、(V)を適用すると不適切な結論に至ると主張する。すなわち、有徳な人はそもそもそうした状況に陥りそうにない以上、当の嘘つきは、この状況において有徳な人が行うであろうことを行うことができないので、彼の行為は正しいものではありえない、という結論である。だが、ジョンソンの見解では、「その嘘つきの改心には道徳的な点で真に卓越した何か」がありうる。[18]

(V)を修正することによってこの反論に答える徳倫理学者もいる。たとえば、有徳な行為者ならばそれを行うよう忠告または承認するであろうことという観点から正しい行為を定義するのである。[19] 他方でこれとは別のアプローチもある。(V)には修正を加えずに、改心しつつある例の嘘つきは正しい行為を行っていないと考えるのである。彼の行為は勇敢で決意の固い行為者の行為に類似したものとして記述しうるので、この意味では彼の行為には真に卓越した何かがあるという直観の源は説明される。とはいえ、ここで問題となっている中心的な徳は正直さである。嘘を書きとめるなどの行為をしても、改心しつつある例の嘘つきは有徳な(正直な)人らしい仕方で行為することには(依然として)ならないのである。もっとも、間違った行為を定める規準(W)をこの事例に当てはめるならば、彼の行為はもはや悪徳な人らしい行為ではないので、彼に対していくぶんかの称讃と励ましで報いるのは適切だと言うことができる。伝統的な諸理論では、正しい行為と間違った行為は排他的な関係にあると考えられがちなのに対して、徳倫理学は、〈有徳な人にふさわしい〉正しい行為から〈悪徳な人にふさわしい〉間違った行為までの連続体のどこかに位置するさまざまな行為を考慮に入れる。例の嘘つきの行為は正直な人の行為にいくつかの点で近づいてきているのだが——そのなかでもとりわけ注目すべきは、真実を語ることの価値を彼が理解し始めているという事実である——依然として彼の行為は正直な人にふさわしい行為ではない。[20]

ここで再び行為の手引きの問題に戻ろう。こちらの問題にかんしても、〈有徳な行為者はその種の状況にそもそも陥ることがないから、例の女たらしと嘘つきの常習犯にとって(V)は行為の手引きを与えない〉という反論が有効である。この反論に答える一つの方法は、(V)は正しい(善い、卓越した)行為の規準〔つまり行為評価のための基準〕であって、行為の手引きとなる原理ではないため、何をなすべきかを教えるものではないと認めることである。とはいえ、行為の手引きとなる積極的な原理(a positive action-guiding principle)を(V)から引き出すことは可能である。すなわち、「有徳な行為者が当該状況にあるならばなすであろう、有徳な人らしい行為をせよ」（ＡＧ＋）という原理である。さらに、「慈悲深い行為をせよ」や「正直な行為をせよ」というような、原理よりもいっそう明確な徳規則のリストを引き出すこともできる。[21] たしかに、行為者になしうることのどれもが有徳な人にふさわしい行為とはみなされそうにない一部の事例では、（ＡＧ＋）と徳規則は手引きを与えないだろう。しかし、(W)という規準もあることを思い出してもらいたい。この規準から、「悪徳な行為者が当該状況にあるならばなすであろう、悪徳な人らしい行為をしてはならない」（ＡＧ－）という、行為の手引きとなる別の原理を引き出すことができる。この原理から、有徳でない行為者にとってまさに行為の手引きとなるいっそう明確な悪徳規則のリストができあがる。すなわち、「不正直な行為、無慈悲な行為、狭量な行為などをしてはならない」という規則である。それゆえ、例の女たらしには少なくとも三つの選択肢がある。(1)両方の女性を捨てる。(2)Ａを捨てて、Ｂを追いかける。その際、Ｂはもはや自分に興味をもっていないという事実は無視する。(3)Ｂを捨てて、Ａと結婚する。さて、これら三つの行為はどれも、自分が妊娠させた女性を捨てることを含むのだから、悪徳な（利己的な、信頼できない、責任感のない）行為者らしい行為である。しかし、(1)か(2)の選択肢を選ぶとすれば、そうすることによって、行為者はさらなる悪徳をさらけ出すことになる。すなわち、Ｂは彼に捨てられても世話をしてくれる人がいるのに対して、Ａはそうではないという、二人の女性の間にある重要な違いに配慮しないという悪徳をさらけ出すことになる。それゆえ、「冷淡なことや無配慮なことをしてはならない」という規則は、適切な選択肢として(3)を指し示すのである。

この点にかんして指摘できるさらに重要なポイントは、(3)を選択することによって、例の女たらしはいっそう責任感のある（それゆえいっそう有徳な）人になるための一歩を踏み出すことになるということだ。これとほぼ同様に、かの病的な嘘つきの場合にも、悪徳な（不正直な）人にふさわしい仕方で行為し続けることをその嘘つきが避けようと思うならば、彼は改善のための一連の行為をなすべきだと主張することができるだろう。注目に値するのは、選択と行為の一時点的な分析にもっぱら焦点を当てる傾向がある伝統的な道徳理論と比べて、この点で徳倫理学には強みがあるということだ。たしかに徳倫理学もそうした一時点的な分析を行うことがあるものの、より重要なこととして、徳倫理学は有徳な行為者の通時的発達にも関心をもつ[22]。たとえば、例の女たらしの場合、徳倫理学はAと結婚することを彼に命ずるだけでなく、忠実で気遣いができ責任感をもつ夫にして父となることを——そのことに含まれるあらゆる事柄と合わせて——命ずるのである。

すでに見たように、ハーストハウスの適格な行為者説は、〈許される〉または〈責務である〉という意味ではなく、〈善い〉または〈卓越した〉という意味での正しい行為を説明するものである。その意味での正しい行為は理想であって、いつでも実現できるわけではないかもしれない。ある種の状況、たとえば非劇的ジレンマや、かつての悪事の結果として生じるジレンマは、正しい行為を行う余地を残さないだろう。ハーストハウスはさらに条件を付け加えて、行為が正しいものであるためには、行為は正しい理由によって動機づけられていなければならないとも主張する。たとえば、友人に好ましい印象を与えるために、慈善団体に寄付をする行為者の事例を考察してみよう。その種の行為は、「間違った理由に基づいて正しい行為を行うこと」と一般に表現されるが、その表現は誤解を招きやすいとハーストハウスは考える。というのも、ある意味で、当の行為者は「正しい行為を行う」のではなく、むしろ友人に好ましい印象を与えようとしているのだが、先の表現はその事実を覆い隠してしまうからである[23]。ハーストハウスは次のように言う。

> あなたが行うことは、有徳な行為者が行うであろうことでない限り、正しいとはみなされない。たとえ

ば、真実を語るという行為の場合、「大いに苦慮した後で、深く後悔しながら、正しい理由に基づいて、聞く側の人を後で支えるための手筈をできる限り整えたうえで、真実を語る」のが有徳な行為者にふさわしいことなのである。これらすべてを正しく行って初めて、あなたは自分自身の行為を満ち足りた思いで顧みる資格をもつようになる。正しい決心をして真実を語るというだけでは、お墨付きに値するほどの善いことではない[24]。

有徳な仕方で行為するためには、行為者に次のことが要求される。(1)(偶然にあるいは意図せずに行為するのではなく)自分が何をしようとしているのか知っている。(2)(隠れた動機によってではなく)なんらかの理由に基づいて、しかも正しい理由に基づいて行為する。(3)行為の際に適切な感情ないしは適切な態度をもっている。ハーストハウスは、「道徳的に行為する」(あるいは「正しく行為する」)といった表現と「うまく行為する」という表現には興味深い違いがあると指摘する。すなわち、前者には「かなり」、「相当に」、「とても」、「完全に」のような修飾語がつけられないのに対して、後者にはつけられるという違いである。われわれは、「相当にうまく」あるいは「かなりうまく」行為することができるし、うまく行為するための条件がすべて満たされるならば、「完全に」あるいは「卓越して」行為することができる[25]。このことは、ハーストハウスが次の点を指摘する一つの理由となっている。つまり、一意性を示唆し、「もし正しくなければ、それは間違っている」という含意をもつ「正しい行為」という用語に徳倫理学は満足せずに、「善い行為」や「うまくやること」という用語で語ることをむしろ支持するという点である[26]。

次の節では、行為者に基礎を置く正しい行為の説明を論ずる。この理論では、行為の正しさは動機が有徳であるかどうかによって完全に決まるとみなされる。行為者に基礎を置くタイプの徳倫理学は、正しい行為の解明的説明を与えるという重要な点で適格な行為者説とは異なる。すなわち、そのタイプの徳倫理学によれば、行為はある種の動機に由来するが゙ゆ゙え゙に正しいものとなる。これに対して、すでに見たように、適格な行為者説が与えるのは正しい行為の実質的説明である。その説明のおかげで、正しいことや間違っていることという性質を適切な対象に割り振ることができるようになるのだが、適格な行為者説は行為を正しいものあるいは間違ったものとするのは何かを教えてはくれないのである。

行為者に基礎を置く徳倫理学

マイケル・スロートは『道徳と動機（*Morals from Motives*）』のなかで行為者に基礎を置く徳倫理学を展開している。この考え方は、ジェームズ・マーチノーだけでなくヒュームとハチスンの立場でもある感情説（sentimentalism）から着想を得たものである。行為者に基礎を置く徳倫理学によれば、正しい行為は次のように説明される。

（A）行為は、善意や（他者の幸福への）気遣いを含む善い動機ないし有徳な動機に由来する場合、あるいは少なくとも、人間に対する悪意や無配慮を含む悪しき動機ないし劣悪な動機に由来しない場合、またその場合に限り、正しい（道徳的に許容できる）[27]。

それ自体で正しい行為やそれ自体で間違った行為がありうるということを否定する点で、行為者に基礎を置く徳倫理学は帰結主義と同様である。しかし、行為の正しさは帰結によって決まるというのが帰結主義の主張であるのに対して、行為者に基礎を置く徳倫理学の考え方では、悪徳ではない動機に基づくという事実によって、行為は正しいものとなる。したがって、(A)は正しい行為の解明的説明であり、例のふしだらな男の事例に(A)を適用すると、次のような主張が導かれる。その男がAと結婚しBを捨てることが、たとえば自分の利益ではなく、彼女たちの幸福への配慮によって動機づけられているならば（そして動機づけられているがゆえに）、彼は正しい行為をしている、と。

行為者に基礎を置く徳倫理学の特徴のうち言及に値するもう一つの点は、徳が善い結果をもたらすことや、〔人間の生の〕開花にとって徳が必要であるというような、何であれ徳それ自体とは別の性質によって徳は称讃に値するわけではないという意味で、徳を根源的なものとする点である。行為者に基礎を置く（*agent-based*）理論をスロートは行為者を優位に置く（*agent-prior*）理論と区別する。後者は、有徳な動機だけから正しさを引き出してはいないし、徳を根源的とみなしてもいない[28]。

行為者基礎的な徳倫理学の考え方は直観的に納得がいくと思う人が多いのは、その考え方ならば道徳的運の問題に直面しなくて済むように見えるからであろう。彼らの思考の道筋を示せばおよそ次のようになるかもしれない。

> 行為が実際にもたらす帰結によって行為の正しさが決まるとすれば、行為は全く偶然に正しいものとなったり間違ったものとなったりしうる。なぜなら、われわれは自分の行為の帰結を完全に思い通りにすることはできないからである[29]。帰結主義と比べて、行為者基礎的な徳倫理学の考え方には有利な点がある。すなわち、その考え方によれば、十全な意味で善意のある行為者——当該状況に関連する重要な事柄を見出す努力を惜しまず、細心の注意を払って行為する人——は、助けようとする相手を助けることに失敗しても、不道徳に行為したと非難されることはありえないし、助けようとしていない相手を助け

る結果になったとしても、道徳的に行為したと称讃されることもありえないのである(30)。

しかし、より子細に考察してみると、この問題にかんして行為者基礎的な徳倫理学が帰結主義よりも有利であるということはそれほど明白ではなくなる。というのも、帰結主義者は次のような仕方で即座に返答することができるからである。

帰結主義は運が正しさに関与することをたしかに許容するものの、このことは帰結主義の弱点ではない。ある行為を間違っていると評価するとき、われわれはそう評価することによって行為者を非難しているのでもなければ批判しているのでもなく、その行為をなすべきではなかったと言っているだけである。間違った行為をする人は、その間違った行為を意図的に行うか、あるいはなんらかの性格の欠陥や弱さから行うことが多いという点を考慮すれば、ある行為を間違っていると評価することには、たしかに行為者への批判がしばしば伴っている。しかし、そうした批判が必ず伴うというわけではない。われわれは、ある特定の行為を間違っていると、つまり、それをなすべきではなかったと判断しながら、同時に、行為者は非難に値しないと認めることがある。同様に、ある行為を正しいと判断しながら、悪しき動機に基づいて行為したという理由で行為者を批判することがある。

それゆえ、道徳的運の問題にかんして言えば、行為者基礎的な徳倫理学には帰結主義よりも有利な点はないと思われる。それどころか、上記の議論は行為者基礎的な徳倫理学にとっての重大な難点を際立たせるのに役立っている。つまり、正しい行為をすることと、善い理由に基づいて正しい行為をすること（あるいは、間違った行為をすることと、悪しき理由に基づいて間違った行為をすること）という区別そのものを認めない点で、行為者基礎的な徳倫理学は直観に反するように思われるのである。[31] もちろん、ある理論が直観的見解のいくつかと相容れないという事実だけでは、その理論を軽んずる十分な理由にはならない。直観的見解のほうが間違っている可能性も当然あるからだ。そこで、本当に問題があるのかどうかを知るためには、行為の評価と動機の評価が食い違うように見える事例をもっと入念に調べなければならない。

手始めに、「非難の余地のない間違った行為」と思われる事例を考察しよう。

アレックスはテッサを助けようと意図するのだが、結果として、彼女を助けることができないばかりか、実際には彼女に危害を加えてしまう。

スロートは、第一に、当の行為者は真の善意を少しも表していないかもしれないのだから、その行為は完全に非難の余地がないわけではないと指摘することによって、この種の事例に対処する。スロートの説明によれば、「……善意が十全な意味で善意とみなされるには、助けを必要としているのは正確には誰であり、またどの程度なのか、ということについて気にかけている必要がある。そして、そのように気にかけることには、関連する事実を知りたいと思い、それを知るために努力することが本質的に含まれるので、結果として善意は実際に有益なものとなりうる」[32]。ただし、この説明から、アレックスの行為が間違っていると評価されることは必ずしも導かれない。スロートの徳倫理学では、行為が正しいものであるためには十全な意味での善意によって動機づけられていなければならないとは考えられていない。すでに見たように、行為が正しいものであるのは、称讃に値する動機を示したり表現したりする場合か、あるいは少なくとも、けしからぬ動機を示したり表現したりしていない場合である。したがって、「助けようと思っただけだ」と抗議する行為者が間違った行為をしたと判断されるのは、その人の行為が不注意や鈍感といったけしからぬ性格特性を表す場合に限られる。以上の要点をまとめると、非難の余地のない間違った行為の事例がありうるという直観を行為者基礎的な理論では説明できないという反論に対する応答の一部は、その種の行為のなかには、非難の余地がないとは決して言えず、それゆえ行為者基礎的な見方に従えば間違いとされる行為もあると答えることである。

だが、十全な意味で善意のある行為者が、自分に落ち度はないのに、助けようと思った相手を害する結果となる事例について、スロートの理論から何が言えるのだろうか。非難の余地のない間違った行為のうち、実際に起こりうる例として次の事例を考察しよう。

> ジョンは喉の渇いた人に飲み物を与えるが、その飲み物が毒入りであることをジョンは知らず、その人は死んでしまう。

たいていの人々は、スロートに同意して、ジョンを非難することも批判することもできないと考えるだろう。しかし、当の行為はそれにもかかわらず間違っているのだろうか。この疑問にかんして人々の直観は一致しない。悪しき結果をもたらしたという点を考慮に入れて、ジョンは間違った行為をしたと、つまり、彼は飲み物を与えるべきではなかったと主張する人がいる。他方で、喉の渇いた人に対して、飲み水だと信ずる十分な理由があるものを差し出すことは正しいと言う人もいるだろう。それゆえ、この点にかんして、行為者基礎的な見方は明白に直観に反するというわけではないと思われる。とはいえ、直観がそれほど大きく食い違うことがありうるというまさにその事実から、正しい行為と間違った行為にかんして二つの陣営は同じ概念をもっていないのではないかという疑いが生まれる。スロートは、「正しい」という語を「善い」や「立派な（fine）」や「道徳的に許容できる」といった語と互換的に用いることがある。また、すでに見たように、ある行為を間違っていると評価することは行為者を批判することに等しいとスロートは考えている。これに対して、正しさというものをいっそう形式的に考える人は、行為が正しいか間違っているかを評価することは、行為者が称讃に値するか非難に値するかを評価することとは別の問題であると主張する。[33]

今度は別の種類の事例を考察することにしよう。すなわち、直観的に正しいと思われる行為を悪しき動機に基づいて行う場合である。スロートは次のような例を検討する。

ある検察官は、自分が有罪だと信ずる被告人の罪を立証しようとすることで義務を果たしてはいるが、彼を動機づけているのは悪意であって、公共善に対する配慮ではない。

この事例は、行為者基礎的な徳倫理学にとっての重大な問題を提起する。帰結主義者の標準的見方によれば、（善い結果を生み出すのなら）その行為は正しいのだが、動機は悪いということになる。[34]同様に、カント主義者ならば、その検察官は義務と一致する行為をしているから、正しく行為しているのだが、義務に基づいて行為してはいないので、結果として彼の行為になんら道徳的価値はない、と主張するだろう。これに対して、行為者基礎的な徳倫理学によれば、当の検察官は悪意に基づいて行為しているのだから、彼は間違った行為をしていることになる。この見解が直観に反するように見える理由の一つは、当の検察官が起訴する義務をもたない、あるいは起訴すべきではないということを示唆するからである。しかし、スロートはこの含意を直ちに否定する。スロートによれば、もしその検察官が起訴しないならば、そのことは悪しき動機——公共善への配慮の欠如——をも表すことになり、それゆえ間違っているのである。話を単純にするために、自分を不適格とみなして誰か他の人に起訴をまかせるという選択肢はないと仮定しよう。その検察官の選択肢が、悪意から起訴するか被告人を釈放するかのどちらかしかないとすれば、どちらを選ぶにせよ彼は間違っていることになると思われよう。悪意のあるその検察官は、解決不可能な道徳的ジレンマに陥っているように見える。つまり、彼は被告人を釈放せずに起訴すべきであると同時に、悪意から起訴することは避けるべきであるのだが、この両方を行うことは彼にはできないのである。

真の道徳的ジレンマがありうるという見解にコミットする理論が直面する困難な問題の一つは、スロートの言葉を借りれば、その見解が「〈べし〉は〈できる〉を含意するという原則に反するように見えることである。というのも、悪しき動機をもつ人になんらかの責務がある場合に、自分にできることの何を行なっても間違いとみなされるならば、彼は自分が果たしえない責務をもつことになるからだ[35]」。スロートはこの問題を避けようとして、間違った行為をせざるをえないという事態に陥ることは決してないと主張する。というのも、次のような種類の選択肢が常に存在するからである。

おそらく、人は自分の動機や性格を意のままに変えることはできないだろう。しかし、悪意の固まりのような人であっても、危害を加えることのできそうな相手が目の前にいるときに、そうすることを差し控える力をもっているかもしれない（実際に彼がその力を発揮することはあるまいとわれわれに確信できるにせよ、やはりそうなのである）。そして、危害を加えることを差し控えるならば、差し控えるというその行為は、彼の悪意を表現せず反映もしないのだから、間違っているとみなされることもないの

である。(36)

それゆえ、スロートによれば、かの悪意ある検察官は、被告人を起訴することが彼の力の範囲内にあるのと同時に、悪意を表現することを差し控えることも彼の力の範囲内にある。このことから、スロートは「〈べし〉は〈できる〉を含意する」という原則と行為者基礎説は整合すると結論する。とはいえ、この応答では不十分である。ダニエル・ヤコブソンが主張するように、ある仕方で行為することを差し控えることによって、悪しき動機の表明を避けることが可能な場合もあるものの、いかなる機会にもそれが成り立つわけではないからだ。たとえわれわれの行為が意のままになるにせよ、動機は意のままにならないかもしれない。スロート自身も、人は自分の性格や動機を意のままに変えることはできないと認めているのである。(37)それゆえ、行為者は自分が果たしえない責務をもつことがありうるということをスロートはおそらく認めなければならないだろう。

スロートにとっていっそう根本的なもう一つの問題は、行為者基礎的な理論がどのようにして行為の手引きを与えることができるのかを説明することである。そもそもかの悪意ある検察官には起訴する義務があるということを、その理論はどのような根拠に基づいて主張することができるのか。スロートはこの疑問に対して、起訴しないとすれば、その検察官は悪い動機を表明することになるからだと答える。スロートは次のように言う。

自分の悪意に嫌悪感を覚えて、彼が結局は起訴をせずに、しかも代わりに誰かに起訴してもらうという案を検討することさえも嫌がった、と想定してみよう。このように不起訴で事を済ませる行為もまた、道徳的な非難に値する内的状態、すなわち公共の（または人間全般の）善に対する、あるいは社会貢献に対する不十分な配慮を（何よりもとりわけ）含んだ内的状態に由来することになろう。[38]

マイケル・ブレイディによれば、ここでスロートは、行為の道徳的地位は行為者の動機の地位によって決まるという行為者基礎説の中心的教義に背いている。スロートはかの検察官の義務を実際の動機とは独立に、すなわち、もし彼が起訴しないとすれば表現されるであろう動機という観点から定義しているからである。ブレイディはまた、動機を基礎として道徳的義務を説明する場合に生じるさらなる問題も指摘する。つまり、起訴する際の行為者の動機は、彼がなすべき義務を変化させるように思われるという問題である。

彼に起訴する義務があるのは、起訴しなければ悪しき動機を表明することになるからだとしよう。そうすると、彼が悪意ある動機に基づいて義務を果たす場合には、起訴することで彼は間違った行為をすることになるから、結局のところ彼には起訴する義務がないということになる。それどころか、悪意ある動機をもっている以上、むしろ起訴してはならないという義務をもつことになる。[39]

この種の難点は、スロートの推論に含まれる重大な不整合を示している。一方でスロートは、かの検察官が起訴しないことは悪しき動機に由来するであろうから、起訴しないことは間違っていると主張し、ここから、その検察官には起訴する義務があると結論する。この推論は、「Xしないことは間違っている」という言明が「Xすることは正しい」や「行為者にはXする義務がある」を含意するとみなす伝統的な用語法と一致する。他方でスロートは、先に指摘したように、「悪意に基づいて起訴することは間違っている」という主張は「行為者には起訴する義務がない」を含意しないと言う。だが、この両方の考え方を同時にもつことはできない。つまり、間違った行為についての主張は、なすべき義務についての主張を支持するか支持しないかのどちらかである。その主張が義務についての主張を現に支持すると認めるならば、矛盾に陥ることになる。つまり、行為者には、起訴する義務があり（起訴しないことは悪しき動機に基づいており、それゆえ間違っているであろうから）、かつ、起訴しない義務がある（悪意に基づいて起訴することは間違っているであろうから）という矛盾に陥る。代わりに、間違った行為についての主張は義務についての主張を支持しないと認めるならば、起訴する義務はどのようにして行為者基礎的な観点から理解しうるのかという問いにスロートはまだ答えていないことになる。スロートが明らかにしたことは、起訴しないことが公共善への配慮の欠如に由来するならば、起訴しないことは間違っているという点にすぎない。

後者の選択肢を認めるほうがスロートにとって好ましいように思われる。実際、その選択肢は次のように主張するときにスロート自身が示唆していることである。つまり、行為者基礎的なアプローチは、「〈正しい理由で義務を果たし、そうすることで正しい行為をすること〉と〈間違った理由で義務を果たし、そうすることで間違った行為をすること〉を[40]」区別することができる、と。この主張は、ハーストハウスが設けた区別と同様の、行為の手引きと行為の評価の区別を示唆する。この見解では、「彼はXすべきである」や「彼にはXする義務がある」というような行為の手引きとなる言明は、Xする行為者が、それをすることによって正しく行為するということを必ずしも含意しない[41]。この区別の利点は、かの悪意ある検察官の事例について行為者基礎的な理論が次のように言えるようになることにある。つまり、悪意ある動機をもっているとすれば、彼は正しい行為をなしえないということは真実であるにせよ、だからといって、彼が解決不可能なジレンマに陥っていることには必ずしもならない。なぜなら、彼がなすべきこと（あるいは彼がなすべき義務）は当の被告人を起訴することだからである、と。このような考え方によって、先の区別はまた「〈べし〉は〈できる〉を含意する」という原則にかんする問題をも回避する。つまり、当の行為者は自分のなすべきこと（すなわち起訴すること）を行うことができる。彼ができないかもしれないことは、（善い動機に基づいて起訴することによって）正しく行為することなのである。

ところで、行為者基礎的な徳倫理学の中心的見解、すなわち、行為の道徳的地位は動機によって決まるという考え方は、義務や責務についての主張ではなく、正しいことと間違っていることについての主張であるとみなされるならば、行為者基礎的な徳倫理学はどのようにして責務を説明することができるのかについて疑問が生じる。この点にかんしては、さまざまな方法で行為者基礎的な理論を発展させることができると思われる。可能な方法の一つは、仮想の有徳な行為者がもつ動機という観点から責務を説明することである。[42]もう一つは、行為の手引きとなる規則や義務を徳から導き出すことである。たとえば、「善意のある行為をしなさい」とか「悪意のある行為をしてはならない」というように。もちろん、そのようなアプローチが依然として純粋に行為者基礎的な理論であるのかどうかは疑わしいのだが、それはおそらく支払うに値する代償であろう。[43]

目標を中心とする説明

すでに見たように、適格な行為者説の支持者の一部は、悪しき動機から行為する人は正しい行為をすることができないと主張する。[2]行為者基礎的な徳倫理学は、悪徳ではない動機から行為することが正しい行為の必要十分条件であると考える限りで、動機になおいっそう中心的な役割を与える。これに対して、クリスティーン・スワントンは動機から焦点を外し、目標という観点から正しい行為の説明を展開する。[44]彼女はまず、徳に基づいて行為することと有徳な行為にかんするアリストテレスの区別を考察することから始める。

……有徳な行為が正義にかなった仕方や節度のある仕方でなされるためには、単にその行為が特定の性質をもつだけではなく、同時にまた行為者自身も特定の状態で行為するのでなければならない。すなわち、(1) 自分が何をしているのかを知っている。(2) その行為を選択し、しかもそれ自体のために選択する。(3) 確固とした揺るぎない傾向性からその行為を行う。(45)

アリストテレスはこの区別を通じて、有徳でない行為者（徳という確固とした揺るぎない性向をもたずに行為する人）であっても、有徳に行為することができると言えるようになる。だが、正確に言ってそれはどのようにして可能なのか。スワントンの答えによれば、有徳でない行為者でも徳が目標とするところに到達することができるという意味で、可能なのである。(46)「他者の善を促進すること」を目標とする善意という徳を考察してみよう。他者の善を促進することに成功する行為は、善意のある行為である。当該状況に関連する徳は善意だけであると想定するならば、その種の行為は正しい行為ではあるのだが、当の行為者は善意によって動機づけられているとは限らない。反対に、十全な意味で善意のある行為者でも善意の目標に到達しない場合があるので、正しく行為しないことがありうるのだが、だからといってその人は非難に値するわけではない。スワントンは、徳（という性向）に基づいて行為するための必要条件と有徳に行為するための必要条件は異なると指摘する。徳に基づいて行為するための必要条件は、「立派な動機（立派な目的をもつとともこれに含まれる）と立派な感情と思慮をもち、立派な感情と感覚とその他の受動的状態が生じる安定した傾向性をもつこと」(47)である。他方、有徳に行為するための必要条件は、徳の目標にうまく到達することである。たとえば、喉の渇いた人に水と勘違いして毒入りの飲み物を与える場合のように、あまりにも不運であったり知識が不完全であったりするせいで徳の目標にうまく到達できないこともありうる。

正しい行為の目標中心的説明には中心となる二つの前提がある。

(T_1) 行為は、Vという徳(たとえば、善意、気前のよさ)の目標に到達する場合、またその場合に限り、Vの点で有徳である(たとえば、善意がある、気前がよい)。

(T_2) 行為は、あらゆる点で有徳な場合〔つまり、当該状況に関連するあらゆる徳の目標に到達する場合〕、またその場合に限り、正しい。

この説明は、行為を正しいものにするのは何かという問いに対して、有徳な行為者の内的性質に完全には還元されない、行為の成功という観点から説明を与える点で、帰結主義と構造が似ている。スワントンの説明はこのような仕方で、正しいことを称讃に値することから、間違っていることを非難に値することから区別する。(48) 行為の成功が行為を正しいものにするという帰結主義の立場に対しては、われわれと他者の関係を過度に単純化しているという反論がしばしば向けられる。たとえば、帰結主義が何を示唆するかにかんして、W・D・ロスは、「私の隣人が私に対してもつ道徳的に重要な関係は、私の行為によって利益を受ける可能性があるということだけである」と指摘する。(49) 他方でスワントンの理論は、何が行為の成功とみなされるのかについてより巧妙な説明を与えることによって、先の反論を免れるものとなっている。

この説明にかんして注目すべき第一の点は、徳の目標に到達することにはさまざまな仕方の道徳的反応が含まれうるということである。スワントンはこの点を具体的に示すために、好意や善意をもって義理の娘に接するというアイリス・マードックの考案した例を用いる。この例において善意という徳が要求することは、（軽蔑ではなく敬意を込めて義理の娘のことを考え、敵意ではなく愛情を込めた眼差しを向けることによって）、正しい仕方で義理の娘を見ることである。つまり、その娘にとっての善を促進するときに、（嘘をついたり、巧みに操ったり、無理強いしたりしないことによって）、相手に敬意を示すこと、そして、冷酷な人や無情な人だと思われないように、その状況にふさわしい種類の親密さを表現することが要求されるのである。[50]第二に、目標が行為者の外側にある徳もあれば、もっぱら行為者の内側にある徳もあるとスワントンは指摘する。たとえば、意志の固さや精神的強さという徳の目標は持続的な努力であって、たとえ行為者がさまざまな企てに何度も失敗するとしても、その目標は到達されるかもしれないのである。それゆえ、正しい行為についてスワントンの与える規準が、どのような種類の動機や傾向性や性格から行為しようともそれに関係なく満たされうるような、純粋に「外的な」規準であると考えるのは誤りであろう。[51]第三に、二つ以上の目標をもつ徳もある。たとえば、勇気という徳の目標に到達することには、内的な目標（おのれの恐怖心を制御すること）と外的な目標（危険な状況や恐ろしい状況にうまく対処すること）が含まれる。第四に、徳の目標は文脈に応じて異なりうる。スワントンは、土地固有の森林を守るためにフクロネズミをシアン化物で駆除するという例を用いる。フクロネズミに及ぼす結果だけに焦点を当てて、その行為を残酷と評する人もいるだろう。しかし、駆除する側の胸の痛みに気づいている人ならば、フクロネズミを害するという事実があるにもかかわらず、その行為は残酷ではないと言うかもしれない。最後に、何かを避けることを目標とする徳もある。たとえば、謙虚という徳の目標は、自分への注目を求めたり、自分について語りすぎたり、自慢したりするのを避けることである。[52]

徳の目標に到達するということの意味について、いまやわれわれはいっそう深く理解している。そこで、次に生じるのは、どれほど厳格に(T_1)を適用すべきなのかという疑問である。目標に到達するためには、行為は可能な限り最善のものでなければならないのか、あるいは「十分に善い（good enough）」行為でありさえすればよいのか。前の見方は徳の目標を非常に厳格なものとするのに対して、後の見方は真に傑出した称讃に値する行為から「それなりに善い（all right）」行為までの幅を許容する。目標中心的アプローチはどちらの見方をも含みうるのだが、スワントンは第一の見方を選ぶ。というのも、（当該の徳との関連で）最善の行為こそ徳の目標であると考えるのが自然だからである。スワントンは、正しい行為と間違った行為と「それなりに善い」行為をそれぞれ互いから区別する。正しい行為はあらゆる点で有徳な行為であり、当該の状況において可能な限り最善の行為であることを含意する。そして、間違った行為はあらゆる点で悪徳な行為であり、「それなりに善い」行為はあらゆる点で悪徳ではない行為である。(53)

この章で論じた他の徳倫理学的アプローチから目標中心的説明を区別する特徴の一つは、「責務」や「禁止」といった伝統的な義務論的概念を目標中心的説明が取り込みうるという点である。すでに見たように、ハーストハウスも（おそらくは）スロートも、「正しい行為」という言葉を「なすべきこと」という意味ではなく「善い行為や有徳な行為」という意味で用いている。これに対してスワントンは、有徳な行為と有徳な動機に基づく行為を明確に区別し、徳に基づく行為ではなく有徳な行為のほうに正しさという概念を結びつける。つまり、行為は、当該の文脈に適切に関連するあらゆる徳の目標に到達する場合、またその場合に限り、正しいのである。スワントンは続けて、責務である正しい行為（すなわち、なすべき正しい行為）を、望ましい行為か称讃すべき行為ではあるが責務とは言えない、そうした意味での正しい行為から区別する。後者には、ちょっとした恩返しをすることのようなたやすい行為だけでなく、過度の要求をする〈義務の範囲を越える行為〉も含まれる。さらにスワントンは、間違った行為にかんしても、禁止される行為と（比較

的些細な無礼さや無配慮のような）望ましくないだけで禁止されてはいない行為という区別を設けている。(54)

こうした区別のおかげで、スワントンのアプローチには他の徳倫理学的アプローチにはない利点がある。すなわち、他のアプローチの場合には直観に反する結果を何とかうまく説明しなければならないのに対して、スワントンのアプローチはその種の困難に直面しないという利点である。このことを理解するために、例の悪意ある検察官の事例を再び取り上げよう。すでに見たように、行為者基礎的アプローチと適格な行為者アプローチの場合には、当の検察官が悪意に基づいて行為するならば、（たとえ彼が自分のなすべきことを行っているとしても）彼は正しい行為を行っていないことになる。これに対して、目標中心的アプローチの場合には、例の検察官の行為が徳に基づいていないにせよ、（被告人に公正な裁判の機会を与えることによって）正義という徳が目指す目標に何とか到達するならば、彼は正しい行為を行っていることになる。この考え方は、例の検察官の行為をどう評価するかにかんして多くの人が共有する直観に一致する。すなわち、動機がどうであれ、その検察官が被告人に公正な裁判の機会を与えることに成功するかどうか、その点こそが重要なのだという直観である。

これと同様に、目標中心的説明を例のふしだらな男の事例に当てはめた場合にも、もっともな結論が導かれる。その男は、二人の女性を妊娠させてしまい、解決不可能なジレンマに陥っている。というのも、彼にできることは、せいぜいどちらか一方の女性への対処にかんして（忠実や気遣いや配慮といった）関連する徳の目標に到達することにすぎないからである。AとBのどちらと結婚するにせよ、彼の行為があらゆる点で有徳な行為になることはできない。とはいえ、その男にとって幸いなことに、彼に扶養されることをもはや必要としていないし望んでもいないということをBが明らかにするとき、その男は「苦境を脱する」ことになる。つまり、彼は結婚してBを養う責務をもはやもっておらず、Aと結婚することによっていまや正しい行為をすることができるという意味で、苦境を脱するのである。それゆえ、注目すべきことに、ハーストハウスの適格な行為者説とは対照的に、正しい行為の目標中心的説明は、過去の悪事の結果として陥る状況であっても行為者は正しい行為をなしうるということを認める。なぜなら、その行為を正しいと評価することは、その行為に行為者が誇りをもてると主張することではなく、その行為は許容される、あるいはその行為は責務であると言っているにすぎないからである。目標中心的説明はさらに、かのふしだらな男が正しく行為することに実際に成功するのかどうかについて、われわれが疑いを抱くかもしれない理由をも説明することができる。つまり、Aと結婚するというただそれだけの行為では、正しい行為とみなすのには十分でないからである。結婚および親の立場という文脈において、それに関連する徳——忠実や善意や気遣いや信頼性など——の目標に到達することは単純でもないし容易でもない。彼の過去の行為に鑑みると、そのふしだらな男の性格では、正しく行為することも正しく行為し続けることもできないとわれわれは思うかもしれないのである。

スワントンによれば、目標中心的アプローチに従うことによって、行為者にとってどの選択肢も極めて受け入れがたいような状況である悲劇的ジレンマにおいても、正しい行為がなされる可能性を認めることができるようになる。なぜなら、徳に着目した評価をすることによって、振る舞い、動機、思考過程、反応、態度のすべてが「行為」に含まれるとみなせるようになるからだ。たとえばジムとペドロの事例では、ジムの振る舞いと動機と思考過程と反応が、尊大や無情や軽率といった言葉ではなく、強靭や勇敢や悲痛といった言葉で記述されうるならば、あらゆる点で有徳に行為することが彼にとって可能となる。[55] しかし、この見方に対しては、真に非劇的なジレンマでは行為者が到達できない徳の目標もあるかもしれないという反論がなされうる。村人の一人を殺すようジムを動機づけるものは、善意もしくは他の村人たちの幸福への配慮であろう。しかし、何が徳の適切な目標とみなされるかは文脈によって決まるというスワントンの主張を受け入れるとしても、無実の人を殺す行為が善意という徳の目指す目標に到達するという主張はおかしいと考えられるだろう。この事例において行為者の善意はくじかれていると言わねばならないと思われる。ダニエル・ラッセルが言うように、「この事例の場合、善意という徳は、善意である以上は目指すべき事柄を達成していない」のである。[56] この見方が正しいとすれば、当の状況で一人の村人を殺すことが正しい行為でありうるのはなぜかを説明する際に、目標中心的な徳倫理学は再び困難を抱えることになるだろう。

目標中心的な徳倫理学にとってのもう一つの難題は、責務である正しい行為と、望ましいが責務ではない正しい行為とを区別し、禁止される間違った行為と、望ましくないだけで禁止はされない間違った行為とを区別するには、正確なところどこに線を引けばよいのかという疑問に答えることである。スワントンは、この問題にかんして自分のアプローチは特定の立場を採るものではないし、目標中心的な説明をする徳倫理学者のなかには、他の人々と比べていっそう要求の厳しい種類の理論を支持する人がいると指摘する。とはいえ、それでもやはり、関連する徳の目標に到達することが責務である場合と、望ましかったり称讃すべきであったりするものの、責務ではない場合とを区別するためのなんらかの有意義な理由が必要だと主張する人がいるかもしれない。想定しうる一つの答えは、目標に到達することが過度の要求を伴う場合には正しく行為することは責務ではありえないというものだろう。たとえば、極端な気前のよさが要求され、行為者が重大な犠牲を払うことを求められる事例にそのことが当てはまる。とはいえ、ちょっとした恩返しをすることなど、要求の厳しくない行為もまた、行為者の責務ではなく、称讃に値する行為にすぎないとわれわれは言いたいところである。それゆえ、ある正しい行為が責務であるのか称讃に値するのかは、当該の行為がどれほど多くを要求するのかという点だけに基づいて決まるのではないように思われる。それは他の要因にも左右されるかもしれない。たとえば、当の行為が他者に対して重要な影響を生みだすかどうか、その行為をする約束をしていたかどうか、ある人が特定の仕方で扱われる権利をもっているかどうかといった要因である。したがって、目標中心的な徳倫理学の支持者にとっての課題は、責務である行為と望ましい行為（そして、望ましくない行為と禁止される行為）を有意義な仕方で、しかもその理論の中心的見解と整合する仕方で区別することである。(57)

結論

本章では、正しい行為にかんする三つの徳倫理学的説明を、それぞれが直面するいくつかの困難を取り上げながら考察した。ハーストハウスによる適格な行為者説は、規準(V)によって正しい行為の実質的説明を与える。すなわち、行為は、もし有徳な行為者が当該状況にあるならばなすであろう、有徳な人らしい行為である場合、またその場合に限り、正しい。ここで「正しい」という語は、なすべきことという意味ではなく、善いことあるいは称讃に値することという意味で用いられている。行為の手引きは、(V)とその帰結である(W)に由来する「V規則」という形式で与えられる。適格な行為者アプローチにとっての課題は、行為を正しいものにするのは何かを説明することであり、もしそうした説明を与えることができないのならば、少なくとも、その問いに答えることがなぜ重要ではないのかを述べることである。(58)これに対して、スロートの行為者基礎的な徳倫理学は、正しい行為の解明的説明を与える。その説明によれば、行為は、悪徳ではない動機によって動機づけられているならば（そして動機づけられているがゆえに）、正しい行為である。行為者基礎的な徳倫理学にとっての重要な課題は、動機という観点から道徳的責務を説明することである。最後に、スワントンの目標中心的アプローチによれば、行為を正しいものにするのは、当該の文脈に適した徳の目標にその行為が到達することである。おそらく、正しい行為についてのこの説明は、行為の手引きを行為の評価から切り離さない限りで、上記の二つと比べていっそう慣習的な説明であると言えるだろう。つまり、正しい行為は責務である行為と望ましい行為のどちらでもありうるのである。その結果として、スワントンのアプローチは、直観に反する結論をうまく説明しなければならないという、他の徳倫理学的アプローチが抱えるような困難に直面しなくて済む。とはいえ、いくつかの側面にかんしてこのアプローチをさらに発展させる必要がある。たとえば、特定の文脈のなかで何が徳の適切な目標とみなされるのかを決定することや、正しい行為はどのような場合に責務であり、どのような場合に単に望ましいものにすぎないのかを説明することが必要となる。

本章の導入部で述べたように、われわれは正しい行為の説明が日常生活における意思決定の道具として役立つことを期待すべきではない。なぜそうなのかはいまや明らかであろう。たとえば、正しさについての行為者基礎的な規準を考えてみよう。なんらかの動機、たとえば善意に基づいて行為することを意識的に試みても、うまくいかないだろう。というのも、その場合には、行為者を動機づけるものは善意それ自体ではなく、善意の動機に基づいて行為したいという欲求だからである。それゆえスロートはこう言っている。「理論にせよ（行為者基礎的な）道徳原理にせよ、また正しさの感覚でさえも、相手のために相手に対して善いことをしようと努める善い心情が導くほどには、道徳的に善い人を導きはしない」[59]。スワントンも同様に、正しい行為の目標中心的説明を行為の手引きとなる道具として使用することはできないということを認める。その代わりに、スワントンは彼女が「実践の徳（virtues of practice）」と呼ぶものの重要性を強調し、それと合わせて対話の重要性も強調する。そうすることで、スワントンは、有徳な行為者は一体どのようにして問題解決に取り組むのかという問いに答えている。実践の徳には、思慮、感受性、創造力、自制心、情報の正確さに対するこだわりのような徳が含まれる。これらの徳を発揮することの目的は、実践的な問題を解決する際に、物事を正しくなす（get things right）こと、すなわち、あらゆる点で有徳に行為することなのである。(60)

原註

（1）Crisp 2010, pp.23-24.
（2）たとえば R. Taylor 2002 と Hacker-Wright 2010 を参照。
（3）たとえば Railton 1984, pp.137-171 を参照。
（4）Hursthouse 1999, chap.1. これに代わる適格な行為者説として、Zagzebski 1996, pp. 232-254 と Annas 2011, pp. 16-51 を参照。〔訳註：ハーストハウスの *On Virtue Ethics* からの引用に対しては、土橋茂樹翻訳『徳倫理学について』（知泉書館、二〇一四年）を用い、該当頁を併記する。ただし、一部訳文を変更した箇所がある。〕
（5）Hursthouse 1999, p. 28.〔邦訳四二頁〕
（6）この考えはハーストハウス自身のものではないが、Hursthouse 1995a で論じられていることと整合する。さらなる考察として、Kawall 2009 と Svensson 2011 を参照。
（7）徳倫理学と義務論の違いについての考察として、van Hooft 2006, chap. 1 を参照。
（8）Williams and Smart（1973）, pp. 97ff. を参照。
（9）Hursthouse 1999, pp. 73-74.〔邦訳一一四頁〕
（10）Hursthouse 1999, p. 78.〔邦訳一二一頁〕
（11）Hursthouse 1999, p. 46.〔邦訳七〇頁〕
（12）Hursthouse 1999, p. 78.〔邦訳一二一頁。ただし邦訳では「よい」となっているが、本書の訳の方針に沿って、ここは「善い」に変更した。〕
（13）van Zyl 2007 を参照。

(14) D. Russell 2009, chap. 2 を参照。

(15) Hursthouse 1999, pp. 50ff.〔邦訳七七頁以下〕

(16) Harman 2001, pp. 120-121 を参照。

(17) Hursthouse 1999, p. 50.〔邦訳七七頁〕

(18) Johnson 2003, pp. 810-834.

(19) たとえば Kawall 2002 と Tiberius 2006 を参照。(V) に類する定式のうちのいくつかを批判的に論じた文献として、Svensson 2010 を参照。

(20) 私は van Zyl 2011a のなかでこの応答をより詳しく論じている。D. Russell 2008, pp. 308-311 も参照。

(21) Hursthouse 1999, pp. 36-39〔邦訳五四～五八頁〕を参照。

(22) この点についての考察として、Merritt 2000 を参照。

(23) Hursthouse 1999, p. 125.〔邦訳一八九頁〕

(24) Hursthouse 2006b, pp. 108-109.

(25) Hursthouse 1999, pp. 123-126.〔邦訳一八七～一九一頁〕

(26) Hursthouse 1999, pp. 69.〔邦訳一〇六～一〇七頁〕

(27) Slote 2001, p. 38.

(28) Slote 2001, chap.1 と D. Russell 2009, chap. 3 を参照。

(29) スロート（Slote 2001, p. 39）は、次のように書くときに、帰結主義に対するこの反論をほのめかしている。「もし世界に生じる結果によってのみ、自他の行為を判断するならば、偶然あるいは皮肉にも生じた有益な行為（あるいはバナナの皮を踏んで滑ること）と、われわれが実際に道徳的な観点から称讃している行為、またそういった称讃に値するような道徳的に善い行為とを、区別することができなくなる」。

(30) Slote 2001, pp. 34ff. を参照。

(31) たとえば Jacobson 2002 と Brady 2004 を参照。

(32) Slote 2001, p. 18.

(33)「正しい行為」という言葉をスロートがどのような意味で用いているのかについて、私は van Zyl 2011b でもっと詳しく論じている。
(34)もちろん、当の行為は間違っているということに帰結主義者が同意するかもしれない事例を想像することはできる。たとえば、そもそも起訴しなかった場合よりも起訴した場合のほうが悪い結果になるくらいに、行為者の悪意が行為に干渉する事例である。しかし、われわれはこの種の事例を考慮する必要はない。なぜなら、行為者基礎的な見方では、結果のいかんにかかわらず、悪意に基づいて起訴することは常に間違っているからである。
(35)Slote 2001, pp. 15-16.
(36)Slote 2001, p. 17.
(37)Jacobson 2002, pp. 57-62. Hurka 2001, p. 227 と Doviak 2011 も参照。
(38)Slote 2001, p. 14.
(39)Brady 2004, p. 6.
(40)Slote 2001, p. 15.
(41)D. Russell 2008, pp.311ff. を参照。
(42)仮想の有徳な行為者に基づく徳倫理学を論じたものとして、Gelfand 2000 を参照。
(43)行為者基礎的な徳倫理学をさらに論じたものとして、Brady 2004, Das 2003, Doviak 2011, Jacobson 2002, D. Russell 2009, van Zyl 2009, 2011b を参照。
(44)Swanton 2001,2003. このアプローチの応用にかんしては Sandler 2007 を参照。
(45)『ニコマコス倫理学』第二巻第四章一一〇五 a 二九～b 二〔訳註：ここでは、著者が参照しているトムソン（Thomson, 1976）の英訳から翻訳した。なお、原文の 1105a9 は 1105a29 の誤植である。〕
(46)ここでスワントンは、アウディ（Audi 1997, p.180）が提案した考え方を展開している。
(47)Swanton 2003, p. 238.
(48)Swanton 2001, pp. 32-33.
(49)Ross 1930, p. 19.

(50) Swanton 2003, p. 234. Murdoch 1970, pp. 16ff. を参照。
(51) 内的規準と外的規準の相違についての考察として、Oakley and Cocking 2001, pp. 10-11 を参照。
(52) Swanton 2003, pp. 234-238 を参照。
(53) Swanton 2003, pp. 239-240.
(54) Swanton 2003, pp. 240-241.
(55) Swanton 2003, pp. 247-248 を参照。
(56) D. Russell 2009, p. 69.
(57) スワントンによる正しい行為の説明をさらに論じたものとして、Das 2003 と D. Russell 2009 を参照。
(58) Svensson 2011 を参照。
(59) Slote 2001, p. 42.
(60) Swanton 2003, chap. 12 および 13 を参照。

訳註

〔1〕ここで言う「後悔（regret）」とは、「彼自身がXをなさねばならぬように仕向けた諸状況」に対する後悔である。Hursthouse 1999, p. 76.〔邦訳一一九頁〕を参照。
〔2〕原文の nonvirtuous は nonvicious の誤植である（著者に確認済み）。

第9章
徳倫理学と生命倫理学

ジャスティン・オークリー

エリザベス・アンスコムは一九五八年の論文のなかで、道徳哲学は徳という概念に立ち戻るべきであると主張した。その後、哲学者たちがこの課題に取りかかるまで二十年かかったが、その間に環境悪化、性道徳、公民権、戦争道徳をめぐる議論が交わされ、それに続いて生命倫理学という分野が誕生した。生命倫理学は当初、医療上のパターナリズムや科学による被験者の権利の蹂躙に対する批判として始まったのだが、その後まもなく、人口妊娠中絶、嬰児殺し、安楽死、生殖補助医療など、診療の現場やその他の領域で生じる実にさまざまな種類の倫理的問題を論ずるようになった。一九七〇年代後半以降、道徳心理学と徳にかんする新たな研究のなかで、道徳哲学者たちはアンスコムの要求に応え始めたものの、生命倫理学の議論に徳概念が浸透する速度は非常にゆるやかであった。もっとも、それ以前から、臨床医や科学者や非専門家の人たちは、血液および臓器の提供、延命措置の停止、人体実験といった、後に「生命倫理学」という見出しのもとに括られるようになる一連の問題を考える際に、徳を表すさまざまな用語を頻繁に使っていたのである。たとえば、臨床研究の倫理に多大な影響を与えた一九六六年の論文のなかで、ハーバード大学の医学研究者であるヘンリー・ビーチャー教授は、「聡明で学識があり、良心的で思いやりがあり信頼できる、そうした研究者が現場にいること」は、被験者に対する非倫理的な研究を予防するための頼りになる手段であると論じた（Beecher 1966, 372）。それゆえ、一九八〇年代半ばから生命倫理学の分野で徳概念を用いた議論が行われるようになり、さらに一九九〇年代に入って徳倫理学的アプローチがいっそう頻繁に用いられるようになったとき、哲学者たちは、哲学を専門としない人たちにとってはすでに重要な関心事であった事柄にある意味でようやく追いついたところだったのである。

一九七〇年代前半から現在に至るまで、生命倫理学はアカデミックな哲学のなかで起こった応用倫理学革命の中心となっている。徳倫理学を個別の問題に応用する初期のいくつかの事例も生命倫理学にかかわるものであった。これまでのところ、アリストテレス的徳倫理学がこうした応用の基礎をなす実質的説明として最も有力である。さて、徳概念に立脚して生命倫理学の諸問題を論ずる重要な考察は、安楽死にかんするフィリッパ・フットの一九七七年の論文と、同年に出版された動物の道徳的地位にかんするスティーブン・R・L・クラークの著作から始まる（Foot 1977; Clark 1977）。この後に続くのは、医師などの医療従事者にとっての徳を詳細に説明した、グレゴリー・ペンス、エドマンド・ペレグリーノ、デイヴィッド・トマスマらの仕事である（Pence, 1980; Pellegrino and Thomasma, 1981）[1]。一九八〇年代後半と一九九〇年代前半には、徳倫理学的分析の対象が人工妊娠中絶と生殖補助医療にまで広がった。その様子はハーストハウスなどの哲学者の仕事のうちにとりわけ見てとれる。さらに二十一世紀の最初の十年には、理論面でいっそう発展した徳倫理学が多様な医療専門職の役割に応用され、出生前診断など生殖補助医療の諸問題にも応用されたのである。功利主義的アプローチと権利基底的アプローチへの不満は徳倫理学に対する哲学者の関心を急速に高めることにつながったのだが、そのことは生命倫理学の文脈でも当てはまる。加えて、倫理学一般と生命倫理学へのフェミニスト的アプローチにかんする研究によって、徳倫理学への関心はさらに高まったのである。

徳倫理学が登場したとき、そのアプローチは本当に行為の手引きとなりうるのかという懸念があった。生命倫理学がもとより実践的な学問分野であるとすれば、徳倫理学はそもそも実践可能なのかという不安はこの分野ではとりわけ強まるように見えるかもしれない。しかし、実情はむしろその反対であることがわかった。生命倫理学に対する徳倫理学的アプローチは、いくつかの非常に実践的な結論をもたらし、その結論は生命倫理学の諸問題の解決に大いに役立ってきたからである(2)。それどころか、徳倫理学を生命倫理学に応用することは、生命倫理学のさまざまな問題を解明しただけでなく、より一般的なアプローチとして徳倫理学が発展することにもほぼ間違いなく貢献したと言えよう。というのも、生命倫理学のさまざまな問題や事例に徳倫理学を応用することは、徳倫理学は実践不可能ではないかという不安を解消するのに役立ったからであり、また、正しい行為とは単に善い動機に基づく行為に尽きるのではなく、規範として広く支持される卓越性の規準に一致した行為であること、すなわち「物事を正しくなす（getting things right）」（Hursthouse 1999, p. 12〔邦訳二〇頁〕を参照）ことをも含んでいるという考え方を強固なものとしたからだ。さらに、専門職に従事する人たちが直面する問題の複雑さが明らかになることで、多種多様な価値を一元化することはできないという点を強調する徳倫理学の重要性に気づかされ（Oakley 1996）、その結果、善く生きるためには思慮（phronēsis）が重要であることをわれわれは再認識したのである（D. Russell 2009; Annas 2011）。また、（たとえば）人工妊娠中絶や安楽死の問題に徳倫理学を応用することから生じる深刻かつ緊急な問いのなかには、人間にとっての善と開花にかんするアリストテレス的説明をさらに発展させたものもある。これらの応用事例は、さまざまなおなじみの徳、たとえば善行（beneficence）の徳（この徳は、たとえばがん患者に悪い知らせを伝えるときに、一時的に不安を与えないようにするというような配慮に尽きるのではなく、人間の幸福（well-being）についてのいっそう深い理解を要求する）を備えているということには何が含まれるのかを、これまで以上にはっきりとさせることにも役立った。しかも、徳倫理学の応用によって、精神医学や育児といった個別の領域に関連する新たな徳の存在が明らかとなった。加えて、医療従事者の役割に対する徳倫理学的アプローチを通じて、不平等な扱い（たとえば臨床医が患者ごとに異なる扱いをすること）に意義を認めることは、その他の倫理学上の立場と比較して、徳倫理学の弱みではなく実際には強みであるという点も明らかとなったのである。さらに、人工妊娠中絶のようなトピックを徳倫理学の観点から論ずることを通じて、権利の適切な行使や不適切な行使にかんする新たな見方が示され、権利基底的アプローチのさらなる限界が明るみに出た。そして、役割分化というよく知られた考え方は、とりわけ専門家としての誠実さ（professional integrity）とは何かを説明するときに、徳倫理学の目的論的アプローチの妥当性によりいっそうの根拠を与えるものであることがわかったのである。

安楽死

宗教を前提としない徳倫理学が生命倫理学に貢献した最初の例は、私の知る限り、安楽死の本質と道徳性にかんするフィリッパ・フットの一九七七年の論文である（Foot 1977）[3]。一九六〇年代と七〇年代には延命技術が飛躍的に進歩し、その頃から医療における根強いパターナリズムが問題視されるようになってきた。こうした背景から、延命措置はいかなる場合に中止してもよいのかという問いや、患者に死をもたらす積極的な措置は倫理的に正当化できるのかという問いをめぐる多くの論争が生まれたのである。フットの繊細で重要な考察は、行為者の徳という観点からこのような実際的問題を考えるならば、哲学の議論を実り豊かなものにすることができ、おなじみの功利主義的アプローチや権利基底的アプローチに比べて、安楽死にかかわる人たちの現実的な悩みや苦しみの対象となる倫理的な考慮事項をいっそう正確に反映することができるということを示す初期の事例であった。

安楽死とはその定義からして死にゆく人にとっての善を目的とした死のことである、という点を再認識させることがフットの分析の中核にある。彼女の定義によれば、安楽死させるとは「死にゆく人自身のために、死をもたらすか死を選択すること」（1977, p. 87）である。同論文のもっと後のほうで彼女が述べているように、「文字通り死をもたらす場合であれ、延命措置をせずに死なせる場合であれ、生き続けることがその人にとって善であるよりむしろ悪であるように思われるという理由でその人の死を選択する場合に、安楽死させると言うことができる」（p. 96）。フットの考察範囲はこの定義によって絞られるため、次のような事例は安楽死には含まれない。つまり、判断能力のある人が自分の死を望んでいるのだが、死んだほうがその人にとって善いと言えるほどの状態にはまだ至っていない――当人にもそのことがわかっているかもしれない――事例である（なお、非専門的な議論ではこうした事例もしばしば安楽死に含まれるということをフットは認識している）。その種の事例において、当人の要望に応じることは正義の徳には反しないだろうが、慈悲の徳や善行の徳には反するだろうとフットは論ずる。つまり、「あることを差し控えるよう正義の徳によって要求されない場面でも、慈悲の徳によって要求されるかもしれない」（p. 106）のである。このようにして、安楽死とは単に（判断能力のある人もない人も含めた）死にゆく人の要望に応じてもたらされる死なのではなく、死にゆく人の善を目的としてもたらされる死であるという点を再認識させることで、安楽死させることはいかなる場合に倫理的に正当化できるのかという問いと慈悲の徳との間にある関連をフットは明るみに出すことができるのである。判断能力のある人が自分の死を望んでおり、しかも死ぬことが当人にとって利益になる（すなわち善である）とき、その人に死をもたらすことが正当化されるのは、彼に利益を与えるというまさにその目的で、すなわち何よりも彼のために死をもたらす場合に限られるとフットは主張する。他方、彼自身の利益にもなると単にわかっているだけで、それとは別の目的で死をもたらす場合には正当化されない。それゆえ、安楽死させることは倫理的に正当化できるのかという問題にとって決定的なのは、その行為の目的なのである。したがって、本人の要望に応じて安楽死させることは、死にゆく人にとっての善とは何かを正しく理解している人が――慈悲の徳を備えて行為する人はそれを理解していなければならない――その人の善を目的として行う場合にのみ、正しいものとなるであろう。フットはこのような仕方で、当該の状況に関連する徳に基づいて行為することを、その状況でなされる行為の正しさに直結させる(4)（後で手短に触れるように、正しい行為と患者の善との間にあるこの結びつきは、自殺幇助と自発的安楽死への医師の関与を徳倫理学の観点から分析する際にも重要となる）。

　死にゆく人にとって死はいかなる場合に善いものでありうるのかを解明する際にフットが参照するのは、人間にとっての開花という観点から善き生を論ずるアリストテレス的説明である。フットの主張によれば、人間の生は、一定水準の自律、他者とのつながり、他者からの精神的な支え、正義といった最小限の基本的善が備わっているならば、たとえ相当な障害や苦痛といったさまざまな悪しき特徴が同時に存在していても、その生を営む当人にとって善いものであるのだが、この種の基本的善がわずかたりとも備わっていないときには、むしろ死のほうが当人にとって善いものとなるであろう。

> 人間の生が含みうる善悪についてのいかなる見解に従うにせよ、善よりも悪を多く伴う生は、それ自体としては依然として善いものでありうると思われる。……何が善いものなのかを決定するのは、あるいはそれ自体で善いものとみなされるのは、単に生存しているだけの状態なのではなく、正常さ

(normality)にかんするなんらかの規準を満たす生である。……通常の人間の生は、大きな困難を伴う生であっても、最小限の基本的善を含んでいる。だが、その基本的善が欠けている場合には、生の概念はもはや善の概念と結びつかない(1977, pp. 94-95)。

このように述べることでフットが示唆しているのは、ある人が死に対する理性的欲求を抱いていても、その生にわずかであれ基本的善が備わっている以上、死は彼にとって悪いものでありうるという点である。反対に、基本的善を欠いている状況に置かれていても(たとえば、スターリンの強制労働所の囚人にはしばしば基本的善が欠けていた)、それでも依然として生きたいと思う人がいるかもしれず、この場合に彼らに死をもたらすとすれば、それは正義の徳に反するだろうということにもフットは気づいている。「死んだほうが当人にとってよいと慈悲に富む人なら思うような、そうした将来にかんする事実を当人が知っていたとしても、当人は生きることに執着するかもしれない、と考えることのうちには理解不可能な点は何もない」のである(p. 90)。人生に終止符を打つ決心を徳の観点から考察することによって、殺すこと(killing)と死ぬにまかせること(letting die)との間にある道徳的に重要な違い(よりなじみ深い権利基底的分析や功利主義的アプローチではその相違が見落とされがちである)を明らかにすることができるとフットは論ずる。判断能力のある人が殺されることを要求する場合に、彼の生に最小限の基本的善も備わっていなければ、正義の徳と慈悲の徳はその要求に応ずることを許容する点で一致するだろう。しかし、判断能力のある人が、最小限の基本的善を欠いた状況で、殺されることは要求しないが、死ぬにまかせることを望む場合には、正義と慈悲は一致しない——この場合、通常ならば慈悲の徳が許容するはずの殺人行為を正義の徳が禁ずるのだから、望みどおり彼を死ぬにまかせるのでなければならない(5)。

フットは、ある種の状況のもとで延命措置をしない決定が下される、そうした消極的安楽死の事例も考察している（彼女が認識しているように、消極的安楽死は医師によってすでに一般的に行われており、いくつかの条件つきで広く受け入れられている）。フットはこの消極的安楽死にかんして、「推定上の意思であれ実際の意思であれ、当人の意思がわからない場合に、生命を長引かせることを慈悲の徳は必ずしも命じない」（1977, p. 107）と主張する。さらに、重度障害児の安楽死にかんする諸問題を論ずるなかで、重度障害児の生は当人にとって善ではありえないと性急に想定すべきではないとフットは警告する（pp. 109-110）。フットはこの先駆的な論文において、生きる権利も他者の不干渉義務も明白に放棄した人を殺すことが慈悲の徳によって禁じられるかもしれないということを示すことによって、この種の問題に対する権利基底的アプローチの重要な限界を明らかにした（後に見るように、この点は、人工妊娠中絶を徳倫理学の観点から分析する際にハーストハウスも取り上げている）。また、関連する徳をどう適用するかは文脈次第であるという点を示すことにもフットは貢献した。さらに、フットの論文は、生（および死）はいかなる場合に善でありうるのかについてのアリストテレス的説明を応用することによって、欲求を基礎に置く説よりもすぐれた見解を提供していながら、患者の人生を終わらせる決定をする際の広く行き渡った医療的パターナリズムを支持するわけではないという点でも重要であった(6)。

フットに続いて安楽死に対する重要な徳倫理学的アプローチを行ったのはリーゼル・ファン・セイルである（van Zyl 2000）。彼女は、患者の人生を終わらせる決定をするときにとりわけ重要となる医療上の徳として、思いやりと善意と敬意を強調し、患者の人生を意図的に終わらせたり縮めたりすることが道徳的に正当化できるのかどうかを判定するのに役立つひとまとまりの規則を提示する。医師が自発的安楽死を行うことに対する主要な倫理的反論の一つは、その行為が治療者としての医師の役割と矛盾するというものである

（たとえば Kass 1989 を参照）。しかし、治療者としての医師という考え方は医療実践にかんする現代の徳倫理学的議論において影響力を持ち続けているものの、先の反論は、〈本人の自律に基づく要求に従って患者の生命を終わらせることは、患者の利益には決してなりえず、それゆえ決して治療行為にはなりえない〉という誤った想定に基づいているように思われる。先の反論は「健全にすること（making whole）」という意味で「治療」の観念を用いているが、このような広い意味で考えるならば、ある種の状況において善き死は患者の生を完成させることとして、すなわち患者の生を健全なものにすることとして理解することも可能である（Oakley and Cocking 2001, pp. 83-84; van Zyl 2000, pp. 210-212 を参照）。

保健医療の実践

保健医療の実践の文脈で徳と徳倫理学を近年研究している人たちの多くが言うには、生命医療倫理学はその形成期において不当にも徳に注意を払ってこなかった。かつて、古代ギリシアとさまざまなアジア文化における医療倫理上の誓約や規約は、ある種の有徳な性格特性を医師が備えていることの重要性を強調していた。また、一八〇三年に出版された医療倫理にかんするトマス・パーシヴァルの重要な著書では、医師の徳についての記述が際立っていた。アメリカ医師会（ＡＭＡ）による一八四七年の最初の倫理綱領はその書の多大な影響のもとに作成され、そこには優しさや堅実さや忠実さのような特性を身につけるべしという勧告が含まれていたのである。(7) ところが、一九世紀後半に科学としての医学が興隆し、医療実践に及ぼす宗教の影響が減少してきたことによって、倫理的な医師であるとはいかなることかを考える際にも、ＡＭＡの倫理綱領の改訂版のなかでも、こうした有徳な性格特性は強調されなくなった（Imber 2008; Beauchamp and Childress 2009, p. 35 を参照）。また、一九七〇年代から知られるようになった生命倫理学という新たな分野では、その学問がより患者中心的な医療倫理の原則の確立へと歩みを進めたことと相まって、最初の二十年間、倫理的な医療実践のなかで果たす徳の役割は敬遠されたのである。その原因の一部は、医師の徳が不当な医療的パターナリズムに結びついていると判断されたことにあると思われる。

しかしその後まもなく、医師とその他の保健医療専門職における徳を主題とするいくつかの進展中の研究に生命倫理学者は目を向けるようになった。とりわけ初期の進展に重要な影響を及ぼしたのは、実践に内的な善の達成を可能にする特性というアラスデア・マッキンタイアの徳概念であった。彼は広範囲にわたる歴史研究に依拠しながら、「徳とは、獲得された人間の性質であり、その所有と行使によって、私たちは実践に内的な諸善を達成することができるようになる。またその欠如によって、私たちはそうした諸善の達成から効果的に妨げられるのである」と論じた（MacIntyre 1981, p. 178〔邦訳二三四頁〕）[1]。マッキンタイアは、さまざまな実践にわたって徳とみなされる特性の例として、正義と勇気と正直を挙げている。この説明のなかで、当然ながら医療は実践の一種とみなされている。もっとも、マッキンタイアは医療については議論の過程でわずかに触れているだけであり、専門家の徳や専門職の目的を詳細に論じてはいない。後にエドマンド・ペレグリーノとデイヴィッド・トマスマ（Pellegrino and Thomasma 1993）は、思いやり、堅忍、勇気、正義のような医療実践上の徳について詳細に説明した。彼らの議論によれば、このような性格特性は、医師が医療の目的を達成するのに役立つがゆえに、医療実践の文脈では徳とみなされる。このアプローチでは、医療の文脈で何が徳とみなされるのかは、とりわけ医療の目的や目標によって、それゆえ実践としての医療の本質ないしは理念によって決まる。[8] 医療実践上の重要な徳について論じた生命倫理学者は他にもいる（Pence 1980; Shelp 1985; Drane 1988, pp. 43-62; W. F. May 1994; Jansen 2000 を参照）。一九七八年に初版が刊行されて以来多大な影響力をもつトム・ビーチャムとジェームズ・チルドレスによる教科書『生命医学倫理』

は、版を重ねるにつれて徳の役割をいっそう強調するようになり、いまでは、気遣い、敬意、悪意のなさ、善意、正義、真実を語ること、忠実という徳に加えて、思いやり、識別力、信頼に値すること、誠実さ、良心的なこと[2]、という五つの「主要な徳（focal virtues）」について論じている（2009, pp. 38-46）[9]。ロジャー・ヒッグズが説明するように、真実を語るという徳あるいは正直という徳は、「お決まりの対応としてあらゆる情報を明らかにする」人や、「向かいに座る患者に複雑な情報を投げ渡して、それが患者の仕事だからという理由で患者に解読させる」人になるのではなく、容態にかんして知りたい情報を患者自身が理解するのを慎重に気を配りながら手助けする人になるよう医師に要求するのである（Higgs 2007, p. 336）。

これらの研究は、医療分野における徳理論の重要な進歩を示しており、倫理的な医療実践には何が含まれるのかについてより包括的な理解をもたらした。このように徳に再び注目する傾向は、カント主義的アプローチや功利主義的アプローチのような広域的な倫理学理論に含まれる欠点への対応として、医療に特有の倫理を復活させようとする動きによってもかきたてられた。たとえば、ラリー・チャーチル（Churchill 1989）の主張によれば、医師は専門家として振る舞う際に、医療に固有の価値と目標（たとえば、何よりも患者の最善の利益のために行為するよう努めること）を考慮しながら、当該の状況で医師として何をするのが正しいのかについての感覚によって導かれるべきである。実際、有徳な医師であるためには、患者の権利として与えられるのが妥当と一般に考えられている以上の利益を患者に与えようとするような、ある種の医療上の理想を支持する熱意が必要であると思われる（Blum 1990 を参照）。役割ごとの基準や価値にかんするこれらの見解（「医療に内的な道徳（internal morality of medicine）」という言葉で表現されることもある）は、公平主義者の倫理学理論に対するさらに広い疑念を反映しており、配慮の偏りや（友情のような）個人的関係をいっそう深刻に受け止めるものでもあった。

とはいえ、徳にかんする以上の説明は、有徳な性格でなければ善い医療を行うことはできないという点を示すことには役立ったものの、医療実践にかかわる問題への独自の徳倫理学的アプローチとしてではなく、むしろ権利基底的あるいは功利主義的な見方を実践的な面で補うために必要なものとして与えられたのである。たしかに、医療上の倫理的問題に取り組む際にさまざまな有徳な性格特性がどれほど重要であるかを説明することは、その問題をめぐる議論への建設的で独自の貢献となった。しかし、徳の重要性についてのこうした説明は、有徳な性格にかんする功利主義的理解とカント主義的理解を発展させようとする、その当時に倫理学理論の内部で生じていた動きからいくぶん切り離される傾向にあった。そのため、医療実践に対する徳倫理学的アプローチが独自のものであるならば、いかにしてその内実を詳細に説明することができるのか、また、そのアプローチは医師が備えるべき有徳な性格特性にかんして、よりなじみ深い倫理学理論が与える説明とどのように異なるのかについては、依然として明らかではなかったのである。

医療と法の領域で生じるさまざまな倫理的問題に対して、どのようにすれば、アリストテレス的徳倫理学を他の理論とは独立のアプローチとして適用することができるのか。この点について、ディーン・コッキングと私は『徳倫理学と専門職の役割（*Virtue Ethics and Professional Roles*）』（Oakley and Cocking 2001）のなかでいっそう細部にわたる説明を与えた。われわれがそこで取り上げたのは、ハーストハウスが発展させた正しい行為の徳倫理学的規準である。その規準によれば、行為は、有徳な性格の行為者が当該状況にあるならばなすであろう、有徳な人らしい行為である場合、またその場合に限り、正しい。われわれはこの規準を導入しながら、倫理的な医師であるために必要とされる性格特性についての徳倫理学の説明が、功利主義およびカント主義の与える説明と比べてどれほど異なっており、どれほどすぐれているのかを示した。アリストテレス的徳倫理学は、その目的論的構造のゆえに、専門職の役割にかんする倫理学理論を展開するための基盤を自然な仕方で与えてくれる。つまり、いかなる性格特性が日常生活における徳とみなされるのかは、エウダイモニアすなわち人間にとっての善き生という全般的目標との関連で決まるのである。専門職の役割に関連する徳も、これと同様の目的論的構造から導き出すことができる。すなわち、すぐれた専門職の役割はすぐれた専門職の一部を構成するものでなければならないのだが、すぐれた専門職とは、それなしでは人間の生が開花しえないほど人間にとって必須の善きもの、そうしたものに対する献身を伴う仕事である、とわれわれは論じた（Oakley and Cocking 2001, pp. 74-75）[10]。『ニコマコス倫理学』の冒頭（一〇九四a七）で「医術の目的は健康である」とアリストテレスが言うように、たとえば健康というものは明らかに医療の主要目的である。しかも、健康であることが人間の生の開花にとって重要であるとすれば、上記のアプローチに基づいて医師の職をすぐれた専門職の一つに数え入れてよいことは明白であろう。医師の性格特性のうちで徳とみなされるのは、患者の健康という目標を実現するのに役立つ性格特性である。たとえば、医療上の善行は徳とみなされる。なぜなら、それによって医師は患者の利益に目を向け、不必要な防衛医療[3]に傾くことに歯止めをかけるからである。同様に、医師が信頼に値することは、患者が個人的な情報を安心して打ち明けられるようになるため、効果的な診断と治療に役立つ。一方、医療上の勇気は、必要であれば重大な感染の危険にも立ち向かうと同時に、自分が感染する危険性に対して適切な用心をすることもおざなりにしない点で、医師が患者の治療に取り組むことに役立つ（Oakley and Cocking 2001, p. 93）。このアプローチに従えば、医師は患者の健康状態にかんして真実を告げるべきである。その理由は、患者に知る権利があるからでも、真実の告知が効用を最大化するからでもなく、健康状態にかんして真実を告げることは真実を語るという徳を備えていることのうちに含まれるからであり、患者に対して真実を語る傾向性は、患者の自律を侵害することに対する制約（この制約は専門家としての医師に課せられる）を破ることなしに、健康という医療上の目標の達成に役立つからである。したがって、擁護できる専門職倫理を作り出す際に、当の専門職の規範はもともと定まっているのだと考えることはできないのであって、人間の開花した生の構成要素となる、人間にとって重要で実質的な善への献身をその規範が反映していることが示されなければならない。専門職の役割の道徳的地位は人間にとって必須の善きものとの関連によって決まると考えるアプローチの強みの一つは、そのアプローチが、いかなる職業であれそれがまずもって専門職なのだと主張することに含まれる中心的な特徴と自然に結びつくことである。

コッキングと私の説明によれば、いかなる徳にも統制的な理念（regulative ideal）が組み込まれていると理解することができる。つまり、なんらかの卓越性概念に即して動機づけと行為を調整することができるような仕方で、徳は卓越性概念を内部に含むのである。たとえば、有徳な医師ならば、患者の健康に寄与するという理念に従って患者との関係を調整するだろう。そしてこの理念は、医師と患者の関係を始めたり終えたりするのはいつが適切なのかをも規定する。たとえば、その関係を正当に終えることができるのは、患者が回復したときである。こうした規定的な条件の違いによって、さまざまな種類の専門家–依頼人関係を明確に区別することができ、また専門家として接する関係と個人として接する関係を明確に区別することができる（Oakley and Cocking 2001, pp. 48-54）。われわれはさらに、功利主義的あるいはカント主義的な考え方をする性格の医師と、徳倫理学的な考え方をする性格の医師とでは、それぞれの統制的理念にどのような違いがあるのかを明らかにした。その結果われわれは、医療実践上の倫理的問題を論ずる際に徳倫理学は性格を強調するという点だけを根拠にして、医療倫理に対する徳倫理学的アプローチを他のアプローチと区別する、そうした支配的な解釈傾向とは袂を分かつこととなった。ちょうどその当時は、徳倫理学とカント倫理学と功利主義のそれぞれの支持者の間で、倫理学理論への関心がますます高まり、互いに意見を交わし合うことが盛んになり始めた時期でもあったのである（たとえば Baron et al. 1997 を参照）。

コッキングと私のアプローチは、専門職にかんする徳倫理学の考え方と役割道徳という考え方との間にある密接な関連を明るみに出す。役割道徳という考え方は古くからあり、そのような考え方を受け入れる人の多くは徳倫理学者ではないのだが、コッキングと私は、専門職の役割にかんする徳倫理学の考え方を役割分化に基づく徳という観念に結びつけた。そうすることによって、たとえ日常生活のなかでは中立的な価値しかもたず、ひょっとすると悪徳とさえ言えるかもしれないさまざまな特性を、人間の生の開花にとって必要な善の達成に専門家が貢献するのを助ける限りにおいて、専門家にとっての徳とみなすことができるようになる[11]。たとえば、「数多くの兆候から適切な診断を下す際に行われる医師の迅速な臨床判断」（Oakley and Cocking 2001, p. 129）は、日常生活では中立的な価値しかもたないが、医療上の徳とみなすことができる。他方、道徳面での他者の欠点を気にしないことは、日常生活では悪徳とみなされるおそれがあるものの、犯罪者を擁護する弁護士にとっては徳とみなすことができるかもしれない（pp. 146-147）。この考え方は医療上の徳に対する旧来のアプローチとは異なっている。というのも、旧来のアプローチでは、日常生活のなかで広範囲な事柄に基づいて徳とされる特性を医師の専門的役割に適用するからである。

このアプローチの長所は、専門家としての誠実さという徳――この徳には、自分の専門職に固有の目的に貢献しようとする姿勢をもち、実際にその姿勢で行為することが含まれる――に対して魅力的な分析を行う点にある。たとえば、死が迫っている患者に対して無益な延命措置をしない理由として専門家としての誠実さを引き合いに出す医師は、患者の最善の利益のために行為するという医師の全般的目的にその措置は反するという考えをもっている、とわれわれは理解することができる。この状況に置かれた医師は、患者に対して、「医師である以上、私はあなたにそのような措置をすることはできない」と正当に言うことができよう。

これは、無益な延命措置は人間の権利や尊厳に反するというような日常道徳に訴えて、医師がそうした措置を拒絶する場合とは明らかに異なる。また、（たとえば宗教的信念を根拠にして）自分の良心に反するから個人的に反対であるという理由で、医師が延命措置を拒絶する場合とも異なる。専門職の目的と専門家の行為に対する評価との間にどのような道徳的連関があるのかは、行為が専門職の目的に反するときに明白になる。たとえば、誰であれ他者にただ苦痛を与えることは間違っているが、他ならぬ医師が他者にただ苦痛を与えることはなおいっそう悪い。医師は治療者であることを公言しているのに、ただ苦痛を与えることは治療することの反対だからである。

近年、この種の徳倫理学的アプローチは、精神医学、看護、ソーシャルワークなど、他の医療専門職にも広がっている[12]。たとえば、ジェニファー・ラーデンとジョン・サドラー（Radden and Sadler 2010）によれば、精神の健康および治療という精神医学固有の目的に貢献するためには、精神科医はその専門職に不可欠の徳を身につけることが要求される。すなわち、自己知や自己統一や現実直視というような徳に加えて、「自分を出さない（unselfing）」という徳である――これは、「自分を表に出さないようにしながら、患者に対しても患者とのつながりやその境界線に対しても、細心の注意と適切な心情を伴った態度をとること」（p. 132）を含んでいる。これらの徳と誠実さのようなその他の徳は、精神科の患者はとりわけ搾取されやすいがゆえに、精神医学にとって決定的に重要であるとラーデンとサドラーは論ずる。アラン・アームストロング（Armstrong 2007, pp. 125-156）は、思いやり、勇気、敬意が看護実践の役割に即した徳であると主張し（Brody 1988; van Hooft 1999; Sellman 2011 も参照）、サラ・バンクスとアン・ギャラガー（Banks and Gallagher 2008）は、ソーシャルワークに固有の目的に貢献するために必要とされる重要な徳のうちには、正義と勇気が含まれると主張する。他方、患者の側が身につけるべき徳を論じた興味深い研究もある。それは、診療を受ける際には、患者自身が気丈さや思慮や希望といったさまざまな徳を携えておくことが重要だというものである(Lebacqz 1985 を参照)。この研究は、徳倫理学と徳認識論の間で現在起こり始めている相互作用の成果を参照することによって、さらに広がりを見せるかもしれない(たとえば Battaly 2010 を参照)。たとえば、認知的な面で長けている患者は、各種の補完医療を支えるなんらかの証拠を批判的に評価する能力をもっていて、軽信という悪徳を避けることができるだろう。[4]

妊娠中絶

一九九一年の論文「徳理論と妊娠中絶」[13]において、ハーストハウスは妊娠中絶問題に対して革新的な分析を施した(Hursthouse 1991)。彼女はすでに一九八七年の著書『生命の始まり(*Beginning Lives*)』のなかで妊娠中絶に対する「新アリストテレス主義の」見方を論じていたが、この論文のなかでその考察の核心部分をさらに展開し、妊娠中絶の道徳性は、中絶する理由のうちに表れる女性の性格がどのようなものであるかによって決まると論ずる。[14]さらに彼女は、正しい行為の徳倫理学的規準をよりなじみ深い義務論的説明および功利主義的説明と対等に競い合うかたちで言い表すにはどうすればよいのかも概説している。ハーストハウスの妊娠中絶論によって徳倫理学は飛躍的に進展した。というのも、以前から哲学者たちは徳および徳倫理学に大いに関心を抱いていたものの、徳倫理学を展開して、正しい行為の首尾一貫した規準——功利主義的アプローチや権利基底的アプローチによる規準とは独立でありながら、明らかにそれらに匹敵するような規準——を提示しようとする試みや、徳倫理学的アプローチはいかにして個別の問題に応用可能なのかを示そうとする試みは、彼女の論文が出るまでほとんどなされていなかったからである。

ハーストハウスは「妊娠中絶をめぐる問題を解決する」ことを試みるよりむしろ、ある特定の問題を徳倫理学の立場から考察するとどのようになるのかを具体的に示すことによって、徳倫理学に対するわれわれの理解を深めようとした。その際に妊娠中絶をふさわしい研究対象とみなしたのは、徳倫理学によって妊娠中絶にかんする既存の議論は根本的に変容すると思われたからである。ハーストハウスは、母親の権利と胎児の権利の対立という観点から妊娠中絶を扱う定番の平面的な議論はもはや袋小路に入っているということに気づき、そのような論争はいずれにせよ的外れだという興味深い主張をする。「徳理論は、おなじみの二つの主要な論点を、ある意味で、まったく重要ではない論点だとして退けることで、中絶の議論そのものをすっかり変えてしまう」(1991, p. 234〔邦訳二三一頁〕)。ハーストハウスの議論の核心にあるのは、権利は適切に行使されることもあれば不適切に行使されることもあるという見解である。すなわち、「道徳的権利を行使する際に、私は何かしら残酷な／冷淡な／自己中心的な／軽薄な／独善的な／愚かな／思いやりのない／誠実さに欠ける／正直でないようなことをしてしまう――つまり、悪徳だと非難されるような仕方で振る舞ってしまうことがある」(p. 235〔邦訳二三一頁〕)。中絶が必然的に伴うのは「新たに生まれる人間の生命の切り捨てであり、このことによって中絶は、新たな人間の生命を生み出すことと同じように、人間の生と死、親であること、そして家族関係といった諸々の事柄についての私たちの考え方全体と結びつく」(p. 237〔邦訳二三五頁〕)。だからこそ、中絶の道徳性を考えるうえで最も重要な問いは、女性には妊娠を終わらせる権利があるのかどうかではなく、「こうした状況で中絶する場合、その行為者の行為は有徳なのか、悪徳なのか、それともそのどちらでもないのだろうか」(p. 235〔邦訳二三二頁〕)という問いであるとハーストハウスは考えるのである。

女性が中絶の決心をするときの事情に応じて、中絶は冷淡な行為にも自己中心的な行為にも臆病な行為にもなりうるし、逆に謙虚さの証明にもなりうるとハーストハウスは示唆する。たとえば、次の一節がそうである。

中絶をたいして重要でない何かを殺すことにすぎないと考えたり、人がもっている権利の行使にすぎないと考えたり、ある望ましい事態のための付随的な手段であると考えたりすることは、冷淡で軽薄なことなのであり、有徳で賢明な人物であれば決してしないことなのである。それは胎児に対してだけでなく、より広く、人間の生と死、親であること、そして家族関係に対して、不正な態度をとることなのである。(1991, pp. 237-238〔邦訳二三五頁〕)[15]

というのも、ハーストハウスが説得力のある仕方で論ずるように、「親であることは一般的に、そして母であることと子育ては個別的に、内在的な価値をもっている、つまりそれらは開花繁栄した人間の生を構成する要素として考えるのが正しいものの一部」(p. 241〔邦訳二四〇頁〕)だからである。[16] 中絶することは(たとえば盲腸の手術とは違って)、新たな人間生命を断つことを必然的に含んでいる。そして、新たな人間生命を断つことはたいていの状況において道徳的に深刻な問題と考えるべきだとハーストハウスは主張する。とはいえ、妊娠した思春期の女の子が、「『私はまだ母親になる準備ができていない』と言うのは適切ではないというわけではないし、特に私たちの社会では、むしろ逆に、そうした女の子は責任感のなさや軽薄さを示しているどころか、適度なつつましさと謙虚さ、あるいは臆病さとは別の用心深さを示しているのかもしれない」(1991, p. 242〔邦訳二四二頁〕)。これと同様に、自分の健康状態がひどく悪かったり、過酷な労働条件のもとで働かざるをえないがゆえに中絶を望む人は、「わがままだとか冷淡だとか無責任だとか軽薄だと言われることはないはずだ。……[むしろ]、彼女たちの生活状況が何かしらおぞましいほど不適切なものであるということであり、そしてそんな生活状況のせいで、妊娠や出産を、本来そうであるはずの善なるものとして認識することが難しくなっているのである」(p. 240〔邦訳二三八頁〕)。また、「自分にはすでに数人の子どもがいて、もう一人子どもをもうけると、すでにいる子どもたちにとってよき母親であり続けることができないのではないかと危惧しているような女性の場合には……中絶を選択しても、親になるということがもつ内在的な価値を理解し損ねているわけではない」(p. 241〔邦訳二四〇~二四一頁〕)。そうすると、ハーストハウスの説明によれば、ある事情のもとで中絶する女性が間違ったことをしているかもしれないと判断される理由は大きく分けて二種類ある。第一に、親であることはそれ自体で価値があり、人間の生の開花にとって重要であるということを認識していない場合である。第二に、中絶を選択するかどうかは本来深刻に考えるべき問題なのだが、そうした深刻さを伴わずに新たな人間生命を断つ決断をする場合である。なお、重度障害児の安楽死にかんする決断や人間の胎芽を対象とするある種の研究のなかで、この二種類の欠陥がどのようにして表れうるのかについても、ハーストハウスは手短に論じている(1987, pp. 72-79, 83-84, 214-216)[17]。

中絶の道徳性にかんする自分の結論のいくつかは「驚くべき」ものにみえるかもしれないということにハーストハウスは気づいている。しかし、ハーストハウスによれば、徳と悪徳の用語は「正しく用いることが難しく、私の使用の仕方に異議を唱える人がいるかもしれない。……これらの事例のそれぞれに議論の余地があるのかもしれない。だが、ここで問題となるのは、これらの難しい用語がそこで用いられるべきなのか、あるいは、利発な青少年ならば誰でも正しく用いることのできる用語において言い表されるべきなのか、という点である」(1991, p. 244〔邦訳二四四~二四五頁〕)。とはいえ、中絶の際に有徳に振舞う女性もいれば悪徳を示す女性もいるという趣旨の具体例に同意するかどうかは別にしても、権利基底的アプローチの欠点に対するハーストハウスの分析は心に響くものがあり、現代の中絶論争に徳と悪徳の用語を導入したことは、中絶すべきか否かを検討している多くの女性（と男性）の関心や経験にいっそう即しているように見えた。というのも、自分には妊娠を終える権利があり、しかもその権利は何よりも優先されると思っていても、自分の置かれた状況で中絶することは道徳的に正当化できるのかどうかを考えているときに、多くの女性はハーストハウスが指摘するような考慮事項についてあれこれ悩むものだからである[18]。ハーストハウスはこのような仕方で、型にはまった陳腐な論争のなかで使われてきた用語の幅をよい意味で拡張した。また、彼女の議論は、重大かつ複雑な現代的問題に対して徳倫理学はどのようにして独自の説得力ある分析をなしうるのかを示すことによって、徳倫理学は実践的でないというお決まりの批判に答えることに役立ったのである。

さらに、徳倫理学を体系的に説明することによって、ハーストハウスは徳倫理学の理論的側面に対して繰り返し向けられる見当違いの反論を退け、むしろ徳倫理学者の実際の主張により適切に関連していて、徳倫理学的アプローチを発展させるうえでより建設的となる的確な批判のほうに考察の焦点を移すことに寄与した。その他にも、ハーストハウスはいかにして徳倫理学から規則や原則を導くことができるのかを簡潔に論じ（この問題については一九九九年の『徳倫理学について』のなかにより詳細な議論がある）、徳同士の衝突がいかにして解決または解消されるのかについて示唆的な見解を示すことによって、徳の衝突にかんするいくつかの誤解を取り除いた（彼女は後にこのテーマを『徳倫理学について』のなかでいっそう詳しく展開した）。さらにまた、道徳理論を比較する際にどのような用語で論じるのが公平なのかについて、また一般に、規範倫理学の理論に対して何を求めるのが適切なのかについて、有益な見解を示した。そして、徳倫理学に対するいくつかのよくある誤解を正すことで、彼女の論文は徳倫理学的アプローチのさらなる展開と応用への道を切り開くのに役立ったのである。

出生前診断

生殖の倫理のうちで徳倫理学的アプローチによって大いに進展したもう一つの分野は、激しい論争の的となっている出生前診断と選択的生殖〔子どもを選んで産むこと〕である。PGD（着床前遺伝子診断）のようなさまざまな技術のおかげで、これから親になる人たちは生まれてくる子どものもつ特徴にかんして決定を行うことができる。この分野で徳倫理学的アプローチを用いた例の一つは、ロザリンド・マクドゥーガルの研究である。彼女は近年の一連の論文（McDougall, 2005, 2007, 2009）において、有徳な親であれば当該の状況でどのように行為するだろうかという観点から、性別と障害を理由とする胎児の選択にかんして啓発的な倫理的分析を行っている。ハーストハウスらのアリストテレス的アプローチに依拠しながら、マクドゥーガルは次のように論ずる。すでに生まれている自分の子どもに対して親の役割をきちんと果たすためには、親はいくつかの主要な徳を身につけなければならない。医療目的以外で男女産み分けを行うことや、聾として生まれることになる胚を〔あえて〕選び取ることは、親としての主要な徳に反するがゆえに誤りである、と。マクドゥーガルは親としての三つの主要な徳を詳しく説明する。子どもの生の開花を促進することをマクドゥーガルは親の最も重要な目的とみなすのだが、三つの徳はどれもその目的の達成に役立つ。その徳とはすなわち、「受容（acceptingness）」と「献身（committedness）」と「将来の行為者志向（future-agent-focus）」である。第一に、自分の子どもの身に何が起こるのかは予測不可能である以上、受容は親としての重要な徳である。なぜならこの特性は、自分の子どもがたとえば慢性疾患や障害に陥った場合に、直ちに見捨てるのではなく、「子どもがどんな特徴をもっているかに関係なく愛すること」（2005, p. 603）を含むからである。[19] 第二に、献身という徳には子どもを成人になるまで育てる心構えが含まれる（2007, p. 186）。子どもは脆弱で親に極度に依存しているため、この心構えは重要である。第三に、将来の行為者志向という徳は、子どもは「いつまでも赤ん坊ではない」という事実を認めて（この事実をなかなか認めたがらない親もいる）、子どもが将来「すぐれた道徳的行為者へと成長することを促す」ような仕方で振る舞うよう親を動機づける特性である（2007, p. 186）[20]。マクドゥーガルはさらに、この三つの特性はすでに親である人にとっての徳であるだけでなく、これから親になる人が選択的生殖を行うかどうか検討している状況において求められる徳でもあると主張する。

選択的生殖の倫理を扱う多くの論者と同様に、マクドゥーガルは害悪に基づくアプローチを偏狭な見方であるという理由で批判する。害悪に基づく視点を適用したものとしてよくあるのが、選択的生殖の決断は、結果として生まれる子どもに害を与えることが予見されるのでない限り間違ってはおらず、誰かを生み出すことにかかわる決断について、生まれてくる子どもがそのような決断のせいで害を受けると一般に想定されるのは、その子どもがそもそも存在しないことを選択するほうが理性的であると思われるほど生命の状態がひどい場合か、あるいは、（よく使われる表現で言えば）子どもの生命が「生きるに値しない」場合に限られる、というものである[21]。とはいえ、マクドゥーガルが指摘するように、選択的生殖のさまざまな決断のなかには、生まれてくる子どもの生命状態がそのような低い基準を明らかに満たしている場合であっても、倫理的に議論の余地ありとみなされることの多い決断もある。徳倫理学的な見方の魅力的な特徴は、そのような決断に対してもっと幅広い倫理的考察を行うことを可能にし、そうすることで、その種の事例にかんして直観的に当然の懸念であると多くの人が思うところに訴えかける点にある。

大まかに言えば、親としての徳という観点から選択的生殖を分析するマクドゥーガルの立場では、「行為は、有徳な性格の親が当該状況にあるならばなすであろう、有徳な親らしい行為である場合、またその場合に限り、正しい」(2005, p.602)。このアプローチによると、医療目的以外の性選択が間違っているのは、生まれてくる子どもの幸福にかんする懸念によるのではなく、子どもの受け入れ、すなわち受容という親の徳に反するからである(p. 601)。性選択を経て生まれた子どもがたまたま親に愛され、結果的にうまくやっていくとしても、そのことは当の子どもをそもそも存在させる原因となった性選択の行為を正当化するわけではない、とマクドゥーガルは論ずる。「ある特定の子どもにとっての結果がどうであれ、性選択は親としての徳である受け入れに一致しないがゆえに間違っている」(p. 604)のである。マクドゥーガルは続けて、このアプローチが性選択に関連した「規制政策を正当化するための基礎を与える」ということを示唆する。もっとも、彼女は自分の主張が性選択の規制に対してどのような含意をもつのかについて詳細には論じていない(p. 605)[22]。さらにマクドゥーガルは、大いに議論を呼んだ二〇〇二年の事例において、アメリカ人の聾カップルであるシャロン・デュシェノーとキャンディ・マッカローが行ったような、聾の子どもを進んで選ぶ決断の是非を検討する際にもこの枠組みを用いている(McDougall, 2007)。マクドゥーガルは、聾の子どもを進んで選ぶことが、受容と将来の行為者志向という親としての徳の両方に反するように思われる理由をいくつか述べている。とはいえ、聾の子どもが聾社会の外部で育てられる可能性が少ないならば、将来の行為者志向という徳は聾の子どもを選ぶことを支持するものとして解釈することができるかもしれない、という点もマクドゥーガルは認める。それゆえ、マクドゥーガルの理解によれば、彼女の徳倫理学的分析を適用した場合に、〔障害となりうる〕特徴をもつ胚を意図的に選び取ることの正当性は、その特徴が子どもの生の開花と両立しないことが見込まれるかどうかに部分的に依存し、両立しないかどうかは子どもが育てられることが見込まれる環境に部分的に依存するのである。

しかし、カーラ・サエンス(Saenz 2010)の見立てによれば、親としてのさまざまな徳が選択的生殖の決断にどのように適用されるかにかんするマクドゥーガルの説明は、有徳な親であることに対して信じがたいほどにミニマリスト的な規準を設定している。有徳な親は、選択的生殖の決断をする際に、子どもの生の開花と両立可能な特徴に対しては受け入れる態度をとる一方で、両立不可能な特徴に対してはそのような態度をとらないだろうとマクドゥーガルは考えている。だが、サエンスの主張によれば、子どもの生の開花と本当に両立不可能な特徴はほとんど存在しないのであって、有徳な親であることという概念は次のような仕方で理解するほうがより適切である。つまり、有徳な親であることには、子どもの生の開花にとって必要な特性をもたらす（あるいはそうした特性をもたらすことを受け入れる）といういっそう厳しい要件が含まれる、と理解するのである（pp. 504-506）。その規準に従うと、〔障害となりうる〕特徴をそなえた子どもとなることが予想される胚を意図的に選択することを正当化するのは難しいだろう。なぜなら、ある特定の障害が子どもの生の開花にとっていかにして必要でありうるのかを理解することは困難だからである。それゆえ、選択的生殖において子どもに障害をもたせるような選択をすることは、有徳な親が行いそうなことではないのである。サエンスはさらに、マクドゥーガルの言う親としての徳が互いに衝突した場合に、その衝突がいかにして解決されうるのかにかんする懸念も示している。この他にも、実際に親となっている人にとって徳とみなすことが妥当であるものを、これから親になることが見込まれる人にとって徳とみなされるものにかんする主張へとつなげることに対して疑問が提起されている（Wilkinson 2010, pp. 32-35 を参照）。それでもなお、生殖をめぐる倫理のこうした時事的な問題に斬新かつ魅力的な観点からアプローチするための豊かな源泉が徳倫理学のなかにあるということが、マクドゥーガルの分析からははっきりと読み取れるのである。

　この他にも、徳倫理学は生命倫理学のさまざまな問題に応用されてきた。たとえば、動物はいかなる道徳的地位をもつのか、またわれわれは動物をいかに扱うべきかという問題（Walker 2007）、動物と人との間で臓器や細胞の異種移植を行うことをめぐる問題（Welchman 2003）、公衆衛生の分野で生じてきている倫理的問題（Rogers 2004）である。[23] さらに、生物医学研究には他の研究と区別される独自の目的があると主張されてきたのだが、そうした固有の目的の実現を可能にする、専門家としての誠実さと研究者の役割に即したその他の徳についても、現在のところ研究が進展中である（Litton and Miller 2005, Goldberg 2008 を参照）。

生命倫理学への徳倫理学的アプローチ——今後の方向性

自然科学と医学と生命工学の新たな進展に応じて生命倫理学のかかわる範囲も広がり続けており、徳倫理学的アプローチはそれらの分野の最前線で生じる問題へと応用され始めている。現代の生命倫理学のなかで最も熱い議論が交わされているトピックの一つはエンハンスメントの倫理であるが、徳倫理学は近年、エンハンスメントをめぐる倫理的問題に対して独自の視点を提供し始めている（たとえば、Farrelly 2007; Froding 2011; Tonkens 2011 を参照。また、Buchanan 2009, 2011; Sparrow 2011, pp.33-34 も参照）。[5] さらに徳倫理学者は、哲学的問題意識を共有した同僚たちが近年研究を続けている神経科学と社会心理学の重要な成果に依拠することによって、さまざまな徳にかんしてこれまで以上の深さと経験的根拠を備えた説明も展開するようになってきている。そのため、神経徳倫理学（neuro-virtue ethics）とでも呼べる領域で今後多くの成果が生まれることをわれわれは期待してよいだろう。[24] 実際、徳倫理学者（特にアリストテレス主義の徳倫理学者）が自分の論証を支えるために経験的主張に依拠することから考えると、生命倫理学の問題に取り組む近年の徳倫理学者は、論証に含まれる経験的な側面を実証するためには関連する経験的研究に依拠するのでなければならないという考え方を、かつての徳倫理学者よりもいっそう受け入れるようになっていると言えよう（いずれにせよ、生命倫理学の分野では経験的研究に依拠すべきだと一般に考えられている）。もっとも、医療上の正義をめぐるさまざまな問題、たとえば医療資源の配分、遺伝子検査の利用、感染症やパンデミックがもたらす倫理的懸念、発展途上国の国民が手頃な価格の医薬品を入手する権利といった問題にかんして、徳倫理学者が残した成果は比較的少ない[25]。この種の問題は生命倫理学の分野でますます重要になってきている。そのため、そうした問題を解決するのに役立つ方法を徳倫理学的アプローチから引き出すことができるのかどうかを徳倫理学者は見定める必要があるだろう。

　生命倫理学の分野で今後さらに成果が期待できる重要な現代的問題の一つは、医療にかかわる利益相反である。この問題の原因は、医師の処方行為全般にわたって製薬会社がしばしば有害となる影響を与えることにある。この対立に向けられる倫理的な懸念は、権利基底的アプローチと功利主義的アプローチの観点から分析されるのが普通である。つまり、〈権利基底的アプローチでは〉自分の医師が製薬産業とどう繋がっているのかを患者が知る権利を侵害するという観点から、〈功利主義的アプローチでは〉自分にとって最善の利益となる医療を受けられないことで患者が害を被るという観点から、そうした利益相反が問題視される。しかし、徳倫理学的アプローチこそがこの問題に取り組むうえでとりわけ有望であると思われる。なぜなら、この倫理的問題の核心は、決心と行為を左右したり導いたりする利益の適切さにかかわるからだ。すなわち、利益相反の状況に置かれた人の行為を間違っていると判断する際に、われわれにとって根本的な関心となるのは、いかなる利益に導かれてその人は当の行為をなしたのかという点なのである。そして、ある利益によって導かれたことが倫理的に許容されるか否かは、〈その人の役割に固有の目的からすれば、この状況でいかなる利益によって導かれるべきなのか〉という点を参照することによって決まる。それゆえ、ここで中心となる問いは、〈患者の最善の利益に従ってではなく、自己利益に基づいて薬を処方することによって、医師はいかなる種類の人間として自分を表現するのか〉というものになるだろう。製薬会社から受け取る贈り物や分け前という利益に導かれて、ある医師がそのような処方をするならば、その医師は自分が何者であり、自分の役割は何なのかを再定義していると思われる。ランプを盗むことによって自分を貶める結果になった人について、「彼はその価格でランプを手に入れた。つまりランプと引き換えに彼は泥棒になったのだ」とエピクテートスは言っているが（『人生談義』第一巻第二十九章「剛毅について」）、当の医師にもこれと同様のことが当てはまるのである。ところで、医師はその専門職につくと同時に、予想される効用を最大化したり患者の権利を擁護したりするだけなく、（専門家として行為する際にいかなる理由で何を優先するかにかんして）しかるべき性格を備えるという点でも社会的責任をもつことになる。その責任がどのようにして生じるのかを考察することによっても、他のアプローチにはない徳倫理学のさらなる強みを明るみに出すことができよう。

専門家のあり方という私的な領域で生じる問題に徳倫理学的アプローチを応用する既存の研究に続けて、公共の政策や規制にそのアプローチを応用することにかんしても、今後さらなる研究の成果が期待できる。そうした研究は、規制的介入や政策的介入に対して徳倫理学から何か具体的な提言を導き出すことができるのかという問いに答えるものとなるだろう。徳倫理学を公共政策の分析や説明に明示的に応用する試みの一つとして、〈なんらかの法的な介入政策を支持することによって、規制する側の人はいかなる種類の人間として自分を表現するのか〉という点に注目する研究がある（Slote 2001, pp. 100-103 を参照）。たとえば、難民申請者を強制的に国外に留めるオーストラリアの政策は、その政策を支持する議員たちの外国人嫌いで思いやりのない態度を表しているとするならば、道徳的に間違っていると特徴づけることができよう。このアプローチは実り豊かな道筋を示しており、新たな研究へとつながるかもしれない。だがこの他にも、〈ある特定の規制的介入――たとえば、財政援助などを通じて、患者の最善の利益に向けて処方するよう医師を動機づけようとする政策立案者の試み――を受け入れたり拒んだりすることによって、規制される側の人はいかなる種類の人間として自分を表現するのか〉という問いを考察することも重要であろう。

マーサ・ヌスバウム（1988, 1990a, 2006）を初めとする何人かの研究者は、『政治学』でのアリストテレスのアプローチに基づいて、政治に対する別の見方を展開している。アリストテレスによれば、人間にとっての善き生とは何かについての実質的説明がなければ、政治に固有の目的が何であるかは決定できない。すなわち、「最善の国制について適切な研究をしようとするとき、まず最初に、もっとものぞましい生とは何かを規定しなければならない。なぜならこの生が明らかでなければ、最善の国制もまた明らかでないのは必然だからである」（『政治学』一三二三a一四～一七、一三二五a七～九も参照[6]）。ここでヌスバウムは、「最善の国制とは、それによっていかなる人も最善のことをなし、幸福に生きることができるような秩序でなければならない」（『政治学』一三二四a二三～二五）というアリストテレスの見解を引き、政治に固有の目的は、開花した生を送るための潜在能力（capabilities）を発達・発揮させる機会を国民が平等に得られるように、そのための手段や環境を用意することである、と主張する（Nussbaum 1988, 特に pp.146-150, 160-172[26]）。ここで言う潜在能力には、『ニコマコス倫理学』で取り上げられているおなじみの能力も含まれる。たとえば、世界のさまざまな事柄を理解する能力、いかに生きるべきかにかんして実践的推論を行う能力、他者と個人的な関係を築く能力である。これと同様の仕方で、ロザリンド・ハーストハウスは、善い家族を構成するのは何かについて説明する際に、善い社会ならば、良好で愛情に満ちた家族を奨励し維持するような社会政策を支持し、うまくいかない家族を生み出す傾向にある政策を拒絶するであろうと論じている（Hursthouse 2008）。

全般的に言えば、生命倫理学の諸問題に徳倫理学を応用することによって、徳倫理学の考え方が実践可能であることが示されただけでなく、権利基底的な見方や功利主義的な見方と比べて、徳倫理学的アプローチには理論面での長所もあることが明らかとなったのである。たとえば、徳倫理学はさまざまな善の還元不可能な多元性を強調するのだが、その考察は人生の価値をめぐる議論のなかで重要であり続けている。また、役割に応じた徳についての見解は、アリストテレス的徳倫理学の目的論的な考え方の説得力を強めたのである。このように理論と実践が互いに補い合う関係にあることによって、徳倫理学は生命倫理学の困難な諸問題を解決するのに適しており、しかもそのうえ、生命倫理学への応用は徳倫理学のアプローチそれ自体をさらに発展させるために不可欠であるとも言えよう。

原註

(1)医療倫理に対する徳中心アプローチの進展にとって、Earl Shelp 1985も画期的な役割を果たした。

(2)他の倫理学理論にも当てはまることだが、徳倫理学の内部で概念的かつ哲学的な革新が起こる時点と、生命倫理学やその他の応用倫理学分野に当の革新の結果が適用される時点には、ずれが生じることもある。たとえば、「有徳な人ならばなすであろう仕方で行為せよ」という規準が正しい行為の適切な規準となるかどうかをめぐる近年の哲学的論争は、現段階では生命倫理学の分野にまではほとんど影響が及んでいない。

(3)この論文の後、同じ一九七七年に、スティーブン・R・L・クラークの影響力のある著作『動物の道徳的地位(*The Moral Status of Animals*)』が出版された。動物をどのように位置づけ、どのように扱うべきかを論ずる際に、クラークもまた開花と徳にかんするアリストテレス的見解に依拠している。

(4)注意してもらいたいのだが、いま取り上げたのとは別種の状況(死にゆく人にとって、生が依然として善である状況や、死が必ずしも悪ではないかもしれない状況も、ひょっとするとここに含めてよいかもしれない)では、正義や慈悲以外にも、人間の生命を終らせることの道徳性に関連するであろう徳がありうるとフットは考えているようである(1977, pp. 96-97, 102-103, 111)。ハーストハウス(1991, p. 234 n.)が指摘するように、安楽死は死にゆく人の利益を目的として行われるものでなければならないという理由によって、フットは安楽死を〔そうした別種の状況は含まない〕特別なカテゴリーとみなしている。

(5)フットはこのように論ずることで、殺すことと死ぬにまかせることにはそれ自体として道徳的な違いがあるという主張に対するレイチェルズの有名な批判（Rachels 1975）に答えることを意図している。これと関連する問題についてはLeBar 2009とRichards 1984を参照。

(6)生物にとって利益になるとはどういうことかを説明する一つの方法として、フットは生物種の「開花（flourishing）」(p. 91) に言及する。現代にもこの種の議論があるが、フットの論文はそうした議論の先駆けの一例である。フットは「生」と「善」の概念の関係について説明を始めるときに、植物を例に挙げて「開花」という語を用いている。

(7)Thomas Percival 1803を参照。AMAの一八四七年の倫理綱領についてはPost 2003, pp. 2657-2662を参照。

(8)ペレグリーノとトマスマは、一九八一年と一九八八年の著書のなかでそうした説明を行っている。彼らは当時批判が強まりつつあった原理に基づくアプローチ（principle-based approach）と自分たちの説明を対比している。だが、徳倫理学において徳と規則は両立しないものとされる、と考えるのは誤りである。実際、診療の現場で大いに役立つ可能性のある規則はたくさんある。医療の分野でもその他の分野でも、規則または原理に基づくアプローチとの対比の観点から徳倫理学を特徴づけることは誤解を招くと私は以前からずっと思っていたのだが、現在ではそうした特徴づけは行われなくなった。

(9)現在のところビーチャムとチルドレスは、徳と規則の観点から考えることを互いに補い合う視点とみなす。その相補的な二つの視点は、診療の現場で生ずる倫理的問題に直面した場合に、いかに行為すべきかにかんして両者それぞれが特定の忠告を与える際に収斂する傾向にある。

(10)このようなアリストテレス的アプローチは、マッキンタイア（MacIntyre 1981）によるアリストテレス的アプローチとは異なる。マッキンタイアは、徳のおかげで達成することのできる実践に内的な善を人間の生の開花にとって欠かせないものとは考えていない。

(11)アリストテレス『ニコマコス倫理学』一一四八b七〜八を参照。「悪い人と端的に呼ばれることはない人であっても、悪い医師とか悪い役者と呼ばれることがある。……この場合、われわれは悪いという言葉を限定なしに適用しているの

ではない」。〔訳註：ここでは邦訳を利用せず、オークリーが参照している英訳をそのまま日本語に訳した。〕

(12) このアプローチは、救急医療（Girod and Beckman 2005）にも医療分野での組織倫理（Kurlander and Danis 2007）にも適用されている。

(13) ハーストハウスはこの論文で「徳理論（virtue theory）」と「徳倫理学（virtue ethics）」という二つの言葉を用いているが、それらが現在のいわゆる「徳倫理学」を指すことは明らかである。〔訳註：当該論文からの引用に対しては、江口聡（編・監訳）『妊娠中絶の生命倫理』（勁草書房、二〇一一年）に収められた、林誓雄翻訳「徳理論と妊娠中絶」を用い、翻訳の該当頁を併記する。〕

(14)「徳理論と妊娠中絶」（1991）のなかで、ハーストハウスは『生命の始まり（*Beginning Lives*）』（1987）の末尾で妊娠中絶にかんして論じた主要な点を反復し練り上げているのだが、当の論文では徳倫理学の観点がいっそうはっきりと示されている。こちらの論文のほうが、徳倫理学のその後の発展に対して与えた影響は大きいと思われる。

(15) 中絶の決断をどのように評価するかを論ずる際に、ハーストハウスは少女と成人女性の決断だけを考えているわけではないことに注意してほしい。「女の子や女性と同じように、男の子や男性も、自分が行動するときに、中絶との関連で、生命や親であることに関する自己中心性、冷淡さ、そして軽薄さを示すことがある。男たちは、自分の子どもが障害をもってうまれてくる可能性がある場合に、自己中心的になるかもしれないし、逆に精神的に強くなるかもしれない。男たちも性活動や、セックスのパートナーや避妊の選択、あるいはそれらを選択しないことについてよく考えねばならない。男たちもまた成長し、父であることとの関わりで、自分自身の行動や生命に対して責任をもたねばならない」（1991, p. 244〔邦訳二四三～二四四頁〕）。

(16) この点についてハーストハウスは次のように警告する。いま述べたことから、子どもをもたない選択をした人たちが無責任あるいは利己的であるという結論は出てこない。「なぜなら、私たちは……一生涯のあいだにやりつくせる以上に価値あることはたくさんあるという幸福な立場にいるからである。親になること、とくに母親となることには内在的な価値があると認められたとしても、それは間違いなく成人期の多くの部分を占めることになってしまい、ほかの価値ある活動のための余地を残さないものとなる」（1991, p. 242〔邦訳二四一頁〕）。

(17) ハーストハウスの分析は避妊の決断にも当てはまると考えられるが、避妊の決断に当てはめるとその分析は信憑性が低くなってしまうだろうとR・J・コルヌゲイ（Kornegay 2011, p. 54）は指摘する。しかし、ハーストハウスが強調するのは新たな人間生命を断つことであるとすれば、新たな人間生命が実際に始まる以前の段階にまで彼女の説明を拡張しうるという理解は受け入れがたい。ただし、ハーストハウスの説明は妊娠中絶薬（たとえばRU-486）の使用には当てはまると考えてよいだろう。妊娠中絶薬の使用に当てはめるならば、彼女の説明に対して疑問が生じるかもしれず、その疑問には答える必要があるだろう（というのも、ハーストハウスは一九八七年の著書の特にpp. 80-84において、胎児は潜在的な人間であると論じているからである）。コルヌゲイはさらに、胎児の道徳的地位にかんするハーストハウスの見解が妊娠中絶の分析のなかで果たす役割をハーストハウスは過小評価していると論ずる（Hacker-Wright 2007の特にpp. 457-459も参照）。

（18）Luker 1984を参照。中絶の理由を対象とする先駆的な研究のなかで彼女が説明するところによれば、長時間にわたってインタビューした六百人の女性のうち、「中絶を「気軽に」決断する人はほとんどいなかった。どれだけ葛藤するかは人によって違いがあるものの、私がインタビューした女性の全員にとって、中絶の決断は深刻さと思慮深さと慎重な検討を伴うものであった」（p. 203 n.）。Cannold 1998も参照。

（19）受容という徳は子どもからの暴力を受け入れることまでは含まないという点は、マクドゥーガルも認めている。なぜなら、自分の子どもを受け入れることが徳であるためには、しかるべき機会にしかるべき程度までといった仕方で受け入れるのでなければならないからである。より一般的なその他の徳（たとえば気前のよさ）の場合と同様に、親としての徳である受容もまた、受け入れ度合いの過剰と不足との間にあるアリストテレス的中庸の道を進むのである。

（20）マクドゥーガルによれば、この徳は有名な「開かれた将来への権利（right to an open future）」を引き合いに出すことなく、その論法に含まれる真理の核心をついている。

（21）非同一性問題についてはParfit 1984を、ロングフル・ライフ〔間違って生まれた命〕についてはFeinberg 1986を参照。

（22）注目すべきことに、マクドゥーガルによれば医療上の理由で性選択をすることは許される。つまり、「子どもに与えられる機会が一定の水準を超えるよう配慮する」（McDougal 2005, p. 604）ということも親としての徳の一つであって、その徳は受容という徳の要求を上回る場合があるので、その場合には、性別に結びついた重度の遺伝性障害のある子どもを避けるために男女の産み分けをすることは正当化されるのである。

(23)臓器移植一般に対する徳倫理学的アプローチについては、Björkman 2006も参照。

(24)シカゴ大学の主導する A New Science of Virtues: A Project of the University of Chicago も参照（www.scienceofvirtues.org/）。

(25)この種の話題をアリストテレス的徳倫理学者が論じる際に重要な土台となる研究は、Martha Nussbaum 2006であろう。Sideri 2008とOakley 1994も参照。

(26)Hursthouse 1993; Oakley 1994; Holland 2011, p. 199も参照。ホランドによれば、生命医学にかんする規制と公共政策を定式化することに対しては、有徳な人間の典型例に訴える徳倫理学のいつもの方法は役に立たない。とはいえ、彼は徳政治学（virtue politics）の見通しについて楽観的であり、そのようなアプローチの初期段階をヌスバウムと同様のやり方で素描している。徳政治学とそれに関連する提案をさらに深く考察したものとして、本書のマーク・ルバーの章を参照。

訳註

〔1〕原文では第一版から引用されているが、邦訳のある第二版（一九八四年）でもこの箇所の文言は同じであるため、第二版の邦訳を用いた。

〔2〕ここでは第六版が参照されているが、第五版については邦訳がある。第五版の対応箇所でも、「気遣い（care）」を除けばこれらすべての徳が取り上げられている。ただしここでは邦訳に従わなかったものもある。立木教夫・足立智孝 監訳『生命医学倫理　第五版』麗澤大学出版会（二〇〇九年）、四〇～四八頁を参照。

〔3〕「防衛医療（defensive medicine）」とは、医療過誤訴訟を恐れて過剰な検査や診断を行うことを言う。

〔4〕「補完医療（complementary therapies）」とは一般に西洋医学以外の療法を指す。

〔5〕エンハンスメントとは、治療目的ではなく能力向上を目的として薬や医療技術を用いることを言う。

〔6〕アリストテレスの『政治学』からの引用は牛田徳子翻訳（京都大学学術出版会、二〇〇一年）を用いる。

第10章

環境徳倫理学――それは何であり、また何であらねばならないのか(*)

マット・ズウォリンスキー
デイヴィッド・シュミッツ

行為と性格、原則、規則

何が行為を正しくするのか、と私たちが尋ねたとしよう。その場合、一つのもっともらしい答えは、正しい行為とは可能な限り多くの善いことをもたらす行為のことであるというものだ。大雑把に言えば、これは帰結主義として知られている理論である。大抵の場合、この理論はジョン・スチュアート・ミルと結びつけられており、私たちのもつ最も単純な理論の一つである。それとは異なる理論によれば、行為の正しさは、それが善い物事を促進するかどうかというよりも、善い物事を尊重するかどうかによって決まる。大抵の場合、この理論はイマヌエル・カントと結び付けられ、義務論として知られている。より明確に言えば、この理論は以下のように述べる。唯一それ自体で無条件的な善であるのは、自律した人格の善意志であるから、ある行為が正しいのは、目的それ自体としてのあらゆる人格に対する尊重を表し、それゆえにいかなる人格もさらなる目的の単なる手段として扱わない場合であり、その場合に限る、と。

さらにもう一つの代替案は、徳倫理学である。これは他の二つとはかなり異なるので、同じ問いに対する代替的な答えではなく、まったく異なる問いに対する答えとみなすのが一番良いかもしれない。徳倫理学は、しばしばアリストテレスと結びつけられるが、本書において論じられているようにさまざまな伝統のうちに起源を持っており、正しいことはある一定の種類の人、つまり徳を備えた人であることだと私たちに教えてくれる。その場合の徳とは、勇気、節度、正直、公正さ、勤勉、思慮などである。有徳な人は、もちろん行為を通じて自らの徳を発揮する。しかし、徳倫理学にとって、正しい行為の規則を詳細に述べることは、おもに二次的な事柄――つまり、有徳な人のもつ思慮のようなものをさまざまな仕方で前提する事柄――である。

私たちとしては、こうした理論のどれが正しいかを決定し、その正しい理論が為すべきことだと告げるものを詳細に述べられたらと願っている。ただそうは言うものの、良くも悪くも道徳的生は正しい理論が為すべきことを詳細に告げられないほどに複雑である。先に述べた三つの理論は、道徳哲学の入門クラスで説明される主要な理論であるが、大半の哲学教授たちは、そのどれ一つとしてあらゆる道徳的真理を捉えるような唯一の最も優れた方法とはなっていないと信じている。道徳性とは複雑なのである。道徳的であるためには、チェスをプレーする場合と同様に、創造力と判断力が必要とされる。人は、どんな状況でも勝利を呼びこむ一手を選び出せる単純なアルゴリズムを学べるのではないかという希望をもってチェスというゲームに臨むかもしれない。しかしながら、人間のプレイヤーは、アルゴリズムを持ち合わせていない。創造力と優れた判断力の代わりとなるもの、また、前もって考える能力や予期せぬ事態を予測する能力の代わりとなるものなど何もないのである。チェスというゲームと同じくらい単純なものでさえ予期せぬ驚きに満ち溢れているのに、道徳的であることに含まれる複雑さは、チェスをプレーすることに含まれる複雑さの比ではない。

こうした仕方で道徳的であることの難しさを理解することは、徳倫理学的アプローチに最も馴染んでいるとも思えるし、私たちは実際にそう考えている。学生たちはしばしば、行為規則のリストや職務上の行動規範を与えられることを望んで、倫理学コースの初回の授業へやってくるように思われる。しかしながら、道徳哲学者たちが応用倫理学を実践しようと試みるとき、道徳を一揃いの規則として理解しようとすると、何か不自然で何の助けにもならないものになってしまうということを私たちは経験的に知っている。規則は、推論のなかで切り札のように機能する。もし私たちがある規則を持っていて、その規則は遵守されなければならないと完全に自信を持って信じることができるなら、さらに、ある一定の一連の行為はその規則によって禁じられていると確定するなら、それで決まりである。規則は、さらにどのように推論しようともその全ての推論に勝り、さらなる推論はまったく必要ない。

そうした規則があればどれほど気楽だろうか。そしてもちろん、状況が実際に規則に支配されているときもある――ただそれは、いつでも、というわけではない。しばしば、ある行為を支持する理由があり、それに反対する理由があり、そしてどちらの理由も他方のものに勝らないこともある。

しかしながら、原則に基づく方法で決定を下すことは、それでもまだ可能であるかもしれない。原則(principles)は、規則(rules)とは異なる。規則が私たちの推論のなかで切り札のように機能するところで、原則は重りのように機能する。言ってみれば、もし適用可能な道徳規則がXを禁じているなら、そこでXは除外される。それに対して、原則の場合、Xを断定的に除外することなく、Xに反対しつつ比較検討することができる。

次のアナロジーを考えてもらいたい。家の建築家が、自らの建築方法にかんする哲学を述べるなかで「配管は最小限にしなければならない」と言うかもしれない。「配管は最小限にしなければならない」は規則なのかそれとも原則なのかと問うてみよう。これを規則として解釈するなら、馬鹿げたものになるだろうというのが正しい答えである。規則と解する場合、それはより広範囲に配管を設置することを支持するいかなる理由があろうとも、「配管は最小限にせよ、以上」と告げるだろう。言い換えれば、「配管はすべてなくせ」ということである。

ところが実際には、「配管は最小限にせよ」は、劣悪な規則というよりもむしろ優れた原則である。それは、原則と解する場合、温風や冷風が住宅内の遠く離れた各部屋に配管を通して送られるときに、エネルギーが無駄に消費されないように、また配管のせいで居住空間が狭まってしまわないように気を配るよう建築家に命ずる。他の条件が同じであれば温風・冷風が行き届かなければならない場所に最短経路で届けよ、ということだ。この原則が、天井は最低限床上二メートル十センチであるべきだという原則より重要であることは稀だろう。つまり、それは切り札ではないが実際に重みがあるということである。優れた建築家はその原則を念頭において家を設計するが、あたかも規則であるかのようにして原則を扱うわけではない。

学生たちが倫理学の入門コースに登録したのち、最も勤勉な学生の一部は、道徳規則を学べると期待して教室にやってくる。三十年のあいだ倫理学を教えてきたが、道徳規則についてはほとんど明らかになっていないし、私たちがいかに生きるべきかについて包括的な指導を与えるには道徳規則はあまりに少ないと私たちが思っていることを語ると学生たちはとても驚く。

現実世界で実践的判断を下すとき、考慮すべき事柄として私たちが持ち出してくるものは規則というよりも原則のほうが多い。そうだとすると、道徳哲学に期待を寄せるとき、なぜ私たちは原則よりむしろ規則が与えられることを望むのだろうか。規則の魅力とは何か。規則に従っていると考えることで気楽になるのは、道徳的責任を免れることができるという感覚に陥るからである。規則に従うとき、自分の無罪が保証されているように思える。規則とは異なり、原則はそのような逃げ道を与えない。規則とは私たちが従うものである。原則とは私たちが適用するものである。私たちは原則の後ろに隠れて責任を逃れることができるなどと幻想を抱いてはならない。原則を比較考量し、選び出し、その結果に耐えることの責任を誰が負っているかといったことに対して、原則は私たちに疑問の余地を残さないのである。(1)

要するに、「もし何をすべきなのかを解き明かす必要があるなら、規則を探してはならない。原則を探せ」ということで、これは、道徳的行為者が実際の世界においてどのような存在であるかを理解するにあたり基本的な事柄である。言うまでもなく、このこともまた原則であり、規則ではない。つまり、そこには例外がある。結局のところ、規則は存在する。規則が、実際に、他のすべての考慮すべき事項に勝るときもある。

私たちの信じるところでは、こうしたことのうちのどれ一つとして、厳密な意味で徳倫理学的アプローチに含まれているわけではないが、このうちのどれもがそのアプローチと矛盾しているわけでもない。(2) 徳倫理学では、道徳的であるという課題は、なによりもまずある種の行為者であり、ある種の性格を備えるという課題として理解される。とはいえ、道徳的性格を備えるために欠かせないのは原則に基づくことであり、そして同様に、なんらかの道徳的性格を備えるためには、規則や原則が目下の事例で道徳的行為者に求められる事柄に関係する場合に、道徳的に正当化された規則や原則に対して敏感になり尊重する必要があるのである(Schmitdz 2001a)。

受け入れがたい結論——環境倫理学に対する根本的な挑戦

ここまで、徳倫理学をきわめて幅広く理解する方法を概略的に描いてきた。私たちの時代の先駆的なカント主義者の一人であるトーマス・ヒルは、こんにち環境徳倫理学と呼ばれている分野が台頭するきっかけとなった論文によって環境倫理学の分野を一変させたが、これはそうした広範にわたる理解に基づいたものであった(3)。

ヒルは、ある有名な論文のなかで以下のことを示した。伝統的な(権利基底的な)義務論的理論と(功利主義的な)目的論的理論は、どのようにして環境問題にかんする私たちの道徳的直観を辿ることに失敗しうるのか、ということだ(Hill 2005)。ヒルの隣人が長い年月を経た美しいアボカドの木を切り倒して庭をアスファルトで覆ったとき、ヒルは憤慨したが、ふと気づいて、自分の憤慨にはなんらかの理論的正当性があるのかと疑問に思った。ここでの問題は木が権利を持っているということでもなければ、ヒルの隣人がその木を切り倒す権利を持っていなかったということでもない。ヒルの隣人は、木に対する他の人々の喜びを奪った。しかしこれはヒルが憤慨していることと合致しているものの、そうした憤慨のおもな理由をはっきりと説明するものではなかった。

最終的に、問題の核心は「その行為の何が誤っていたのか」ではなく、「その人の何が誤っていたのか」ということだとヒルは結論付けた。「どのような人があのようなことをするのだろうか」とヒルは問うた。称讃に値する人ならそんなことはしないだろう、というのがヒルの答えであった。仮にもそんなことをするのであれば、その人は無神経で謙虚さを欠いていなければならないだろう。興味深いことに、ヒルが論じていた謙虚さは、すぐ分かるように生態系にかかわる謙虚さだった。これこそ、私たち人間が生物共同体の(征服者ではなく)市民として自分たちの適切な地位を認め、ゆくゆくは大切にする必要があるとアルド・レオポルドが語ったときに意図していたことである(Leopold 1966)〔1〕。

トーマス・ヒルのように、私たちの多くは、周囲の自然環境に対する無神経な扱いに心乱されるが、木々や小川やタコノマクラ[2]には手をつけられないでいる権利があると主張することに居心地の悪さを覚えるだろう。そうは言うものの、これもまたヒルと同じように、私たちが感じる不快感は功利総体[3]の計算に基づいているのでもない。問題なのは、義務論的理論も、帰結主義理論も、私たちの不快感の起源を、誤った仕方で考察している点である。このため、そうした理論はさまざまな状況で私たちに誤った手引きを与える傾向がある。

このことについてとりわけ有名な一つの例は、デレク・パーフィットの「受け入れがたい結論（Repugnant Conclusion）」である（Parfit 1984）。パーフィットは自らの「受け入れがたい結論」を、功利主義的価値理論の一つのバージョンに対する問題と捉えている。しかし、この後の節で、私たちはパーフィットの議論を一般化する。私たちが示すのは以下の二点である。第一に、あらゆる功利主義的価値理論は類似した問題に直面すること、第二に、異なる種類の行為中心的理論を採用してもその問題を解決することはできないこと（それでも私たちは問題をうやむやにすることはできるかもしれない）である。最終的に、受け入れがたい結論が浮き彫りにするのは（ただし受け入れがたい結論が引き起こすとは私たちは主張しない）、正しい行為を規定する道徳的な理論は最終的に簡潔な公式に収束するべきだという考え方そのものに対する問題である。私たちには異なった種類の理論が必要なのである。私たちは単によりよい公式を必要とするだけでなく、トーマス・ヒルの環境徳倫理学において暗示されるような、よりよい目標をも必要とするのである。

受け入れがたい結論

功利原理（principle of utility）の標準的なバージョンは、「行為は、幸福を最大化するときに、かつそのときに限り、正しい」、というようなことを主張する。

では、幸福を最大化するとはどういうことを意味するのか。第一に、この原理はある総体（aggregate）、つまり、あらゆる人の幸福の総計（sum）に言及している。[4] 第二に、この幸福の量は、極めて自然に、平均の量ではなく、全体の総計の量であると考えるのがごく自然である。第三に、その幸福の量は表面的には量的なものであり、最大化されうる類いのものに言及している。しかしながら、パーフィットが記述しているように、この見たところ無害な第三の点にかかわる問題が存在する。

私たちが、子どもを一人もしくは二人もうけることを決断しようとしていて、しかも、二人の子どもは、将来、子どもが一人の場合と同じくらいそれぞれが幸福になることを疑う余地がないとしよう。もし子ども二人で、子どもが一人の場合と同じくらいそれぞれが幸福になるのだとしたら、その場合私たちは、子どもを一人もうけるよりも、二人もうけるほうに、より多くの功利が、実際にはおよそ二倍の功利が存在するという結論を出す。

一見したところ、子どもを二人もうけるほうに功利的根拠があるように思われるだろう。ところが、パーフィットが指摘するように、正しい行為は幸福の総量（total）を最大化するという原理を私たちが支持するとき、私たちは以下のような受け入れがたい結論に肩入れすることになる。

「極めて高い生の質を持っている、少なくとも百億人の人口からなる集団についても、次のような、なんらかのずっと多数の人口を必ず想像できる。その人口の存在は、もし他のことが等しいならば、そのメンバーがかろうじて生きるに値する生を送っているとしても、〔右の百億人の存在よりも〕よいことである」（Parfit 1984, p. 388〔邦訳五二八頁〕）[4]

これこそ、パーフィットが「見たところ無害な第三の点にかかわる問題が存在する」という先の結論に至った方法である。図10・1は三つの考えられうる人口を描き出している。ブロックの幅は、生活している人々の数を示しており、高さは彼らの平均的な生活の質を表している。人口Aにおいて、人々の生活は、平均的に、かなりの程度生きるに値するものである。人口Bは、人口Aと比べた場合、Aの人口に付け加えられた集団を含んでいる点でのみ異なっている。これら付け加えられた集団の人々の生活もまた、生きるに値するものであるが、ただし、人口Aの人々の生活よりも少ない程度である。付け加えられた集団の存在は、人口Aの人々に全く影響を与えないということにしよう——つまり人口Aのメンバーたちは、この新しい集団の存在を知りもしないのだ。その場合、問いは以下のようになる。「AからBへ移行することで、つまり、生きるに値する生活を営んでいる人々を単純に追加することで、私たちは状況をより悪化させてしまうか」

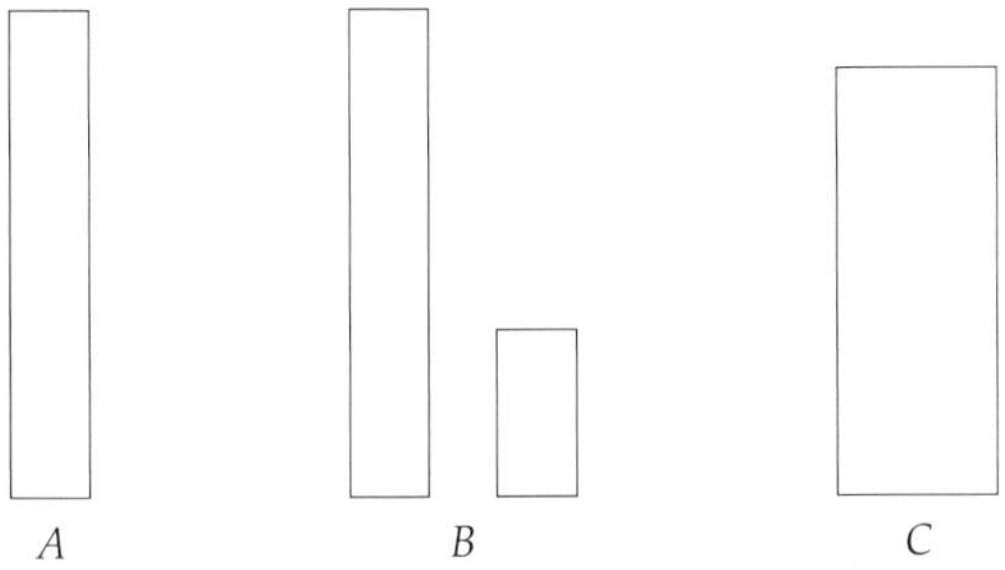

図 10・1　人口の規模と平均的な生活の質。人口Bは、生活が〔人口Aや人口Bのもう一つの集団と比べて〕あまり幸福ではないが、それでも生きるに値する人々の集団を加えているという点でのみ、人口Aと異なっている。人口Cは、人口Bにおける恵まれていない集団に大きな利得を与えるために恵まれている集団に小さな負担を課すことでBにおける二つの集団の幸福を平均化したものである。ブロックの幅は人口の規模を、ブロックの高さは平均的な生活の質を表している。

　そうした追加を非難することは想像しづらい。議論の前提からすれば、誰の権利も侵害されることなく、功利の総量は多くなり、新しい人は各々そこに居られて幸せなのである[5]。控えめに言っても、BはAと比べて悪くは

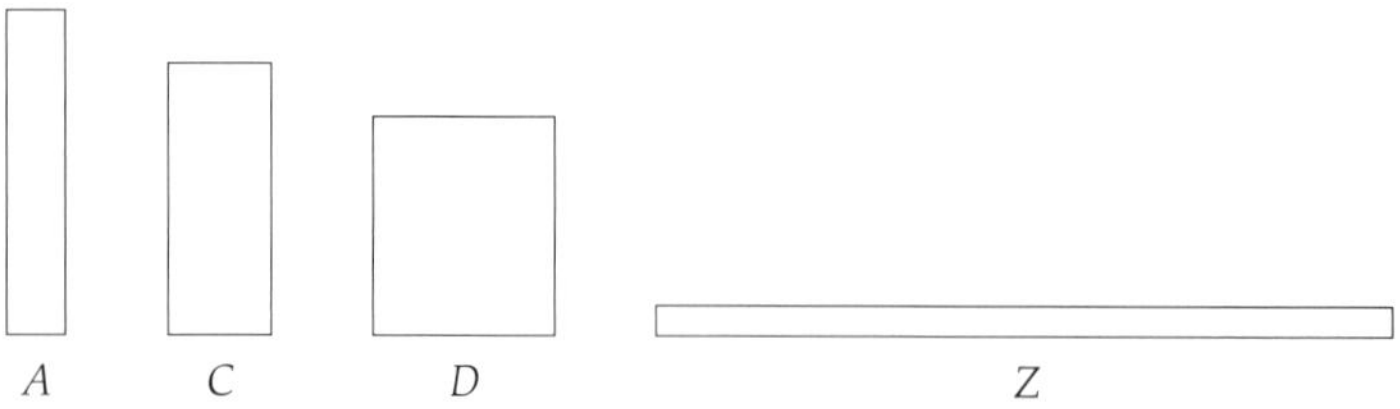

図 10・2　生活の質と増加する人口の規模。図 10・1 で描かれた手順を繰り返すことで、最初のAよりもかなり劣悪なZという状態に至る。ブロックの幅は人口の規模であり、高さは平均的な生活の質を表している。

ないように見える。では、BをCと比べた場合どうか。Bのよりよい方の集団は、Cになると、より悪い状態にされてしまった。しかし、その損失は、より悪い方の集団が達成した利得よりも小さいのであるから、功利の総量は上がっている。結果として生じる配分は、平等主義的根拠に基づいても、勝っている。そうすると、さまざまな根拠に基づいても、Cは少なくともBと同じくらいよいのである。[6]

もちろん、図10・2に描かれているように、この手順を繰り返した場合に、問題が生じる。もしAからCへの移行が正当化されるなら、なぜCからDへの移行や、そこからさらにZまで移行してはならないのか。言い換えれば、人口を倍にする一方で平均的功利の減少が五〇％未満にとどまることによって、〔全体の〕状態がもう一つのものよりも改善されるのであれば（あるいは少なくとも悪化しないのであれば）、平均的に、かろうじて生きるに値するにすぎない生活を営んでいる膨大な数の人々が残るところまで、なぜ続けないのか。[7]

これこそ「受け入れがたい結論」にほかならない。この難問を初めて見た人にとって、Zが道徳的に望ましいという結論、もしくは単にZはAと比べても全く劣らないという結論さえ、ばかばかしく聞こえる。ある社会の成員として平均的な人が、交通渋滞や足のつまずきやトイレの不調など、何かひとつ害悪が増えただけで自分たちの生活はもはや生きるに値しないと結論せざるを得なくなるほどに悪い状態に置かれている場合、単に規模がはるかに大きいというだけの理由でその社会は他の社会よりも優れているなどということが、どうしてありえようか。

一般化する――功利主義にとっての問題

ここで簡単な応答を示そう。総量功利主義（total utilitarianism）は、人口が固定した世界では十全に機能するが、人口の規模が私たちの選択によって変動する世界ではより洗練された判定規準が必要になる。このより複雑な世界にあっては平均功利主義（average utilitarianism）の方が功利主義の直観的魅力をより的確に捉えることができる。この理論によると、行為は平均功利を最大化するときに、かつそのときに限り、正しい。しかしながら、パーフィットが気づいていたように、平均功利主義もそれ固有の問題を抱えている。「別の受け入れがたい結論」はこうである。おおよそ私たちのような生活の質を有する人々のいかなる集合に対しても、言ってみれば、次のようなより少ない人口からなる集団を想像することができる。すなわち、現在の人口がより少なくなった場合に、平均的によりいっそう幸福になるから、それだけよくなるであろうような、そういったより少ない人口からなる集団（それを極限まで進めていけば、神のごときただ一人の功利の怪物[5]（Utility Monster）となる）である。

環境主義者のなかにはこれを受け入れがたいとは思わない人たちもいるだろうが、だがそれは人口過剰に反対する他の理由があるからである。その人たちにとって、人々の幸福よりも重要となる事柄、おそらくははるかに重要となる事柄が世界にはある。言い換えれば、その人たちは功利主義者ではない。とはいえ、功利主義者にとって、別の受け入れがたい結論は元々の受け入れがたい結論と同じくらい問題なのである。

要約すると、一般的なかたちでその問題を述べれば、幸福の総体については二種類の機械的な尺度があるということだ。つまり、総量もしくは平均という尺度である。実際には、そのような尺度に本当の意味でたどり着くのは非常に難しいかもしれないし、事実上不可能である。しかし、受け入れがたい結論が浮き彫りにした問題は、さらに深いところへと進む。つまり、〔功利主義的な計算によって〕数値がたとえ簡単に得られるものだとして、しかも数値の精確さに疑いの余地はないとしても、私たちはその数値を信頼することができないだろうということである。どちらの功利主義的な数値でも――つまり、総量幸福でも平均幸福でも――、功利主義を最初に説得力のあるものと感じさせる私たちの直観を信頼できる仕方で捉えることはできないという事実は残るだろう。(8)

さらに一般化する――あらゆる行為中心理論にとっての問題

この問題は、功利主義にとっての問題にとどまるものではない。あらゆる行為中心的理論にとっても問題である。つまり、行為を導く規則の特定をおもな課題とする道徳理論にとっても問題である。行為中心的観点から、受け入れがたい結論がなぜ受け入れがたいのかを説明するのは難しい。功利主義理論は、行為の評価を、行為が望ましい事態をもたらす傾向性に基づかせており、AからB、BからCという最初の移行が望ましいということをひとたび受け入れれば、その移行を止めるための手段が功利主義理論にはほとんど残されていないということはすでに見てきたとおりである。

義務論的理論は、それよりはましなものに見えるかもしれない。なにしろ義務論的理論の場合、ある行為の道徳性の評価を、行為がある一定の事態をもたらす傾向性には基づかせていないので、たとえBがよりよい状態だと判断を下しても、AからBへの移行を認めないことができるからである。それにもかかわらず、ある義務論的理論があえて困難な方法を取って、（義務論の最も厳格な形態がそうであるように）私たちが事態を評価する際、結果はなんら役割を果たすべきではないと主張したとしたら、それはまずい応答である。しかしながら、受け入れがたい結論を上手く軌道に乗せるために必要なのは、結果がなんらかの役割を果たすべきだということだけである。もしCが、なんらかの道徳的に適切な根拠に基づいてAよりも優れているならば、その場合、AからCへの移行に賛成する道徳的立場に対抗してそれをくつがえす道徳的事由が存在することを示す挙証責任は義務論者たちの側にある。しかも、そうした道徳的事由はありそうもないように思われるのである。一体誰がAからCへの一連の移行において単なる手段として扱われるのか。その一連の鎖のどこに、普遍化されえない段階があるのか。さらに言えば、もし義務論的観点からZになんらかの問題があるとすればそれは何か。誰の権利が侵害されているのか。さらに突っ込んで言えば、Zがよりよい状態だということを単に承認することで、誰の権利が侵害されるのか。ある理論は、AからZへの移行はなんらかの理由によって容認できないと主張することで面目を保とうとするかもしれないが、その移行の適切さについて難癖をつけたとしても、それではあまりにも無力で遅きに失した言い逃れにしかならない。もしある理論が、Zはよりよいと認めるならば、それがZへの移行を禁じているかどうかにかかわらず、その理論はすでに窮地に陥ってしまっているのである[9]。

義務論的理論は、付加された人口が存在するに至ったことが善いことなのかを考えることよりも、今存在する人々の扱い方を考えるのに適している。つまり、義務論的理論は、道徳的問題が段々と生態学的な様相を帯びてきている世界にはあまり適していないのである。

AからCへの移行に対する最初の功利主義的な論理的根拠は、どうも的外れである。ある意味では総量功利主義者は誤った考えを持っているのだが、それは結果が関連するかどうかについて誤っているのではなく、結果が関連する仕方について誤っているのである[10]。平均功利主義者は、せいぜいなところもう少しましな考えを持っているにすぎない。環境にかんする事柄が考慮の対象となったとたんに私たちはその問題から何かしら逃れることを望むのかもしれないが、より大きな人口のなかでの生活は結局のところ生きるに値するものだということは、この問題のうちに組み込まれている。それゆえ、人々が環境の快適さについてどのような損失を被ろうとも、平均的な人々はそれにもかかわらず生きるに値する生活を、たとえそれがわずかしか生きるに値しないとしても、なんとかして営むのである。

同様に、人間中心的な義務論もこの問題を解決しないように思われるだろう。このより大きな人口からなる集団の成員はお互いを目的それ自体として扱うことに失敗している、と想定する特別の理由が存在しないからである。動物の権利を守るよう拡大された義務論では、比較的大きな問題が抱えている症状の一つを扱っているにすぎない。なぜなら、先の問題は、私たちが感覚を持つ他の生き物を取り扱うことを超えて、木々やそのようなものの理不尽な破壊にまで及んでいるからである。より大きな関心事は動物の権利ではない。つまりより根本的には、それは生態系にかかわる問題であり、おそらく美学的な含みを帯びた問題なのである。(11)

道徳理論を実行するために他の方法は存在するか

問題の核心に至るためにもっと直接的な方法があると思われるだろうが、しかしその方法をとるとなると、標準的な行為中心的道徳理論に見切りをつける必要があるだろう。課題の中心となるのは、少なくとも部分的には、人間的卓越性の理想を規定すること、つまり、人間にとって理想として意味をなす善き生の概念を規定することである。ただしその際、理想は奨励されるべき目標として受け入れられなければならないとは想定しない。私たちには理想に応答する他の方法がある。単純に理想を尊重するという態度、つまり、義務論を動機づけている直観とおそらくはいっそう調和する態度が思い浮かぶ。人間的卓越性の理想の一部には、同じように、環境に対するさまざまなかたちの感受性を含むことができる。とはいうものの、この場合もやはり、環境に対する感受性をもつということは、活動家として環境保護活動に取り組むことだ、などと想定する必要はない――単純に自然の美の真価を認めることも、よりいっそう称讃に値する、自然の美に対して感受的である一つのあり方である。[12]

トーマス・ヒルが示唆するところでは、環境が利己的に利用されることに対して私たちが覚える不快感は、環境的な財が非効率的な仕方で利用されているという私たちの信念だけから生じているのではなく、またそうした財を利己的に利用する人々がそうすることでなんらかの権利を侵害しているという信念だけから生じているのでもない。「あらゆる道徳的問いはもっぱら行為の正不正だけに関わるものであり、行為の正不正については、直接的に影響を受ける人々の権利や利益をその行為がいかにして侵害するかによってすべて決定される」と想定するのは間違いだとヒルは考える（Hill 2005, p. 48）。その代わりに、「どのような種類の人なら自然環境を破壊するだろうか」と私たちは問うべきだと提案する。この観点から問題にアプローチすることで、私たちが理解できるようになることがある。「たとえ（人間と動物を使用してそれに喜びを感じることとは無関係に）破壊的行為が間違いだと示すことにかんして納得のいく方法がないとしても、快く破壊的行為にふけることは、私たちが称讃し、道徳的に重要だとみなす特質を欠いていることの現れだとみなされるかもしれない」ということである（Hill 2005, p. 50）。樹齢百年にもなる弁慶柱というサボテンの一種[6]に自分のイニシャルを刻む人たちは、いかなる権利も侵害していないかもしれず、またその人たちが覚える満足感は、感覚を持つ他の生き物に生じる被害をはるかに上回るかもしれないが、そうした人々の性格にはなんらかの欠陥があるという事実は残る。ヒルの言葉遣いでは、その人たちはある種の謙虚さを欠いている

——つまり、自然の秩序における自らの位置を正当に評価する能力、あるいは「自分自身や自分が結びついている限定的な集団以外に、さまざまな事物を大切なものだと理解する能力」を欠いているのである（Hill 2005, p. 51）。

ヒルのアプローチは、リチャード・ロートリーが「〈最後の人間〉論証」と呼んでいる事例にかんして、ごく自然で核心を突く考え方を提供する。ロートリーの思考実験で提示される状況は次のようなものである。自分は人類最後の生き残りで、自分もすぐに死んでしまう。死後には、植物や微生物や無脊椎動物といった生命体しか残らないだろう。そしてなんらかの理由で、「死ぬ前に、ただ楽しむためだけに、最後に残っているアメリカスギ[7]を破壊するのがきっと面白いだろう」という考えが頭に浮かんできたとする。そのアメリカスギを破壊することになんらかの問題があるとすれば、いかなる誤りがあるだろうか。その木を破壊しても誰も傷つけないし、その場合何が問題であるのか。問題は、どのような人であれば、その最後のアメリカスギを破壊するのであろうかということである。どのような種類の人なら、実に美しく、雄大な生命体に対してそうした理不尽な破壊を楽しむだろうか。ヒルの問いは、まさに正しい問いであるように思われる[13]。

実際、一定数の哲学者たちにとって、ヒルの問いは私たちの環境倫理学についての考え方を一変させる見込みがある。比較的最近の環境徳倫理学の分野は、人間と環境の相互作用を統制してしかるべき性格の規範を研究することを目指して、発展してきた。そしてフィリップ・カファロ、ジェイソン・カーウォル、ロナルド・サンドラーといった学者たちは、理論面と実践面で実りある成果をあげるかたちで、この分野を発展させている（Cafaro 2004, Kawall 2003, Sandler 2007）。そうした学者たちは、環境にかかわる徳を構成する態度や気質を特徴づけようと試みており、さらに、より広い範囲にわたる環境倫理という分野において性格というものが倫理として果たす適切な役割を説明しようと試みている。また実践面で学者たちが重点的に取り組んできたのは、善意（benevolence）や節度（temperance）といった特有な徳の含意やそうした徳に必要な条件を明らかにすること、および消費者保護運動や遺伝子組み換え作物といった実際的な特定の問題に対して徳倫理学的アプローチがどのような影響を与えるのかを明らかにすること、その両方である。

ヒルのアプローチはまた、受け入れがたい結論に対処するための一つの方法を提供する。たとえ私たちが、受け入れがたい結論のうちで描かれる類いの社会Zを好むことの誤りについて決定的な説明を与えられないとしても、Zのことを好むような人であることには何か間違いがある。その何かをはっきりと述べるのは難しいかもしれないが、だからといって現実的でないわけではない。いかなる場合においても、ヒルはなんらかの的を射た明確な表現を実際に与えている。Zを好むような人は、謙虚さを持ちあわせていない類いの人間なのである。つまり、その謙虚さとは、それを持つことでより有徳な人が人間中心的理由だけでなく非人間中心的理由によって人間社会が生物共同体の中で適切に制限された役割を担っていることの価値を理解できるようになる特質のことである。

文脈をある程度詳細に定めずに性格について正確な判定を下すのは困難である。そして、ある人がZに対して示した選好（preference）が、道徳的評価に値するほど真剣に受け止められるのにふさわしい文脈を想像するのも難しい。次の節では、AからZへの移行を「選択する」人について語ることが意味をなす状況を描き出すことにしよう。しかしながら現段階では、指をパチッとならすことで、遠く離れていてしかも（それ以外にも）因果的にも離れた宇宙に、AもしくはZのような人口を一瞬にして出現させるという選択肢が知り合いの誰かに与えられたと仮定しよう。おそらく、他の価値が問題となっていないので、そうした状況において人口Zを選ぶ気質は、単純に、ZはAと比べてよりよい状態だと信じていることを意味している。

そうすると、AよりもZを好む人の性格について私たちは何を言うべきであるのか。Zは最終的にかなり悲惨な場になると思い浮かべてもらいたい。人々の生活は、確かに、それでも生きるに値するものである。しかし、かろうじてそうであるにすぎない。それでも人生が生きるに値するものだと信じている人がいて、その人がどれほどの悲惨さに耐えられるのかを考えてもらいたい。そこで、そうした人々で溢れた世界――かなり混雑した世界――の全体を考えてもらいたい。それよりも少数だがとても幸福な人々がいる宇宙を先ほどのZのような世界と同じくらい簡単に作り出すことができる場合に、どのような種類の人がZのような類いの宇宙を出現させるのか。そうすることにどんな意味があるだろうか。総量功利主義者に反して、直観的にはなんの意味もない。

そうしたZを選ぶ気質に対しては、それは「ある種の強迫観念」に基づくものだと説明するのが最も自然であるように思われる。特定の他者の幸福は重要だと考えるのが普通である。ここから一般化して、幸福それ自体が重要だと考えるのも普通である。この抽象化が、世界Aよりも、世界Zの具体的な悲惨さを選好する理由につながると考えるのは、まともではない。よくある強迫観念の事例と同様に、より広い視点から物事を捉えることが全くできないという極端な無能力こそが、この事例でも間違いに至ってしまう原因だと思われる。この点でそれは、もともと清潔さを健康のために（そして健康を長きにわたる喜ばしい人生のために）求めているが、最終的に強迫観念に駆られて掃除をするようになってしまう人と大して変わらない。合理的な原則――できるだけ清潔にせよ――として始まったことが、価値ある生の他のあらゆる側面に勝る、明らかに不合理な規則へと様変わりしてしまったのである。

それゆえ、最終的に強迫観念に駆られた清潔さの追求は、最初に人々を清潔さの追求へと導いた価値そのものを台無しにしてしまう。また、人間中心的な観点から何より重要であることが、あたかも自分自身（もしくは、その人が卓越性を達成しているかどうかといった、おのれの幸福以外にその人にかかわる何か）というよりむしろ幸福であるかのように、幸福の数値を最大化することで頭がいっぱいの人間であることにも、何か同様の誤りが存在するのである。

人口過剰の助長にかんして

もちろん、実際の世界において、人口は、いかなる個人の選択によって生み出されるものでもない。個人と家族は人口を選ぶわけではなく、子どもをもうけるかどうかを選ぶのである。人口は、ただそのようなたくさんの決断の組み合わせから（大体は予期せず意図されない）結果として現れるにすぎない。それゆえ、人口Ｚに対して心からの選好を抱くある人物の性格について私たちがいくつかの問題を挙げられるという事実は、実際に私たちをＺへと向かわせる人々や政策について言うべきことを決定する際にほとんど影響を及ぼさないように見えるかもしれない。性格中心的倫理学には、こうした人口にかんするより実際的な問いについて、なんであれ何かいうべきことがあるのか。

誰かただ一人の選択による産物でない限りにおいて、望ましくない人口は大気汚染と同様にいわゆる負の外部性と見なされうる。[8] 自分たちがもうける子どもの数を制限するいかなる家族の決断も、人口全体の規模や福祉に重大な影響を及ぼさない。それはちょうど、いかなる通勤者であっても一日だけ自転車で仕事に通勤することを選択したからといって、大気中のスモッグの量にたいした影響を及ぼさないのと同様である。しかしながら、どちらの場合でも、そうした決断をしない多数の個人から生じる総体としての結果は、悲劇的なものである。

議論のために、現在の人口に多数のメンバーを加えることは、持続不可能な（もしくは望ましくない）人口増加の一因になると仮定してもらいたい。その場合に大家族を養うのであれば、それは結局、ある種の公共善への貢献に失敗することに等しいだろう。[14] もしそうなれば、望ましい人口を達成するには、大半の家族の側による自制という一般的方針が必要になるだろうし、さらにそうした状況で大家族を持つことは、他の人々の自制に対するただ乗り(free-ride)になるだろう。ここでの無責任さは考慮に入れる必要はなく、多くの家族は自分たちが養える以上の子どもを持つことの結果をただ単に知らないだろう(しかもわざわざ調べ出さないだろう)。しかしながら、ポイントとなるのは次の点である。すなわち、行為中心的理論は、小さな危害しか与えないただ乗りに直面したときに私たちがときおり感じる憤慨を説明するには不十分である(あるいはその場しのぎや遠回しな仕方や、さもなければ満足のいかない仕方で説明する)のに対して、性格中心的理論は、受け入れがたい結論を助長する人々を短絡的だとか、無責任だとか、意志薄弱だとか、自分勝手だとか批判するための豊富な語彙を提供しているという点である。

人口過剰を助長する人々のどの点が間違っているのかを環境の観点から明らかにする見方を、徳倫理学は与えてくれるだろうか。(1) 功利主義者なら、そうした人の行為は環境に対して劣悪な結果をもたらすと主張することができ、これは重要な点である。(2) 義務論者なら、環境に対して劣悪な結果を十分にもたらす行為は、結局のところ普遍化されえないことになると主張することができ、さらにまた、そうした行為は、同じ環境を将来使用する他者を目的それ自体として扱うことに失敗している可能性がある、と主張することができる。(3) 徳理論家であれば、そうしたことをする行為者は、生物共同体の一員として劣悪な人間だと主張することができ、これは功利主義者や義務論者の主張とは異なるものである。徳理論家は、この(3)の結論が真であるのは(1)の結論が真であるのが一因だからと認めることができるが、それに続けて、良い結果が出る仕方で行為することにとどまらないそれ以上のことが善き人であることのうちにはあるのだと主張することができる。善き人は思慮深いから、結果を気にかける。また、善き人は、多くの価値の在処が存在する世界において自分自身も価値のひとつの在処にすぎないと考えており、しかも評価に値しうるのは人間だけではないと認識しているという意味で、慎ましいのである。

直観と理論

道徳理論に対する一つの誤った理想は、正しい理論は経験という思慮の代わりになりうるという意味で簡潔なものだろうという考え方である。自分たちに功利主義がもっともらしいと思わせるような直観は、功利主義者が提供すると主張することもある簡潔な公式では実際のところ捉えられないと思慮ある人は理解しており、その点こそが受け入れがたい結論にとって重要な点である[15]。

理論は、そっくりそのまま直観を代替するものになるわけではない。理論は、簡潔な公式で私たちの直観を捉えようと試みる。どうすれば私たちは道徳性の直観的なニュアンスのいくつかを失わずにそうした直観を捉えられることができるのだろうか。もちろん、理論には反例があるだろう。私たちの理論でもって明確に表現しようとしている直観に照らして、自らの理論をテストし続けることが哲学者の傾向である。そしてもちろん、道徳理論というかたちで道徳的直観を明確に表現する私たちの営みは、いつまでも完璧なものとはならないだろう。

理論は私たちの直観を体系化しようと試みる。だがそれは、単純な弾道ミサイルの軌道がそれよりも複雑な誘導ミサイルの軌道を辿るように、弾道ミサイルを発射しようと試みるようなものである。反例を挙げるという作業は、弾道ミサイルが誘導ミサイルのもっと入り組んだ道筋から外れた場所を提示するというかたちをとる。これは、道徳の理論化というプロジェクト全体に対する懐疑的見方の表明であるというよりはむしろ、行為中心的な道徳の理論化こそ進むべき道だとする、より特殊な前提に対する懐疑的見方の表明である。行為中心的理論は、直観を明確に表現しようと試みる一つの方法である。行為中心的理論が最善の方法だと想定する理由はない。そのようなものは何も保証されないのである。おおよそ保証されるのは、行為中心的理論は不完全な手引きを与えることになるということであり、いまのところ私たちにはそれに対する反例の兆しは見えない。

私たちは、以上のことを行為中心的理論に反対する決定的な論拠として示しているわけではない。私たちの結論は、行為中心的理論は一定の価値を有しているということであり、全く価値がないということではない。徳倫理学は、あらゆる可能な状況を網羅する決定手続きを道徳的行為者に与えることが（もし仮にそれが一つの目的であるとしても）道徳理論の中心的目的ではないということを私たちに思い出させてくれる。道徳理論が対象としているのは、すでに自らの生活を送っている最中の人々である。その人々は、哲学こそが自分たちの生を反省することを助けてくれると願って、哲学のもとへやってくる。道徳理論がその力添えになるのであれば有意義であると言える。もし力添えにならないなら有意義であるとはいえない。受け入れがたい結論のような事例が私たちに示しているのは、行為中心的理論は普遍的な決定手続きとしては有用ではないということである。けれども、正しい教訓は、行為中心的理論が役に立たないということではない。むしろ、たとえ限定的であるにしても有用な洞察を思慮ある人々がそこから手に入れられるような源泉として行為中心的理論を扱った方が良いのである。

結びに代えて

トーマス・ヒルが言うように、「その行為のどこに誤りがあるのか」ではなく、「どのような種類の人がその行為を為すだろうか」が問題となる場合がある。「受け入れがたい結論」が示していると思われるのは、道徳的問題が、行為功利主義の観点からさえ、単純に功利の総量を最大化する方法の問題ではない場合があるということである。私たちが提示した「別の受け入れがたい結論」は、平均功利主義がその問題を解決しないということを示していると思われる。それゆえ、あらゆる道徳的決定手続きのうちもっとも単純で、もっとも機械的な行為功利主義は、それ自体で見ても、原則上でさえ、機械的手続きとして信頼に足るものではない。道徳的判断には、単なる計算能力ではなく、思慮が必要なのであって、思慮にとっては単純なレシピなど存在しないのである。

行為中心的理論が道徳的な意思決定を技術から科学へと転換する点で、行為者中心的理論よりも優れているということは単なる見せかけにすぎず、しかもその見せかけは誤解を招くものである。広く普及している行為中心的理論には、思慮ある道徳的行為者がおそらく鋭敏に感じ取る考慮すべき事柄のいくつかを特定するための価値理論が含まれている。それこそが、行為中心的理論の道徳的思慮に対する貢献である。この貢献は重要なことであるが、行為中心的理論はそれより優れたことを行ったことがないし、おそらく今後行うことも決してないだろう。

人間の権利は、動物の権利と同様、それが危機にさらされているときはいつでも重要になる。利益は、危機にさらされているときに、重要になる。人を目的それ自体として扱うことは、その人およびその人の目的が危機にさらされているときに、重要になる。それに対して、おそらく普遍化可能性が重要であるのは、なんらかの独立した仕方においてである。しかし、もし普遍化可能性がなんらかの独立した仕方で問題になるのであれば、それはおそらく普遍化可能性が行為者の性格について語る事柄の観点から重要であるだろう。要するに、自分が普遍的法則であることを意志することができる仕方で行為することが、ほぼ間違いなく、誠実に行為することの本質だということである。つまり、私たちがそのようにして行為するとき、私たちは、全世界の目にさらされること、透明化することに躊躇することのない動機から行為をしているのである。もし仮にカントが正しかったとしたら、人が普遍的法則であることを意志することに従って行為することこそが、善意志の本質であり、（その「善意志」はカント研究において悪評の高い専門的概念であるが）善意志は性格の状態であるように見える。徳理論としては、善意志が唯一それ自体で善いとするカントには同意しないかもしれないが、善意志が基本的なものであるということ、また、人が自分の性格を整ったものとしない限り、人生における他の善いものは灰と化してしまうということには、直ちに同意するかもしれない。

最終的に、人を目的として扱うことや権利や利益の話は、私たちが人間あるいは感覚を持つ他の生物の扱い方について論じているときに、とりわけふさわしいと思われる。そしてそれこそが、私たちが前の段落で論じていたことにほかならない。しかし、その問題が、アメリカスギのような感覚を持たない被造物、もしくはそのような生物共同体と人の関係にかかわるものであれば、どうだろう。直観的には、トーマス・ヒルの問いこそがまさに問われるべき問いなのである[16]。

原註

（＊）この論文は、Zwolinski and Schmidtz 2005 および Schmidtz 2001a のなかにある文章の一部を組み込んでいる。

（1）もし仮に道徳性が実際単なる（あるいはおもに）規則の体系であるとしたら、非常に賢い十代の若者がただそうした規則を読んで、習得するだけで道徳の熟達者になることができると期待されるかもしれない。道徳性についてそうした見解が誤りだと考えられる一つの理由は、道徳的熟達は記憶というより思慮や経験の問題だと考えられているという事実のうちにある。Annas 2004, 2006 §A. 3, Hursthouse 1999, pp. 59ff〔邦訳九一頁以下〕を見よ。

（2）実際、ダン・ラッセルが議論のなかで記述したように（本書三〇～三一頁（原著 p. 18））、この点はジュリア・アナス、エリザベス・アンスコム、ロザリンド・ハーストハウス、フィリッパ・フットといった徳倫理学者たちが、事実上多かれ少なかれ共同戦線を張っている点の一つである。

（3）環境徳倫理学の先駆者としてのヘンリー・ソローにかんするフィリップ・カファロの優れた文献も見よ（Cafaro 2004）。

（4）幸福の総体を信頼できるかたちで表す数を見つけ出すことに私たちが困難を覚えることになるのは明らかである。しかし、功利主義者たちは、それは可能だと主張せざるを得ない。あるいは、少なくとも、最大化の理想は、信頼できる数がないときでさえ、道徳的熟慮にとっての有用な指針として役に立つ可能性があると主張せざるを得ない。私たちとしては、その仮定を議論のために受け入れる。それはそれとして Schmidtz 1992 を見よ。

（5）人口全体の平均功利は、もちろん減っている。しかし、もともとの集団の平均功利は変わらないままであり、このことが重要な考慮されるべき事柄であるべきだと考える理由が存在する。もし私たちが、追加前というよりもむしろ追加後に存在する人口の平均功利に基づいて行為の道徳性を判断するならば、その場合、平均功利は、平均より下回る程度しか幸福ではない人々全員を葬り去ることを容認するように思われるだろう。間違いなくこれは、世界をより幸福な場所にする方法ではない。

（6）こう言ったからといって、容認できない仕方でBからCへの移行がなされる可能性を否定するわけではない。また、他の仕方でなされれば望ましいと言える状態が、容認できない仕方でもたらされることによって、非難に値するものとなりうるということさえ否定するわけではない。そのような仕方で移行がなされるのではないと想定する限りでは、CはBより好ましいように見えるのである。

（7）生活がかろうじて生きるに値するにすぎない、という言葉は何を意味しているのか。表面上、この記述は、生活がかなり悲惨な状態であることと両立する。これは、いずれにせよ、この章の目的のために私たちが行う解釈である。しかしながら、よく考えてみると、ある生が生きるに値するという判断は、特定の観点が欠けているなかではいかなる具体的な解釈も与えるのが難しい判断であるかもしれない。すでに自分の生を送ってしまっている人は、外部からその世界を観察して（無意識的な現在の状態のままでいるよりもむしろ）その生を送ることにそれ相応の価値があるか判断する人と比べた場合、自分の生は生きるに値するものだと心から信じる傾向がよりいっそうあるかもしれない。おそらく、自らの生を送っている人が、その生活には価値があると確信するよう強いる心理的な力があるのだろう。あるいはひょっとすると、その人たちが、ある特定の時点に置かれているという事実が関係しているのかもしれない（過去にあった代償は消え去り、未来への希望が常に存在する）。これらは、実在する個人が表明した選好を割り引いて考える理由であるのか。他にはどんな事態が考えられるだろうか。

(8)マイケル・ヒューマー(Huemer 2008)は、同様に、受け入れがたい結論はあらゆる功利主義的枠組みのなかで避けて通れないものだと論じた。ただし、彼はこのことを、功利主義を捨て去る理由というよりもむしろ、受け入れがたい結論を受け入れる理由として扱っている。

(9)私たちが「別の受け入れがたい結論」と呼んでいるものの場合、人類の大半を消し去ることにかかわるような犯罪を義務論的に禁止することは容易である。しかしながら、この場合でも、もし人類のすべてが実質的には消えてしまったとしたら世界はおそらくよくなると考える類いの環境保護主義者の何が間違っているのかを説明するために、普遍化可能性や人格に対する尊敬といった言葉を使うことには問題が見られる。

(10)もう一つの他の可能性としては、契約主義的な仕方で、つまり、問題になっている功利が代替不可能だとすることで、帰結主義の問題を扱うことだろう。任意のいかなる人にとっても、功利が多ければそれだけその人にとって良いということは確かであるが、しかしいかなる人の功利であっても、より多くの総計を作り出すという仕方で他のいかなる人の功利とも交換されうるということは真ではない。そのような理論は、功利が交換されうるのが真である場合にAからZへの移行に賛成する功利主義的に見える立場を退けるだろうが、しかし〔AとZの〕比較検討を一切拒み、それゆえにAはZと比べて何か行為者中立的に望ましいと認めることも拒むという代償を払うことになる。非総量的な形態の功利主義の議論については、Coons 2012を見よ。

(11)選好のための理由よりもむしろ行うべき正しいことにかかわる問いとして問題を作り直している関連する議論については、Narveson 1967を見よ。また Booin-Vail 1996も見よ。

(12)マシューズ(Matthews 2001)の主張によれば、環境保護主義者の過激派は、生物共同体を征服しようとする他のあらゆる人々と同じ過ちを犯しているという。つまり、「手をつけずに放っておくこと」という本当の意味で環境保護の精神を受け入れることができていないのである。

(13)このパラグラフは、シュミッツとウィロットの論文「〈最後の人間〉と客観的価値の探求(The Last Man and the Search for Objective Value)」第二章を転載している(Schmidtz and Willott 2001)。

(14)明確にするために言えば、私たちはこの前提を受け入れていない。しかし、この前提により、以下のような二つの事柄を見事に描き出すことができる。つまり、功利の観点からよりも普遍化の観点からのほうが、ごく小さな危害に対する憤りをより上手く説明することができるということ、また、他者の犠牲でただ乗りする人の性格についてそうした〔ただ乗りという〕振る舞いが明らかにすることを考慮に入れるのであれば、功利の観点からよりもさらに上手く説明できるということ、その二つである。

(15) ミルを偉大な道徳哲学者にしたさまざまな特徴のうちの一つとして、ミルが功利主義の簡潔な公式にしかるべき以上の比重を置くことを拒否した点がある。『功利主義』の読者たちは、ミルの思慮深く繊細な道徳的分析のなかに、アルゴリズムのようなものが働いているのを見出すことは決してないだろう。

(16) 私たちは、種的平等主義者でなくても、自然に対して尊敬の念を持つことは可能であるとSchmidtz 2001bでは論じている。実際、ジャガイモとチンパンジーは道徳的に同じ地位にあるという見解は、自然に対する真の尊敬とは両立しない。真の尊敬は、生き物の共通点を認めるが、同時に差異もまた認めるのである。

訳註

〔1〕Biotic Communityはアルド・レオポルド『野生のうたが聞こえる』(新島義昭翻訳、講談社学術文庫、一九九七年、三三八頁)に倣い「生物共同体」とした。そのなかでレオポルドが明言しているように、この共同体には人間や動物といった生物はもちろんのこと、土壌や河川なども含まれている。

〔2〕タコノマクラ(学名:Clypeaster japonicus)は、刺皮動物門ウニ網タコノマクラ目タコノマクラ科の水棲動物。焼き菓子の「甘食」を彷彿とさせる丸い形状で、殻の直径は十センチほど。日本では陸奥湾〜九州に分布(『魚類レファレンス事典』日外アソシエーツ、二〇〇四年、五六八頁を参照)。

〔3〕本章では、aggregateを「総体」、sumを「総計」、totalを「総量」と訳している。

〔4〕補いは邦訳者である森村によるもの。また本訳では若干の修正を加えている。

〔5〕「功利の怪物(Utility Monster)」とはノージックの表現である(ロバート・ノージック『アナーキー・国家・ユートピア』上巻、嶋津格翻訳、木鐸社、一九八九年、六五頁を参照)。

〔6〕弁慶柱またはサワロ(学名:Carnegiea gigantea)はサボテン科の多年草。白い花を咲かせ、高さは十五メートルほど。

アメリカ合衆国南西部からメキシコ北部に分布する。その寿命は最も古いもので六百年と言われ、高さも五十メートルになるものもあったという（伊藤芳夫『サボテン科大事典：二六六属とその種の解説』、未来社、一九八八年、四三九頁を参照）。

〔7〕アメリカスギまたはセコイア（学名：Sequoia sempervirens）は、スギ科セコイア属の常緑針葉樹。セコイアは、北米オレゴンからカリフォルニアにかけての沿岸霧帯にみられる。セコイアスギ属は巨大な円柱状に育つ木で、樹高百十メートルで、おそらく世界で最も背が高くなる。樹皮は赤褐色、柔らかく海綿状で、有用材を産する（Michael Allaby 編、駒嶺穆監訳『オックスフォード植物学辞典』、朝倉書店、二〇〇四年、二三四頁を参照）。

〔8〕著者によれば、原語の externality（外部性）は、経済用語の negative externality（負の外部性）あるいは external cost（外部費用）のことを指す。外部性とは、ある経済主体の意思決定が、他の経済主体の意思決定に影響を及ぼすことで、負の外部性は他の経済主体に不利益を与える場合や、不利に働く場合のことである。例えば、工場が煤煙を出し、それによって近隣の住民や他の企業に害を与える場合などである（『岩波　現代経済学事典』岩波書店、二〇〇四年、九四〜九五頁参照）。

第11章
ビジネス倫理に対する徳倫理学的アプローチ(*)

エドウィン・ハートマン

徳倫理学の観点からのビジネスに対する最初の有力な批判は、アラスデア・マッキンタイア（MacIntyre [1981] 1984）によるものであった。しかし、ビジネスにおける利益という動機は徳を損なうというマッキンタイアの主張を、多くのビジネス倫理学者たちが読み、論じてきたものの、彼に同意した者はほとんどいなかった。ほぼ全てのビジネス倫理学者たちが信じているのは、——それはなんら驚くべきことではないが——ビジネス倫理のようなものが存在するということだ。マッキンタイアは、そのように考えてはいなかった。ロバート・ソロモンの『倫理と卓越性（*Ethics and Excellence*）』（Solomon 1992）は、明らかにアリストテレスに負っているところがあり、マッキンタイアのものより影響力があった。それはもしかすると、ビジネスにも徳が存在する可能性があるとソロモンが論じたからかもしれない。

幾分かはソロモンやマッキンタイアの影響の結果として、この分野における徳倫理学的アプローチは圧倒的にアリストテレスに影響を受けている。それに比べるとアダム・スミスやヒュームはずっとわずかしか引用されていない(1)。ソロモンとマッキンタイアの両者は、エウダイモニア主義の一形態を、つまり倫理学は主として善い性格を持つ人にとっての善き生にかかわるものだとするアリストテレス特有の考え方を、受け入れているように見える。だから、〔そこでは〕ビジネスの営みがある人の性格に対してどのような影響を与えるのかが問題となる。この見解は、善き生の本性にかんしてなんらかのことを示唆するのみならず、倫理的であることの理由も与えている。それはビジネスパーソンとビジネスを学ぶ徒にとって大きな問題なのである。

しかし徳倫理学的アプローチは、このビジネス倫理という分野では広く受け入れられているわけではない。その理由の一つとして、〔経営〕組織論の研究者たちの影響があげられる。組織論とは、大雑把に言えば、組織のシステムと構造の研究、およびそれら組織のシステムと構造が企業実績に対して及ぼす影響にかかわる研究である。こうした分野の研究者たちは、大抵、有効なマネージメントの原理を特定しようとするので、倫理的原理の観点も理解することができる。ただそうはいっても、大抵の組織論研究者たちは、科学的であることを望んでいる（Ghoshal 2005 もそうである）。彼らは、自然科学者たちが探求するように、容易に観察できて量化可能な変数の間の因果関係を求めていると自認している。おもに組織論を教え込まれたビジネス倫理学者たちは、倫理学をその下位区分と見ている。彼らは、倫理学の助けとなる変数に焦点を当てている。彼らにとって倫理学が通常どのようなものと扱われているかというと、倫理的だという評判が問題となるもの、もしくは法則やそれと似たような測定可能な変数にかかわる滅多に問題にならないものと説明して済まされているのである。ビジネス倫理に携わる道徳哲学者たちは倫理学が科学的だとは信じていないが、それでも彼らは組織論研究者たちと話し合わなければならない。組織論研究者たちは、道徳哲学者を数で上回り、より多く票を得ているからだ。倫理的判断の正しさを証拠立てて述べることはそれなりに難しい。つまり、徳倫理学の明らかな曖昧性を擁護しなければならず、また倫理学における唯一の判定規準は存在しないため倫理学は費用便益分析とは異なっているという見解を擁護しなければならないなら、難しさは増すのである。こうした指摘は、徳倫理学的アプローチが多くのビジネス倫理学者たちに魅力的ではないと思われている理由を説明してくれる。

私がここで論じようと思うのは、組織論研究者たちの見解は、多くの経済学者の見解と同様、皮相的な功利主義に基づいているという点である。その皮相的な功利主義は、さらに、人間の動機と合理性にかんする、過度に単純化され誤解を招く恐れのある概念に基づいている。アリストテレス的な見解は、より精巧で、より説得的な見解を与える。そして、その見解は、原理に基づくアプローチよりも、いっそう役立つ仕方でビジネスの文脈に適用される。それゆえ私は、資本主義が組織内部における徳にとって有害だと信じるマッキンタイアには同意しないのである。

倫理学の経済学的見解

〔経営〕組織論は――それゆえビジネス倫理学も――、経済学の影響や、経済学者が典型的に述べる人間的動機についての見解に影響を受けている。経済学者たちは、倫理学を快く受け入れている限り、通常功利主義を好む。心理学的な特性、態度、信念は、善い行動や悪い行動に導く場合に限って重要である。組織行動論は、人間の行動や心理学によりいっそう注目している点で組織論とは異なっており、それらの要素（特性、態度、信念）をより真剣に取り上げるが、それら要素を操作可能なものとする傾向がある。組織論は、心理学よりも、社会学に多くを負っている。経済学者たちは、そうした事柄について還元主義的な立場を取っている。それゆえ、徳を単なる傾向性にとどまらないものと見なしているビジネス倫理学者たちは、懐疑的な同僚に直面することになる。

さらに、今日の大半のビジネス倫理学者たちは、市場をかなり信頼している。激しい競争があり、また参加者たちが購入によって自らの利益を最大化するために必要な情報を持っている市場に対して、実際、多くのことが語られている。そうした市場はかなり生産的であるだろう。そして、ポジティブサムの交換を可能にするだろう。そうした市場は、参加者たちが市場から得るものが、自分たちの市場への貢献に依存することになるという意味で、公正でもある。その市場は、あらゆる取引が自発的で、また、かなり幅広い選択肢が存在することになる点で、消極的権利（negative rights）を重んじるだろう[2]。

こうした見解から、次のことが推測されるかもしれない。すなわち、かなり競争の激しい市場における倫理とは、相当な程度が競争における勝利をめぐる問題であり、会社の徳とは効果（effectiveness）のことで、その従業員の徳は自らの仕事をしっかりとこなすことだとする推測である。上手く経営されている会社では従業員は自らの貢献に応じて報酬を支払われるだろう。それゆえ、利己的な従業員は倫理的に行為しているということになるだろう。こうした見解は、企業経営者の道徳的責任は競争に勝ち、収益を出すことだとするミルトン・フリードマン（Friedman 1970）のよく知られた主張から、それほど隔たっていない。

しかしながら、全ての市場で競争がかなり激しいわけではなく、しかも市場の不完全性や市場での失敗——とりわけ知識不足〔による失敗〕——は、倫理的な問題を生じさせるだろう。

ビジネス倫理と功利主義

ほとんどのビジネス倫理学者はフリードマンの見解を否定する。しかし彼らは通常、市場を称讃しないときでさえ、功利主義で考慮される事柄を真剣に取り上げる。企業に社会的責任があることを支持する人たち（例えば Carroll 1981）が信じるところによれば、企業はしばしば社会を益するような仕方で行動することができ、しかもそうすべきである。とりわけその企業が社会を益することにかんして他の企業にはできない良い位置にいる場合にはそうである。例えば、河川盲目症にさらされるか、その被害を被った二億人以上のアフリカ人に対して、〔米国の大手医薬品企業の〕メルクが、自らの特許医薬品メクチザンを生産し、配った事例のように。メルクの経営陣によると、その便益は費用を大いに正当化した。ステイクホルダー理論の研究者たち（たとえば Freeman *et al.* 2007）が論じているのは、ストックホルダー（株主）以外のステイクホルダーの利益は、企業にとっての義務を作り出すということだ。企業には、ステイクホルダーたちと共に双方を益する状況を求める義務がある。ステイクホルダー理論の研究者たちの出す実例は、彼らの念頭にある勝利がおもに財務にかかわるものだということを浮き彫りにする。

ほとんど全てのビジネス倫理学者たちは、ビジネスが倫理的な企てであることは可能だと信じている。そして彼らは、他の条件が同じなら、効果的であるがゆえに生産的である組織を好む。「なぜ私は道徳的であるべきなのか」という問いに対する標準的な答えは、次のようになる。つまり、「私のような人たちが誠実に行為し、責任をもって働き、それ以外の仕方でも生産性に貢献する時かつその時に限り、ビジネスのシステムは生産的であることができるから、私は道徳的であるべきなのである」。もし全員が倫理的に行為するのであれば、全員が非倫理的に行為する場合と比べて、全員がうまくいくのである。ただ、私を除いた全員が倫理的に行為する場合には、私がかなり上手くやることになる。[3]

ビジネス倫理学者と組織論研究者は、しばしば、優れた倫理学は優れたビジネスかどうかについて言及するよう求められる。肯定的な反応は、概して、企業の倫理的声明を発表するといったことが平均よりも高い利益と相関するという証拠に基づいている（Burke 1985, pp. 325-331 もそうである）。また、信頼できるという評判はビジネスの資産だと主張することもできる。ビジネス倫理学者たちがその問題を、倫理的義務は企業の効果に付随するものではないと主張することで退けるのは稀である。ビジネス倫理学者たちは、大半の道徳哲学者たちよりも実践に意識を向けており、ビジネス倫理のことを非実践的なものもしくは効果に障害となるものと示すことを望まない。ビジネス倫理学は矛盾した表現だとする見解をビジネス倫理学者たちが受け入れれば、彼らはビジネスパーソンたちの考えに影響を与えたいにもかかわらず、ビジネスパーソンたちに対して言うことはほとんど、あるいは何も残らないだろう。

ビジネス倫理学者が指摘するのを好む証拠（例えばコリンズとポーラス（Collins and Porras 2002）が集めた証拠）がある。最も収益をあげる会社は、社会に益をもたらすことを目指す企業使命を基軸として戦略と指針が決定される会社だという点である。それゆえ、〔米国に本社をおく医療関係の多国籍企業である〕ジョンソン・エンド・ジョンソンは、例えば、第一に顧客を満足させることを目指して、その次に従業員を、その次に活動している地域を、そしてようやく四番目にストックホルダーを満足させることを目指す。とはいえ、企業経営者が長い間信じてきたところによると、ストックホルダーは、他の三つのステイクホルダーの集団が優先される場合に、最も利益にあずかる。それゆえ、関係する全ての人にとって幸運なことに、利益と倫理は一致しているのである（Johnson & Johnson 1940）。

徳倫理学者たちが重要だと考える類いの本来的な善は、この分野ではそれほど目立っていないが、完全に無視されているわけでもない。功利主義者が焦点をあてる事柄に加えて、意義のある仕事やセクシャル・ハラスメントからの解放などといった問題に対してなんらか注目する流れもあったが、組織倫理の研究者たちは、満足のいかない仕事はやめてもいいという点、また雇用者には従業員たちに悪い待遇をしない経済的な理由があるという点を、大抵尊重している。国際ビジネスの倫理にかかわる研究ではしばしば、多国籍企業は、全ての人が最終的には繁栄するための原動力だとして正当化されている。労働搾取工場（会社）への批判的分析でさえ、その労働搾取工場が発展途上国の人々に比較的良い経済的機会を与えており、強い経済国への第一歩になりうるという点は通常認めている。

しかしながら、倫理と優れたビジネスにかんする以上の見解には、少なくとも二つの問題点がある。第一に、個々の会社の多くは、非倫理的であることで成功を収めているという点である。つまり、劣悪な製品を売り、不公正に競争するか競争相手を取り除き、弱い被雇用者を食い物にし、時に投資家たちの圧力の元で責任を負わずにリスクを取ることによって成功している点である。第二に、ジョンソン・エンド・ジョンソンの例からわれわれが引き出すよう誘われている教訓として、競争における成功への最良の道だからということを理由にして企業は自らのステイクホルダーを厚遇すべきだという点である。それにより倫理は、独立の義務ではなく、戦略となるのである。

マッキンタイア、ソロモン、そして、ビジネス倫理に対して徳倫理学的アプローチを取る他の人々が断固として拒否するのは、何であれ効果に貢献するから生産性に貢献することを正しいとする見解である。マッキンタイアやソロモンらの主張によれば、劣悪な性格の人でありながら、あるいは、習慣的に劣悪に行為することで劣悪になってしまった人でありながら、生産性に貢献することは可能である。善い性格を身につけた人であることは、それ自体価値がある。正しいことを行うことは、善き人であることほど重要ではないし、善き人であることほど称讃に値することでもない。そして、不正を行うことは、良い結果と両立可能であるが、良い結果によって埋め合わせが効くものでもない。それゆえ、成功したビジネスパーソンは善き人でありうるのかという問題が残る。もし成功したビジネスパーソンが善き人ではあり得ないなら、ビジネス界あるいはビジネススクールに徳倫理学の居場所はない。マッキンタイアとソロモンは、この質問に正反対の答えを出しているが、彼ら両者とも人間の動機についてなんらかの良からぬ前提〔をたてること〕は避けている。

経済人と利益

ビジネスにおける成功が当該主体の最高利益のうちにあること、また自己利益が倫理と衝突するかどうかが大きな問題であることは、広く想定されている。こうした想定により、徳倫理学的観点から、自己利益にかんする、それゆえに自己利益と倫理学の関係性にかんするシンプルで問題含みな見解が提起される。

とにかく予測のために、多くの経済学者たち、特に合理的選択理論の研究者たちが想定するところでは、あらゆる人間は経済人（Homo economicus）、つまり合理的に自分自身の利益を最大化させる人である。ある人の利益はその人の欲求の充足と等しく、ヒュームの説でいわれているように、その欲求は合理的でも非合理的でもない。大抵の場合、欲求したものは買うことが可能で、そして欲求の強さとは実際のところ、その人がおよそ支払おうとする額のことである。それゆえ、功利とは、どんな欲求であれその充足のことなのである。(4)

生産的な市場が経済人に特有のある種の利己性（selfishness）を必要としていると信じる理由がある。周知の通り、アダム・スミスが述べたように、市場におけるあらゆる参加者たちが自らを益するために行動したとき、大抵、一般的福利がもたらされる。ビジネスが基本的に競争を伴う事業であるから、自分の競争相手がより悪い状態になった時かつその時に限り、自分はより良い状態になるということが帰結すると思われるかもしれない。そうであれば、利己性はビジネスでの成功にとって必須事項となる。あらゆる人の幸福に貢献するならば、あるいはさらに詳しく言えば、正義が行なわれたり、守られたりする目的で行為するならば、それは、少なくともあるときには、損をしてしまう競争的戦略であるだろう。(5)

しかし、それは、徳倫理学者たちの多くがおそらく示す理由のために、正しくない。もしわれわれが手始めにビジネスにおける倫理、自己利益、成功の関係を理解しようとするなら、経済人のモデルに反して、自らの利益は単純ではなく、また不変でもないということにわれわれは気づかなければならない。そのことについて、アリストテレスの言葉がとりわけ示唆に富んでいる。彼の主張によれば、性格はその人が何を喜ぶかということと関係している。つまり、善き人であれば善いものを喜び、悪しき人であれば悪しきものを喜ぶのである（『ニコマコス倫理学』第二巻第三章一一〇四b五以下）。それゆえ、アリストテレスはヒュームには賛同しない。つまり、情念は合理的でも非合理的でもありうるから、理性は情念の奴隷ではないのである。善い性格を身に付けるためには、非合理的なものというよりむしろ合理的な欲求と感情を発達させることが必要である。彼のアクラシア（意志の弱さ）論が示しているように、ある人は自分が抱きたくない一定の欲求を抱いてしまうかもしれないことにアリストテレスは気づいている。ある人が動機づけられたくない欲求ではなく、合理的に好む欲求に基づいて行為するには、自制（self-control）という徳が必要になる。しかし、もしあなたが完全に有徳な人、つまり思慮（phronēsis）を備える人であれば、気まぐれな欲求は持っていない。思慮ある人の二階の欲求（second-order desire）――フランクファート（Frankfurt 1981）によって知られるようになった言葉を使うなら――は、一階の欲求と一致している[2]。思慮ある人の性格は強い。アダム・スミスが自己規制（Self-command）と呼んだものを持っているのである。

思慮深いビジネスパーソンかあるいは他の誰かがこう尋ねるかもしれない。なぜ強欲な人間であるよりも優しい性格の人である方が私の利益になるのか、と。全ての人が誠実で思いやりがある場合、全ての人が良い状態になるということは確かにあるかもしれないが、その場合、自分にとっての最善の戦略は、他の人が何をしようとも強奪することであるだろう。アリストテレスが主張するように、性格とはその人が何を喜ぶかの問題であるなら、それは倒錯した問いである。その代わり、われわれは以下のように問うべきである。あなたが自分の利益にあずかることを望む場合、あなたは自分の利益が何であることを望むのか。あなたは何を喜ぶことを望むのか。あなたが望むのは、圧倒的な経済的成功のみを喜ぶような人間であることか。あるいは、仕事は重要だが、他のことを圧倒する位置は占めておらず、さらに挑戦や楽しみや知性面での成長や知的刺激に溢れる人との付き合いを楽しみ、また仕事が快適な生活を助ける対価をもたらすような人生を楽しめるような人間であることはどうか。自分にとっての善き生とは何であるだろうかと思いを巡らせるとき、私が自分自身に問うべきは、自分は何を好むのかという問いだけでなく、もし自分が思慮深く合理的に選ぶことができたならば、自分は何を好むことを選ぶであろうかという問いである。自己利益に照らしても、その問いにはすぐに答えを出すことができない。

しかし、お察しの通り、もし第二の問い（「自分は何を好むことを選ぶであろうか」）に答えを出す大半の人が、最初の問い（「自分は何を好むのか」）に答えを出す人々よりも最終的にもっと幸福であるなら、その問いには賢い答えがある。[6] 大きな富を手に入れるのは難しいし、それを目指す人々はおそらくがっかりすることになるだろう。しかも、もしあなたが金持ちになることに実際に成功しても、あまり満足していないことはよくあることだ。なぜなら、あなたは常に自分自身を、自分より多くを稼ぎ出す人々と比較するからである。[7] アダム・スミスが主張したように、強欲はとどまるところを知らないのである。

ポジティブ心理学者[3]たちによると、それほど多くはないが十分な財力を有している人々は、全体として、かなり貧しい人々と比べて幸福であるが、極めて豊かな人々とほどほどに裕福な人々を比べた場合、幸福に大差はない。[8] われわれは自分の人づきあいを通じて幸福になるとポジティブ心理学者たちは言う――それにはアリストテレスも同意するだろう。最も幸福な人は、仲のよい家族や多くのよき友人たち〔との付き合い」を楽しむ。しかし、思慮深い人にとっても、善き生を支えることになる、達成可能で維持可能な選好を育むことは、すぐにできることではない。性格を構築するには数十年かかるとアリストテレスは主張する。そして、時間は必要条件であって十分条件ではないのである。

合理性と完全性

アリストテレスの見解では、善い性格は、次のような意味で、本質的に合理性を含んでいる。つまり、善い性格の人は善い価値観を持っており、それゆえ善いものを欲求することを望み、それら善いものを獲得することができる。それゆえアリストテレスに必要なのは、何が本当に望ましいことなのか、つまり何が理性的な人間にとって望ましいことなのかを述べることだった。完全に理性的な人は、かなりの長期間に渡って最も善いもの——どのような種類の生が最も幸せであるだろうか——を把握することができ、しかもそのような生を送るための方法を見つけ出すこともできる。アリストテレスの主張では、幸福《エウダイモニア》は——われわれはこれを通常開花（flourishing）と訳している——かなり長期間に渡るものであり、単なる一時的な状態ではない（『ニコマコス倫理学』第一巻第十章一一〇一a九以下[9]）。

善き生は、人間の二つの本質的な特徴に基づいている。第一に、われわれは共同体のなかで生きる動物であり、助けてくれる家族、友人、共同体なくして善く生きることができない。第二に、われわれは理性的な動物である。われわれが望むのは、どちらかといえば相反したり、自分たちの価値観を損なったり、絶えず変化したりする欲求よりも、むしろ、どんなときにも時間が経過しても首尾一貫した全体を形成する欲求を持つことである。アリストテレスの主張では、個人の自己同一性がそこで問題となっており、自分の性格を維持することは自分の生を続けることに等しいのである（『ニコマコス倫理学』第九巻第四章一一六六a一三〜二九、b七〜一四)[10]。

この種の完全性（integrity）がなければ、人はときに自分が評価していないものを欲求するだろうし、それを手に入れてしまうかもしれない。あなたは勇気を価値あるものと考えており、「重要な交渉を楽しみに待てたらな」とか、「恐れずに自分の上司に異を唱えられたらな」と願う。しかし自分がなりたいと望んでいるほどには勇気がないことに気づくかもしれない。もし自分の価値観と欲求がいついかなるときでも一貫しているなら、その人はより有徳であると同時に、より良い状態である。われわれのうち大半は、悲しいかな、必ずしもそうではない。健康状態や容姿の魅力を価値あるものと考えながら、それでもわれわれは甘ったるいお菓子を魅力的なものと感じてしまう。成功を価値あるものと考えながら、それでもわれわれは求められる挑戦に尻込みして一所懸命に働こうとはしない。

完全性とは、長期間に渡りかつある時点で一貫した価値観を持ち、それに基づいて行為することにかかわるので、あなたが完全性を持っていれば、仕事に対して一組の価値観と欲求を持ちつつ、仕事以外の場では別の一組の価値観と欲求を持つということにはならないだろう。複雑で騒がしい世界のなかにいて、ただ一つの価値観を維持するのは難しいとわれわれは感じるが、それが維持できなければわれわれは最も大切なことを見失ってしまう。お金が幸福《エウダイモニア》への手段であって、幸福と同一ではないということを忘れてしまうかもしれない。そこでアリストテレスが述べ（『ニコマコス倫理学』第一巻第五章一〇九六a五〜七）、示唆するのは、金儲けに熱心な人は金を稼ぐことを自分の最終目的として金を稼ぐから、善き生には到達しないということである[11]。

完全性は、しかしながら、たんなる首尾一貫性にとどまるものではない。われわれは、自分の行為を合理化するために、手ごろな仕方で、つまり自分の価値観を再調整することで、首尾一貫性を確保するかもしれない。[12] 完全性に必要なのは、価値観を合理的に発達させ、それを維持し、それに基づいて行為することである。社会心理学者たちが示してきたように、残念ながらわれわれはしばしば間違った方向に推論してしまう。自分の価値観に基づいて行為する代わりに、われわれは簡単なことを行い、自分を動機づけると主張する何かもっともらしい価値観を巧みに作りあげる。上司と対立することを恐れて、自分は人付き合いを上手くこなしていると自分自身に言い聞かせる。欲に目が眩んで、自分が売っている金融派生商品が、資本を効果的に割り当てることに役立つと自分自身に言い聞かせる。教育、特に道徳教育の最も重要な役割の一つは、正しい方向で推論することをわれわれに教えることである。ただそれも人生をかけた仕事である。

アリストテレスは、悪しき人が幸せな生を送ることは不可能だと論じる。もしあなたが強欲で、他の人々が見ている場合のように、時にその後のことを計算して親切に振る舞うことがあれば、自分が喜んでいないことを自分自身がしていることにしばしば気づくだろう。あなたは自分の価値観と、自分の欲求と首尾一貫せずに行為しているだろう（『ニコマコス倫理学』第九巻第四章一一六六b七～一四）。繰り返しになるが、いかなる場合でもあなたは共同体のなかで生きる存在である。そして、あなたの幸福は、一つには、自分が共同体のなかにあって生産的で他の人々とも上手くやっていける成員であることにかかっている。われわれにかかわるこの事実と食い違う欲求は、われわれを幸福には導かないだろう。そうすると、あなたはかなり劣悪な振る舞いをすることで自分自身と自分の共同体との抗争のなかに置かれるし、理性的で共同体のなかで生きる動物であることが求められるのである。

アリストテレスは、善い共同体が有徳な人を支える大切さを確信している。われわれは、ビジネスが徳に対して十分な助けを与えるのかと疑問に思うかもしれない。ビジネスは何の助けにもならないというのがアリストテレスの考えのように思われるが、こうした見解を抱いているのは彼だけではない。

ビジネスにおけるさまざまな徳

ビジネスには完全性を損なう傾向があると信じる者もいる（例えばSennett 1998）。ビジネスは劣悪な価値観を授けるかもしれないし、あるいはビジネスによって相反する価値観を持ち、結果的にある種の分裂が生じる状況に陥ってしまうかもしれない。私としては、必ずしもそうなるわけではないと主張することにしたい。

われわれがビジネスにおける行為を評価するとき、その行為をまさに当の行為、例えば勘定を支払うこと、にさせる状況に注意を払う必要がある。ビジネスには状況を認識する特別な規則や徳があると言えるかもしれない。たとえば、友情は大切であるが、通常、誰かを雇用したり昇進させたりする判断の根拠にするべきではない。競合相手のみならず従業員に情報を与えないでおくことがときに正当化されうる。ちょうど野球で盗塁をするか、カーブを投げるといったように、競合相手を欺いてもよい。こうした方針や行為は、企業が効果的に競争するのに必要な事柄によって正当化されるのだ。

こうした考慮すべき事柄によっては解決されない問題が、ある例を通して描かれている。マネージャーのカッサンドラは、会社の上級管理職から本社が移転間近で、自分の下で働いていてしかも自分と友人関係にあるミュロンを含む何人かのマネージャーが解雇されることになると告げられた。カッサンドラは企業の重要な戦略的構想について従業員に告げないという包括的同意の元で働いており、その同意があることで、この解雇についてミュロンや他のいかなる人にも告げることは許されないと釘を刺された。時を同じくしてカッサンドラは、ミュロンが新しい家の契約をまとめる間近であり、ひとたび彼が職を失えばおそらく多大なる財政的負担を負うことになると知ってしまう。カッサンドラはミュロンに何か言うべきか。この事例においてカッサンドラは職務にかんする義務のせいで悪しき友人にされてしまったとわれわれが受ける印象は、長期間に渡る効果を考慮に入れても変わることはない。

マネージャーとしての役割は、両親や兵士としての役割と同様、それに伴ういくつかの義務を実際にもたらす。両親や兵士は、通常人々には義務ではないこと、しかも人々には禁じられているかもしれないことさえ行うよう義務付けられている（Alzola 2008[4] を見よ）。一見自明な道徳的主張〔同士〕が対立する事態は、日常生活に溢れる事実であるが、徳をめぐる特別な問題が存在する。徳は習慣として始まる。つまり、われわれは、有徳に行為し、長い時間をかけて特定の徳が要求することについて理解を身につけ、有徳な行為にある程度の快適さと満足感を覚えるようになる。しかし、ある組織は、個人の徳に反する行動をさせ、その人の完全性を損なってしまう可能性のある悪い習慣を身につけさせる要因になることもある。

ある人が仕事場で無慈悲に振る舞いながら、それと同時に隣人に優しく振る舞うことができるのは、疑いようのないことだ。ナチスのために常軌を逸するほど残忍な「実験」を行う医者たちが、それ以外の場面では責任ある専門家として行動している場合を考えてみよう。しかし、この医者たちは、実際には、いくつかの困難な仕事を自分たちの国家のために行うことが必要だと見出したような善き人々というわけではなかった。彼らは劣悪で弱かった。善い性格の人は、ナチスの医者たちの間には見られない類いの完全性を有するだろうし、そのナチスの医者たちのプロ意識は、浅はかで、脆弱であり、真の徳ではなかった。悪しき政権は人々の性格を弱めることができる。悪の組織もまた人々の性格を弱めることができるように思われる。

善い性格をもつ人々が自らの役割や仕事と結びついた一見自明の義務を常に無視しようとすることは、そこから帰結しないし、また真でもない。そうした義務は考慮に入れられなければならないが、その重みを決定できるアルゴリズムなど存在しない。そこで、ある人は次のように主張するかもしれない。それこそ徳倫理学の弱さのしるしであり、徳倫理学が不明瞭に見えるのは、実践において、とりわけ原理に基づく倫理学との比較において、そして何より倫理的衝突の場面においてである、と。

一つの事例により、その推測は正当化されないと示されるだろう。

事実に基づいた事例

アメリカのあるコンサルタント会社は、何人かのコンサルタントとそのクライアントのビジネスに関連する調査を補助するために、コンサルタントの一人を日本に派遣する決定を下す。送り込まれるべきは明らかにデブラであり、彼女はコンサルタントになる前の数年間、戦略調査事務所を運営してきた[13]。もう一人の候補はジョンで、彼は調査にかんして豊富な知識を有する男性コンサルタントだが、ビジネスの調査を専門にしているわけではなかった。シニアマネージャーのなかにはデブラの派遣に気乗りしないものたちもいた。というのも、彼らが言うには、日本人は女性とは一緒に働こうとしないからである。

シニアコンサルタントのグレッグは、ジョンの派遣を決定する。しかしそこで、その会社のジェネラル・パートナーであるハンクはその任務のことを知って、自身が望んでいるように、デブラがその任務を遂行しにいくのかと尋ねる。するとグレッグは「彼女はいきませんよ。日本人は女性と一緒に働こうとしないからです」と伝えた。ハンクはそれに対して、デブラが派遣されるべきだと応じた。そうして、デブラが東京へと旅立ち、そこで素晴らしい力量を発揮して、当初の計画よりも長く滞在するよう求められる。

デブラの成功は、他にもある逸話の一つを証明したにすぎない。彼女が失敗していた可能性も十分にある。この話は、性差別に抗することが常に素晴らしい結果を導くということを、あるいは常にそれがやるべき正しいことだということを示そうと意図されているわけではない。しかし、正義にはなんらかの価値がある。

事実、成功の可能性を減少させるなんらかのことを行うことが正しいかもしれない。それでも、大抵の場合、性別に基づいて差別することは不正である一方で、その原理はこの事例にそのまま適用可能ではないかもしれない。たとえ彼女に優れた取り柄がどれだけあろうとも、日本人が女性と一緒に働くことができないならば、日本人は不正だが、このような事例においてその人たちの希望に応じることが不正だと帰結するのか。もしグレッグが自分の主張を通してデボラを突っぱねていたら、彼女に対して正しいことを行っているのか。さらに、この会社のパートナーに対する受託者の義務（fiduciary duty）を、われわれはどのように処理するのか。

この話が描き出しているのは、もしある決断が一定の倫理的原理に基づいて行なわれるときに、その決断を良いと呼ぶ場合に生じるさまざまな問題である。道徳哲学者であるビジネス倫理学者は、特別な義務を反映する中間の原理にとりわけ注目する。例えば、オーナーたちに対するマネージャーの受託者の義務、あるいは買い手に対して売主が誠実であることの必要性である。問題は、先の話が示すように、それほど高尚ではない道徳的原理でさえ衝突を起こすことがあり、しかもそうした衝突が起こる場合に、その比較検討のためのアルゴリズムが存在しないということである。

こうした状況において、コンサルタントと他のビジネスパーソンたちはしばしば、自らの最初の直観を支持する原理を優先することに賛成する。その最初の直観は、同じように、彼らの利益にしばしば関係している。この点で、ビジネスパーソンはなんら特別ではない。そこで、多くの組織において、このような事例でどのようにしてさまざまな原理に優先順位をつけるのかにかんして〔意見の〕一致へと導く話し合いを持つことは不可能だろう。人々は、そうしたさまざまな原理を、自分自身の気づいた利益の観点や、何か他の疑問の余地のある立場から理解して、それに応じて合理化するのである。

さらに悪いことに、多くのビジネスパーソンたちは、道徳的原理について一切言及しないことを好む。彼らが言うには、これはビジネスであって、日曜学校ではないのであって、だからこそ、われわれは、道徳的原理についてよりも、むしろビジネスの成功について考えるべきなのである。しかし、ビジネスパーソンたちが道徳的原理を論じることにどれほど不快感を覚えようとも、普通、彼らは自分のことを勇気があり、責任感があり、誠実な人間だと思うことを望んでいる。なんらかの倫理的原理を侵したと彼らに伝えれば、倫理的原理について真剣に考えていないといったようなことを語るかもしれない。しかし、彼らに臆病とか、嘘つきとか、威張り屋とか、素人とかのように振る舞ったと伝えれば、実に否定的な反応を示すだろう。彼らは、自分のことを、強靱で善い性格を持つ人間だと思うことになんらかの満足感を得ている。これはもしかすると、彼らが勇気や誠実を、例えば、振る舞いを説明する実際の心理的状態として考えたり語ったりしているからである。そして実際、勇気や誠実は心理的状態である。もっとも、勇気や誠実が本拠としている言語は、心理的であると同時に規範的でもあるのだが[14]。

倫理のコンサルタントがおそらくこの事例でグレッグに与える助言は、極めて専門的な人材コンサルタントの助言とそれほど変わらないだろう。両者とも、最大多数の最大善をもたらすことを行うよう、あるいは単なる手段としてよりもむしろ目的として当事者を扱うよう、提案することはないだろう。両者とも、事例の諸事実をしっかりと見極めて、非常に現実的な判断を下そうとする。両者とも、グレッグもまたプロフェッショナルであるからには、へつらうことなくクライアントのニーズを尊重して、会社のパートナーに対して忠実でなければならない――それでも奴隷的であってはならない――とグレッグに釘を刺すかもしれない。両者ともグレッグに対して、失敗に至ってしまうのではないかという過度の恐れから判断を下してはならないと強く迫るだろう[15]。

善い倫理的判断は必ずしも善いビジネス的判断とは限らない。しかしながら、いくつかの事例において、ビジネス上の考慮されるべき事柄が倫理的判断に影響を及ぼすことは確かにある。なぜなら、功利主義で考慮される事柄がそうであり、（例えばデブラが失敗すれば、その結果は会社と彼女に損害を与えるだろうし、誰の助けにもならないだろう）、また権利と義務の観点から考慮される事柄もそうだからである（例えば、パートナーのお金を無駄にしてはならないという義務が存在する）。帰結主義者も義務論者も、コンサルタントを公正に扱うことはビジネスの観点から正しいと認めるだろう。これらは、他の条件が一定ならば、考慮されるべき事柄である。つまり、他のもののうちいくつかはよりビジネスの観点から考慮されるべき事柄のように見え、それ以外のものはより倫理の観点から考慮されるべき事柄のように見える。ある専門家が判断を下しているとき、ステイクホルダーの利益について考慮されるべき事柄は、大抵、よりいっそう真剣に受けとられるであろうし、その判断をより倫理的な判断のように見えるようにするだろう。

徳倫理学者は――そしてひょっとすると人材コンサルタントも――、次のように主張する点でアリストテレスに従うかもしれない。つまり、人は、受託者の義務の観点に限らず、いくつかの異なる観点からこうした状況を見るべきであり、またその状況の際立つ特徴に気づいて、適切に考慮しようとすべきである、という主張である。これこそが、「もしあなたが善い性格を備えていれば、状況を正しく認知する」とアリストテレスが主張する際に言おうとしていると思われることである。つまり、あなたには、その行為の枠組みを正しく形づくるという道徳的な責任がある。もしあなたが行為の枠組みを正しく形づくることに失敗してしまうなら――もしあなたがその状況の倫理的に本質的な特徴を捉え損なっているなら――、それはあなたの性格に欠陥があるというしるしである[16]。善き人は、ある一定の行為が無謀というよりむしろ勇敢なものであり、また虚栄というよりむしろ寛大なものであると感じ取り、それに従って行為するだろう。

正しい枠組み作りに重要な要素は、適切な感情的反応をすることである。アリストテレスによれば、怒りっぽい人はいとも簡単に腹を立てるだろうし、また無気力な人は怒るのが適切なときでさえ怒らないだろう（『ニコマコス倫理学』第四巻第五章一一二五b二六〜一一二六a三）。おそらく、ハンクは、熟練して成功を収めてきた戦略家がさまざまな選択肢を熟慮するときに持つ、直感的反応（gut reaction）のようなものを持っていたのだろう。アリストテレスからロバート・H・フランク（Frank 1988）に至るまで、哲学者やそれ以外の人々が論じてきたのは、われわれは感情と直観を全く持つべきでないというよりもむしろ正しい感情と直観を持つべきだということである。正しい感情と直観なしには、ある人は巧妙に合理化する人となんら変わらないだろうし、最悪の場合、反社会的な人間になってしまう人もいるかもしれないのである。

企業文化

企業文化は倫理的熟慮、特に枠組みを形作ることに影響を与えている。企業文化——いかに組織に所属する人々が行動し、考え、話すか、そしていかに彼らがある種の状況に枠組みを与えるかに影響を及ぼす規範の集合——は企業内で徳あるいは悪徳として考えられるものを決定することができる、あるいはそれに強い影響を与える。対立を奨励している文化もあれば、意見の一致を要求している文化もある。ある文化は男性的であり、女性はその男性的文化の観点から眺められる。しばしばある文化の規範は明示的ではなく、従業員はその規範に、あるいはその規範を体現しているロールモデルの力に全く気付いていないかもしれない。ある組織では幅をきかせている文化が、女性やマイノリティー、また「単に適合しない」他者に対する偏見を助長している。

強力な文化の中でしばらく生きることは、話し方、行為の内容、欲求の対象について影響を与えるかもしれない。どのような人になりたいのかに影響を与えている場合もある。企業内の主要なロールモデルの中に見た欲求や感情を自分も持ちたいと思うかもしれない。たくましいことを快く思い、自分自身が他人に親切であることを恥ずかしく感じるかもしれない。妥協あるいは協力を求められたとき、自分は競争を楽しんでおり、呆れていると感じるかもしれない。

より高次の欲求が無力である場合もあるだろう。ミルグラムの実験（Milgram 1974を見よ）が示すところでは、自分は罪のない人に決して危害を加えないと、はっきりと分かる誠実さから主張した人々がすぐに罪のない人に危害を加える用意があることを示した。間違った答えに反応してだんだんと痛くなる電気ショックを与える（実際には痛みはないが彼らは痛みを与えていると思い込んでいた）ことで、彼らは罪のない人をひどく苦しめていた。ドリス（Doris 2002）などはこの実験や同様の実験をもとにして、われわれが理解している意味での性格のようなものは本当のところ存在しないと主張した。むしろ目前の環境のみが存在すると。たぶんより間違いのない推察は、多くの人々の性格は弱いものであるということであろう。というのも、この実験に参加したかなりの数の人は、おそらく強い性格を実際に持っていたので、ある点を超えると〔実験に〕協力することを拒絶したからである(17)。

議論の余地がないのは、どれほど簡単に目前の環境が人の枠組みに影響を与えることがありうるかということである。ミルグラムの実験の被験者は自分の行為が誰かをひどく苦しめているというよりも、重要な実験でミルグラム教授を助けていると捉えていたかもしれない。自分の行為を単に命令に従っているだけだとしてその枠組みから捉えている人のことを考えてみよう。これはかなり単純な事例である。この事例は、明らかに道徳的に不適切な枠組みを示している(18)。望ましい事態は、このような状況でわれわれは罪のない人々の苦しみが見るべき中心的特徴だと捉えることである。しかしもし明白な事例で正しく行動することがとても難しいならば、思慮分別のある人々の間で意見を異にするような複雑な事例で正しく行動するのは実際非常に難しいだろうとわれわれは推察できる。

ではそのとき善い性格を持った人はどのように複雑な状況で決定を下すのか。正しい種類の経験と教育はよい価値とかなり役に立つ一見自明な原理を授けることはありそうである。ある人はより劣った性格を持つ人々がそれほどうまく扱えない状況の様々な側面に気付き、それを評価するのにより長けているので、特定の論点にかんしてよりよく推論するだろう。周辺文化の影響に気付く人もいるだろう。

同様の能力は戦略を発展させる際にも働いている（Rosenzweig 2007、特に第十章）。熟練した戦略家は分析家が集めるデータに通じている。彼らは戦略的事業単位の見通しを評価する際に数字を利用するための多くの手法を知っている。しかしこの数字以上に、ある選択は可能性のある鉱脈であり、別の選択は何も生み出さないものだと彼らはただ理解することができる。彼らの実績は彼らの能力を示している。しかしローゼンツワイグによれば、分析の技術と同じくらい重要なのは性格である。経営者は安全で標準的なこと、前回うまくいったこと、もしうまくいかない場合には自分が批判にさらされないこと、こうしたことを実行するというプレッシャーに抵抗しなければならない。

もし強力な組織文化が人の性格に影響を与えることができるならば、雇用者の選択は最も重要なものである。この選択は、事実上、どの欲求を陶冶するかを選択し――適応性選好の形成の一形態――、それゆえ性格を選択していることになるだろう。もしあなたがたくさんの給与を支払ってくれるけれども自分の一生涯を要求する強欲なウォール街の会社のために働きに行くならば、働き過ぎる強欲な人であることを自分が欲していることがよくわかるかもしれない。もしグーグルのために働きに行くならば、ほどなくグーグルのような文化の中で働くことを楽しんでいるような人であることを欲し、そしてそのような人になるだろう。

文化が強力なところで人が状況を評価する仕方に対して、その人の環境が与える影響に気付くためには経験から生じた知恵を必要とし、当人の価値に基づいて行動するためには性格の強さを必要とする。プレッシャーに屈して合理化する方がよほど楽である。それゆえ経営者にとって重要なのは組織の文化が徳を快く受け入れるような組織を作ることである。ちょうど公職者には、アリストテレスが主張したように、徳を奨励する共同体を作ることが重要なように。悪い組織では、徳は抑えつけられてしまうかもしれないし、抑えつけられないような強く善い性格を持った労働者はおそらく失敗するだろう。

しかしながら、要するにマッキンタイアの議論では、利益ばかりを追求する組織は悪いのである。

マッキンタイアの批判――実践と制度

マッキンタイアはいくつかの徳がビジネスにおいて結果的に有益になる可能性があるという点を強く認識していない。彼は企業が悪徳を育み徳を抑圧していると議論することで徳倫理学の観点からビジネスについて最も影響力のある批判を提供している。利益に対する関心は企業内部で、また市場の中で徳を損なう。内部では協力のための徳を悪用し、外部では競争のための悪徳を奨励する。もしマッキンタイアが正しいならば、そのときビジネス倫理というのは本当に矛盾した言葉である。

ビジネスに対するマッキンタイアの批判で中心的なのは、実践、つまり「首尾一貫した複雑な形態の、社会的に確立された協力的な人間活動」という観念である（MacIntyre 1984, p. 187〔邦訳二三〇頁〕）。この活動は「卓越性の基準」にしたがって遂行される。徳――つまり卓越性――は、実践において、実践に内在する善を作り出す。実践に協力して取り組む仕事は、ただ技術的なスキルだけでなく、信頼性（信頼に値する特質）、正直、感受性、自分の仕事に対する誇り、集団に対する忠誠心、私心のなさなどを要求するし、それゆえ陶冶する。その実践はお金や名声のような外在的報酬を生み出すかもしれないが、内在的善がより重要である。

お金や名声のような外在的善は共有されるというよりも、典型的には個人によって所有され、「勝者もいれば必ず敗者もいる競争の対象」である（MacIntyre 1984, pp. 189-191〔邦訳二三二～二三四頁〕）。この見解では、市場はゼロサムゲームである。内在的善は共有される。つまり、内在的善を手に入れることは、例えばちょうど信頼性や正直の場合のように、双方とも満足のいく状況である。

実践は実践する人々を雇い、賃金を支払うために、また彼らを指導するために、そして彼らに組織のよりどころを与えるために、実践を支え保護する制度を必要としている。企業制度は利益と市場占有率〔の上昇〕を目指さなければならない。それゆえ高い生産性と低い費用を目指さなければならない。そこで経営者は外在的善が実践の結果として生じるかどうかにかかわらず、外在的善に焦点を合わせている。特に経営者は典型的に利益が彼らの仕事の優先的目的だと考え、従業員をその目的に対する手段にすぎないと考えている。利益の最大化を目指すことは、組織内の協力的活動の中に見出されるかもしれない内在的善を手に入れるという本来の満足を損なってしまう。

マッキンタイアは金儲けに熱心な人についてアリストテレスの主張をそのまま繰り返している。つまり彼らはお金を手段というよりも目的として考えている点で間違っている。もし合理性が手段と目的の関係だけにかかわる特徴であったとしたら、もしどのような目的も他のどの目的と同様に合理的であったとしたら、もしどのような欲求も同様に満たされる価値のあるものであったとしたら、そしてもし経済人が善いモデルであったとしたら、金儲けに熱心な人は正しかっただろう。

しかしながら確かに経営することそれ自体は実践のようなものでありうる。卓越した仕方で行われることができるし、それ固有の内在的善を作り出すことができる（G. Moore 2002, 2005a, 2005b, 2008, 2009）。経営者は組織が競争に勝つために必要な外在的善を組織にしっかりと提供しつつその実践を保護することができる。このような経営者はマッキンタイアの戯画に適合していない。

おそらくより重要なのは、外在的目標が必ずしも徳を損なうわけではないということである。アリストテレスが認めるところでは、国家の軍隊に所属する兵士は軍事にかかわる徳を発達させるだけでなく、国家の防衛のために戦うことによって彼の国家のためになっている。疑いなく、国家防衛という目標は勇気と義務感と道義心を育み用いることを損なってはいない。団結心（Esprit de corps）は勝利に貢献している。しかしそのとき戦争に勝利するという最も優先すべき目的は、内在的善にかんして、利益を生み出すという（想定された）最も優先すべき目的とどのように異なるのであろうか。

内在的善は必ず外在的善と結びついている。なぜなら、徳は魂の内在的な善い状態であるけれども、有徳な人は特質上、そして本質的に、外在的善を生み出すからである。例えば勇気について考えてみよう。もし勇気ある兵士や政治家が国家のためにならなかったならば、それは徳ではないだろう。職人の技芸について考えてみよう。卓越性の基準に即して巧みに、そしてまじめに働いている人は、アリストテレスの意味では有徳に行動しているわけではないにしても、マッキンタイアの意味では有徳に行動している。だがこのように行動する際に、職人は製品を作っており、その製品はよい製品だと想定されている。あらゆる点で役に立たない製品を作っている自称名人の創作者は、真の職人の技芸を持っていると信用されるはずがない。潜在的な顧客が想定するよりもかなりリスクのある金融商品を作り出すために信頼と協力に満ちた雰囲気の中で働くことを楽しんでいる投資銀行家のグループは、どんな内在的善が彼らの実践を特徴づけようとも、有徳に行動しているわけではない。

さらにマッキンタイアの意味で内在的善は組織にとって成功要因であるかもしれない。「社会的に確立された協力的な［中略］活動」とマッキンタイアが呼んでいるものにおいて従業員が卓越していると、その特質上、社会資本を生み出し、それゆえ組織の間にある共有財（commons）を守る[19]。

しかしながら多くの組織論研究者は、マッキンタイアが批判したような経営だけを擁護している。ゴーシャル（Ghoshal 2005）は影響力のある研究者ジェンセンとメクリング（Jensen and Mechling 1976）およびウィリアムソン（Williamson 1975）が緻密な管理と個人の金銭的誘因が従業員を生産的にするだろうと主張していることを非難している。彼らの主張は、経済人と同様の仕方で人々が典型的に動機づけられているという見解を基にしているようである[20]。もし経営者がこのやり方で経営するならば、おそらく彼らは信頼と信頼性、協力的であること、そして集団にかかわる他の徳を無視する、あるいは妨げることになるだろう。これらは多くの組織において成功するのに欠かせないものであるが、マッキンタイアが過小評価したものでもある。とりわけ信頼と信頼性はほとんどの組織できわめて重要であり、友情のもつ内在的善と同様の内在的善を生み出す[21]。

成功した組織すべてが、マッキンタイア、ジェンセン、メクリングが考える、競争において成功するのに必要とされているやり方で経営されているわけではない。ある経営者は、組織内の共有財を守るためにお互いに利益のある協力を作り出す必要があると認識している。つまり、彼らは社会資本を作り出す必要があると認識している。これを成し遂げる一つのやり方は、組織の任務がそれ固有の重要性を持っており、彼らの仕事に価値を与えていると従業員を説得することである。経済人という想定に反して、従業員は自分の作り出す製品やサービスの質に誇りを持つことで動機づけられるかもしれない。組織がうまくいってほしいと欲することで、従業員は狭い意味での自己利益と考えている事柄に基づいて行動することはないだろうし、ただ乗りの怠け者になることもないだろう。彼らは利己的でない新しい利益を発達させ、共有している点において経済人というモデルに対する反例となっている。このような場合、他の従業員が精一杯の協力をしていると従業員が信頼していることは、自ずから醸成されていくので、本物であるだろう。それゆえ外部に対して善い任務をもつことは内部の社会資本を強化する。[22] ジョンソン・エンド・ジョンソンのような会社は、利益が徳に対して敵対的であるというマッキンタイアの主張を徐々に切り崩しているのである。

またマッキンタイアは、競争のある市場はゼロサムゲームであると主張し、競争のある空間では社会資本のための余地がないと暗に示唆している。当初この主張は組織にかんするマッキンタイアの主張よりも妥当だと思えるが、今から私はこの主張も間違いであると議論しよう。

外部に関係する徳とステイクホルダーの関係

通例はコース（Coase 1937）のものだとされる会社の標準理論によれば、組織は市場での関係にかんする取引費用を減らすという理由から存在する。市場での関係は、いかなる契約も除去できない不確実性をはらんでいる。それゆえ当事者はリスクを減らすために調査、交渉、その他、費用のかかる手段を遂行しなければならない。この関係はお互いに不信感を抱いているために失敗に終わり、当事者両方の不利益になるかもしれない。供給してくれる会社を手に入れることによって、買手は他の仕方では失われていた効率性を保てるが、これはいつも可能なわけではない。可能でないとき、社会資本が重要になる。

予期しない出来事が起こると、契約の当事者は困難な状況に置かれるかもしれず、契約の履行を求めることでこの当事者は危険にさらされ、長期的にはこの当事者の相手方に損害を与えるかもしれない。望ましいのは、例えば次回、原材料費が予期されたよりも安い場合、供給者は好意に報いるだろうと理解した上で、原材料費の上昇の結果として供給者が契約された価格よりも高い価格を求めることを許容するような柔軟性である。信頼によりそのような柔軟性が可能になる。契約の文面に固執するとどちらかの当事者が破産し、そして／あるいは、弁護士の懐が潤うことになりうる。

マッキンタイアは競争が徳を損なうと信じている。しかしながらわれわれが議論しているような事例では、まさに競争という可能性が、搾取するのではなくサプライチェーンやその他の過程においてステイクホルダーと社会資本を創出するプレッシャーを会社に与える。競争において決定された価格で高性能の財やサービスを作り出すことは、信頼性に対する会社の評判を高めるのに成功するための公式である。そしてこの信頼性は、疑いなく、企業にとっての重要な徳である。この徳は、ステイクホルダーとともに社会資本を発展させるのを助け、会社の任務に携わる従業員を奮い立たせる。社会資本と利益はお互いに支え合う関係であり、社会資本はそれ自体善いものである。

マッキンタイアが述べているように、競争には勝者と敗者が存在する。特定の分野における競争は、競争している人の観点からするとゼロサムゲームであるかもしれない。しかし市場全体はゼロサムではなく、とても生産的である。だが私が主張したいのはそれだけではない。市場もまたマッキンタイアが内在的善と呼んだものを創出することができる。アダム・スミス以来、競争のある市場が正直や信頼性などの徳を必要としていると議論してきた哲学者たちもいるが、それとは異なる方向で議論をした哲学者たちもいる。（この論争についてはHirshman 1982を見よ。）少なくともわれわれに言えることは、マッキンタイアは自分の主張の正しさを立証しなかったということ、そして徳を損なわない競争はありうるということである。まさに自由な市場の構造こそが市場の参加者に有徳であるよう強制することを見えざる手が保証するとはスミスは主張していない。実際、ビジネスパーソンはあらゆる機会を利用して価格を決定するだろうが、それができなければ競争を避けるだろう。

ビジネスパーソンが質と価格を考慮した上で競争し、ステイクホルダーが——つねにお互いの利益に奉仕するわけではないが——お互いの利益を尊重するように、われわれは生産的な市場を創出し、共有財の問題を避けている。しかしながら競争は決して完全ではない。つまり、顧客は提供されている製品、あるいは彼ら自身がまさに必要としているものを十全に理解していないかもしれない。参入と撤退に際して障壁があることで競争が抑制されている。市場が完全ではありえない場合、解決策は、ビジネスパーソンが専門家のようになることである。内科医や弁護士や他の真の専門家は、患者や顧客のニーズに応対する責務がある。まさに〔市場における〕完全な知識という想定が明らかに誤りであるので、人々は専門家を雇っている。それゆえ専門家は、弁護士の場合のように、たとえ一般的福利がすぐに提供されないとしても、患者や顧客に対して特定の責務を持っている。医者は、安価な処置が高額な処置と同じくらい患者のためになるとき、高額な処置をするべきではない。しばしばビジネスパーソンも顧客のニーズにかんする知識において同様の強みを持っている。それゆえプロ意識は、例えば車の修理店にふさわしい。たとえ顧客が間違った印象に基づいて新しいマフラーが必要であると要求したとしても、ただ留め金だけが修理される必要があるとき、その顧客のマフラーを修理するのは間違いである。

ほとんどすべての会社は顧客であると同様に売り手でもあり、他の面では彼ら自身がステイクホルダーなので、いかに正しい種類の市場関係を創出するかを会社が考えることは、その創出の過程で試行錯誤は必ず必要とされるけれども、可能なはずである[23]。正しい種類の市場は幸福に役立つ徳のいくつかを教え、用いる限り、ビジネスパーソンが自分たちのしていることを楽しむよう奨励するだろう。ここでいう徳とは、感情を伴う、かつ合理的な知性、勇敢さ、感受性、協調性、卓越性に対する尊重、我慢強さと（ふさわしいときには）我慢しないこと、良心的であること、倹約、満足感を後のばしにする能力、正直、自制である。

われわれは、あるビジネスの領域では他のビジネスの領域よりも頻繁に正しい種類の市場を見つけている。特に金融サービス業をゼロサムゲームと捉えることはそれほど難しくない。たとえ投資アドバイザーのすべてが正直かつ能力のある専門家だと想定するとしても、成功した投資はどれも誰かの機会費用である[5]。そして難解な電子技術とは異なり、難解な金融派生商品を売買する人々の間で正直とプロ意識が普及していると想定するのは楽観的であろう。そこではマッキンタイアの非難がよりうまくあてはまるかもしれない。とても有能で教養のある大学生のうち、金融サービスで職を得る数がますます多くなっているのは心配の種である。金融サービスでは彼らの技能はかなりの程度まで相殺されてしまうのである[24]。

マッキンタイアに対する反論をまとめよう。ビジネス活動がなんらかの外在的善を生み出すということは、ビジネス活動が有徳な実践であること、あるいはその一部であることの必要条件ではあるが十分条件ではない。しかし需要を満たすもののすべてが善いわけではない。なぜなら欲求を満足させる功利主義は誤っているからである。それゆえ二つの関連した調整が必要である。第一に、市場の非効率を埋め合わせるために財やサービスの提供者は専門家のスタンスをとるべきであり、それゆえ搾取や利益追求よりも価値を実際に付加することで成功すべきである。第二に組織内部には、実際に善であり、かつそれが理由で必要とされている財やサービスを作り出すことに結びついたなんらかの充足感がなければならない。こうした状況下で、有徳で成功するビジネスは可能である。

しかしわれわれはそのようなプロ意識が教えられうるのかどうか、ビジネススクールはプロ意識を教えるのに適切な場所であるかどうか疑問に思うかもしれない。

ビジネスパーソンのすべてが有徳な生活の充足感を切望しているわけではない。その中にはおもちゃにお金を費やすためにたくさんのお金を欲している人もいる。アリストテレスや徳倫理学者のほとんどによれば、これは善き生ではない。しかし、もし仮にビジネスパーソンが有徳だとしたら彼らの人生はよりよいだろう、と彼らを納得させるのは可能ではないかもしれない。そこで、ビジネス専攻の学生がより倫理的になるのを倫理学の授業が手助けすることを疑う人が多くいる。

ビジネス倫理の教師のほとんどは学生をより倫理的にすると主張していない。一般的にビジネス倫理の授業は倫理的決断を下すための道具——通例、原理——を学生に提供する。費用便益分析に通じている学生は、功利主義の理論を難なく理解するだろう。彼らは正義と消極的権利をとてもよく理解するだろう。しかしそれでも彼らは倫理的であるもっともな理由があるとは納得しないかもしれない。そこで金融の授業が学生を欲深くしないように、ビジネス倫理の授業も学生を倫理的にしないと言う人がいるかもしれない。

他方で、徳の観点から教えられる倫理学は学生に勧められるべきである。アリストテレス主義の伝統にある徳倫理学は、倫理学の主題が善き生である、つまり人が生きるもっともな理由のある生活であるという立場を取っている。徳倫理学を真摯に受け止めることは、人はなぜ倫理的であるべきなのかを理解するということである。この点で、徳倫理学の授業は、原理しか考察しない授業より意欲的であるだろう。しかしアリストテレスや他の多くの人々によれば、倫理的になるのは長いプロセスであり、それは子どもの頃から始まる。一つの学期でどれくらいのことが成し遂げられうるのだろうか。

経験と事例研究

事例研究という方策は〔経営〕戦略〔の学習〕に適合するように、ビジネス倫理にも適合する。[25] 典型的な

「戦略論」の授業で学生はテクストを読んで、そのときテクストにある原理を適用するよう学生を促す事例研究について考察する。これは戦略にかんする彼らの直観を発達させるプロセスの始まりである。現実の企業戦略では、優れた実績を備えた知的で経験のある人の直観を信頼することに対して多くのことが語られている。経営者がある事業部門のために戦略について決断するとき、いくつかの簡単な事例があるだろう。市場が成長しており、その事業部門が〔市場に対して〕支配的であるところでは、成長のために再投資するのは自明の戦略であろう。他方で、弱い事業部門の集団が一緒になって規模の経済を成し遂げることができるときや、スラック資源[6]を利用することができるときのように、自明でない事例がある。利用可能な数字から正しい戦略を推論するアルゴリズムはめったにないが、ある経営者は、戦略的な状況のどの描写が顕著なものであるかを知ることにおいて他の経営者より一貫して優れている。彼らの成功実績は彼らの技能の証拠である。

事例研究によって学生は、正義と経済効率が対立するときのように、個別的事案について道徳的判断を下す訓練を行う。事例に着目し、その顕著な特徴は何であるかを考察することで、学生は道徳的想像力を発達させ、そうして思慮、そして善い性格を発達させる。そのとき彼らが経済人になる可能性はより低くなる。ある心強い証拠がある。その証拠とは、学生が合理化と倫理的意識の麻痺を警告するサインを認識するようになることができ、その結果、ミルグラムの実験が進行中の組織に参加するとき、そのような認識が生じるであろうというものである。ビーマンら（Beaman *et al.* 1978）の示すところによれば、人々は社会的プレッシャーについて教えられると、それ以後プレッシャーによりいっそう耐えられるようになる。リーバーマン（Lieberman 2000）の提供した証拠によれば、適切な環境で議論を継続すると好ましい変化を生み出すことができる。

ここで組織論の研究経歴を持つ倫理学者は、利益を考慮に入れつつ徳を受け入れる組織をいかに創出するかについて学生は教わることができるということを付け加えるかもしれない。そこでたとえドリス〔の主張〕が性格の欠如にかんして正しいとしても、人々は有徳に行動する習慣を身につけることができ、そうすることに対する関心を発達させることができる[26]。

戦略論の授業で学生はいかに組織にとって適切な長期目標を選択するのか、そしてその方向に進むためにいかに必要な資源を結集し、その資源を管理するかについて教わっている。倫理学の授業は学生がそのようなやり方で自分自身の人生について考えることを手助けすることができる。この授業は、なぜある人がある種のキャリアを追求したいのか、あるいはある種の会社に入りたいのかについて問題を提起することができる。そこでその理由が一貫性のないものであること、あるいは自分自身にかんする無知や同調圧力に基づいているということを暴露する手助けをするかもしれない。ローゼンツワイグが示唆しているように、個人の目標と同じように企業の目標の達成に成功するためには一連の徳が必要とされている。

〔倫理学の授業の〕目標は、一つには「私はどのような人になろうか」という問いに取り組むことを学生に要求することによって、「私は何をしようか」という問いに学生が答えられるようになるのを手助けすることである。人生の長期目標を選択することはいかなる状況においてであれ簡単な課題ではない。人はどの欲求を持つべきなのかを簡単に選択できるものではない。多くの人はドーナッツに誘惑されるし、ある人は不正直に誘惑される。しかしながら学生は、自分にとって何が最も重要であり、それを堅守する方法をじっくりと考えることができる。倫理学が彼らの関心と対立していると言うことはいかに安易であり見当違いであるか、そして彼らの関心は何であるのかについて語るべきことをいかにして持つことができるか、学生は確かに理解できるようになる。

結論として

アリストテレスはビジネスパーソンを称讃していないが、私はおおむねアリストテレス主義の観点から、企業環境内で善き生を見つけ出すことは可能であると論じた。よい企業で成功するには、生産的であり公正なビジネスのシステムを創出するような競争と協力を営む徳が求められ、それゆえ教えられる。われわれが感心して専門家と呼ぶような人はそのような環境で成長するだろう。

原註

（＊）沢山の有益な提案をくれたこの本の編集者に感謝したい。

（1）その顕著な例外は Werhane 1991 である。

（2）マクロスキー（McCloskey 1996）は自分のことを徳倫理学者と見なしており、この問題について説得的に語っている。

（3）共有財やそのほか集団的な行為の問題を論じる中で、経済学者と一定の倫理学者たちは、行為者たちが狭い意味で利己的であると想定する。徳倫理学者たちは、通常この想定をしない。

（4）その理論は、心理的な利己主義が自明に真であることを含意しているように見える。

（5）合理的選択理論の研究者であるポズナー（Posner 1983）は、正義の概念は無内容であると主張する。セン（Sen 2009もしくはそれ以外の文献）は見解を異にし、全体として合理的選択理論を攻撃している。スミス自身は、大半の注釈者たちが自覚したよりも、センに近い。ワーヘイン（Werhane 1991）も同様である。

（6）Haidt 2001 を見よ。

（7）例えば、Frank 2004, chap. 8 を見よ。

（8）Gilbert 2005, pp. 217-220 や Haidt 2006, chap. 5, 6, 11 を見よ。

（9）ダニエル・ラッセルによる本書第一章を見よ。

(10)アリストテレスが『形而上学』で論じているように、ちょうど実体（substance）が単なる寄せ集めではなく、一定の形式と目的を持っているように、それと同様に人生は単なる経験の連続にはとどまらない。この点については、フェスティンガー（Festinger 1957）やチャイケンら（Chaiken *et al.* 1996）といった心理学者たちがアリストテレスの主張を繰り返している。

(11)しかしながら、アリストテレスは富に対する欲求を非難するわけではない。（『ニコマコス倫理学』第七巻第四章一一四八a二五）

(12)ルーバン（Luban 2003）も同様である。

(13)人名やいくつかの細かな点は変更された。実際の出来事は三十年以上も前に起こっている。

(14)マーティン（Martin 2006）は、病理学的なものを含む心理的状態と徳の関係性について論じている。

(15)これらの考察は、分断テーゼ（separation thesis）とフリーマンが呼んでいるものに反対しているフリーマン（Freeman 1994）の主張を支持している。その分断テーゼでは、ビジネスと倫理の決断は明らかに切り離せるとされる。

(16)『ニコマコス倫理学』第三巻第五章一一一四a三一～b三を見よ。また同書第七巻第三章一一四七a一八～三五も見よ。その箇所でアリストテレスは次のことを提示している。すなわち、意志の弱さとは、見込まれる行為を（何か肥満の原因になるものを食べることというよりむしろ）何か甘いものを食べることだと感じ取るがゆえに自分はそれを食べるべきだとする問題でありうる、と。企業環境がある人の枠組みに影響を及ぼす可能性があることを、私はこの後の個所で論じていく。ビジネスとビジネス倫理における枠組みについては、Werhane 1999を見よ。

(17)この論点にかんして詳細に取り扱ったものとしてAlzola 2008を参照。

(18)ロスとニスベット（Ross and Nisbett 1991）によれば、ミルグラムの被験者の幾人かは、はっきりと、そして受け入れられると思える方法で状況に枠組みを与えられなかったので不快であった。他の人々はそのような問題をもっていなかった。（この点に私の関心を向けてくれた編集者に私は感謝したい。）

(19)いかにこれがなされるのかについての詳細な説明はG. Moore 2012を見よ。

(20)ゴーシャルは、彼らが単純化したり還元したりした要因を、組織論を科学にしたいという心得違いの欲求に帰している。ゴーシャルは、主題に対して適当な正確性よりも過度の正確性を求めるのは間違いであるというアリストテレス主義的見解を取っているようである。

(21)組織における共有財を守る友情は有益な友情の類いだとわれわれは考えるかもしれない。アリストテレスはこの有益な友情を、友人の利益を自分自身の利益だと考えるような友情より価値の低いものだと評価している（『ニコマコス倫理学』第八巻第三章）。とはいえ、もし行為者すべてがお互いの利益を配慮するか共有するならば、共有財はより簡単に守られるだろう。

(22)社会資本という観念に正確に対応するものはアリストテレスの中にはない。しかし社会資本の重要性はコミュニティについてのアリストテレスの見解をまさに支持している。

(23)有名なことにロールズ（Rawls 1971）は彼の正義の構想を以下のような人々の集団を想像することによって定義している。つまり、その人々とは、自分たちの個人的特性や共同体の中で自分たちが担う役割のどれも知ることなく、自分たちの共同体のために法律を作成しなければならない人々である。ステイクホルダーは実際、ビジネス上のシステムにおいて多くの役割を担っており、それゆえおそらく、例えば供給者よりも買い手に不当な便利を与えたくないはずである。なぜなら彼らは両方の役割を担っているからである。

(24)おそらく、典型的な投資銀行の給与体系は経済人という見解を確証している。よりありそうなことだが、おそらくゴーシャルが信じているように、その給与体系は経済人という見解を推奨している。

(25)より詳細な説明は Hartman 2008 と 2006 を見よ。

(26)チェンら（Chen *et al.* 1997）はそう示唆している。

訳註

〔1〕非ゼロ和、あるいはウィン・ウィンの状況のことで、その場合、ある人の利益が、必ずしも他の人の損失にならない。

〔2〕一階の欲求とは「あるなんらかの行為に対する欲求」であるのに対して、二階の欲求とは「自分自身の欲求のあり方に対する欲求」のことである（門脇俊介、野矢茂樹［編・監修］『自由と行為の哲学』春秋社、二〇一〇年、一〇頁）。フランクファートは前者を「Xを欲する」と、後者を「Xを欲することを欲する」という形で表現している（ハリー・G・フランクファート「意志の自由と人格という概念」近藤智彦翻訳、『自由と行為の哲学』所収、一〇二～一〇八頁）。

〔3〕ポジティブ心理学とは個人の幸福や社会の繁栄に資するさまざまな要素を研究する心理学の一分野のこと。著名な研究者としては創始者の一人であるマーティン・セリグマン（『世界でひとつだけの幸せ――ポジティブ心理学が教えてくれる満ち足りた人生』小林裕子翻訳、アスペクト、二〇〇四年）に加えて、ミハイ・チクセントミハイ（『楽しみの社会学』今村浩明翻訳、新思索社、二〇〇一年）やジョナサン・ハイト（『しあわせ仮説』藤澤隆史、藤澤玲子翻訳、新曜社、二〇一一年）などがいる。

〔4〕原文は「Alzola forthcoming」だが、これは誤記で二〇〇八年に公刊されている。

〔5〕「機会費用（opportunity cost）」とは、選択されなかった選択肢の中で最善の価値のことである。

〔6〕「スラック資源（slack resources）」とは、ゆるみをもたらす資源のことである。組織はスラック資源を加えることで性能レベルを低下させ、組織の情報負荷を減らし、例外事象の発生回数を減らすことができる。より詳しくは以下を参照。Jay R. Galbraith, *Organization Design*, Addison-Wesley, 1977, pp. 50-51。

第12章 徳と政治(*)

マーク・ルバー

本章で私は徳と政治の関係について探究する。当然のことながら、徳とは何であるか、またどのような種類の徳が重要なのか、ということについて興味深く重要な問いが多数存在する。同様に「政治」についてもわれわれは多くの様々な問いを立てることができる。その結果、徳と政治の関係についての問いは絶望的なほど幅広いものとなっている。いやしくも〔この論考が〕有益なものであるために、より焦点を絞って探究する必要があるだろう。ここで次の二つのやり方で焦点を絞りたい。

第一に、徳にかんして可能な見解のすべての中で、私は、ある特定の種類の見解、つまりわれわれが古代ギリシアの哲学者たち、特にプラトン、アリストテレス、そしてストア派から受け継いだ徳にかんする見解とその重要性に焦点を絞る。ただしここでも、現代におけるこの伝統の末裔が何にあたるのかについて多様な意見があるが、私としては、これから説明する仕方で、その多様な意見が実り豊かなものであり、また扱いやすいものであることを望んでいる。

第二に、とても現代的な政治理論に関連する、政治にかんする一つの問いに私は焦点を絞りたい。その問いとは、政治秩序はその権威を行使する際にどのように正当化されうるのか、ということである。私の議論は、ある徳倫理学理論が許容ないし要求する種類の徳と、その結果として生じる政治権力の正当化との関係に焦点を当てる。政治権力についてのリベラルな考え方――ときに「正当化するリベラリズム（justificatory liberalism）」と呼ばれるもの――は、諸々の徳倫理学理論が合理的に是認できるものである。同時に徳と政治の関係を取り扱っている現存の理論は、私の主張では、正当化するリベラリズムの要請に悪戦苦闘しているとはいえ、前進する道はある。

本稿の概要は以下の通りである。第一節（「政治的権威とその正当化」）で私は、われわれの探究を動機づけている政治秩序の特徴を紹介する。第二節（「徳倫理学理論と政治秩序の正当化」）で私は、徳倫理学と政治の関係についての原型として、プラトンとアリストテレスによって提供されたモデルについて考察する。第三節「徳と政治の理論」で現代におけるそれらの継承者のいくつかを調査する。第四節（「徳による政治的権威の正当化」）で、こうした現代の理論は、徳倫理学理論が是認すべき政治的行為に対する制約を満たすことに失敗していると論じ、最終節（「徳とリベラルな正当化」）で、そうした現代の理論はその制約を満たすためにどのように拡張されうるのかについて示唆を与える。

政治的権威とその正当化

それではすでに述べたように、政治制度を他の種類の社会制度から区別するように見える特質――つまり権威に対する特有の主張――からはじめよう。権威（authority）は権力（power）と混同されてはならない。権威とはある種の道徳的地位――道徳的に義務づけられていることや許容可能なことを創出し変化させる権力――のことである。この権威には二つの形式があり、その両方が現代の国民国家と国家に付随する政治制度によって行使されている。

1　現代の国民国家はその権威の下にいる人々（典型的にはその特定の領域的範囲内にいるすべての人々）を強制する一方的権利を主張している。(1) 国家の裁定の際には、その権威に従っている人々は何度でも務め（武器を取ることを含む）を果たし、財産を奪われ、拘留され、あるいは極刑に処せられることさえ強要されることがありうる。

2　現代の国民国家はその権威の下にいる人々に責務を課すことができると主張している。もし国家が、赤信号の際に右折することは許されていないと述べるならば、その事実によって人は赤信号のときに右折しない責務を課される。これは単に政治的責務ではなく道徳的責務である。もし国家が、その権威に従っている人々はある額の税金を支払う義務がある、と決定するならば、その国民はその税金を支払うよう強制的に強要されているかもしれないだけでなく、国民は強要されていようといまいと、税金を支払う責務を道徳的に課されている、と言える。

政治制度に関するこれらの主張のうち、両方というよりも一つだけについて理論化することは可能である。しかし両方の主張とも、現代のリベラルな政治制度を代表して典型的に述べられるものであり、両方とも、われわれが権威という言葉を一般的に使うような意味で権威として捉えられるものにとって必要である。(2) これらの権威の形式は、政治的権威について一般的に受け入れられている見解では、政治的機関によって独特な仕方で保持されている。政治的機関が正統に利用してもよい強制的な方策は他の個人やグループには利用することができない（当然のことながら、なんらかの政治的権威の保護の下にある場合は除く）。そして他の個人やグループは他人に一方的に責務を課す能力を持っているとは考えられていない。もちろん、われわれは自分たちがしていることを通して、あらゆる仕方でわれわれ自身に責務を課すかもしれない。しかし他人に一方的に責務を課す権力は政治的機関によって保持されている。

どのようにしてこれらの機関はこの権威を保持するようになっているのか。この問いは、政治的権威の正当化という問いの一つである。つまりある政治的権威の下にいる人々に対して、その法令は本当に権威があると述べることができる、あるいは述べている擁護論である。ある時代、あるところでは、この問いは自明な答えを持っていると考えられてきた。政治的権威は純然な権力から、あるいは神による賦与によって、あるいは生まれが優れていることによって、あるいは他の仕方で、生じると考えられてきた。しかしこのような考えのどれももはや自明ではない。

徳倫理学理論と政治秩序の正当化

徳倫理学の説明は、道徳がわれわれに提供する諸々の理由の本性を特徴づけることに取り組んでいる。その説明は、性格特性すなわち徳に焦点を合わせ、徳が道徳的理由を理解する試みにおいて中心的であるとする点においていくらか、他の道徳理論とは異なっている[3]。徳とは、われわれが生活のほとんど、あるいはそのすべての側面で示す特性である。したがって、徳倫理学理論にとっての自然な問いの一つは、道徳的理由にかんする徳倫理学理論の説明が政治秩序やその権威について何を含意あるいは示唆するのか、ということである。

大まかに述べるならば、政治的権威の正当化の問いは、われわれにとっては重要なものであるが、古代の徳倫理学者にとってはそうではなかった。しかしながら古代の思想家は、正統な政治秩序が取りうる基本構造を設計することにとても興味を持っていたのであり、現代の徳倫理学者は政治秩序を正統なものにするのは何であるのかについて考察する際にこの古代のモデルは役に立つとしばしば考えている。例えばプラトンの『国家』を考察してみよう。プラトンのようにわれわれは、個人と国家の両方における正義（dikaiosunē）について考察する要点とは、国家にとってのある目標、目的、つまり国家内に住む人々に徳を広めることを事実上、擁護することだと捉えるかもしれない(4)。われわれは、この目的が政治的権威の正当化について直接含意することを、次の二つのうちのどちらかのやり方で、読み取れるかもしれない。第一により単純な仕方で、徳は個人に対して具体的に規定されているので、国家は有徳な住民を生み出すことを国家の目的と受け取るかもしれない。そのとき国家の権威はこの目的に奉仕することによって正当化されるだろう(5)。あるいは第二に、プラトンが探究したような仕方で、ポリスの構造それ自体が個人の徳の内部的構造を「反映」しているかもしれない(6)。プラトンは正しい国家のモデルを同型の仕方で発展させることによって、個人の正義あるいは徳の観念、つまり「それぞれが自分自身の仕事を持って取り組むこと」という観念を発展させている(7)。ある政治機関がこの種の構造を持つ限り、それが権威を行使することは正当化されるだろう。ここで重要なのは、これらのどちらかが政治的権威にかんするプラトンの見解であるということではない。なぜならこれはプラトンが答えを求めていたような問いではなかったようであるから。むしろ重要なのは、この問いに答えるこうしたやり方がプラトンの提示している国家にかんする説明の中で表現されていると、われわれが理解できるということである。

対照的にアリストテレスは、政治共同体の目標、目的はその市民が善い人生を送ることができるようにさせることであると主張している。ここでの善い人生とは（彼は倫理学の著作で議論しているが）有徳な生活のことである。これは政治的権威にかんして明白に述べられた説明により近い。[8] もちろん、われわれのプラトン的モデルの第一のものはこれと同様なものを示唆しているが、徳と幸福の結びつきに明確に訴えることはない。この結びつきはここで〔アリストテレスにおいては〕重要な役割を果たしている。政治制度は、どちらの場合でも徳が善く生きることに貢献するために、政治的権威を行使する人々とその権威に服する人々の両方をより有徳にすることに専心している。[9] 強制し責務を課す政治的権威はこの目的に由来している。それゆえ、徳はここでも政治的正当化を基礎づけている。ただし間接的にしか基礎づけていない。徳は、政治的権威を正当化する第一の目的、つまり市民の善い生活に徳が貢献することを通して、その正当化の役割を果たしている。

以上は、自分たちの支持する徳倫理が政治的権威に対して含意することについて徳倫理学者が考察するかもしれないやり方についての異なる三つの例である。しかしこれら三様式に推論的な関係を制限するものは何もない。そして当然のことながら、現代の政治理論は政治的権威について、古代の人々が考えたよりも多くの異なる枠組みを理解しなければならない。では、現代の傑出した徳倫理学の理論家は古代の人々がわれわれに残してくれたモデルにどのように依拠するのかという論点に移ろう。

徳と政治の理論

徳倫理学理論が政治という分野で持つ意味合いについて問うことが自然であるけれども、すべての徳倫理学者がそうしているわけではない。[10] さらに、深い徳倫理学的根拠に依拠する理論家の幾人かは、それにもかかわらず政治理論にいっそうの関心を抱いている。それゆえわれわれの探究は、どちらの方向からでもこの論点に重要な貢献をした人々を含むために、多少場当たり的なものとなるだろう。

スロート

マイケル・スロートは傑出した徳倫理学者であり、徳にかんする彼の説明は長年にわたり発展を遂げ、政治的権威にかんする説明も次第に彼の見解の重要な要素として現れてきた。もともとスロートは、立派なことにかんする道徳的ではない「卓越的（aretaic）」な考え方から始めることで、徳の説明を引き出そうと試みた。しかしこの説明は政治的結論を引き出すことにまで拡張されなかった。[11] そのかわり、彼がはじめて政治的正当化について考察し始めた際にはストア派の「自足（autarkeia）」の観念から引き出された「自恃《じじ》（self-reliance）」あるいは「自足性（self-sufficiency）」の観念に依拠した。[12] 彼の議論では、人々が自足しているる、あるいは自恃がある場合にのみその社会は正しい。[13] スロートは、自足性が徳にかんする完全な説明であると述べているわけではないが、自足性は、物質的な必要を満たす人間の能力とこの世界で行動するために信念や意見を形成する人間の能力という両方に関連がありうると信じていた。それゆえ自足性という徳は社会生活と政治組織に対して核心的な重要性を持っている。この初期の著作でスロートは政治的権威を正当化する第一にして最も単純である直接的なモデルの例を提供している、とわれわれは解釈できる。つまり政治組織は自足した市民が居住しているがゆえに正しいのであるから、政治的権威はまさにそのような市民を生み出すという目的から引き出されている。

しかし近年になると、徳にかんするスロートの基本的説明はおおいに変化し、それに伴って政治的権威の正当化の詳細にも非常に変化したものがある。[14] 徳にかんするスロートの説明は、古代ギリシア人の徳倫理学よりも、デイヴィッド・ヒュームやアダム・スミスという一八世紀の「感情説支持者」の伝統に依拠するようになっている。現在、徳にかんする彼の説明は、他者に対する共感を伴った関心を介して、基本的価値を持つ動機としての同情に、それに応じて社会的関係の中心的要素としての普遍的善意に焦点を当てている。[15] 行為者は、もしこれらの価値によって動機づけられているならば、有徳である。[16]

このように共感に焦点を合わせることで生じる政治的説明は、プラトンの中で表現されている二つの直接的なモデルのうちのどちらかとして理解することができる。スロートは善意あるいはケアすることの動機を考察する際に、法律や慣習などの社会制度が社会に対する関係は、行為が個々の行為者に関係している「ようなもの」であると語っている。[17] 有徳な個人の中には共感あるいは善意の動機について「内的な構造」が存在すると彼は考え、そしてわれわれが社会制度を正しい（そしてその権威は正当化されている）と判断できるような、ある種の同型的な構造が社会制度の中に存在すると彼はここで考えているようにわれわれには読めるかもしれない。[18] あるいは（そしておそらくより妥当なものだが）、スロートは直接的な構造のより単純なものを念頭においているかもしれず、それによって、政治的機関の行動は共感あるいは善意に満ちた動機のある個人によってなされる限り、政治的機関は正しく役目を果たしている、あるいは正当化される。[19] しかしながらこれは『国家』における構造とは異なっている。『国家』では権威が市民の中に養成する徳に基づいて権威は正当化されるが、スロートの議論では政治制度の行動に責任のある人々の有徳な動機から正当化は生じるだろう。徳から政治的権威への正当化の関係はまだ直接的でありかつ即時的なものであるが、（プラトンのモデルとは異なって）結果というよりも原因としての徳に焦点が当てられている。

この種の直接的な正当化の関係は、アリストテレスの中に見られる間接的な正当化の戦略のいくつかの形態ほど、現代の徳倫理学者の間で共通しているものではない。この間接的な戦略の例としてはじめにマーサ・ヌスバウムやロザリンド・ハーストハウスの作品をわれわれは見て行こう。

ヌスバウムとハーストハウス

政治にかんするヌスバウムの考え方はアリストテレス自身の政治理論に深く影響を受けている。彼女はアリストテレスの徳にかんする説明よりもアリストテレスの中にある先に言及した要素に焦点を当てているので、徳から政治的権威を正当化する過程はスロートのように直接的ではない。ヌスバウムの主張によれば、政治組織の目標あるいは課題とは、善い人生に資する選択あるいは善い人生を構成する選択を市民が（できる限り）行えるようにすることである。[20] それゆえヌスバウムの見解で政治的権威を正統なものにする原理に根源的に結びついているのは善い人生であり、間接的にのみ徳に結びついている。したがって、いかにこのアリストテレス主義的な徳にかんする説明が政治的権威の正当化に貢献しているのかを理解するためには、われわれは二つのステップを捉える必要がある。一つは徳と善い人生の関係であり、もう一つは善い人生と政治的権威の関係である。

ヌスバウムはこのうち第一の関係については政治にかんする彼女の著作の中で詳しく検討していない。なぜなら彼女はアリストテレス自身が理解しているこれらの関係をどうやら踏襲しているからであり、また彼女は第二の関係の方に焦点を合わせているからである。しかし彼女はアリストテレス主義の要点を強調している――善い人生とは一般的に徳によって導かれる人生であり、このことが意味するのは、（思慮が徳の中心的役割を担っていることに鑑みると）善い生活は思慮の方向付けの下で送らなければならないということである。[21] これは、国家の課題にかんする彼女の見解にとって重大な意味を持っている。というのも善く生きていることの条件はいともたやすく人に手渡すことができない（とわれわれはおそらく言う）からである。その条件は（彼女の表現で言えば）選択されなければならない。

このとき、第二の関係は、そのような選択をする市民の潜在能力（capabilities）を確立させる程度に応じて政治的権威を承認する関係である。ヌスバウムの議論によると、この承認は二つの異なる意味で分配的である。第一に、『国家』における正当化の物語にかんするわれわれの第二の読み方のように、政治組織は善い生活の特徴の一つあるいはいくつかを集合的に体現する点においてよい、という見解に彼女は反対している。[22]ある人は（例えば）勇敢であるが賢くはなく、別の人は賢くはあるが健康的でないなど、そういった人々からなる政治組織を持つことは十分ではない。国家が善い生活に必要な条件を生み出すという要件は、その権威に従属しているそれぞれすべての人に適用されるという仕方で分配的に・個々別々に理解されなければならない。[23]

ヌスバウムの考え方は以下の第二の意味でも分配的である。つまり善い人生にとって必要な潜在能力の発展に必要とされている本質的な資源や機会の分配にヌスバウムの考え方は焦点を合わせている。これは、富など分配的正義の明確な関心事を含んでいるだろうが、またより明確でない分配上の関心事、例えば公教育や政治的役職に就く機会の提供なども含んでいる。ヌスバウムは各人の中での潜在能力の多様性や特異性を強調している。つまりわれわれが関心を持つべき「資源」は、市民が潜在能力を発達させる必要がある特有の条件に調整されていなければならないことをこれは意味している。

ヌスバウムの説明が政治的権威に対して行う正当化の種類をわれわれはどのように解釈することができるだろうか。ヌスバウムの見解で正当化のかなめは、市民が善い生活を選ぶことができるような条件を確立する際の政治組織の「課題」あるいは目標である。「われわれが人々に確保しようと目論んでいるものは、まさに、個人として各人が彼ら自身の思慮に従って選択し機能することができるような条件である。[24]」彼女はその点を詳しく説明しているわけではないが、善い生活を確立する際に知恵や選択の働きを強調していることからして、市民にそのような選択をする際にかなりの自由な許容範囲を要求しているようである。ヌスバウムの提供しているような正当化はある意味、完成主義（perfectionism）である。その説得力は人間の善にかんする特定の考え方にコミットしていることに依存している。しかしそれは次の点で弱い形態の完成主義である。つまり政治的権威は、悪い選択の多くの例を禁止することで正当化されるわけではおそらくない。例えば、自分自身を害したり、明らかに有害な仕方で自分自身を危険にさらしたりするのを市民にさせないようにすることで政治的権威が正当化されるだろうということは明確でない。市民自身が他の仕方で選択をするとき市民に賢明な選択あるいは有徳な選択をするよう課すことをヌスバウムは支持しているわけではないようである。

ロザリンド・ハーストハウスはこの論点にかんして議論をそれほど幅広く展開してこなかったが、彼女もまた政治的権威は有徳な生活と行為者の要求によって制約されていると考えているようである。ハーストハウスは徳倫理学にかんする彼女の包括的な議論を取り扱った『徳倫理学について』では政治的権威について議論していない。しかしそれ以前の論文でハーストハウスは明確に倫理学と政治学の「連続性」を認めている[25]。この連続性は、徳が政治的権威を行使することに必要な制約を課すという仕方で考察されている。「もし正しい法律が権利を定め、目下の現状で特定の社会で施行される際、社会のあるメンバーが悪意を持ってあるいは不正な仕方で行為することを必然的に生じさせるならば、そのときその法律は目下の現状では施行されてはならない[26]。」

これは実際、政治的権威に対する重大な制約であり、そしてもしわれわれが政治制度それ自体の構造にのみ注意を向けるならば、簡単に見過ごされてしまう制約である。法律あるいは政策に対するどのような正当化があろうとも、ハーストハウスの主張では、それは市民の邪悪な行為を要求することはできない。それゆえ政治的権威が要求してもよい他者の取り扱いについては制限がある。[27] これを「ハーストハウスの制約」と呼ぼう。これは徳倫理の名に値するいかなる徳倫理にとっても重要な論点であり、われわれは後にここに戻ろう。

おそらくハーストハウスの制約はヌスバウムの説明に欠けている箇所で、せいぜい尊重されるだけかもしれない。ヌスバウムの信じているところでは、知恵や徳を通して認知される理想が公共的性質を持つために、その理想が単に立法家のみではなく、裁判官によっても展開される必要がある。[28] 部分的にこの見解は以下の事実についての考察に基づいている。つまり成文化された規則は（どれほど賢明に作られたものであっても）自ずからその意味を説明することはなく、個別的な事例で解釈を必要としている。ここでヌスバウムはアリストテレスに倣っている。アリストテレスは「衡平」を、法的正義の「補正」の必要形態として特徴づけ、「すべての法律は普遍的であり、ある事柄にかんしては正しい普遍的言明をするのが可能でない」ので、衡平が要求されているとしている。[29]

さて、アリストテレスの議論の要点は、市民同士の紛争の事例についてはは比較的問題がない。しかしながら、司法的権威を市民の生活へと拡張し、善にかんする裁判官の考えに従って市民の生活を導くような事態――ヌスバウムの表現では、[30] 書かれた法律の一般性を裁判官が賢明に補足すること――であるならば、それは別問題である。裁判官あるいは立法家によるこの種の「補足」が、市民による実践的合理性と選択の行使に取って代わる限り、ヌスバウム自身の見解に従って、市民の行為主体性を簒奪することになり、それゆえハーストハウスの制約と衝突する（と人はおそらく考える）だろう。

ヌスバウムが応答する一つの方法はハーストハウスの制約を拒絶することである。社会的目標への貢献は、たとえ悪意のある行為を行っていても、人がその貢献に要求されていることを行うのを正当化している、とヌスバウムは主張することができる。[31] より妥当な応答として、われわれは徳の要求を政治的生活の要求の観点で理解しなければならず、それゆえ司法の「補足」は実際、徳の行使である、と彼女は主張するかもしれない。ここでそのような応答の妥当性は徳にかんする説明の詳細次第である。ヌスバウムはそのような説明をしていないので、彼女の応答としてこの戦略、あるいは別の戦略を支持するかどうかははっきりしない。対照的に、ハーストハウスは後に新アリストテレス主義的徳倫理学の擁護を展開しているが、そこで彼女はハーストハウスの制約を擁護し、個人の徳に理論的優位を与えているようである。そのような説明は、政治的目標が理論的に最上位を占めるような、有徳な行為にかんする考えに重大な挑戦を投げ掛けているかもしれない。この問いについてより詳しくは、現代の典型的な理論をもう一つ考察した後に取り上げよう。

ラスムセンとディン=アイル

ダグラス・ラスムセン（Douglas Rasmussen）とダグラス・ディン＝アイル（Douglas Den Uyl）（以後、RDU）は、ヌスバウムとハーストハウスのように、おおよそアリストテレス主義の立場に即して理解した善い人生の考え方に基づいて議論を始めている。さらに、そのような生活の中で決定的要素は、人生を導くための選択と思慮の行使であると彼らは同意している。実際、彼らの見解は、政治的権威が自己の方向付けに基づいた生活の可能性に対する条件を提供すべきであるという考えを前提にしている。

しかしながら、彼らはこの点の帰結にかんしてヌスバウムとはっきり異なる仕方で解釈している。そして彼らの見解は、善く生きることにかんする人々の関心からアリストテレスが引き出した含意とも異なっている。自己の方向付け（self-direction）（フロネーシスあるいは思慮の活動）は人間の開花に対して重要であり、この重要性は次のことを意味している。つまり政治的権威は、この能力を行使する権利によって保護された空間を守らなければならないことを意味している。RDUは、市民の間でそれを特定し促進するのが政治の課題であるような決定的な潜在能力を特定するかわりに、生命、自由、財産に対する権利を、自己の方向付けが可能になる状況を保護する「メタ規範的な」原理として焦点を当てている。[32] 彼らはこれらの原理がメタ規範的であると言うことで、いかに生きるかにかんする選択において個人に特定の目的を彼らは指示しないことを意味している。そのかわり、彼らは、個人が善い人生にかんする自分自身の考え方に規範的な方向付けを与えられるような社会的枠組みを提供している。

ヌスバウムの見解のように潜在能力を強調するのに反して、なぜ彼らは権利を強調するのであろうか。その理由の一部としては、政治における分配の仕事の指針として、どのような「一般的財」がどこに分配されなければならないのかにかんして一般的説明が存在しないからである。RDUの主張では、これらの財の価値は、各人に特有のものである。[33] 自己の方向付けに要求されている資源が個人ごとに異なることは、「根源的な政治的・法的原理を決定する際に」資源を「役に立たないもの」にしている。[34] しかしながら、われわれがすでに見てきたように、これは、ヌスバウムの受け入れることのできる点、そしておそらく進んで受け入れる点である。

より有効なポイントは、潜在能力を強調する理論が（おそらく）やらないようなやり方で、権利はメタ規範性に適切な自己の方向付けの一種を可能にさせる、ということである。というのも、ヌスバウムの見解は、「潜在能力の価値は、それが特定の個人の必要性に適合されていたとしても、個人によるその価値の認識からは独立に存在する」という考えと両立可能だからである。反対に、RDUは（古代ギリシア人の精神に深く依拠して）当の個人にとってそのような財はよいものであり、その個人の方向付けられた行為主体性を欠いては、そのような財に対する真正な価値は存在しないと議論している。[35] われわれはこのRDUとヌスバウムの差異を次の仕方で考えられるかもしれない。自己の方向付けは、潜在能力の発達にとって必要な分配上の財を第一に価値あるものにするという仕方で、個人の開花した生活を確立するものである。自己の方向付けは、善い生活の必須要件である。ダニエル・ラッセルの表現を借りれば、それは指導的な役割をはたしている[36]。対照的に、ヌスバウムが政治的権威の目標を「分配の」考え方に基づいて特定するために焦点を当てている潜在能力はそれ自体において価値があるように見える。

権利をメタ規範として捉えるRDUの考え方は、自己の方向付け、またそれゆえに人間の開花の可能性にとっての必要条件から生じてくる。このようなRDUの考え方は、リベラルな秩序の適切な正当化と単に両立可能なものであるだけでなく、むしろその正当化を構成するものである、とRDUは明確にしている。

> リベラリズムはメタ規範の政治哲学である。それは道徳的活動における個人の行為を指導することを目指していない。むしろ道徳的行為が起こりうるところで条件が満たされるように行為を規制することを目指している[37]。

権利はメタ規範の問題であると言うことは、権利は規範的ではないということも、権利は義務を暗示しないということも意味していない。権利は先に特定された意味で「メタレベルの」規範である。権利の役割とは、人間の開花が可能である数限りないやり方のどれであれ、個人が有徳であり開花することが可能な条件を保護することである。

RDUは以下の二つの点を両方とも明確にしている。一方で権利によって支えられている政治的条件は、開花にかんする対立した見解の間で中立的である（そしてさらに権利は「間違ったことをする権利」あるいは悪く生きる権利も保護する)[38]。他方でそれにもかかわらず、彼らの見解は政治的権威の正当化にかんして「中立主義」を支持していない[39]。すなわち、正当化された政治的権威に対する彼らの擁護論が、善い人生とその人生の中で思慮の行使が果たす役割にかんして基礎づけ的な彼らの観念を拒否する人々の心に訴えるだろう、と彼らは言い張っているわけではない。彼らは、「人間にとって何が追求するのにあるいは受け入れるのに価値があるか、あるいは最善であるかという問いについて一般的に何かを述べる諸々の哲学的教説」の中で、政治制度に対する正当化が「より深い倫理的見解」の一部として位置づけられているような「包括的リベラリズム」の形態を擁護している[40]。しかしまさにこのコミットメントこそが、ヌスバウムの理論の内部と同様に、彼らの理論内部で緊張関係を生み出すものである。さてわれわれはその挑戦の本質に向かおう。

徳による政治的権威の正当化

われわれが考察してきた諸々の徳倫理学の正当化はどのような仕方で政治的権威の使用を正当化するのであろうか。政治的権威が行使される対象となる人々、かつこれらの見解が提供する徳あるいは人間の開花の考え方を受け入れない人々の視点について考えてみよう。その人々の見解では、その正当化は間違った(あるいは少なくとも説得力のない)見解に依存していると捉えられるので、不十分である。彼らは自分たちに対して行使される権威を権威としてではなく、単なる権力あるいは暴力として捉えるだろう。

ではこれは問題であろうか。これは難しい問いである。ある人々にとってどの正当化も満足のいくものではないだろう。精神病者はいかなることも彼の拘留を正当化するものとして受け入れることはありえないだろう。しかしこれは、どの正当化も適切でないということを含意しているわけではない。他方で、ある人が真理を所持しているという考えだけでは、それ自体では確かにとても弱すぎる基準である。

しかしながら、ここに本当の問題があるということを理解するために、われわれは極端な事例を必要としているわけではない。われわれが検討してきた三つの広範な徳倫理学的アプローチは強制的な統制を行うことについての方針を規定する際にそれぞれ異なっている、という事実を考えてみよう。例えばスロートは、ヘルメットを着用せずにバイクに乗ろうとしているすでに成年の（十全に判断能力のある）息子の母親を想像するようわれわれに促している。スロートの主張では、もし母親にできるなら、「ヘルメットを着用して息子がバイクに乗ることを強制する」という仕方で母親が息子の行動に介入することは正当化されるだろう。(41)おそらくＲＤＵはこれに反対するだろう。間違いなく、スロートとヌスバウムあるいはヌスバウムとＲＤＵとの間に同様の不一致があるだろう。とりわけヌスバウムとＲＤＵの間では、開花の要件として信じているものにはっきりとした相違があるので、不一致があるだろう。それぞれの場合で、強制的な権威を「受動する」側は、政治的権威を正当化する目的の適切なあるいは正しい考え方によって正統に認められていないとそれを見なすだろう。これら三つの見解がすべて正しいということは事実ではありえないが、それぞれの見解は明らかに、以下のような賢明な人によって保持されうる見解、そして保持されている見解である。つまりその賢明な人とは、実際、徳に大きな関心を払いつつ、政治的権威の正統な根拠について慎重に考えようとしていて、政治的関係を解釈することに対して道徳的に許容可能な根拠に到達しようとしている人である。しかしそれぞれの場合で、提供されている正当化は受け入れられないものとして見られるだろう。

これはとりわけ徳倫理学の擁護者を不安にさせるはずである。われわれが結果として生じている政治理論を抽象的に考察するときは、ここで取り扱っている説明が満足のいく正当化を与えているとして捉えることは問題ではない。このように捉えることは、ハーストハウスがわれわれに考察するよう促している問いをわれわれが取り上げるとき、はるかに難しい。ハーストハウスの問題とは、推奨されている政策はそれを実行している行為者に何を要求しているのか、ということである。（ここで、単に、警察、裁判官、立法家のみではなく、任命したり、あるいは政治的権威を行使したりする人と自分たちを捉えている投票者のことも考えてみよう。）彼らの強制的権威を行使されている人々がその権威を正統に認められていないものとしてあるいは正当化されていないものとして捉えていることを知りつつ、彼らは良心に基づいて当の説明が満足のいく正当化を与えていると捉えられるだろうか。一方で、もしあなたの権威に従属している人が精神病者ならその人を満足させるものは何もないだろうと考えることであなたは慰められる。しかしわれわれの理論家それぞれに対して妥当な論拠が存在すると考えるかもしれないように、あなたとともに協力的に平和的に生きることを望んでいる、誠実で賢明な人であるときそれは別問題である。政治秩序の中で強制的権威を行使している有徳な人々についてわれわれが考えるとき、ハーストハウスの制約は本当の鋭さをもつはずである。

さて、われわれが取り上げてきた徳倫理学の理論家は、自分の見解がリベラルな中立性の弱い形態と両立可能であると主張することによって、この心配の影響力を緩和することができる。つまり、自分好みの徳倫理学的説明は人間の開花にかんするある特定の説明に基づいているにもかかわらず、その説明によって支持されている政治制度の中に、ある形態のリベラルな中立性はまだ存在しうる、と彼らは議論することができる。クリスティーン・スワントンはこの擁護論を明確なかたちで述べ、（善にかんする特定の考え方のいずれも促進しないものとして理解された）強い形態のリベラルな中立性は、アリストテレス主義的徳倫理学者の手の届かないところにあるが、（その考え方と両立しない実践を禁止しないものとして理解された）弱い形態は単に可能というだけでなく、適切に理解されたアリストテレス主義的な諸々の徳によっておそらく要求されていると論じている。[42] アリストテレス主義的徳倫理学者は、例えば税金や補助金政策を介して、人間の開花にかんする望ましい考え方を奨励し、教育に関与する弱い形態のリベラルな国家を支持する議論をすることができる。ただしそれは、ある実践がその考え方を満たしたり促進したりすることに失敗するからという理由のみでその実践を禁止するような「法的道徳主義」に関与しない限りにおいてである。ヌスバウムとＲＤＵはさらに強い擁護論を唱えるかもしれない。なぜなら彼〔女〕らはそれぞれ善にかんする多様な考え方を信奉して実現することに広い余地が残されているようなリベラルな国家を規定しているからである。

しかしこれはそれほど的を射たものではない。問題となっているのは、自分自身の生活の条件を選ぶ際に人はどれだけの自由の範囲を持っているのかということではない。むしろ、その自由の範囲はどうであるかを誰が決定できるのかということである。ハーストハウスの制約はこの点を説得力のある仕方で明らかにしている。スワントン、ヌスバウム、ＲＤＵ、そして同じくスロートの見解では、他の反リベラルな見解と同じように、その問いに対する答えは一方的である。最善の理論を手にしている理論家（反リベラルな事例では最大の権力を保持している人）には、自分好みの政策を――真の倫理政治理論によって含意されていると自分たちが見なしている政策を――他者（理論と政策を一様に拒絶する人を含んだ他者）に課す権限がある。

狭量な専制君主のことを考えてみよう。彼は市民の生活の文字通りあらゆる側面に命令を下し、彼の小さな国に圧政を敷いている（明らかにこれは根源的に反リベラルな政治制度である）。いま、彼はヌスバウムあるいはＲＤＵの理論に目を通し、それに深く感銘を受けたとしよう。「このような専制支配を行うのは極悪非道である」と彼は決心し、リベラリズムを推進する様々な方策をすぐに実行する。もし彼がヌスバウムを読んだとしたら、彼女の見解で決定的に重要なものとされた潜在能力の発達を可能とする資源を保証するという問題にすぐに取りかかる。またもし彼がＲＤＵを読んだとしたら、自己の方向付けや自己の完成を可能にする状況を確立するように、ＲＤＵが支持するような権利を保護する法的システムをすぐに制定する。どちらの場合でも、はるかによりリベラルな国家になることだろう。しかしそれにもかかわらずどちらの場合もまだ何か歪んだものがある。それはつまり、市民はまだその専制君主の気まぐれに左右されて生きているということである。もし専制君主が明日考えを変えれば、状況はまた変わるだろう。しかし問題となっているのは単にこの不安定性だけではない。というのも、たとえ彼が専制君主として可能な限り志操堅固であったとしても、彼の政治体制によって行使される権威にはまだ何か間違ったものがおそらくあるからである。ハーストハウスのようにアリストテレス主義的徳倫理は、彼がこのようなやり方で臣民を自分の意志に従わせることで臣民をまだ劣悪な仕方で扱っている、と主張することができる。この不正は、専制君主と市民の両者にとって悪いことである。

要するに、これらの理論の中で特定された条件は、政治的権威の正当化について何か決定的なもの――思慮や自己の方向付けに焦点を当てる徳倫理が深く関心を寄せるべき何か――を欠いているということである。この「何か」が何であるかについて簡潔な要約をわれわれはロックから手に入れることができる。ロックの主張ではわれわれは以下の仕方で平等という道徳的状態の中に「自然に」(すなわち、政治制度の道徳的制約の外側に)存在している。

すべての権力と裁判権は相互的であり、誰も他人以上にそれらを持つことはない。なぜなら同じ種と同じ等級に属する被造物が、すべて生まれながら差別なく同じ自然の便益を享受し、同じ能力を行使すること以上に明白なことはないのだから、すべての人は従属や服従なくお互いに平等であるべきである。(43)

明らかにわれわれの狭量な専制君主は「相互的な権力と裁判権」を彼の臣民に賦与していない。ロックの立場によって与えられた視点からすると、政治的権威にかんするわれわれの徳倫理学的見解の間にある対立の事例では、それら徳倫理学理論によって提供された正当化の説明は、一方で他の規範的説明を支持する人々に「権力と裁判権」を否定しておきながら、他方で政治的権威を正当化する目的にかんする自分好みの理解に依拠して「権力と裁判権」を要求している。言い換えれば、一方でその目的にかんして強制された人々の理解が同様の正当化の効力を持っているということを否定しておいて、他方でその目的にかんする自分自身の理解が強制的な権威を正当化するものだと捉えている、という事実から「権力と裁判権」を要求している。

これは決して目新しい問題ではない。それはジョン・ロールズが「穏当な多元性」と呼んでいるもの——政治的権威の正当化について道理にかなった見解の多様性があるという事実——から生じている問題である。[44]それは「政治的リベラリズム」、あるいはジェラルド・ゴースが「正当化するリベラリズム」と呼んだもの[45]にかんしてロールズの考え方に内在している有力な特徴である。つまり政治的権威の正当化をその権威に従属する各個人に対して要求する、政治的権威にかんするリベラルな考え方である。ゴースはこの見解を次のように特徴づけている。

正当化するリベラリズムは自由で平等な公衆のメンバーが持つ考え方に基づいている。各人は自由であると言うことは、各人が自分の責務と義務が何であるかを決定する根源的な請求権を持っているということを含意している。各人は平等であると言うことは、公衆のメンバーは、誰も他人に命令したり他人に責務を課したりする自然の権利あるいは生まれながらの権利を保持しておらず、その限りでは対称的に位置づけられているということを主張している。[46]

スワントンによって特徴づけられたリベラリズムの弱い形態は、権威の不平等な行使と両立可能である。われわれの〔狭量な〕専制君主がいる社会はこの第一階の意味でリベラルな社会である。しかしながらロックあるいはゴースが要求している意味で、すなわち「誰が決定できるのか」というより強い意味で――ある種、第二階のリベラリズムの意味で――リベラルではない[47]。

いま、現代の徳倫理学的説明によって提供された、政治的権威にかんする弱いリベラルな正当化が、正当化するリベラリズムを活気づけている第二階の関心事と対立しているという事実は、もちろん、徳倫理学者が正当化するリベラリズムを拒絶するもっともな理由を提供するかもしれない。確かに、第二階のレベルでのリベラリズムはそもそも可能であるか、あるいはもし可能だとしても望ましいかということについて一般的な合意が存在しない[48]。しかしわれわれの徳倫理学的説明それ自体が、この手軽な解決策が不快である理由を提示している。

共感を基にしたスロートの説明を考えてみよう。善にかんして自分とは異なる考え方に従っている人々の不平は、共感を覚えている行為者の中に一般的に緊張状態をもたらすだろう。これは、自分の促進している善を確信している行為者の中にさえ緊張状態をもたらすだろう。成年の息子にバイクのヘルメットを着用させる家父長的な（？）母親について議論する際にスロートは次のように主張している。もし母親が本当に気遣っているなら、母親はそれによって（たとえ正しいことをしていたとしても）関係を傷つけてしまったということを認識するだろうし、関係の修復に取りかかるだろう[49]。もしこれがヘルメットなしにバイクに乗る一回限りの事例で真実ならば、政治的権威の場合と同様に、従属している人々の自律（スロートの考えに基づけば、「物事を自分自身で考え決定する能力[50]」）によって社会生活や個人の選択の条件が幅広く形作られる場合ではさらにより強くそして継続的に求められることだろう。

この問題は、アリストテレスと人間の開花に基づいている見解の場合、よりはっきりする。というのもこれらの説明は、自分自身の生活の方向付けにおいて思慮の行使に中心的な重要性を与えているからである。[51]これはヌスバウムが明確に認識していることである。強要すること、とりわけ強制的に強要することはよい人間の機能に損害をもたらさざるを得ないという認識をアリストテレスの思想として彼女は捉えている。[52]実際、彼女は最近の著作で、リベラリズムの「完成主義」の形態、つまり人間の善にかんする考え方によって営まれている政治制度を擁護する形態に反対し、ここで問題になっている点を強調している。彼女の議論では、これらの見解は、人間に対する適切な尊重を示すことに失敗している。このような尊重を示すことは、教説に対して尊重を示すこととは別物である。[53]ある特定の教説を根拠にして政治制度に対する尊重を要求することは、人々の保持していない見解の観点から人々が法律や制度を尊重するよう要求することであり、彼らを人間として尊重することに失敗している。われわれは「自分自身の見解に即して人々が生きられるような空間を創出し保護することによって人々に対する尊重を示している。[54]」しかしヌスバウムは、それ以前の著作で支持している潜在能力が、リベラルな政治制度に対して提供している正当化の中でまさにこの問題に直面していることを認識しなかった。RDUのように、別の政治構造を要求するために人間の開花にかんする基本的な教義を採用する人々は、良心に鑑みて彼らの支持できない制度のもとで生きているので、自分自身をせいぜい「二級の市民」と見なすことになるだろう。[55]

これはRDUにとって同様に重要なポイントである。というのも、すでに検討したように、彼らは権利の擁護と強制に対する制約の点で、自分たちの見解をリベラルな政治理論の一形態と見なしているからである。しかし彼らの支持する政治的権威の正当化は「十分に発達した道徳理論」に基づいていると彼らは明確にしている。[56]彼らの擁護するリベラリズムは、諸々の異なる規範と責務の間にある区別の中で表現されている。その区別とは、「道徳的行動を直接規制する規範と、そのような行動が生じうる条件を規制する規範との違い」である。[57] しかしRDUの説明を根拠づけている自己の方向付けに対する尊重というものは、以下の場合、束縛をもたらすだろう。つまり当人の受け入れていない「十分に発達した〔道徳〕理論」の考えに従ってある人の自己の方向付けが制約を要求するときである。この制約は、決して自己の方向付けとして経験されないだろう。徳倫理学的に、あるいは他の根拠に基づいて好まれている考え方を支持しない人々は、彼ら自身の開花や子どもの開花を促進すると信じている活動に従事することを妨げられていないので、一応の慰めのみを見出すだろう。しかし他方で、彼らの信奉していない企てをサポートするのに彼らの時間と資源を費やすよう強制されている。[58] 特に教育は、人間の開花にかんするまっとうな形態のどれにとっても非常に中心的なものなので、必然的に深刻な不一致が生じる題目になるだろう。そして開花にかんする異質な考え方を、配慮の対象となっている人々の生活に強要すれば深く恨まれるだろう。さらに、この種の恨みの基礎は、有徳な行為者であればそのような強要を恨むべきだということを徳倫理学者が認めざるをえないような基礎なのである。[59][1] ここがまさに、ハーストハウスの制約がかかわってくるところである。弱い中立性は、リベラルな徳倫理学者にとって政治的正当化の問題から生じてくる緊張関係の内在的原因を緩和するかもしれないが、しかし除去するわけではない。

ではそのとき、徳倫理学はリベラリズムのより強い正当化の形態の要求についてどう考えるべきだろうか。

徳とリベラルな正当化

正当化するリベラリズムの関心事を徳倫理学的説明それ自身の内部でわきまえることは可能であろうか。少なくとも、ヌスバウムとRDUによって提供された説明を根拠づける新アリストテレス主義の徳の枠組みの中では、私は可能だと信じている。これらの説明のどちらにおいても、政治的権威〔の存在〕は人間の開花を実現するという要求によって認められ、どのような特質が徳として認められるのかを確立するものは人間の開花であることを思い出そう。人間の開花によって提供される考えを梃子にして、われわれはそれらの関心事がどのように受け入れられるのかを見ることができる。

どちらの説明ともわれわれの開花に対する社会性の意義を認めている。ヌスバウムはこの点を、「政治的」生活の意義について述べたアリストテレス自身の証言に焦点を当てることで強調している。「善い人生とは他人とともに他人のために歩む生活である。国家のメンバーであることは、他者志向の活動の重要な部分を担っている。[60]」

ヌスバウムは、社会的なものを政治的なものから区別しないことでアリストテレスに倣っているが、われわれは区別できるし、そして区別すべきである。[61] RDUはこの区別を認識しており、実際、正当化するリベラリズムを維持するために必要な土台にほかならないものを与えている。

人間の社会性について開放されているという性質は重要である。それは、いまだ共通の価値を共有しておらず、お互いに見知らぬ人であるにもかかわらず、人々の間でいかにして人間関係が倫理的に共存し、すなわち「両立可能」でありうるのかを説明するのに十分に幅広い視野を必要としていることを明らかにしている。[62]

RDUはこの点がそのような社会的関係を規制するための「メタ規範的原理」の必要性を示していると捉えている。[63] ある意味、このような示唆は、徳の倫理を発展させることが彼らの関心事でないという事実を反映している。[63] さらに、われわれがこれから見ていくように、彼らは自分たちの見解が「正当化する中立主義」

を維持するものあるいは保証するものだと見なしておらず、現在私が提示する議論の展開を彼らが支持するかどうかはっきりしない。しかし、彼らは、いかに価値をほとんど共有しない個人同士が平和的に共存できるかについての倫理的物語が求められていることを指摘してきた。彼らはハーストハウスの制約を受け入れなければならない。

　これを受け入れる一つのやり方は、正当化するリベラリズムの要求するような、まさに他者との正当化する関係に参加することで成り立つ徳を、徳にかんするわれわれの説明の中に含めることである。この徳は、われわれが「自然において」見るべきであるとロックが主張したような仕方でわれわれが他者を見ることを要求している。つまりわれわれが他者に責務を課しているとわれわれ自身を理解しているまさに同じようなやり方で、そして同程度にわれわれに責務を課すことができる存在として他者を見るように。

　われわれはこの徳にかんする考え方を、契約論的倫理の伝統から引き出された最近の見解に依拠することで具体化することができる。例えば、それは、T・M・スキャンロンが他者とわれわれの社会的関係の本質的特徴であると主張している道徳的正当化条件に適合できる。

> （同様に動機づけられた）他者が道理にかなった仕方で拒絶できない原理に即して行動するという契約論者の理想が他者との関係を特徴づけることを意図している。この他者との関係の価値や魅力こそが、道徳的に要求されていることをわれわれが行う理由の根底を成している。この関係は、友情と比べれば個人的な関係では全然なく、相互承認の関係と呼ばれるかもしれない。他者とこの関係に立つことはそれ自体で魅力的――それ自体で追求に値するもの――である。(64)

スキャンロンの考えは、ここで私が提案しているものと直接関係している。正当化するリベラリズムへの徳倫理学的アプローチにそれがどのように貢献するかについて何点か以下で挙げる。

第一にスキャンロンは、道徳の特定の次元、すなわち「われわれはお互いに何を負っているのか」にかんする説明を擁護する際に先ほどの議論を提示している。彼は政治的正当化については主張していない。これは、たとえ彼のより広範な契約論者的説明が道徳的要件の問題として説得的でないとしても、この狭い点——強制的な政治的権威を行使する際の道徳的要件の問題として——は成り立つかもしれないということを意味している。確かに彼の論点は、正当化するリベラリズムの諸々の形態の背後にある精神について重要なことを捉えている。つまり他者は、他者自身が受け入れるという観点から、あるいは少なくとも道理を犠牲にしてまで拒絶することができないという観点から、当人に対する強制的な力の使用にかんする正当化を与えられなければならないという考えである。

第二に、スキャンロンがこの点を詳しく議論しているように、「相互承認」の関係は、人間関係のある種独立した特徴として捉えられるべきではない。むしろ他のあらゆる種類の人間関係が成り立つような枠組みを提供している(65)。彼は例を提示して、友情のあらゆる妥当な説明もこの種の関係を組み入れなければならないことを示している(66)。しかしこの点は、妥当な徳倫理の支持する社会的関係のどれにも実際に拡張することができる。これは、理性的社会的動物としてのわれわれの本性——人間の開花にかんする考え方を基礎づける際に、新アリストテレス主義の徳倫理学の中で特徴づけられた自己の本性——が要求するものである。

最後に、スキャンロンはこの関係に参加することを徳あるいは徳のようなものとして提示していないが、徳とは本質的に何であるのかにかんする新アリストテレス主義的理論を拡張して、この関係が要求する仕方で他人を捉えることはおそらく徳、あるいは十分に徳のようなものであると考えることは容易い(67)。この徳は、われわれが政治的権威を構成しているような種類の権威――すなわち強制的な力によって裏付けられている権威――を行使するよう提起するとき、次のような仕方でわれわれ自身を他人に関係しているものとして捉える傾向性ということになる。つまり、われわれだけではなく他者にとっても納得できるという観点から他者に権威を行使することを正当化し、その正当化の義務を他者に負っている者としてわれわれ自身を捉えるというようなやり方である。これは、政治的権威を行使する際にハーストハウスの制約に明確な魅力を与えるやり方である。[68]ロックがおそらく議論したように、われわれは自分自身を相互的でありえない仕方で、（政治的権威の行使が要求しているように）他者に責務を課す権限が与えられていると捉えてはならない。もしこの傾向性が徳であるならば、相互的に正当化されえないようなやり方で、そしてハーストハウスの制約を侵害するようなやり方で、政治的権威を行使することは悪徳であるだろう。責務を課す能力におけるこの種の平等あるいは相互性は、われわれの社会性――そして相互責務の様式の中に埋め込まれたわれわれの社会的関係――を深刻に受け止める徳理論にとっておそらく必要である。

われわれが考察した説明のうち、ＲＤＵの説明がこの点を支持するのに最も近い立場のようである。というのも彼らは「正義のメタ規範」と呼ぶものを認識しているからである。この規範は本質的に、「道徳的に意義深い行為が起こりうる」ように、社会生活の条件に対して課される要件である。[69]そしてこれは人間の開花のために要求されている規範であると彼らは主張している。もしわれわれがその規範それ自体について考えるのではなく、むしろ有徳な行為者の性格について考え、とりわけその規範が表現するようなやり方で他者を捉え、扱うように傾向づけられているものとして有徳な行為者の性格について考えるならば、われわれはまさにこの提起されている徳のようなものを保持している。その徳はまさに新アリストテレス主義の徳倫理の範囲内に組み込まれている。[70]

しかしながらＲＤＵはこの考えと両立不可能な点にコミットしている。彼らによれば正義が要求する権利は、権利保持者に対する義務の問題ではなく（したがって相互承認の責務を反映しているわけではなく）、人間の開花に対して、あるいは共同の行為にとって必要な条件に対して、コミットすることに伴うものである。[71] だが、権利にかんするこの見解は妥当なものではない。なぜなら、この見解は、もし私があなたの権利を侵害したとき、私はあなたを不当に扱ったのではなく、人間としての開花に私がコミットしていることを不当に扱ったのであるということを含意しているからである。これが、ＲＤＵの支持したい含意だとは想像しがたい。[72] したがってメタ規範としての権利という彼らの説明のいくつかの要素は、私の擁護している提案を支持するために道を譲る必要があるだろう。しかしこれらの要素が根源的であるかはっきりしない。

このとき重要なのは、徳倫理学理論——とりわけ人間の開花についての新アリストテレス主義的信念に基づいている理論——は、正当化するリベラリズムが含意している責務を課す平等な立場を支持することで次のような可能性に開かれているということである。つまり、正当化するリベラリズムの第二階の形態を維持する特定の徳を理解する可能性である。ＲＤＵは「保守主義」に対するフリードリッヒ・ハイエクの批判を（賛意を伴って）引用している。

保守主義者は原理を欠いていると私が述べるとき、彼は道徳的信念を欠いているということを私は示唆しているわけではない。典型的な保守主義者は、実際のところ、通常、とても強い道徳的信念を持った人である。私が意図しているのは、保守主義者が自分とは異なる道徳的価値を持つ人々とともに、そして両者が自分の信念に従うことのできる政治的秩序のために一緒に働くことを、彼に可能にさせる政治的原理を持っていない、ということである。[73]

「保守主義者」についてのハイエクの不満は、われわれがここで吟味してきた理論のように形成されている徳倫理学理論にとってまさに問題となっていることである。おそらく、それは妥当な徳倫理学理論が克服することを望むべきものである。

原註

（＊）本章の草稿にとても有益なコメントをくれたケビン・バリアー、ダグ・ラスムセン、ダグ・ディン＝アイル、そして本書の編者に感謝したい。

（1）ウェーバーを参照。彼は「国家」をこれらの用語で定義づけている（Weber 1994, pp. 310-311［邦訳八〜一〇頁］）。

（2）政治的権威は法律に従う責務を含意するという考え（第二の点）については懐疑的な人々がいる。例えば、エドマドソン（Edmudson 1998）の第二章を参照。しかしこの点は一般的に受け入れられている見解である。

（3）Hursthouse 1999, p. 1〔邦訳一頁〕を参照。

（4）私はこれがプラトンの考え、あるいはその類似物だと述べているわけではない。正式には、理想の国家にかんする思考実験は、理想的に有徳な個人にかんしてよりも認識しやすいという利点のために行われている。ソクラテスの主張では、より大きな組織における正義の方が、より小さなものにおける正義よりも認識しやすい（『国家』三六九a）。彼が言論で作り上げた理想的な国家は何もその目的として有徳な市民を生み出すことそれ自体を指向していないようである。

（5）ヌスバウムはこの見解の弱い形態を、国家の目的についての「全体‐部分の考え方」と呼び、この見解を支持する典拠としてアリストテレス『政治学』第七巻第九章一三二九a一九（Nussbaum 1988, p. 156）を挙げている。なぜこれが「弱い見解」なのかというと、住民の徳を養成することを政治組織の「課題」としていないにもかかわらず、国家の住民が有徳であればそれだけで国家は善いとされるかもしれないからである。もし国家のある住人（例えば「機械工」）の生活がなんらかの理由で有徳でありえない場合、これは重大な影響を持つ。

（6）ヌスバウムはこれを、政治組織の目的にかんする「全体論的な考え方」と呼び、アリストテレスの中にこの考え方が現れている例として『政治学』第七巻第一章一三二三b三三を指摘している（Nussbaum 1988, p. 156）。
（7）『国家』四三四a～四三五e。
（8）『政治学』第一巻第二章一二五二b三〇、第二巻第一章一二六〇b二五、第三巻第六章一二七八b二四。『ニコマコス倫理学』第一巻第一三章一一〇二a五。アリストテレスが市民権を制限する悪名高い問題含みのやり方について私は議論することを差し控えている。何が善い人生かについてのアリストテレスの固定的な見解についての論争も同様である。
（9）『政治学』第二巻第二章一二六一a二二。
（10）政治の問いに主として関心を払っていない優れた徳倫理学者の例として、Hursthouse 1999 や Annas 2011 を参照（ハーストハウスは Hursthouse 1990-91 の中でこの関係を取り上げている）。われわれは後者の著作からハーストハウスの見解のいくつかを以下で取り上げよう。
（11）Slote 1992。ここで「卓越的なこと」という観念はギリシア語の徳（aretē）（それをわれわれは「卓越性（excellence）」と翻訳してもよいかもしれない）に由来している。スロートによれば、論議の対象となっている「卓越性」は道徳的な卓越性と解釈されてはならない。
（12）Slote 1993, p. 6. この点においてスロートは古代ギリシアの理論家の伝統に依拠している徳倫理学者とみなされている。しかし彼のより最近の著作ではこれらの基礎からそれている。
（13）Slote 1993, p. 16.
（14）（ともかく私の知る限り）スロートは、徳にかんする彼のより初期の説明から移行したことを説明したことがない。
（15）Slote 1998b, pp. 186ff.; 2001, pp. 23-25; 2007, chap. 1.
（16）Slote 2010 で、スロートは価値論的用語にとって指示対象である「行為者としての温情（agential warmth）」と共感に基礎づけられた「善」の意味論を提供している。
（17）Slote 1998b, p. 186; 2001, p. 99; 2007, p. 94; 2010, p. 125.
（18）Slote 2007, p. 94 を参照。
（19）Slote 1998b, p. 187; 2001, p. 101; 2007, p. 95.
（20）Nussbaum 1988, p. 147. この論文で、例えばゴットリーブ（Gottlieb 2009, chap. 10）の中でアリストテレス自身の見解の表現として擁護された、あるいは発展させた考え方をヌスバウムは表現している。

(21) Nussbaum 1988, p. 179.

(22) Nussbaum 1988, p. 158.

(23) アリストテレスはこのような分配的な考察を女性、奴隷、職工に適用していないが、これはアリストテレス自身の見識によって実際には正当化されえない、ということを示すのにヌスバウムは多大なエネルギーを注いでいる（Nussbaum 1988, pp. 164-166）。

(24) Nussbaum 1988, p. 153. リチャード・クロートはKraut 1999でこの目標を支持し、実際それが「現代の国家」に対する有効な正当化だと主張している。

(25) Hursthouse 1990-91, p. 229.

(26) Hursthouse 1990-91, p. 242.

(27) この意味で、倫理学は政治学より先であるとハーストハウスは述べている（Hursthouse 1990-91, p. 236）。

(28) Nussbaum 1990b, pp. 97ff.

(29)『ニコマコス倫理学』第五巻第十章一一三七b一二。Ross/ Ackrill/ Urmson 翻訳（Aristotle 1980）。

(30) Nussbaum 1990b, p. 100.

(31) 確かにヌスバウムはこの主張の強い形態を拒絶するだろう。彼女は、人々の目的を実現するのに彼ら自身の潜在能力の行使を妨げる制度を拒絶することでアリストテレスに倣っている。「もし『正しい』結果（例えば他人に与えること）が個人の選択によってというよりも強制的な方策によって成し遂げられるならば、よい人間の機能の一部は失われてしまっていることになるだろうとアリストテレスは明確にしている」（Nussbaum 1988, p. 163）。

(32) Rasmussen and Den Uly 2005, p. 78.

(33) Rasmussen and Den Uly 2005, p. 80.

(34) Rasmussen and Den Uly 2005, p. 306.

(35) Rasmussen and Den Uly 2005, pp. 172, 274.

(36) D. Russell 2005, chap. 1.

(37) Rasmussen and Den Uly 2005, p. 34.

(38) Rasmussen and Den Uly 1991, p. 109; 2005, pp. 36, 38, 63, 269, 287.

(39) Rasmussen and Den Uly 2005, pp. 38-39, 56-59, 268.

(40) Rasmussen and Den Uly 2005, pp. 268, 56.

(41) Slote 2010, pp. 120-121.

(42) Swanton 1993, p. 47.

(43) ロック『統治論』後編、第四節。〔加藤節翻訳『統治二論』岩波文庫、二〇一〇年、二九六頁参照。〕

(44) Rawls 1993.

(45) Gaus 1996.

(46) Gaus 2010, p. 234.

(47) デイヴィッド・シュミッツは次のように述べている。「実際、合意するには二つのやり方がある。われわれは何が正しいかということと、誰が裁判権を持っているのか——誰が決定できるのか——ということについて合意する。……どのようにしてともに生きるかを学ぶ際に、われわれが最もうまくいくのは、何が正しいかということについて合意することからではなく、人々に自分自身で決定するのを許すことに合意することから生じるのは奇妙ではないか」(Schmidtz 2006, p. 6)。

(48) われわれが検討した徳倫理学者の中でもとりわけ批判的な見解については、Kraut 1999 と Rasmussen and Den Uyl 2005, p. 59 を参照。

(49) Slote 2010, p. 122.

(50) Slote 2010, p. 117.

(51) Nussbaum 1988, p. 153; Rasmussen and Den Uyl 2005, chap. 4.

(52) Nussbaum 1988, p. 163。同様の精神で、Slote 1993 についてのコメントの中で、クリスティーン・スワントンは、「(自足などの) 価値に対する唯一のあるいは主要な反応は、強制によってその価値を促進することはおろか、〔そもそも〕価値を促進することであるべきなのか、全くはっきりしない」と述べている (Swanton 1993, p. 46)。

(53)Nussbaum 2011, p. 33.
(54)Nussbaum 2011, p. 36.
(55)Nussbaum 2011, p. 35.
(56)Rasmussen and Den Uyl 2005, p. 38.
(57)Rasmussen and Den Uyl 2005, p. 39.
(58)ヌスバウムはジェームズ・マディソンを引用して、そのような政策は「市民の基本的平等」を侵害しているという主張を擁護している（Nussbaum 2011, pp. 35, 43）。この制約は、スワントンによって提唱された「弱いリベラリズム」を真っ向から批判するだろう。
(59)結局、アリストテレスが述べているように、「善いものを定める法律は煩わしいものではない」（『ニコマコス倫理学』第十巻第九章一一八〇a二四、Ross/Ackrill/ Urmson 翻訳 [Aristotle] 1980）。
(60)Nussbaum 1990b, p. 98.
(61)ラスムセンとディン＝アイル（Rasmussen and Den Uyl 2005, p. 142）が述べているように、これには二つのやり方がある。第一に、いかなる政治的組織よりも様々なレベルで小さい、多くの形態の社会的関係をわれわれは持ってもよいし、通例持っている。第二に、いかなる政治的組織の領域よりも幅広い、世界市民的な社会的関係をわれわれは持つことができるし、通例持っている。
(62)Rasmussen and Den Uyl 2005, p. 83. 人間の開花における社会性の位置づけに彼らがコミットしていることにかんするより詳しい議論は pp. 141-152 を参照。
(63)同時に彼らは、徳にかんするおおよそアリストテレス主義的な説明を——中心的な位置を占めている思慮という徳とともに——彼らの説明の中に組み込むことを意図しているのは明らかである。Rasmussen and Den Uyl 2005, pp. 146ff とりわけ p. 172 を参照。
(64)Scanlon, 1998, p. 162; 傍点はルバーによるもの。
(65)これは、ここで私が別個の徳として取り扱っているものが、本当のところ、おそらくアリストテレスにおいて思慮が性格の徳すべての中で働いているのと同様に、他の徳の構造上の特徴であると考える理由であるかもしれない。私は、説明の簡略化ということを除いて、この考え方に抵抗する理由を知らない。

(66) Scanlon 1998, p. 166.

(67) LeBar 2009（pp. 654ff）の中で私は、スティーブン・ダーウォールが「二人称の立脚点」と呼んだものを使用するのに同様の点を指摘した。その立脚点とは、われわれは自分自身が他者と説明責任の関係に埋め込まれていると捉えるものである。Darwall 2006を参照。

(68) もちろん、もし対立することのない徳のモデルをある人が持っていないならば、この徳は他の徳と対立することになるかもしれない。ここで私は、古代の人々が想定したように、諸々の徳は対立していないと想定している。実際、それらは「相互的」である。人は他の徳を持つことなくある徳を持つことはできない。この点を指摘してくれたことに対して、私はケビン・バリアーに感謝したい。

(69) Rasmussen and Den Uyl 2005, p. 162.

(70) 他方で彼らは、この種の要件をおそらく基礎づけるやり方で「われわれの行動を制約する義務論的理由あるいは行為者相対的でない理由があるとは考えていない」と主張している（Rasmussen and Den Uyl 2005, p. 221）。なぜなら、そのような要件は規範的倫理の観点からだけでは理解されえないと彼らは考えているからである。問題となっている規範について「行為者相対的でない」ものが存在する必要があるということは私には分からないし、事実とてもありそうなことに、徳に焦点を当てることは行為者に相対的な理由の問題である。しかしその制約はその本性上、義務論的であるか、義務論的に見える。つまり徳とは、義務論的要件が理由を提供すると典型的に考えられているやり方で、他者が制約に対する理由を提供すると捉えるものである。

(71) Rasmussen and Den Uyl 1991, p. 106; 2005, pp. 266 n., 289, 291.

(72) この点について、また権利の本性に対するこの点の意義についてはFeinberg 1972を参照。なぜＲＤＵがこの点を主張しているのかについては、メタ規範と他の規範との区別を維持したいということを除いては、はっきりしない。しかしながらその区別は権利についてこの主張をすることに依存していないだろう。というのも、権利が本質的に他者への義務や説明責任を伴うという認識は、それらの認識が開花という目的のためである必要はないし、実際いかなる特定の目的のためでもないと考えることと両立可能である。

（73）Hayek 1978, p. 401〔邦訳一九九頁〕。

訳註

〔1〕著者に確認したところ、「この種の恨みの基礎」とは、「異質な考え方の強要に対する恨みを正統化する〔徳倫理学者の〕原理」のことである。RDUやヌスバウムのような徳倫理学者は自分自身の生活における自己決定、思慮の行使を重要視するので、もし異質な考え方を強要されたならば、人々はその強要を恨むべきだと徳倫理学者であれば主張するだろうと、著者はここで議論している。

第13章

徳倫理学に対する状況主義者からの批判(*)

ゴパル・スリーニヴァサン

伝統的な哲学的徳理論は「徳」をある種の性格特性として定義する。[1] すべてではないにしても、現代の多くの哲学的な徳理論がこの定義に倣っている。この伝統的な定義を採用することにより、徳理論は〈徳倫理学に対する「状況主義者」からの批判(the "situationist" critique of virtue ethics)〉として知られるようになったものに曝される。この批判を説明しこれに端を発した論争を追うためには、哲学的状況主義と心理学的状況主義を区別しておくことが有益である(Snow 2010と比較せよ)。

心理学的状況主義者たちは哲学者ではなく、哲学的な主張をおこなうことはない。むしろ彼らは、社会心理学における実験の伝統、つまり伝統的なパーソナリティ理論や「観相学・人格学(personology)」に対立するある伝統に位置づけられる(分かりやすいイントロダクションとしてはRoss and Nisbett 1991を参照)。状況主義者とは元々は彼らのことなので、これ以降本章では心理学的状況主義者をたんに「状況主義者」と呼ぶことにする。哲学的状況主義者たち――おもにギルバート・ハーマン(Harman 1999, 2000)とジョン・ドリス(Doris 1998, 2002)――は、「徳」の伝統的な哲学的定義を採用する徳理論を拒絶する。とりわけ彼らは、そうした理論は「経験的に不適切」であると主張し、この主張を論証するために彼らは状況主義の実験結果におもに訴える。[2]「状況主義者からの批判」を構成しているのは、哲学的状況主義者たちの論証なのである。

哲学的状況主義者たちの論証は、元々の状況主義者のデータから彼ら自身にとっての肝心な結論への移行をもたらす一組の推論として組み立てることができる。彼らにとっての肝心な結論とは、伝統的な徳理論は「経験的に不適切」であるというものである。哲学的状況主義によれば、ほとんどの人はどのような性格特性ももっていないということを状況主義の実験結果は示している。これに基づいて哲学的状況主義者たちは、まず、伝統的に定義されるような徳をほとんどの人はまったくもっていないと推論し、その次に、そう定義される徳をもっているといえる人の数は十分ではない（つまり、伝統的な徳理論が経験的に適切であるとするには数が十分ではない）と推論する。

当然、哲学的状況主義者たちのこうした批判の枠組みは修正が必要である。とりわけ、どういった種類の性格特性が問題となっているのかを明確にする必要があるし、また伝統的な徳理論ではそもそもどれほどの数の人が徳をもっているとされるのか（それゆえまた、伝統的な徳理論を経験的に不適切だという批判に曝すにはどれほどの数の人が徳を欠いていれば「十分」なのか）を判定する必要がある。二番目の問題はしばらく先延ばしにすることにして、われわれとしては最初の問題から始めることにしよう。

もっとも切り詰めたかたちとしては、性格特性とは、〔性格から発する〕一定の特徴的な仕方で行動するために人に備わる信頼に足る傾向性のことだと理解することができる。もっと明瞭に表現する必要があるのは明らかだが、出だしとなるこの規定には、弁証的に議論を進めていくには十分であるというきわめて重要な条件を満たしているという利点がある。つまり、「性格特性」をこのように規定することで、哲学的状況主義者の第一の推論全体にわたって「性格特性」の意味が一つに定まるのである。というのも、ほとんどの人がどのような「性格特性」ももっていないということを状況主義が実証する際の彼らの「性格特性」の規定が、徳がある種の「性格特性」として定義される際の「性格特性」の規定と異なっていたら、哲学的状況主義者たちの批判は言葉の曖昧な使用のために失敗に終わるだろうからである。彼らの批判がまさにこの点で失敗していると結論づけられる根拠については、のちに見ることになる。

実際には、状況主義者たちは、人のもつある一定の特徴的な仕方で行動する傾向性が「信頼に足る」ということの二つの次元を区別している。一つは、彼らが「通時的安定性」と呼ぶものであり、もう一つは、彼らが「状況間一貫性」と呼ぶものである。[3] 人が時間を通じて安定した行動傾向をもつのは、非常に同じ特定の状況に繰り返し遭遇したときの反応として、同じ特定の仕方でその人が行動しているときである。たとえば、夏に教室内のテストで正答を書き写し、その人が冬の教室内のテストでも正答を書き写した場合である。〔これに対して、〕人が状況間で一貫した行動傾向をもつのは、その人が、さまざまな特定の状況に遭遇したときの反応として、同じ特徴的な仕方で――これは〈同じ特定の仕方で〉とは区別される――行動するときであり、このときのさまざまな状況は多様であるにもかかわらず、それぞれの状況は件の特徴的な行動に関連しているのである。たとえば、ある人のもつ不正直さの傾向が状況間で一貫しているのは、その人が教室内のテストで正答を書き写すだけでなく、教室の机のうえに小銭が落ちているのを見つけてそれをポケットにしまい込みもした場合である。ただしこれは、少なくともカンニングすることと盗むことがどちらも「不正直さ」に特徴的なことだと想定するならばである。[1]

伝統的な徳理論が徳をある種の性格特性として定義するとき、その定義が含意しているのは、一定の特徴的な仕方で行動する信頼に足る傾向性が徳には含まれている、ということである。[2] たとえば、勇気の徳には勇敢に振る舞う信頼に足る傾向性が含まれ、思い遣りの徳には、同情して振る舞う信頼に足る傾向性が含まれるなどである。もちろん、(たとえば)勇敢に振る舞うことにかんして、信頼に足る傾向性のどれ一つとってても、それが勇気の徳の証左となったり勇気の徳を表していたりするわけではないだろう。信頼に足る行動傾向とは、関連する性格特性の必要条件でしかなく、十分条件とまではならないのである。

人のもつ信頼に足る行動傾向が徳の資格を得るために満たさねばならないさらなる条件は、そこで問題とされる徳理論次第である。たとえば、ほとんどの徳理論では、行為者が正しい理由から「勇敢」な振る舞いをしていなければ、「勇敢」に振る舞う信頼に足る傾向性が徳として認められることはないだろう。[3] 一部の徳理論では、行為者の「勇敢」な振る舞いが本心からのものでなければそうした傾向性は徳とは認められないだろう。また別の徳理論では、行為者は他のすべての徳ももっているのでなければそうした傾向性は徳とは認められないだろう。アリストテレスの徳理論ではこれら三つすべてが徳のさらなる条件として課されているが、濃淡はあるもののそれぞれに論争の余地がある。

こうして、伝統的な徳理論は、信頼に足る行動傾向をもつことが徳を備えるための必要条件の一つであるということを受け入れる。もっとはっきり言えば、伝統的な徳理論で必要とされる行動傾向は、状況主義者が区別している次元の両方で信頼に足るものでなければならない。言い換えれば、ある人のもつ(たとえば)思い遣りから振る舞うという傾向性が信頼に足るものであるためには、その傾向性は通時的に安定しており、かつ、状況間で一貫していなければならないのである。これから見ていくように、哲学的状況主義者と伝統的な徳理論家のあいだの論争の焦点は、関連する行動傾向の状況間一貫性にある。哲学的状況主義の根本にある経験的主張は、ほとんどの人は状況間で一貫した行動傾向を何一つとしてもってはいない、というものである。もしほとんどの人に思い遣りから行動する状況間で一貫した傾向性がまったく欠けているのであれば、たしかに、ほとんどの人は伝統的な徳理論家が定義するような思い遣りの徳を欠いていることになる。

「性格特性」の意味にかんする事前準備で最後のポイントとなるものを指摘しておかねばならない。原則的には、行動の「傾向性」は単なる行動の「規則性」とは重要な点で区別される。とりわけ、行動の説明を与えるという点で前者は後者よりも勝る。もし誰かが教室内のテストで正答を毎週書き写しているならば、その人の行動はある一定の規則性を、具体的には通時的に安定した規則性を示している。しかし厳密に言えば、その人に通時的に安定した行動傾向があるとするにはこの規則性では十分ではない。というのも、通時的に安定した行動の規則性がそれ自体としてはさまざまな説明と両立するのに対して、通時的に安定した傾向性は、その傾向性にみられる規則性が（その人個人の心理にとって外的な要因によって、たとえばその人が付き合っている仲間によってというよりはむしろ）とりわけその人個人の心理によって説明されるということを含意しているからである。「性格特性」とは、このより強いものとして理解された意味での〈信頼に足る行動傾向〉として明確化されるため、性格特性の帰属は先に述べた追加的なさらなる説明をおこなう義務を引き継ぐのである。

とはいえ現実の場面では、行動の規則性と行動の傾向性の区別は〈伝統的徳理論と哲学的状況主義のあいだの〉論争で目立った役割を果たしてはこなかった。その理由は、状況主義者たちが本当に否定しているのはもっと基礎的な命題、つまり、ほとんどの人の行動には何かしらの状況間規則性が現れているという命題だからである。もしこの命題の否定が真であるとすれば、およそ状況間で一貫した傾向性によって説明されるべきものなど何もないことになってしまうだろう。

哲学的状況主義のもつ最良のデータ

ここで考えてみたいのは、ほとんどの人は状況間で一貫した性格特性を何一つとしてもってはいないという哲学的状況主義者たちの根本的な経験的主張を彼らが提出する際の証拠についてである。子どもの正直さについてハーツホーンとメイがおこなった有名な実験（Hartshorne and May 1928）から始めるのが一番よいだろう。彼らは「正直さに関連のある」さまざまな特定の状況における何千もの学齢児童たちの行動を観察した。たとえば、彼らの観察には以下のようなものが含まれていた――「窃盗」状況（他には誰もいない教室の机の上に小銭があり、それを盗むことのできる状況）、「嘘つき」状況（別の子どもが問題に巻き込まれそうなのだが、自分が嘘をつくことでそれを回避することのできる状況）、「カンニング」状況（教室内のテストで自己採点をしていて、正答を見て自分の答案を書き換えることのできる状況）。これらの状況は人の正直さを評価するのに関連したものである。なぜなら、われわれは通常、正直な人は盗まないし嘘をつかないしカンニングもしないものだと思っているからである。それだから、具体的に言えば、彼らの実験に参加した正直な被験者は小銭をポケットに入れたりすることも嘘をつくことも正答を見て自分の答案を書き直すこともしない、とわれわれは思ってもいいのである。

しかしハーツホーンとメイは、小銭をポケットに入れないことと嘘をつかないことの相関係数の平均がたった〇・一三しかなかったこと、[4] 小銭をポケットに入れないことと正答を写さないことの相関係数の平均もたった〇・一三しかなかったこと、そして嘘をつかないことと正答を写さないことの相関係数の平均がたった〇・三一しかなかったことを発見した。結局、ハーツホーンとメイによる正直さの行動指標から二つ選んで組み合わせたものの相関係数の平均は、たったの〇・二三だったのである。対照的に、ある状況で正答を写さないこととその六か月後にまた正答を写さないこととの相関係数の平均は〇・七九であった。

言い換えれば、ハーツホーンとメイの被験者たちには、状況間で一貫した正直な行動はあまり観察されなかったということである。少なくとも、彼らの「平均的な被験者」の出来映えを問題とする限りではそういった行動は観察されなかった。他方で、（カンニング状況のような）各々の「正直さに関連した状況」の内側では、通時的に安定した正直な行動が多く観察された。彼らの知見を他の言葉で言い表せば、彼らの被験者たちの多くが正直さの一部分のなかのさらにどこかしらの部分（たとえば、「カンニングをしない」ことでさえなく、ただ「カンニングをしないことの一種である」「正答を写さない」というかぎり）では通時的に安定した行動を示したにしても、状況間で一貫して正直な人はほとんどいなかったということがわかったのである。

ハーツホーンとメイのデータは、以下の三つの理由から状況主義者の証拠を再検討するうえで最適なものである。第一に、彼らの研究が探求している性格特性は明らかに標準的な徳と見なされるものであり、これは、社会心理学者たちが興味を抱いている多弁性や依存性といったような他の多くの特性とは異なるものである。

第二に、これがもっとも重要なことなのだが、彼らの報告している定量値は、状況間一貫性に狙いを定めて取り組んだ他の研究の知見を代表するものとしては完璧である。「状況間一貫性に狙いを定めて取り組んだ他の研究」ということで私が意味している実験とは、一つ一つは異なるが同一の性格特性が発露するものとなるようデザインされた特定の状況を複数用意して、それら状況に被験者たちを置く実験である。ロスとニスベットは、この実験の成果を要約して次のように明言している。

同一のパーソナリティ特性（たとえば衝動性や正直さや依存性など）を引き出すためにはっきりとデザインされた異なる行動指標の間の相関の平均は、大抵は〇・一〇から〇・二〇のあいだにあり、さらに下がることもよくある。……実質的には、行動指標の個々の組み合わせの間でも、パーソナリティ尺度スコアと個々の行動指標の間でも、〔相関〕係数が〇・三〇の「壁」を越えることはまったくないのである。（Ross and Nisbett 1991, p. 95）

相関係数におけるこの「壁」が状況主義者の経験的な事例の肝なのである。

第三に、これはおまけだが、ハーツホーンとメイは自分たちの実験の被験者たちに同じ特定の状況を反復させていて、これにより彼らは通時的安定性にかんする明示的なデータを集めることができた。彼らの実験でのカンニング状況で出た〇・七九という相関係数が、通時的安定性の相関係数としてあり得る幅のなかではもっとも高いスコアだと思われるが――ロスとニスベットはこの幅について「しばしば〇・四〇を越えるしもっと高くなることも時々ある」と述べている（Ross and Nisbett 1991, p. 101）――、彼らのデータで代表的なものでありつづけているのは、状況間一貫性の相関係数と通時的安定性の相関係数の間にみられるきわめて不都合な対照である。この対照性があるため、状況主義者たちは自分たちの懐疑主義の焦点を行動傾向の信頼性全般にではなく行動の状況間一貫性に絞るのである。

徳理論の適用範囲は？

さて、状況主義の経験的事例の肝は、状況間一貫性に狙いを定めて取り組んだ諸研究によって報告されている相関係数の低さである。状況主義のその他の主張についてはあとで検討する機会を設けるつもりであるが、われわれとしてははじめに、ハーツホーンとメイの正直さの研究に再び焦点を合わせながら、この肝から何が帰結するのかを検討することとしよう。

ハーツホーンとメイが発見したのは、被験者のほとんどが、正直さのさまざまな行動指標にわたって、状況間で一貫してはいないということであった。すでにみたように、二つの推論はこの観察と哲学的状況主義者にとって肝心な結論のあいだに見いだされるものである。そして、どちらの推論も最終的には異論の余地のあるものとなる。しかし、われわれとしては第二の推論から始めよう。ハーツホーンとメイの実験の被験者のほとんどが（それゆえ）[4]正直さの徳を欠いており、また彼らの知見は広く追試可能であると想定しよう。[5]ここから、哲学的状況主義者たちが批判をおこなうさいに必要とする「正直さの徳をもつ人の数は十分ではない」ということが帰結するのだろうか。

この問いを検討するためには、先ほどは深く立ち入らないでおいた課題に戻る必要がある。それは、伝統的な徳理論で正直さのようななんらかの徳をもつとされている人の数にかんする課題である。つまり、その理論の適用範囲にかんする問題である。徳理論というものは誰に適用されるものなのか（そしてどのような仕方でそうした人たちに適用されるのか）。「ほとんどの人は正直さの徳を欠いている」から「正直さの徳をもつ人の数は十分ではない」へと推論することを認めてもらうために哲学的状況主義がおこなう必要のあるのは、伝統的な徳理論は〔自説を〕ほとんどの人に適用していると解釈し、しかも、正直さの徳をほとんどの人がもっているのだと何はさておき主張することによって〔自説を〕そのように適用しているのだと解釈することである。しかしながら、伝統的な徳理論の擁護者の多くが指摘してきたように、この解釈は偏向的である。具体的に説明するために、伝統的な徳理論の適用範囲の解釈として採りうる二つの解釈を議論してみたい。一つは巧みな解釈でもう一つはそれほど巧みな解釈ではないのだが、どちらの解釈でも「正直さの徳をもつ人の数は十分ではない」は帰結しない。さらに、これら二つの選択肢は矛盾しないので、徳理論家はこれらのあいだで二者択一を迫られる必要もない。

第一の解釈では、徳理論は「ほとんど」の人に（実際には全員に）適用されるが、ほとんどの人が正直さの徳を実際にもっているとは主張しない。その代わりに伝統的な徳理論家が主張するのは、誰もがそうした徳をもつべきだ、ということである。この主張は記述的な主張というよりはむしろ規範的な主張である。もちろん、この規範的な主張にさえ一つの経験的な前提がある。それは、どの人も正直さの徳をもつことはできるという前提である。とはいえ、一見して明らかなことだが、この前提はほとんどの人が正直さの徳を欠いているという「事実」と完全に整合する。それどころか、この前提は、実際には誰も正直さの徳をもっていないという事態ともおそらく間違いなく整合する。

ドリスとスティッチは、経験的な証拠によって徳の獲得が不可能だと示されているわけではないことを認める（Doris and Stich 2005, §2）。しかし彼らは、徳の獲得が心理学的に不可能だという可能性はあり、徳の獲得が心理学的に可能であることを実証する挙証責任はいまや徳理論家の側にあると応答する。もし「心理学的に可能」ということが「［単なる論理的に可能ということとは区別された意味で］現実の人間に可能」ということを意味しているのであれば、これはおかしな応答である。なぜなら、これから詳しく述べることになるが、ハーツホーンとメイのデータは一部の人が実際に正直さの徳をもっていることと整合し（Adams 2006, p. 116をみよ）、そして一部の人が実際に正直さの徳をもっているという事実から、現実の人間が正直さの徳をもつことは可能であるということは帰結するからである。

しかしひょっとしたら、「心理学的に可能」ということで、倫理的な理想が平均的な人に対して規範的なとっかかりをもつことに対して、よりきつい経験的な制約をかけることを——つまり、たんに「現実の人間に可能」だということ以上のことを要求することを——なんとか身振り手振りで示そうとしているのかもしれない。たとえば、有徳な性格という理想が〔現実に対して〕規範的なとっかかりをもつのは平均的な人がその理想に関連する性格特性を努力次第では実際に獲得する見込みがある場合に限る、ということを言わんとしているのかもしれない（Doris 1998, p. 525 n. 41 と比較せよ）。これを擁護し、それによって身振り手振り〔でしかなかったもの〕を応答と〔までに〕するには、論証が二つ必要であろう。そしてそれぞれの論証は、平均的な人の「努力次第で〔獲得する〕見込み」にかんする同一の解釈に根ざしていなければならないであろう。一つめの論証は、状況間一貫性の相関係数が低いことにより平均的な人が努力次第で獲得する見込みが奪われることを示すのに必要なものである。そして二つめの論証は、倫理的な理想が一つめの論証の結果として生じる経験的な制約を受けること（つまり、倫理的な理想をそこまで希釈すること）が哲学的に共有できるものであるということを示すために必要なものである。難点は、一方の論証を完遂するのが容易であるほど、他方を完遂するのが困難になることである。

　たとえば、平均的な人が努力次第である徳を獲得する見込みがあるのはその人にとってその徳を獲得するのが容易な場合に限られる、とわれわれが述べるとしてみよう。その場合、その結果として生じる経験的制約を〔われわれの倫理的な理想が〕満たしていないことを状況主義者のデータは示していると解することは自然である。とはいえ、「有徳な性格という理想が規範的なとっかかりとなるのは、関連する性格特性を獲得することが平均的な人にとって容易な場合に限られる」というその制約に見合った哲学的な命題を擁護することはきわめて難しい。

　さて、第二の選択肢を考えてみよう。この解釈によれば、人が実際に「状況間で一貫した正直さという有徳な性格特性」を〔完全に〕もつということにかんして徳理論がおこなっている主張とは、「一部」の人にかんする主張、つまり、正直さの数少ない手本ないし模範となる人たちにかんする主張でしかないというものである。したがって、少数の人が正直さの徳をもっている限り、その徳理論に対して経験的に肩入れするに十分な数の人が徳をもっていることになる。注意してほしいのは、この場合その徳理論の適用範囲は第一の選択肢と比べると（ある意味で）より狭くなるだろうが、この理論は一部の人が実際に正直さの徳をもっていると主張しているがゆえにいっそう経験に曝されることになるだろう、ということである。

それでも、この徳理論の主張はハーツホーンとメイのデータと完全に両立する。[6] 彼らの実験の行動指標の組み合わせの平均相関が〇・二三であるということは、多くの被験者についてその人個人としての相関の平均値が（正直さ測定のどの組み合わせでも）〇・二三よりもかなり高かったということを完全に排除するが、個人としての相関の平均値が〇・二三よりもかなり高くなる被験者が一部いるということとは両立する。言い換えれば、状況間で一貫して正直な人たちが少数ながらいるということと両立するのである。したがって、ハーツホーンとメイの研究による状況間一貫性の全体の相関係数の平均値が〇・二三であるということからは、「誰も正直さの徳をもっていない」ということは帰結しないし、「ほとんど誰も正直さの徳をもっていない」ということさえ帰結しないのである。とはいえ、この第二の解釈に拠れば、「正直さの徳をもつ人の数は十分ではない」ということもまた帰結しないのである。

手本となる少数の人に範囲を限定した徳理論は実践的にも理論的にも大して興味深いものではないと反論することは自然だろうし、実際にドリスはそう反論している（Doris 1998, pp. 511-513）。われわれの注目を集めるには、ほとんどの人に（あらゆる人にならなおよいのだが）ある意味で明確に関連している理論なのだということを徳理論は示さねばならない。これだけは確かに否定しがたい。

しかし幸いなことに、この点で助けとなるものが思わぬところにあるため、これを否定する必要もまったくないのである。現代の徳理論のなかには、徳をある種の性格特性とする伝統的な定義を避ける理論があることを思いだしてほしい。そうした理論では、徳はある種のオカレントな〔その場限りの〕状態として定義され、最もシンプルには、オカレントな行為として定義される。ハーカは、徳をオカレントな行為とする理論は状況主義者の批判を免れていると論じる（Hurka 2006）。なぜ免れているのかを理解するためには、正直に振る舞うことへのオカレントな要請——たとえば、この場面ではカンニングをするなという要請——を考えてみればよい。[7] この要請が規範的なとっかかりをもつことは、かかわりのある振る舞いを（そのかかわりがどのようなものとして理解されようとも）遂行するための傾向性を行為者がもっていたり獲得したりできることにはまったく依拠していない。経験的には、それはオカレントな行為を行為者が遂行できることにのみ、つまり、その時のその場でその行為者がカンニングをせずにいられるということにのみ依拠している。この可能性に疑いを差し挟むようなデータを状況主義は何一つとしてもっていないので、徳をオカレントな行為とする理論が状況主義によって傷つけられることはないのである。

徳をオカレントな行為とする徳理論と伝統的な徳理論は正反対のものとして扱われるのが普通である。そして幾つかの目的からすれば、それらは実際に正反対のものである。[8] しかしながらまた、オカレントな行為理論の中核をなす要素のなかには、伝統的な理論が自由に拝借することができ、しかもそうすべきものもある。ここでわたしが念頭に置いているのは、オカレントな行為を個々人に要請する源泉としての（個々の）徳という考え方である。この考え方に拠れば、この場面ではカンニングをするなという規範的な要請が存在するというまさにそのことが、（たとえば）正直さという徳の規範的なかかわりの一部を構成している。なぜなら、「正直さ」そのものがこの要請（や同類の要請）の源泉だからである。[9] さまざまな徳の規範的なかかわりのもつ意義ある側面の一つがここで強調されている。それは、すべての人に適用されるというだけでなく、哲学的状況主義者の批判を免れてもいるという側面である。

伝統的な徳理論は個々の徳についてのこの考え方を組み込むべきである。そうすべきなのは、何はさておきこの考え方がどうしたって正しいからである。しかも、この考え方を組み込むことは、たとえ諸々の徳に合致した有徳な性格特性を獲得することが十分に見込まれるのは模範的なごく一部の個人だけだとしても、それでも依然としてそうした諸々の徳がどのような仕方ですべての人に規範的にかかわるのかについて一つの明白なかたちをはっきりと説明することにもなるだろう。

さて、次のようなさらなる批判があるだろう。それは、この応答は、(徳にかんするものではあるが)伝統的な徳理論の定義の特徴とはまったく関係のない幾つかの漠然とした事実を伝統的な徳理論に結びつけただけなので、伝統的な徳の定義を救うことにはまったくなっていない、という批判である。しかし、それは間違いであろう。というのも、そこで問題となっている事実は、徳をある種の性格特性とする伝統的な定義と容易に関係づけられるものだからである。何かしらの徳によって発令された特定のオカレントな行為の要請にかんする事実は、伝統的な徳理論がそれらを同じ要請だと特定する際にその徳の手本となる人々にある特権的な役割をとっておきさえすれば、先の特徴的な定義から遊離して漂ってしまうことなく、むしろその定義にしっかりとした足場をもつだろう。[10] そうした特権的な役割についての極端ではあるがよく知られた例としては、〈あらゆる正しい行為は(そして、何かしら特定の徳によって発令されたオカレントな要請はなおさら)、有徳な行為者がその状況において振る舞うであろう有徳な人らしい振る舞い方ということから定義される〉というハーストハウス(Hursthouse 1999)の主張がある。[5] しかし、手本となる人々にそこまで極端ではない特権的な役割を割り当てることも可能であり、その方がはるかに説得力があることは言うまでもない。

そこで、この第二の選択肢の明確化〔というここまでの作業〕に付言すれば、このように解釈された徳理論は適用される範囲ごとに異なった主張をすることになるだろう。そうした徳理論は、一方では、「一部」の人は状況間で一貫した正直さという有徳な性格特性を実際にもっていると（だけ）主張するだろう。他方でまた、その性格特性をもっていようともっていまいと「すべての人」が場面々々で正直に振る舞うことが要請されるとも主張するだろう。どちらの主張も状況主義と矛盾しない。この二つの主張は、さらなる独自の主張によって橋渡しされる。その主張とはすなわち、正直さの手本となる人々には、正直さによってオカレントに要請される数々の振る舞いの本性を特定するという特権的な役割があり（すなわち、何かしらの場面で正直に振る舞うために必要なものを特定するという特権的な役割があり）、そうすることによってそうした手本となる人々はすべての人を間接的な仕方で、正直さという性格特性にかかわらせるのである、という主張である。[11] その結果として生じる理論を「伝統的」な徳理論としているのは、この追加的で橋渡しの役目を果たしている独自の主張なのである。

どの「性格特性」が正しいのか

ここでは、適用範囲の問題は脇にのけておくことにして、哲学的状況主義がおこなっているもう一つ別の問題含みの推論に目を向けることにしよう。この推論を分離して取り出すには、正直さを測定するためのハーツホーンとメイによる行動指標に照らし合わせると彼らの実験の被験者のほとんどが状況間で一貫していなかったということを問題として取り上げ、その上で、この実験の被験者のほとんどが正直さの徳を欠いていたということに本当になるのかどうかを問えばよい。本当にそういうことになるのだという結論を導くには、ハーツホーンとメイの行動指標は正直さという有徳な性格特性をきちんと操作的に定義していると想定しなければならない。しかしその想定が問題含みなのである。

状況間で一貫した性格特性を操作的に定義するには、実験者はさまざまな具体的な状況–反応ペアを明確にしていなければならない。正直さの場合、〔実験で用いる〕さまざまな状況は「正直さを誘発するもの」、すなわち、「正直である」とか「正直でない」とかと容易に評価できる反応を引き起こしそうなものでなければならない。ハーツホーンとメイが用いた正直誘発状況には、上述の、盗みをはたらく状況、嘘をつく状況、カンニングをする状況が含まれている。それぞれの正直誘発状況について、実験者たちは「正直である」ことの反応だとされる具体的な反応もはっきり定めておかねばならない。たとえば、カンニングをする状況の場合、ハーツホーンとメイは「正答を書き写さないこと」が正直であることの反応だと定めている。

ハーツホーンとメイが用いた具体的な状況–反応ペアは幾つかの点で正直さを操作的にきちんと定義できていないのだが、われわれはそれをたがいに独立した三点に分類することができる。そのうち哲学的に最も重要なものは、有徳な性格特性のもつ状況への反応とは規範的な感受性であるということが彼らの行動指標では考慮に入れられていないという点である。一部の種類の性格特性とは異なり、有徳な性格特性に特徴的な反応とは状況そのものへの単純な反応ではない。それはむしろ、状況に現れている行為の理由に反応しているのである。別の言い方をすれば、その状況で問題となっている価値（たとえば正直さという価値）によって課された規範的な要請に反応しているのである。

しかしながら、行為の理由というものは、具体的な状況のもつ（他の）特徴によって打ち負かされたり、無効にさせられたり、優先されたりなどして、無力化することがある。たとえそうした特徴によってある一定の抽象的ないし機械的な記述のもとでのその状況の同一性に変化が生じてなくとも、それは起こりうる。したがって、二つの具体的な状況–反応ペアがあり、〔有徳な性格特性の発揮に〕関係する行為の理由が効いているのはそのうちの一つのペアだけであるにもかかわらず、その二つのペアが——何かしら一定の観点から見て——等しいものにみえるということはありうる。しかし、個々の具体的な組み合わせ《ペアリング》が正直さの行動指標として十分かどうかは、正直に行為する理由がその状況で効きつづけられるかどうかにかかっている。効きつづけていなければ、その具体的な状況が行為者による何か特定の反応を求めることなどはないし、少なくとも正直さを問題とする限り求めることはないのである。

　ハーツホーンとメイの嘘つき状況ではこの困難がよく示されている。通常、嘘の報告をすることは「嘘つき」であると同時に、正直さという「特性に反する」行動だとみなされる。それゆえ、嘘の報告をする機会を与えている状況は正直誘発状況と見なされるのがふさわしく、また、「嘘の報告」は「正直でない」反応と見なされるのがふさわしい。それでも、通常の道徳的理由がそうであるように、嘘の報告をしない理由が打ち負かされることもある。そして、ハーツホーンとメイの嘘つき状況ではほぼ間違いなく実際に打ち負かされている。というのも、次のことを思いだしてほしい。すなわち、彼らの〔実験の〕シナリオでは、嘘の報告のおかげで別の子どもがトラブルに巻き込まれずにすむこと、つまり、一定の（十分な）善がもたらされるのである。その場合、有徳な特性が反応している行為の理由はその状況では効いていないので、嘘の報告をすることは正直さという特性に反した行動とはならない——つまり、それをもって有徳な特性が備わっていないということにはならないのである。それだから、嘘つき状況は正直さを測定するのに十分な行動指標ではないのである。

　ハーツホーンとメイの行動指標が不十分だとされる第二の点は、彼らの指標が性格特性の部分集合としての徳に固有なものになんら由来していないという意味で、完全に一般的なものとなっていることである。実際のところ、状況主義者たち自身もおおいに強調している社会心理学の根本教義の一つに言及することによって、この批判はもっともうまく説明される。ロスとニスベットはその教義を「解釈原則」と呼んでいる。

「客観的」な刺激状況のもつインパクトは、行為者がその状況に付与する個人的で主観的な意味に依存している。人の行動の予測を成功させるためには、われわれは行為者が状況をどのように解釈しているのかを判別できなければならないのである。(Ross and Nisbett 1991, p. 11)

性格特性の帰属は、その特性の担い手の行動の仕方を予測できること(あるいは少なくとも、予測を容易にすること)を狙ってのことであるのだから、その特性を操作的に定義する具体的な状況-反応ペアは、そのペアリングの意義について実験者と被験者のあいだで(すなわち予測者と被予測者のあいだで)合意が成り立っているようなペアリングでなければならないだろう。たとえば、さまざまな具体的な反応を「正直である」か「正直でない」のいずれかとして評価するということは、両者のあいだで合意されてなければならないことだろう。しかしながら、ハーツホーンとメイが用いたのは「客観的」な行動指標であり、それはつまり個別の状況および反応をどういうものとして特定するのかは実験者のみによって決められたということである。

その結果として生じる困難を描写するために、彼らが用いた窃盗状況を考察しよう。誰もいない教室の机の上に小銭が置きっ放しになっており、それを取ることができる。ハーツホーンとメイは小銭を取ることを「盗むこと」すなわち「正直でない」反応とみなした。しかし、「落とし物は拾い得[6]」だと信じている人――彼女をサリーと呼ぼう――は同意しないだろう。サリーは小銭を取ることはなんら悪いことではないと考えるだろうし、より大事な点だが、彼女は「正答を書き写さないこと」と「小銭を取ること」のあいだには何も矛盾する点はないとも考えるだろう。言わば、カンニング状況や窃盗状況での彼女の反応は実はそういうことなのだということである。サリーを「状況間では一貫していない」と評価することでハーツホーンとメイがしていたのは、サリーの側に何か行動上の本物の不整合を発見したというよりはむしろ、〈落とし物は拾い得〉の正しさについて彼女にたいする不同意を記録した（にすぎない）のである。さらにいえば、〈落とし物は拾い得〉という彼女の信念を無視したために、窃盗状況でのサリーの行動を予測することが彼らには困難だったであろうということは、なんら驚くに値しないものとなる。

もちろん、道徳的には、ハーツホーンとメイがたぶん正しくて、〈落とし物は拾い得〉は妥当な行動原則ではないのだろう。われわれとしては、この原則は妥当ではないものだとしておこう。その場合、サリーは行動としては一貫しているが（完全に）正直であるわけでもないということになるだろう。行動の信頼性は――そして、状況間一貫性はなおさら――徳の必要条件の一つでしかないし、それゆえまた十分条件でもないということである。必要条件の他の候補にはさきほど言及したが、ここで必要条件の候補をさらに一つ加えることができる。それは、（たとえば〈落とし物は拾い得〉の妥当性にかんする信念の場合のように）正しい道徳的信念を有しているという条件である。[12] サリーは正直さについて誤った道徳的信念を抱いているため、行動がどんなに一貫していても、完全に正直な人とはならない。同じように、ハーツホーンとメイが〈落とし物は拾い得〉について本当のところサリーと意見が一致しようとしまいと、そのことはこの原則そのものの妥当性とはまったくなんの関係も無い。この二つの必要条件は（それらを構成する諸要素とともに）独立して機能しているのである。

それゆえ、ハーツホーンとメイによる正直さの行動指標は、性格特性の行動指標として十分であるための条件の一つを満たせていない。つまり、関連する具体的な状況-反応ペアの意味について実験者と被験者のあいだで合意が成り立っているという条件である。[13] この条件は、被験者の行動の予測を可能とする必要性から課されるものであって、正直さに求められるものの詳細にかんする道徳的信念の正しさには何の影響も与えるものではない。

ハーツホーンとメイによる正直さの行動指標が不十分であるといえる最後の点は、関連性——明確に言えば、任意の正直さ誘発状況と正直さという価値によって課された規範的要請のあいだの関連性——は程度問題であるということから生じるものである。おそらくわれわれは、ある行動が「正直な」行動なのか「正直でない」行動なのかについて、その周縁的な事例と典型的な事例を——あるいは心理学の用語を借りて言えば、非常にプロトタイプ的な事例とそれほどプロトタイプ的ではない事例を——区別することができる。この路線でいけば、正答を見て自分の答案用紙にそれを書き写すことはたしかにカンニングの典型的な事例のように思える。対照的に、小銭を自分のポケットに入れることは、〈落とし物は拾い得〉原則を退けた場合であれ、窃盗の事例としては周縁的なものでしかない。窃盗の事例としてはるかにふさわしいのは、万引き（をする子ども）やひったくり（をする大人）であろう。道徳的にも心理的にも、状況間一貫性の見込みは正直な行動として典型的なものを誘発する状況間の場合にずっと強いものとなる。それゆえ、正直さについての十分な行動指標は典型的な事例に限定されるべきだとする限り、ハーツホーンとメイの窃盗状況は十分な指標ではないのである。

単一試行型の実験

それゆえ、状況間一貫性の相関係数が頭打ちだからといって、伝統的な徳理論が「経験的に不十分」だということにはならないのである。すでにみたように、「ほとんどの人が性格特性を欠いている」から「有徳な性格特性を備えた人の数は十分ではない」への移行には、少なくとも二つのギャップがある。まず、結論の「数は十分ではない」を保証するのに十分な数が前提の「ほとんどの人」に含まれているわけではない。さらに、前提で操作的に定義されている「性格特性」は結論での「有徳な性格特性」と真っ向から矛盾するような種類の性格特性ではない。〔操作的に定義された〕性格特性を「有徳」なものとははっきりとはみなせないがゆえにそうなっている場合もあれば（規範的感受性）、たんにそうした性格特性の操作的定義に一般的だという欠点があるがゆえにそうなっている場合もある（解釈、関連の典型さ）。

しかしながら、哲学的状況主義者たちが書いたものにざっと触れただけで明らかになるように、状況主義者たちの経験的な事例の肝とわたしが呼んだもの――相関係数の上限が〇・三〇であるということ――は、彼らが提示する複雑に絡み合った証拠のなかにある幾つもの筋道のうちの一つにすぎない[14]。ハーツホーンとメイのものとはかなり異なった研究も、少なくとも彼らの研究と同じくらい注目されている。そうした研究のなかでも、ミルグラムによる権威への服従の実験、ダーリーとバトソンによる善きサマリア人の実験、アイセンとレヴィンによる電話ボックスの十セント硬貨の実験、ラタネとダーリーによる傍観者の実験が著名なものである[〔7〕]。こうした実験では――ドリスはこうした実験が「数千はないかもしれないが数百」はあることを強調しようとしてしばしば苦心しているが――、被験者の大部分（ときにはそれ以上）は、特性に反した行動をおこなうよう導かれているのみならず、置かれた状況のもつ些細な特徴によってそう行動するよう導かれているようにみえる。哲学的状況主義者の事例のこの部分から何が引き出せるのだろうか。

取り組む順序としては、まずはじめに、この別の証拠から引き出せるかも知れないさまざまな結論をわれわれは分類しなければならない。目下の目的のために、わたしは二つの可能性に話を限定したい。一方で、ほとんどの被験者は状況間で一貫した何かしらの性格特性を欠いている、という命題がある。これを「公式暫定結論（official interim conclusion）」と呼ぼう。他方で、状況変数は行動に大いに影響を与える、という命題がある。これを「状況主義者の最小限の主張（situationist minimum）」と呼ぼう。そして第一のものから始めよう。

公式暫定結論は暫定的な結論でしかない。なぜなら、〔ハーツホーンとメイによる〕最良のシナリオの場合でさえ、この結論と「徳があるといえる人の数は十分ではない」という哲学的状況主義者にとって肝心な結論の間には何かしら隔たりが残るからである。しかしこの隔たりと、その間を繋ぐうえで障碍となる先に確認されたものについてはここでは無視しよう。むしろここで注目した方がよいのは、公式暫定結論は明らかにハーツホーンとメイの研究から導かれたものだということである。彼らの実験において、その被験者のほとんどが欠いていた状況間で一貫した性格特性とは「正直さ[HM]」であった。下に小さく書かれた「HM」によって、それはハーツホーン（Hartshorne）とメイ（May）が操作的に定義した正直さに限定されたものだということを示している。言い換えれば、機能としては、哲学的状況主義者にとって肝心な結論〔の形成〕に対してハーツホーンとメイの研究が果たした貢献を公式暫定結論は精確に捉えている。それゆえわれわれは、哲学的状況主義者の残りの事例でも彼らの公式暫定結論が認められるのかどうかを吟味するなかで、この別の証拠がハーツホーンとメイが示した証拠と同じ水準のものであるかどうかを考察していくことになる。

この問題を効果的に前に進めるために、ハーツホーンとメイの実験とミルグラムやダーリーとバトソンの実験のあいだにある根本的な構造上の違いのことを話しておきたい。その違いとは、「反復試行」として組み立てられた実験かそれとも「単一試行」として組み立てられた実験かという違いである。反復試行型の実験では、各被験者は複数の誘発的な状況に置かれるのに対して、単一試行型の実験では、各被験者は単一の誘発的な状況にのみ置かれる。実際には、反復試行型のデザインには二種類あり、それらを区別することもできる。それは、状況の「複数性」というものが、元となる状況を単純に繰り返すことで作られているか、あるいは同じ一つの特性の発現を誘発すべくデザインされた多様な具体的な状況から作られているかという違いに基づいた区別である。そして、二番目の反復試行型のデザインは、さきほど私が状況間一貫性に「狙いを定めて取り組んだ研究」と呼んだものに相当する。

ハーツホーンとメイの研究は、反復試行型の実験である（実際には、この型の二種類を同時に実施している）。われわれがいま吟味しているこれら別の実験の特徴は、それらがどれも単一試行型の実験だということである[15]。たとえば、ミルグラムの有名な実験では、各被験者は権威ある人物（実験者）の指示のもと、学習者に「罰を与える」機会がその罰の重さを増しながら次々に与えられるという一連の場面に立たされる。そしてこの実験の目的は、（もしそうした段階があるとすれば）どの段階で被験者は指示に従わなくなるのかを明らかにすることである。

そうすると、われわれの目の前にある問いとは、ほとんどの被験者は状況間で一貫したなんらかの性格特性を欠いているとする（哲学的状況主義者の公式暫定）結論が、単一試行型の実験によって認められるのかどうかである。ミルグラムの実験の場合を考えてみよう。思い遣りという徳によって被験者に要請される越えてはならない一線を、次々に与えられる機会のどこに被験者たちがもっともらしく引こうとも、被験者のほとんどはその一線を越えた。思い遣りという観点からいえば、ミルグラムの実験のほとんどの被験者の行動は端的に特性に反していた。ここから、被験者たちが状況間で一貫した思い遣りという特性を欠いていたということになるのだろうか[16]。

これは、特性に要求される信頼性の高さとしてわれわれがどれほどの高さを設定するかということに完全に拠ることである。[17] 状況間で一貫した特性というものを例外のない行動傾向（すなわち一〇〇％の信頼性）として定義するのであれば、ミルグラムの実験の被験者たちは思い遣りという特性を欠いていたということがたしかに帰結する。しかしながら、これを徳に適用した場合、受け入れがたいほどに厳格な定義を生み出すことになるだろう。そしてそれは、徳を「一度のミスも許されない」完全完璧以外の何ものでもないものとすることになるであろう。いずれにせよ、ドリスは自身の「特性」概念を例外のない傾向性として定義することを明らかに控えている（Doris 2002, p. 19）。それだから、われわれとしてはその厳格な定義を脇にのけておくことができる。

遺憾なことに、他にどのように設定しても、ミルグラムの実験の被験者たちが思い遣りという特性を欠いていたということがもはや導かれることはない。言い換えれば、より低い（それゆえまた、よりもっともらしい）信頼性でこの特性を定義すれば、公式暫定結論の導出をわれわれが認めることはなくなる。〔導出を阻む〕根本的な難点は、普通、信頼のおける行動傾向というものは、それが非常に信頼のおけるものであったとしても、その傾向に「反した」行動が一度あったという事実と完全に両立するということである。それゆえ、（不完全ながらも）信頼のおける行動傾向があるということを棄却するためには、失敗が繰り返されることが必要なのである。[18] しかしミルグラムによる服従実験は単一試行での実験であったため、失敗を繰り返す機会が被験者たちに与えられることは決してない。単一試行型のどの実験にも、その定義からしてこの致命的な欠点が含まれているのである。

ここで、その応答として次のように想定することは魅力的かも知れない。それは、被験者の背信とその被験者に思い遣りという特性があることは論理的には両立可能だとしても、状況間で一貫した特性としての思い遣りをその被験者は欠いているとするのが、同情が求められているときに被験者がその求めに一度背いたことの説明として依然としてもっとも優れているという想定である。[19] しかしこの想定がどれほど魅力的だとしても、そしてまた哲学的状況主義者にとってどれほど便利だとしても、そのように考えることは間違いだろう。実際これは、「根本的な帰属の誤謬（fundamental attribution error）」の名で状況主義者たち自身が診断を下した過ちときわめて近い過ちである（Ross and Nisbett 1991, chap. 5）。どちらの過ちにも共通するのは、不十分な証拠に基づいて——典型的には、単一試行型の実験が絶えず生み出すことのできる唯一のものである単一事象の観察に基づいて——行動特性が備わっているかどうかについて（それを認めるか認めないかのいずれかの）判定を下す傾向があるということである。どちらの過ちも十分な証拠が示される前にフライングをしてしまっているというかたちの過ちなのである。

反対に、信頼のおける行動特性の帰属や排除を真に保証するには、特性に関連した〔行動を〕誘発する条件下での被験者の行動を複数回観察する必要がある。通時的に安定した特性の場合とは異なり、状況間で一貫した特性〔を調べる〕具体的な場合には、特性に関連した〔行動を〕誘発する多様な諸条件に複数回の観察が分布している必要がある。そのため、状況間で一貫した性格特性の存在（あるいは非存在）を示す本物の証拠は、ハーツホーンとメイの研究が好例となっている類いの実験から捜し出すのが、つまりすくなくとも二番目の種類の反復試行型の実験から捜し出すのが適切であるという点にわれわれは立ち返ることになる。[20]

救出の選択肢

こうして、単一試行型の実験では、ほとんどの被験者が状況間で一貫したなんらかの性格特性を欠いているとする公式暫定結論を承認することはできない。目下の目的からすると、残るは代案としての状況主義者の最小限の主張、つまり状況変数は行動に大いに影響を与えるという結論である。膨大な数の単一試行型の実験によってこの結論はしっかり支えられているということをわれわれは素直に受け入れることにしよう。なぜなら、これの基本的な推論は当面関係のある問いとかかわらないからである。それよりも、当面の問いと〔してわれわれが問うているの〕は、「その影響は正確なところどれほどのものなのか」であり、そしてそれが非常に大きなものなら、「論証としてどのような（一つあるいは複数の）筋道を辿れば、状況主義者の最小限の主張が〈徳がある人の数は十分ではない〉という哲学的状況主義者にとって肝心な結論と繋がるのか」という問いなのである。

　最初の問いに対する答えはわたしにはわからない。しかし、第二の問いに答える際に人が辿るかもしれないはっきりとした筋道を二つ素描しようと思う。そのどちらも説得力のあるものとはならないだろうから、第二の問いに対する答えをわれわれに言う義務を負っているのは、本当は哲学的状況主義者たちのほうなのだということを述べておくことにも意味がある。全体としてみれば、この点にかんして哲学的状況主義者たちは目に余るほどいい加減だった（Doris 2002, p. 38 をみよ）。とりわけ、状況主義者の最小限の主張から哲学的状況主義者たちにとって肝心な結論へと、正確なところどのようにして到達したことになっているのかについてまったく明らかではないということを考えれば、彼らはいい加減だったのである。

　第一の道筋をある程度整然としたものにしておくために、思い遣りの誘発を実験の状況としている単一試行型の実験に注意を限定しよう。そしてここで、われわれが次のように想定しているとしよう。すなわち、単一試行型のどのような実験でも、被験者として実際に実験に参加したわけではない人のほとんどが、〔何かの実験のなかか実生活のなかのいずれかで〕その実験〔で調べていた特性〕が関連する状況に置かれていれば、実験の平均的な被験者が〔実験状況で〕実際に行動したように行動したであろうという想定である。これに加えて、われわれはさらに次のようにも想定しているとしよう。すなわち、限りあるわれわれの世界におけるありとあらゆる単一試行型の実験に、われわれが任意の集団を反実仮想的に「当てはめ」つづけたとしても、われわれのこの第一の想定は成り立ちつづけるという想定である。最後に、これに基づいて、人々の「合成された道徳の記録」のうえでは、つまり、人々の実際の行動と反実仮想上の行動を合わせて作った道徳〔的行動〕の記録のうえでは、ほとんどの人がかなりの数の思い遣りに反した行動をおこなっていると結論づけることが自分たちには認められているものとみなそう。

この筋道を反実仮想加味路線と呼ぼう。これは明らかに大雑把に構築されたものなので、これを構築しているさまざまな段階をいちいち立ち止まって吟味することはしない。代わりに強調しておきたいのは、吟味しないにもかかわらずわれわれが哲学的状況主義者にとっての肝心な結論からどれほど距離を置いたままでいられるかということである。合成された道徳の記録のうえでは、ほとんどの人がかなりの数の思い遣りに反した行動をおこなっているとするならば、思い遣りにかんする「全体的信頼性」としてほとんどの人が達しうる最大値をかなり引き下げることがおそらくできるだろう。(「全体的信頼性」とは、通時的安定性と状況間一貫性を混合して生み出される全般的なものであり、それゆえその各々とは異なるものである。[21] われわれがこれに訴えねばならないのは、反実仮想を加味する路線では、誘発状況を適切に個別化した際のそれぞれの種類の状況にわたっておこなわれる反特性的な行動の頻度について何も分からないためである。[22])

とはいえ、思い遣りにかんする状況間一貫性としてほとんどの人によって示される最大値については、ここからは何も導けない。正確に言えば、何も導けないのは全体的信頼性が状況間一貫性とは区別されるものだからである。結果として、反実仮想を加味する路線では、哲学的状況主義者の公式暫定結論（これは状況間一貫性についてのものであった）を唱えこれを救うことはできない。[23] しかし、これは指摘する価値のあるものかもしれないが、それが致命的である必要はない。一つには、行動の「全体的信頼性」の一定の最低値は徳の必要条件でもあると主張しうるかもしれないからである。

対照的に、さらに制限を加えると酷いことになる。それは、反実仮想を加味する路線は公式暫定結論そのものを苦しめている、適用範囲にかんする批判と同じ批判に曝されるためである。思い遣りにかんする全体的信頼性として「ほとんどの人」によって示される最大値には何かしら重要な意味で上限があるという事実からは、徳を体現している「わずかな」人々が依然として達しうる全体的信頼性〔の値の高さ〕について何も分からない。思い遣りがあるという点でもっとも信頼のおける人の最大値がいくらなのかも分からなければ、思い遣りにかんする全体的信頼性のその最大値にどれほどの人が到達しているのかも分からないのである。したがって、反実仮想を加味する路線では、思い遣りという徳をもつ人の数は十分ではないという結論を生み出すことができないのである。

哲学的状況主義者たちにとっての肝心な結論へと向かう第二の筋道は、適用範囲にかんする批判の矛先を逸らし、しかも同時に哲学的状況主義者の公式暫定結論を迂回して無視しようというものである。この道筋は、道徳にかかわる行動に対して状況が与える〔徳とは〕反対の影響の数が途方に暮れるほど多くまた際限なく多様であるということを真面目に受け取ることから始まる（Sabini and Silver 2005, p. 545 と比較せよ）。有徳な行動が求められるどのような状況においても、状況のもつ、抉《えぐ》るように居並ぶさまざまな反対の影響に誰もが曝される。さらに、（徳の手本となる人を含む）誰もがそういった影響のどれかに屈してしまう可能性があり、それゆえ、有徳なことをしそこなう可能性がある。そして、こういった脆さを抱えた人が有徳な仕方で振る舞う人として本当に「信頼」されることは、伝統的な徳概念が求めるどのような意味でそれを理解しようとも、ありえない――こう論証はつづく。そして誰もがこうした脆さを抱えているのだから、徳をもつ人などどこにもいない。この筋道を道徳完全破綻路線と呼ぼう。

この論証を（すっかり）鵜呑みにすることにしよう。〔普通は〕おそらく抵抗するのかもしれないが、われわれはそうしないことにしよう。しかしそれでも、一つ重要な難点が残っている。すなわち、道徳完全破綻路線は手に負えないものであると同時に物足りないものでもあるという難点である。それが手に負えないのは、この路線では徳倫理学とそのライバル理論の区別ができなくなるからである。道徳理論上のライバルにかんして言えば、問題となっている脅威——すなわち、道徳にかかわる行為者は、どのような場面でも状況がもたらす影響に飲み込まれてしまうという脅威——は有徳であろうとする行為者に当てはまるばかりか、いいいなんであれ日常的な道徳規則に従おうとする行為者にも当てはまる（Sabini and Silber 2005, p. 536 n. 5と比較せよ）。したがって、もしこの脅威が徳倫理学にとって問題であるならば、暴露的ではないあらゆる道徳理解にとってもまたそれは同じように問題なのである（そして、義務論や功利主義やあなたが抱いている考え方にとってはなおさら問題なのである）[8]。

特性心理学上のライバルにかんして言えば、この同じ脅威が、状況間で一貫した特性を備えた行為者に対して作用するのとまさに同じ分だけ、通時的に安定した特性を備えた行為者に対しても効く。というのも、そもそも〔徳に〕反対するさまざまな影響はまさに状況によるものだからである。そうした影響は与えられた状況の範囲内で作用し、その有効性はおそらく、その場面の行為者の行動が、細部まで類似した場面でのその人の行動に比せられるものなのか、それとも特性にかかわりのある点で類似した場面でのその人の行動に比せられるものなのかということとは独立である[24]。それゆえ、ドリスは通時的に安定した特性の存在を主張したが（Doris 2002, pp. 23, 64）、道徳完全破綻路線は実際にはそうした特性と両立しないのである。

多少明確化すれば、道徳完全破綻路線は物足りないものでもあることがわかる。はじめに示したとおり、〔私が示したこの筋道の〕議論は、状況のもつ居並ぶさまざまな反対の影響がどれほど「強力」なものだと主張するのかという、まさにその点について（意図的に）曖昧である[25]。多少の明確化により、状況のもつこうしたさまざまな影響のもつ力は、行為者が自らの行動に対してもつ日常的な道徳的責任を弱めるほどではないということがはっきりする。これが意味するのは、行為者はその場面で正しいことや有徳なことを為すことが依然として可能だということである。しかしながら、先に見たように、徳の要求する行為を行為者が実行する可能性があれば、その状況下で行為者が直面しているオカレントな要請の規範的なとっかかりを確保するには十分である。今度は、どの徳の場合でも徳によって発令されるオカレントな行為の要請には規範的なとっかかりがあるという事実があれば、その特定の徳が規範的なかかわりもつことを確立するのには十分である。徳をオカレントな行為とする理論からすればこのどれも目新しいものではないが（Hurka 2006をみよ）、規範的なかかわりへと至るこの道に伝統的な徳理論も自由に入っていけることをわれわれは学び知ったのでもある。しかし、道徳完全破綻路線が伝統的な仕方で定義される徳のもつ規範的なかかわりと両立する限り、その路線は物足りないものなのである。

もちろん、哲学的状況主義者はこの明確化を、その多少にかかわらずいつでも拒絶することができる。しかしそれによってさらにいっそう明らかになるであろうことは、道徳完全破綻路線は手に負えないものだということである。なぜなら、その場合その論証は道徳的ニヒリズムの一形態になるであろうから。じつに、いまやわれわれは自分たちが直面している困難の装いを変えてジレンマのかたちにすることもできる。道徳完全破綻路線は、多少の明確化を受け入れるか否かのいずれかである。もし受け入れるならば、伝統的な仕方で定義された場合であっても諸々の徳のもつ規範的なかかわりと両立可能となり、それゆえ物足りないものとなる。反対にもし受け入れないならば、それは道徳的ニヒリズムとなり、暴露的でない道徳理論をすべて弱体化させ、それゆえ手に負えないものとなる。

結論

徳倫理学に対する状況主義者からの批判は経験的な批判であるため、他のあらゆる経験的な問題ないし問題群の場合と同じように、その帰趨は最終的には経験的証拠によってしか決まらない。これが意味するのは、この問題についてもっぱら分析に基づいてわれわれが結論を下すことのできるものはごく一部に限られているということである。これはまた、徳倫理学は経験的には適切ではないということにまだなるかもしれないということも意味している。状況主義者の批判に対する反対意見としてわれわれが検討してきたもののどれ一つとして、そうした可能性に抗う予防措置を徳倫理学に施すことができない（し、施そうとはしていなかった）。

現状では、〈徳がある人の数は十分ではない〉という哲学的状況主義者にとって肝心な結論を擁護する証拠をわれわれは欠いているか、あるいはそれを擁護するための論証を欠いているかのいずれかである。証拠の側にかんして言えば、もっとも直接的な仕方で関係しそうなものは、状況間で一貫した諸々の性格特性のなかでも特権的な部分集合〔すなわち徳とされる諸々の性格特性〕に属する行動特性を（人数全体のうちで）どれだけの数の人が有しているのかを概算的に示してくれる反復試行型の実験から得られる証拠であろう（註(19)をみよ）。どの特性がどの徳目へと投射し対応しているのかという問題は脇にのけておくとして、どれを特権的な部分集合に含めるのかというその精確な線引きは、（さまざまな道徳的な事実にだけ拠るのではなく）その人のお気に入りの伝統的な徳理論がもつ構造にも拠る。しかし、大まかな近傍に到達するためにでさえ、状況間で一貫した性格特性は規範的な感受性をもつ必要があるし、それら特性を操作的に定義するさいには、被験者と実験者の間である一定の基礎的な点についてなされた合意が組み込まれる必要がある。これら二つは、お気に入りの理論の詳細がどのようなものであれ、特権的な部分集合に含まれるための必要条件である。さらにいえば、これら二つは、哲学的状況主義者が利用できるもののなかでは最良の証拠である、ハーツホーンとメイによる正直さについての記念碑的な研究が満たしていない条件である。

論証の側にかんして言えば、ここで考察した幾つかのものとは別の仕方で、状況変数は行動に大いに影響を与えるという点から「徳がある人の数は十分ではない」という結論に達するための方法があるかもしれない。その場合、私が指摘した事柄にもかかわらず、単一試行型の実験から得られた証拠を基礎にして哲学的状況主義者からの批判をおこなうことが結局は可能となるかもしれない。もちろん、最終的には、徳を擁護しようとして私が提示した議論の一部については端的に間違っていたということもありうるし、たとえば、適用範囲にかんする批判（の両方のバージョン）に対しては、哲学的状況主義者たちがわれわれにその力強さを認めさせることのできるような、そうした説得力のある批判がひょっとしたらあるかもしれないのである。

原註

(＊)草稿に有益なコメントをくれたダニエル・C・ラッセルとクリスティアン・ミラーに謝意を表したい。
(1)またこの例では、正答を書き写すことは「カンニング」であり小銭をポケットに入れることは「窃盗」であるとしている。
(2)議論をすっきりさせるために、「伝統的な徳理論家」には伝統的な徳の定義を採用している現代の論者たちも含めて理解することにしよう。こうすることで、徳をある種の性格特性と定義しない一部の現代的な徳理論（たとえば Hurka 2001）があることを、伝統的な徳理論に言及する度ごとにいちいち認めなくてすむ。この理論上の選択肢のもつ意義についてては以下で立ち返ることになる。
(3)しかし一部の論者たちはこの条件を明らかに削除している（たとえば Driver 2001）。この論文の本文中にあるほかの二つの条件についても、ドライバーは従うことを拒否している。

(4)ロスとニスベットが説明しているのは「状況1での子どもの振る舞い方を知ったからといって、状況2〔でその子どもがどう振る舞うのか〕について精確な予測をすることはほとんど不可能である」ということである（Ross and Nisbett 1991, p. 95）。もっとはっきり言えば、本文での相関係数が〇・一三だとして、窃盗状況でスミスはジョーンズよりも正直に行動したことが分かっているからといって、嘘つき状況で、ベースラインの（つまり無作為な場合の）見込みを五〇％として比較した場合に、スミスのほうがジョーンズよりも正直に行動する見込みが五五％にまで押し上げられることさえないのである。

(5)これを問題にする一つの理由はもちろん、ハーツホーンとメイの実験の被験者たちがみな子どもであったからである（たとえばKamtekar 2004, p. 466 n. をみよ）。しかし、論ずべきもっと一般的な諸問題に議論を集中するために、この点は脇にのけておくことにする。

(6)我々がここでせいぜい言えることは、彼らのデータと両立するものについてでしかない。なぜなら、彼らのデータは個々人が状況間でどう振る舞ったのかについては記録をとってはいないからである。むしろそのデータは、集団の総計〔値〕のレベルで報告されている。それゆえ、たとえば被験者のうちの一部は状況間の一貫性について相関係数の平均として高い値を出しているといった個々人についての主張は、総計〔値〕における比較から推測しなければならないのである。

(7)便宜上、有徳に振る舞う要請という観点で私は話すことにする。しかし、任意の状況で徳が要求するものが、道徳的にどれほどの重みをもつのか、また、その義務論的地位は精確にはどのようなものかにかんするさまざまな見方と両立可能な仕方で読むことができる。

(8)その中心には、傾向性に対する行為の優位性にかかわる重要な問いがあり、その問題については〔それら〕二種類の理論は本質的な点で理解を異にしている。この議論についてはThomson 1997をみよ。

(9)オカレントな行為の要請の源泉としての正直さについて言及する際には、正直さの「価値」と正直さという「徳」を区別した方がよいであろう。ここで価値とは、その価値に対応する徳が何なのかを告げ知らせるものである。こう区別することにより、徳の手本となる人――この人は、自らが応えているその要請の源泉からは形而上学的に独立のままでいることができる——が存在すると主張するために形而上学的な優位性はまったく必要ないということが明らかとなる。

(10)註(8)で記された区別に従えば、この特権的な役割は認識的に特権的なものとして理解することができる（し、わたしの見解では、そう理解すべきである）。

(11)有徳な性格特性の規範的なかかわりをこのように間接的に読む読み方は、〈有徳な性格という理想が規範的なとっかかりをもつのは、努力次第では関係する性格特性を平均的な人が獲得する見込みがある場合に限られる〉という主張に対して、すでに深刻な疑義を提示している。

(12)解釈次第ではこの条件は徳の一性を認めることを強いるものとなる。わたしはその帰結を退けるが、その問題をここで論じる紙幅はない。Sreenivasan 2009 をみよ。

(13)二〇〇二年のわたしの論文のなかで（pp. 65-66）、この条件に固執するとハーツホーンとメイが見出したものよりも状況間一貫性の相関係数は高くなるだろうということを示唆するある予備的証拠について論じている。この帰結についてのもっと十分な議論については、現在であれば Snow 2010 をみよ。

(14)メリットら（Merritt et al. 2010）は、このことに言及すらしていない。

(15)これは〔すべての実験を〕網羅する区別ではないので、反復試行でも単一試行でもない状況主義者の実験がいくつかある（たとえば、ジンバルドの監獄実験）。わたしのここでの注記は単一試行型の実験に限られたものである。
〔訳註：「ジンバルドの監獄実験」とは、スタンフォード大学の心理学者フィリップ・ジンバルドらによってなされた実験である。広告で集められた被験者たちを囚人役と看守役に割り振り彼らの行動を調べる計画であったが、実験を始めてまもなくそれぞれが役割を「過剰」に果たしはじめたことによりやむなく途中で中止せざるを得なくなったことで有名である。「スタンフォード監獄実験」などとも呼ばれ、ドイツと米国でそれぞれ映画化もされている。文献としては Haney, G. C. Banks, and P. Zimbardo 1973 "Impersonal Dynamics in a Simulated Prison," *International Journal of Criminology and Penology*, 1: 69-97. を参照。〕

(16)一貫性は徳に必要だがそれで十分というわけではないので、本論文での問題は、ミルグラムの実験の被験者たちは思い遣りの徳を欠いていたのかどうかと問うよりは単純なものである。私がここでそのままにしておいている厄介な問題のうちのいくつかのものにかんする議論については、Sreenivasan 2008 をみよ。

(17)特性の信頼性の程度は、特性の信頼性の次元とは異なる。通時的安定性と状況間一貫性は、われわれが最初に区別した「次元」である。これに対して、〔それぞれ〕信頼性の程度にはゼロから一〇〇までの幅がある。

(18)ある特性に求められる信頼性の程度が下がれば下がるほど、その特性を除外するのに必要となる失敗の数は増える。

(19)しかし、そのように想定する誘惑があるにせよ、たとえば〈実験における権威者の指図の下で思い遣りをもつ〉という通時的に安定した特性を被験者は欠いていたのだとする説明よりもその説明のほうがよいと考えるのはなぜなのか。

(20)諸々の徳は状況間で一貫していてかつ通時的に安定していなければならないので、ハーツホーンとメイの実験の証拠のように、両方の種類のものを同時に具体的に調べられる反復試行型の実験からの証拠がわれわれとしては本当は欲しいのである。註(15)をみよ。

(21)これは、何かしらある誘発状況において二度目の反特性行動をした場合、それは特性にかかわりのある〔行動を〕誘発する何であれそれとはべつの状況において一度反特性行動をした場合と同じ程度に、その人の特性の信頼性を減じるものだとみなすことである。

(22)もちろん、われわれはこの趣旨の適切な想定をいつでも加えることができるだろう。しかしそうだとすると、多くの厄介事を省いて単にその結論を即座に想定することもできるであろう。

(23)哲学的状況主義者たちにとって肝心な結論への論争的な筋道へは彼らの公式暫定結論を経由して進むという仕方で彼らは自分たちの主張を立証しようとしているようにみえるのだが、そのように進まねばならないということはまったくない。たとえばミラー（Miller 2009, 2010）は完璧なまでによい代替的戦略を提示している。援助行動にかんする単一試行実験についての啓発的な議論のなかで、実験記録は多くの人が状況間で一貫したある援助特性をもつことと実際には両立すると彼は論じている。しかし同時に、彼はこうも論じている。多くの場合で、状況間で一貫した援助特性は徳に必要な別の条件を満たせないため、そうしたある特性を備えた人のうち思い遣りの徳をもっている人はほとんどいない。（たとえば、そうした人の多くが性格的に援助するのは間違った理由からである。ただし、彼らが間違える理由は興味深いことに多岐にわたっている。）わたしは、本論文で彼の論証について論じることはしない。なぜなら彼は適用範囲にかんする批判をはっきりと認めているからである。

(24)状況的な影響の操作それ自体が、数的に異なる諸状況を類似したものとするものの一部となるということはどちらの類似性の場合にもまったくない、とはっきり説明しておくことは役に立つかもしれない。

(25)ここでもまた、そうした論証は、説得力のあるかたちでデータに基づいているとするに十分なまでその主張を弱めることと、しかし徳倫理学のもつある現実味のある教義と矛盾するに十分なまでにその主張を強めることのあいだでバランスをとらねばならないのである。

訳註

〔1〕「徳理論」と訳したものの原語は「theory of virtue」。いわゆる徳倫理学だけでなく、たとえば義務論の古典的代表格であるカントにも「徳論（Tugendlehre）」と題される議論があるため（『人倫の形而上学』第二部）、本章ではそれら伝統的な「徳論」と区別するために「徳理論」とした。

〔2〕本章でたびたび登場する「経験的に（empirically）」は、「経験科学の知見と照らし合わせて」の意味である。伝統的な徳倫理学と社会心理学などの経験科学の知見との整合性の批判的検討を主題とする本章のキータームの一つといえる。

〔3〕「通時的安定性（temporal stability）」は「経時的安定性」や「継時的安定性」などとも訳されることがある。また、「状況間一貫性（cross-situational consistency）」は「通状況的一貫性」などとも訳されることがある。

〔4〕この括弧書きの「（それゆえ）」は、第一の推論を経たことにしたということを示している。第一の推論によって得られる中間的な結論は「伝統的に定義されるような徳をほとんどの人はまったくもっていない」であるが、ここでは、正直さの徳に焦点が絞られているため、この中間的な結論を正直さに限定して言い換えたもの、すなわち「被験者のほとんどが正直さの徳を欠いており」が第一の推論の結果として表明されているのである。

〔5〕表現は多少異なるが、この主張は同書の四二頁（およびそれ以降）にみられる。

〔6〕「落とし物は拾い得（finders keepers）」とは、落とし物は拾った人の所有物になるという意味の諺。

〔7〕原著では書誌情報は記載されていないが、本文紹介順に代表的なものを挙げれば、それぞれ以下の論文ないし著作を指している。

Milgram, S. 1974 *Obedience to Authority*. (Harper and Row, New York).

Darley, J. M. and C. D. Batson 1973 "From Jerusalem to Jericho: A Study of Situational and Dispositional Variables In Helping Behavior," *Journal of Personality and Social Psychology* 27: 100-108.
Isen, A. M. and P. F. Levin 1972 "Effect of Feeling Good on Helping: Cookies and Kindness," *Journal of Personality and Social Psychology* 21: 384-388.
Latané, B. and J. M. Darley 1970 *The Unresponsive Bystander: Why Doesn't He Help?* (Appelton-Century Crofts, New York).

〔8〕「暴露的でない」と訳したものの原語は「nondebunking」である。ここでは、道徳のような「高尚」とされるものの正体を暴露してその価値を貶め無効化するものが暴露的な道徳理論であり、本節の最終段落ではそうした理論は道徳的ニヒリズムだとされる。反対に、暴露的ではない理論とは、道徳のもつ高尚な価値を貶めないかたちで議論する理論のことである。

第14章

徳倫理学の定義(*)

クリスティーン・スワントン

現代版の徳倫理学が道徳理論の分野に登場して以来ずっと、それが何であるかを定義すること、あるいは少なくとも明確化することが求められてきた。しかしながら徳倫理学や帰結主義のような道徳あるいは倫理理論の一種を定義することは、「独身者」を「結婚していない人」と定義することとは全く異なっている[1]。徳倫理学の本質を単純で明確な公式のかたちで抽出しようとすると、問題に答えるよりも多くの問題を生じさせてしまう。例えば、もしわれわれがよくやるように「徳倫理学」とは「性格が最も重要であるような道徳理論を意味する」と主張するならば、ただちに深刻な理論的問題が生じる。「道徳的」とは何を意味するのか、また徳倫理学はその観念抜きでやっていくべきではないのか(本書のチャペルの章を参照)。「最も重要である」とは何を意味しているのか。なぜ性格が中心的ではなく、最も重要であるのか。なぜ性格が最も重要あるいは中心であって、例えば規則や行為に適用された徳の概念が中心ではないのか。結局、定義を提供するという課題は難しく、複雑で、非常に議論の余地があるということが分かる。この課題に取り組むと、道徳あるいは倫理理論の非常に豊かで多様な一群のまさに中心に到達することになる。こうした複雑さのうち、すべてではないにせよいくつかは本章で明らかにされる。
「専門用語」の定義が恣意的、拘束的、あるいはたいして重要でないという事態に陥らないように、われわれははじめに徳倫理学の定義がどのような役割を果たすのかを問う必要がある。どのような定義が適切であるかは、〔その定義が果たす〕役割に応じて決まる。第一に、徳倫理学の定義は徳倫理学的理論の構造と基本的性質を解明すべきであり、それによって徳倫理学理論を主要な対抗理論から区別する興味深く重要な特質を提示するべきである。徳倫理学が現代において発展する中で、そのライバルとなるのは、通例、帰結主義と義務論であると考えられている（Baron *et al.* 1997; Hursthouse 1999, pp. 2, 7〔邦訳四～五、一一～一三頁〕）。徳倫理学の定義に対するこの重要な要求を満たすために、徳倫理学（virtue *ethics*）は徳理論（virtue *theory*）から区別されてきた（Driver 2001）。徳理論は、必ずしも徳倫理学の一種でなくてよく、それでも性格がもつさまざまな徳の性質にかんして説明を与えている。

　第二に、道徳理論の諸々の種類を定義することは、道徳思想において重要な伝統の主要な特徴を特定し明らかにする一つの方策である。例えば、徳倫理学の定義は、古代ギリシアのエウダイモニア主義の様々な理論を徳倫理学のすべての種類として同一視する傾向がある。しかしながら徳倫理学をただ一つの伝統と同一視する定義は、そうすることで、他の伝統も徳倫理学の用語で理解される資格が十分にあるという可能性を曖昧にするだろう。この種の狭い定義は、そういう理由で不適切かもしれない。例えば、最近のヒューム研究ではヒュームを徳倫理学の側へ組み込む動きがあるのだが（Cohon 2008a; J. Taylor 2006, p. 276; Swanton 2007a; Darwall 2003）、狭く定義すればヒュームの伝統は排除されるかもしれない。こうした動きは以下の理由で重要である。つまり、われわれはそうした動きによってヒュームの実質的な倫理学にかんしてこれまで広く行き渡った功利主義的読み方では意義がないと見なされ、目立ちさえしなかった、ヒュームの中にある道徳理論の特徴を理解できるようになるからである。儒教的および新儒教的な倫理学もまた徳倫理学的な様式でますます扱われるようになっている（Van Norden 2007; Ivanhoe 2000; Angle 2009; Slingerland 2011）。

徳倫理学をただ一つの伝統と同一視する定義はさらなる弱点を持っている。それは、一つの伝統の内にある徳倫理学と関連づけられた問題が徳倫理学一般の問題として捉えられてしまうということである。よく知られた一例として、徳倫理学は「自己中心的だという難詰」がある（以下の五〇九頁を参照）。

第三に、徳倫理学の定義によって特にわれわれはこれまで無視されてきたが現在復権されている理論の一種を概念化し、際立たせることができる。復権されるにつれ、まさに徳倫理学とは何であるかということについてより明確にする必要が生じてきた（Baron 2011）。つまり、徳倫理学の定義にかんする第一の役割の観点からすればもっともらしい要求である。このようにして理論家はまさに何が復権されたと主張されているのか、そして何が道徳の理論化に対して新奇であるばかりか革新的な貢献をしていると主張されているのかを理解することができる。

第四に、適切な定義によってわれわれは、倫理学について過度に単純化され、さらに戯画化されまでした考え方では見えなくなってしまった徳倫理学的考え方の中にある機微や微妙な差異を認識することができるようになるべきである。先に特定した徳倫理学の定義の第一の役割（つまり徳倫理学をそのおもな対抗理論から明確に、かつくっきりと区別する差し迫った必要性として解釈された役割）の結果として、徳倫理学にかんする過度に単純化された考え方が提起された。この単純化された考え方はストー（Stohr 2006）とハーストハウス（Hursthouse 1999）によって批判された類いのものである。そのような考え方は、徳倫理学が個人の徳としての正義、あるいは規則、要件、または責務を説明できないと含意しているかもしれない。（徳倫理学それ自体は、制度の優秀さ〔徳〕としての正義について、あるいはさらに他の制度的な優秀さ

〔徳〕について理論を提供することをその特質上意図しているわけではないことには注意してほしい。）適切な徳倫理学はこれらすべての特徴を理論的に満足のいく仕方で説明することができると私は信じているが、これらの興味深い論点についてはここで取り組むことができない。それでもなお、ある例を通して、徳に関連する言語に内在する機微のいくつかについて認識できるかもしれない。気前のよい行動の観念について考えてみよう。様々な状況で、気前のよい行動は様々な仕方で要求されていたり（なぜならその状況で気前がよくないことは無作法であるだろうから）、容認されているが要求されていなかったり（例えば、最高経営責任者が、重役会から寄付することに承認を得た社会的運動にビジネス上の寄付をすることなど）、禁止されていたり（最高経営責任者が気前のよい寄付をする権限を持っていないかもしれない）、立派であるが要求されていなかったり（例えば多大な慈善活動など）、容認されているがそれほど望ましくはなかったり（例えば、少し疑わしい社会的運動、あるいは当人が本当なら貢献できたはずの他の社会的運動より全然価値のない社会的運動に気前のよい寄付をするように）、といったことがあるかもしれない。気前のよさにかんするこれらの側面の間にある線引きは不鮮明であるかもしれず、価値のある徳倫理学理論は、不鮮明にさせている正体や根拠を解明するかもしれない。

第五に、徳倫理学の定義は、アリストテレスから現在までの徳倫理学の関心の幅広さを反映すべきである。ひょっとすると、現代の倫理学は正しい行為に過度に関心を持ちすぎているかもしれない（本書のチャペルの章を参照）。この論点は多くの現代徳倫理学者にとって非常に興味深いものであるとしても、しかし他の論点も徳倫理学者の著作にとって中心的なものである。例えば、ザグゼブスキ（Zagzebski 1996）も（アナス（Annas 2011）のように）徳と技術の本質に関心を向けている。ハーストハウス（Hursthouse 1999）は、感情、道徳的葛藤、徳倫理学的自然主義に関心を向けており、またスロート（Slote 2001）は徳、共感、正義の関係に関心を向けている。スワントン（Swanton 2003）は客観性、倫理学の過度な要求をするという性質（Swanton 2009も参照）、徳、普遍的な愛に関心を向けている。以上はこれらの理論家によって議論された重要な理論的問題点のうちのいくつかを列挙したにすぎない。これらの議論は（本書で）チャペルが現代の徳倫理学の歴史における「革命的な」転換と表現したものを適用していると捉えられることができ、そしてそれ自体としては中心的な論点へのかなり独特のアプローチである（以下、四八四頁を参照）。とりわけアンスコムとフットの一九五〇年代の論文で革命的だった議論（本書のチャペル〔の章〕を参照）は道徳の理論化に対して新しい枠組みを切り開いていた。倫理学の偏好性や不偏性、倫理学の過度な要求をする性質など、様々な論点に対する新しいアプローチの中で、この枠組みを発展させ展開するという困難な仕事はまだ成し遂げられていない。この課題は現在進行中なのである。それゆえ、徳倫理学を、正しい行為を規定しようとする試みの一つとして狭く定義することは間違いである。私の定義はこの関心の幅広さを反映するものとなるだろう。

ダニエル・ラッセル（Russell 2009, p. 66）によって提供された、徳倫理学の定義に対する他の妥当な候補は、適切な定義にかんするこの第五の切実な要求を満たすことに失敗している。

> 徳倫理学は、(a) 徳が正しい行為にかんする公式から切り離されて理解されうるという意味で、正しい行為よりも徳の観念を優先し、(b) 正しい行為は徳にかんする説明から切り離されては十全に理解されえないと考える。

例えば、ニーチェを徳倫理学者の部類に含もうとする主張があるが、メイ（May 1999）が議論しているように、ニーチェとしては「倫理的評価の正しい単位」（p. 113）としての一つの行為という考えをまさに拒絶しただろう。これは単に、一つの行為が正しいかどうかを決定する公式がないということではない。むしろ、倫理的評価は「『生きた人生』を長期的に見て幅広い視点から判断されるべきである」（p. 113）。

最後に徳倫理学の定義の役割は、理論と応用倫理学の問題解決に独特の貢献をするような理論のための余地を示すことである。たぶんこれは、徳倫理学の定義のうち最も重要な役割である。実際、デイヴィッド・ソロモン（Solomon 2003, pp. 68-69）は真正の「急進的な」徳倫理学の独特かつ重要な貢献を十個も列挙している。「独特な貢献」という要求は、道徳理論における主要な問題にかんして、他とは異なる独特なまとまりとしての徳倫理学理論が存在するという要求だと解釈されるべきではない（Hursthouse 1999, p. 7〔邦訳一一〜一三頁〕）。ちょうど様々な徳倫理学者が徳の観念と徳を中心とした様々な見解を提示しているように、むしろ独特な貢献にかんしては論より証拠である。応用倫理学の領域では、非常に特徴ある仕事が、特にハーストハウス（Hursthouse 1991, 2006c, 2007a）によって、すでになされている。スロート（Slote 2001）は「感情説支持者（sentimentalist）」の徳倫理学を、ケア、善意、正義にかんする論点に適用した。（倫理学の過大な要求に対する徳倫理学的アプローチについてはSwanton 2009、客観性に対する徳倫理学的アプローチについてはSwanton 2003と2012。そしてアリストテレスの倫理学における客観性についてはChappell 2005も参照。）

徳倫理学にかんする概念と考え方

広く支持されうるような徳倫理学の定義が必要とされているにもかかわらず、何が徳倫理学の構成要素となるのかは論争の対象となっている。重要な概念を定義し理論の種類を規定することにかかわる解決困難な論争への一つのアプローチは、次の区別を設けることであった。つまり「核心的概念（a core concept）」とその核心的概念によって特定された現象にかんする「諸々の対抗関係にある考え方（rival conceptions）」の区別である。このアプローチに着想を与えてくれる人物であるジョン・ロールズは、この区別を正義に適用している。彼の主張によれば、正義にかんして対抗関係にある「考え方」は正義の概念にかんする諸々の解釈である。この考え方の中にある「共通の要素」とは、基本的権利と義務を割り当てるルールを決定する際に多様な考え方によって担われる役割のことであり、かつ社会生活の利点に対して競合した主張を適切にかつ恣意的でない仕方で折り合いをつけることである（〔Rawls〕1971, p. 5〔邦訳四〜五頁（一九七九年版）、邦訳八頁（二〇一〇年版）〕）。次のような問いが生じている。徳倫理学には、例えばヒューム的、儒教的、アリストテレス的、そしてニーチェ的な諸々の考え方が存在すると想定するならば、それらが徳倫理学のただ一つの核心的概念に従う限り、それらはすべて徳倫理学理論であるとわれわれは言うことができるだろうか。不運なことに、徳倫理学の定義を与えるという課題を複雑にしている原因は、徳倫理学にかんして対抗関係にある核心的概念が推定上複数あるという事実である。しかしながら、道徳理論のこの分野を定義する企てに対して、全く途方に暮れた状態にあるわけではない。ある概念は他の概念より優れていると議論することはできるし、これが本章で私が採用する戦略である。

たぶん、徳倫理学について異論のない核心的概念を提供するただ一つの見本がある。アリストテレスがその見本を提供していると広く考えられている。しかしながら、ヒュームを徳倫理学者として解釈するヒューム主義者にとってはヒュームが徳倫理学者の見本を提供するかもしれないし、ニーチェを徳倫理学者として解釈するニーチェ主義者にとってはニーチェがその見本であるかもしれない。それにもかかわらず、アリストテレスこそが弱い意味での見本を提供している。つまり、徳倫理学の分野からアリストテレスを完全に排除することを含意する徳倫理学の定義はどれも致命的な欠陥があるということである。[1]

本章で私は徳倫理学の三つの核心的概念について議論する。第一の核心的概念は徳倫理学をある伝統の観点から定義し、第二の概念は徳倫理学を行為者の中心性の観点から定義し、第三の概念は徳倫理学をある種の概念の中心性の観点から定義している。これらはすべて、徳理論に対立するものとして、徳倫理学の定義を提供していると解釈されている。私は、第三のものが徳倫理学の定義を与えるべき概念であると結論付ける。この概念は最も広く、徳倫理学の形態として、他の二つの概念に適合しているすべての理論を含んでいる。

概念(1)——エウダイモニア主義の徳倫理学

徳倫理学の第一の核心的概念は、ある伝統の観点、つまりギリシア語のエ、ウ、ダ、イ、モ、ニ、ア、「幸福(happiness)」、「よい状態(well-being)」、「開花(flourishing)」に由来するエウダイモニア主義の観点で徳倫理学を定義している。エウダイモニア主義の徳倫理学は、古代と現代に下位の類をもつ徳倫理学の一つの類と私が呼んだものである(Swanton 2003)。定義上、それは唯一の類と見なされるべきなのか。最近では、エウダイモニア主義の徳倫理学の観点から徳倫理学を明確に定義すること(Oakley 1996)はあまりなされなくなったかもしれないが、それはいまでも有力な理論的枠組みである。さらに、以下のようなとても普及した憶説が残っている。それは、正しい行為にかんする新アリストテレス主義の考え方がま、さ、に、正しい行為にかんする徳倫理学の説明であり、それどころか徳倫理学を定義するものである、という憶説である。[2]

典型的に解釈された徳倫理学の概念(1)には三つの側面がある。

(a) ある特性が徳であるための必要条件は、その徳を保持している人の開花(eudaimonia)にその特性が少なくとも部分的に貢献している、あるいはその開花を構成している、ということである。[3]

(b) 思慮は性格の卓越性にとって必要である。

(c) 徳倫理学における基本的な「薄い」[2]概念は卓越性(excellence)である。

私はこれらの主張をそれぞれ順番に考察し、たとえそれらが真だとしても、どれも徳倫理学を定義するもの、あるいは部分的に定義するものと見なされるべきではないと論じる。一般的にエウダイモニア主義者は(b)と(c)という考えを持っているけれども、私は、エウダイモニア主義でない人が必ず(b)と(c)を拒絶するだろうと示唆しているわけではないことに注意してほしい。

エウダイモニア主義(A)のもつ諸々の側面——エウダイモニア主義的な徳の考え方

エウダイモニア主義は、徳があなたを人間としてよくするし、かつあなたにとって特質上よいものであるという〔二つの〕考えを結びつける試みだと特徴付けられる。実際、もし徳だと思われたものがあなたにとって特質上よいものでないならば、それは真正な徳ではない(Hursthouse 1999)。標準的に解釈されたエウダイモニア主義の徳倫理学の核心には次の主張が存在する。

(a_1) 徳は人間の卓越した性格特性である。

しかしながら(a_1)でさえも分かりきったことではないし、徳倫理学の本質的教義として考えられるべきではない。後で見るように、徳倫理学の基本となる薄い概念として、卓越性よりも立派さを好んでいる人もいる。この論点は脇においておくと、卓越性がどのようなものとして理解されるべきかを考察するときに直面する諸々の問題にわれわれは気付く。標準的なアリストテレス主義的徳倫理学では(a_1)は以下のように展開される。

(a_2)　（他のもののなかでもとりわけ）徳は人間を人間としてよく（人としてよく）する。

(a_2)はしばしば徳倫理学にとって中心的であると考えられているけれども、本質的な特徴として考えられるべきではない。というのも(a_1)を他に展開することは可能だからである。人間の卓越性として理解された徳は、弁護士としてのよさのような役割の徳でありうるというのは事実であるかもしれないが、弁護士としてよくあることは、人間としての人のよさを台無しにすると考えられるかもしれない。この場合、(a_2)は問題であるだろう。実際、ニーチェは(a_2)に反対していると考えられるかもしれない。彼の考えでは、ある特定の人間にとって最善の生活は情熱的な芸術家としての生活であるというのは事実であるかもしれないが、そのような生活は、（芸術家としてよいかもしれないが）人間としてよい生活であるとは考えられないかもしれない。こうした可能性があるにもかかわらず、(a_2)は以下の前提に立てばまだ真であるかもしれない。

(a_3)　人間として人をよくする徳は、例えば役割や他の要因に応じて「分化する」かもしれず、これらの徳は人としてのよさと両立可能である。

(a_3)が仮定された場合、（例えば）気前のよさのような徳がどのように現れるかは、われわれが友人の場合の気前のよさについて語っているのか、企業の重役という役割の中で行動している場合の気前のよさについて語っているのか、あるいはまた別の場合について語っているのかに応じて異なるだろう。基本的形態（気前のよさそれ自体）とおそらく呼ばれるものの中で特定された徳は、あまりにも高度な抽象のレベルで記述されているため、それらが様々な種類の生活の中でどのような特徴を持つのかについて十全な理解を提供することができない。徳は、例えば、ある人の文化的位置、ある人の役割、人生の局面、そしてニーチェにとって例えば「群衆」の形態や「高次の」形態など、ある人の形態に応じて「分化する」のかもしれない。もし分化した徳が、その徳の基本的形態によって制約され、その結果、例えば、被告の弁護人が熱意ある弁護をするとき「過度な熱情」（忠実さや他の基本的徳の要求を侵害するかもしれない過剰な形態（Dare 2004））と呼ばれる形態を取りえないならば、そのとき(a₂)は真であるかもしれない。

徳倫理学の核心的概念としてのエウダイモニア主義を議論するために、これらの論点にこれ以上かかわらずに、(a₂)が真であると仮定しよう。さてエウダイモニア主義者は(a₂)だけでなく、さらにより論争の余地がある〔次の〕論点に同意している。

(a₄)　徳は（少なくとも特質上、すなわち不運に見舞われないならば）その所有者にとって必然的によい。

エウダイモニア主義者は(a₁)を展開して(a₂)と(a₄)の両方を肯定するようだが、(a₂)だけを肯定するのに反して）(a₄)を肯定するのはさらに独特な仕方で移行しており、徳倫理学の本質的特徴としてみなされるべきではない。ヒュームとニーチェ両者の中で、(a₄)という特徴は多くの徳において顕著であるが、決してすべての徳において本質的ではない。私の解釈では、ニーチェにとって、自分自身の人生を肯定することはある種の命令だけれども、特質上その行為者にとってよいということは、必ずしも多くの、あるいはほとんどの徳の核心ではない、あるいは必要条件でさえない。むしろ、「高次の人間」が発達あるいは開花するのを許容する風潮を促進することによって文化を凡庸さから救うことが、たとえ間接的に追求されるべきだとしても、ニーチェにとって主要な目的である。ヒュームにとって事態はより明確である。重要な徳は、それが当人にとって有益だからか、あるいは快いから徳であるかもしれないが、他の特性を重要な徳にするものは、それらが他者にとって有益である、あるいは快いということである（本書のP・ラッセル〔の章を参照〕）。

エウダイモニアや自然な善さのような概念を介して(a_1)と(a_4)の結びつきを作り出すことはエウダイモニア主義の徳倫理学においていまなお続く魅力的な問題である（Foot 2001; Hursthouse 1999; Annas 2005）。その結びつきが概念的だとおそらく考えられているところで、幸福にかんしてある考え方——中世の徳理論では至福（beatitude）（Wetzel 1992; 本書のポーター〔の章も参照〕）、ストア派の思想ではエウダイモニア——がまさに存在するかもしれない。ここで至福／エウダイモニアは定義上、不運という偶然の出来事や外在的な善の欠如に影響を受けないとみなされており、徳だけが唯一この影響を受けないという特性を保持していると見られている。いずれにせよ、(a_1)と(a_4)の結びつきを作り上げることができるにせよ、この課題を遂行する枠組みは徳倫理学を定義するものだと見られるべきではない。

エウダイモニア主義(B)のもつ諸々の側面——「堅固な（hard）」徳倫理学と「柔軟な（soft）」徳倫理学

さて議論されるべきエウダイモニア主義の伝統の第二の特徴を検討しよう。つまり思慮は徳にとって必要であるという主張である。この見解を支持する場合、それは徳倫理学を部分的に定義するものとしてみなされるべきであろうか。まず、この主張を議論してみよう。ラッセル（D. Russell 2009）によれば、彼が「堅固な」徳倫理学と「柔軟な」徳倫理学と呼んだものには重要な区別が存在する。堅固な徳倫理学では、フロネーシス（思慮）がすべての徳の本質的部分である。柔軟な徳倫理学はこれを否定している。さらにより強い立場――これをわれわれは超柔軟な徳倫理学と呼ぶことができるかもしれない――は、思慮がいかなる徳の本質的部分でもないと主張する。スロート（Slote 2001）の「行為者基礎的」徳倫理学（以下の四九八頁と本書のファン・セイル〔の章〕を参照）はこのタイプに属している。立派な動機あるいはよい動機が徳にとって本質的であり、思慮は本質的ではない。

徳倫理学を定義するものとして堅固な徳倫理学を理解すると、徳倫理学のこれまでの実質的な歴史が、徳にかんするなじみ深い説明それ自体と共に、徳倫理学それ自体を定義するものだとしてしまうだろう。定義する際にそのように移行してしまうことは、あまり頻繁でなくなっていると私は信じている。それにもかかわらず、思慮は徳そして倫理学にとって一般に中心的であるという信念は、徳倫理学特有の特徴であると通常みなされているので、堅固な徳倫理学と柔軟な徳倫理学の区別を明確にすることは重要である。そして様々な徳の部分としての知（wisdom）の本性は、実際、魅力的な論点である。様々な文脈で任意の徳に対してまさにどの程度の思慮が、そしてどのような思慮が適切であるか、ということについて、徳の違いに応じて様々な要求が生じる可能性がある。正義、とりわけ裁判官という役割を担って行動している裁判官の徳としての正義は、とても高度な知、そしてある種類の知を必要としている。つまり、おそらく過度な自由裁量や道徳的見解の押しつけに関与しない知である。対照的に、ニーチェが主張するように、才能のある人々が持つ有徳な独創性は、試みるという特徴と「賢くなく」そして「利口ではなく」生きるという特徴を持っている。「真の哲学者は非哲学的に、賢くなく、とりわけ利口ではなく生き、そして生の何百という試みや誘惑につきまとう重荷と義務を担う――彼はたえず自らを賭する」（Nietzsche 1973, §205, p. 132〔邦訳一九一頁〕)。明らかにニーチェはここで、創造的な徳が愚かさや放縦で軽薄な無鉄砲さと両立可能であると言っているわけではない。「賢くなく」は用心深く打算なという意味での「賢い」と対比されており、より深い意味、例えば「自分自身に誠実である」という意味での「賢い」と対比されているわけではない。ある種の無分別は、重責を担っている人の場合には望ましくないが、非常に創造的な人の顕著な特徴だと思われている。この事実を認めることによって人は柔軟な徳倫理学者になるわけではないが、他の人より「堅固な」徳倫理学者もいれば、そうでない人もおそらくいる。

エウダイモニア主義(C)のもつ諸々の側面——卓越性あるいは立派さ?

徳倫理学を定義づけているとおそらく考えられるエウダイモニア主義の伝統の第三の側面とは、卓越性が徳倫理学の根源的な薄い概念であるという見解である。この見解はエウダイモニア主義に限定されているわけではない。むしろ、ロバート・ソロモン(Solomon 2003)によるニーチェの徳倫理学的解釈において前提されている。

卓越性と立派さ(admirability)という、徳倫理学の基本的で薄い規範的概念に対する候補者両方がどのようにして緊張関係に入りうるかを見てみよう。われわれが見てきたように、アリストテレス主義の正統派の見解では、個人の特性が徳であるための必要条件とは、その人が、少なくとも十分な程度まで思慮を所有しているということである。メンシアスとスロート(Slote 2007)によって示唆されたモデル——柔軟な徳倫理学の一形態——によれば、徳とは十全に発達した感情と動機の傾向性のことであり、それは例えば、十全に発達した共感の心を持っていることである。十全に発達した思慮は、行為者に対してある種無関心であることや、それどころか冷淡さや無情さも求めるかもしれず(特にもし彼が、例えば、古代ローマの将軍であるならば、あるいはそれどころか現代で勤務医として長時間働いている医者であるならばそうであろう）、こうした傾向性はそのような十全に発達した思慮と緊張関係にあるかもしれない。

このような見解は、以下の前提において立派さと卓越性の間にある緊張関係を示しているだろう。

(1) 真に立派であることを特徴づけるのは思慮というよりも共感である。

(2) たとえ十全に発達した共感の心が立派だとしても、その所有者は思慮や慣例、しきたり、あるいは慣行の知識を欠いているかもしれないので、その心は卓越した傾向性ではおそらくありえない。

(3) ある特性が徳であるための十分条件とはそれが立派であることである。

立派さと卓越性の間に緊張関係をもたらす要因がもう一つある。私〔スワントン〕のような人間にとって、ある特性が徳であるための十分条件とは、それが、例えば成し遂げるにはあまりにも「些細で」あるいは簡単でありすぎるゆえに立派でないとしても卓越していることである。しかしながら他の人々にとって、ある特性が徳であるための必要条件とは、それが立派であることであり、これは「取るに足らない徳」を除外している。例えばハント（Hunt 1997, p. 19）は「快活さと上品さはある人を魅力的な人にするが、しかしそれ自体では立派な人にはしない」と主張している。ハントによれば、性格特性の観念は、ある人が立派な人であるかどうかに関連した要因と概念的に結びついているので、快活さや上品さは、徳として除外されることは言うまでもなく、性格特性としても除外されている。立派さと卓越性という薄い概念が徳に適用された場合に両者の間に違いがある以上、立派さよりも卓越性（あるいはその逆）の観点から徳倫理学を定義することは、実質的な論点を覆い隠してしまう恣意的な決定の一形態であろう。

概念(2)——行為者中心の徳倫理学

徳倫理学の第二の概念によれば、(一般に徳の観念とは対照的に)行為者が道徳の理論化にとってなんらかの仕方で中心的である。本節では、どのように徳倫理学が(定義上)行為者中心だとしばしば理解されるのか説明することに専念する。最後の節で私は、徳倫理学のより幅広い概念——ここで徳倫理学は徳の観念を中心にしているものとして捉えられている——が定義を目指すにあたって優れているということを示す。

徳倫理学は、われわれが何をしているのかということではなく、われわれは誰であるのかに関心があるとしばしば考えられている(Rachels 2003)。しかしアンスコムの見解、つまり徳倫理学の復権において先導役を果たしたと広く信じられている見解は、徳の用語を性格あるいは動機というよりも行為に適用することにかかわりをもつ。彼女が言うには、「もし『道徳的に間違っている』というかわりに、『不誠実な』、『不貞な』、『不正な』のような部類の表現をつねに述べるならば、大きな改善であろう」(1958, p. 10)。さらに、多くの人々は徳倫理学が行為の手引きを提供したり(Louden 1984, p. 229)、道徳的要件(もっとも彼らはその考えのある種の形而上学的考え方を拒絶するだろうが[Anscombe 1958])を説明したりすることに対して道具立てがよく備わっていない、という見解を批判している(例えば、Hursthouse 1999; D. Solomon 1997)。それにもかかわらず、徳倫理学がなんらかの意味で行為者中心的であるという基本的な考えが徳倫理学を定義しているとしばしば考えられている(Annas 1993)。

「行為者中心的」という語の理解には、主要な次元で二つの違いがある。

(a) 徳倫理学は、そこで性格特性が複雑な傾向性として捉えられているような性格中心であると考えられるか、あるいはつねに傾向性ではないかもしれないが、性格、とりわけ動機、感情、あるいは意図を構成する、あるいは形成するのを手助けするような行為者の内的状態を中心にしていると考えられるかもしれない。

ワトソン(Watson [1997] 1990)の言う「性格の優位」というテーゼによって示唆されているように、徳倫理学が定義上、性格中心であると信じている人々がいる。ワトソンにとって「徳の倫理学とは、……行為の評価は性格の評価から引き出すことができるという一般的主張である」(p. 58)。しかしながら、ガルシア(Garcia 1990)とスロート(Slote 2001)は両者とも行為者中心の見解を保持しているけれども、性格の優位という主張を拒絶している。ガルシア(Garcia 1990)の主張では、「私は性格の評価が道徳的思考において概念的に基本でありうるということを疑っている。なぜなら有徳である、あるいは悪徳を備えているという性格の評価が行為の評価より基本でありうるということを私は疑っているからである」(p. 82)。しかしガルシアの見解は行為者中心である。なぜなら基本となるのは、行為の評価(例えば、善意のあるという評価)であり、「行為は、もしそれがある意図からなされているという場合のみ、善意あるものとなるからである」(p. 82)。

ザグゼブスキの「模範主義的(exemplarist)」徳倫理学(2004, p. 39)も、性格それ自体というよりも、徳の基本的構成要素(動機づけ)が「根源的」であるような理論である。彼女は、よい感情の観点からよい動機の自然主義的説明を与えているので(p. 39)、彼女の見解では感情が根源的だということになる。

行為者中心の徳倫理学は主要な次元で〔次のような〕第二の違いがある。

(b) 行為者中心の徳倫理学が性格中心であれ、動機・意図・感情中心であれ、行為者中心という考えは強い仕方、あるいは弱い仕方で解釈されうる。

(b_1) 強い行為者中心性。例えば「正しい」、あるいは「要求されている」などの行為の評価は、性格、動機、あるいは意図の評価から完全に引き出すことができ、そこで次にこれらの特徴は、徳に完全には還元できないさらなる特徴（例えば価値あるいは開花のようなもの）に訴えることなしに、卓越しているとか立派であると評価される。

(b_2) 弱い行為者中心性。例えば「正しい」あるいは「要求されている」などの行為の評価は、性格、動機、あるいは意図の評価から完全に引き出すことができ、そこで次にこれらの特徴は、徳に完全に還元できるわけではないが徳から完全に独立しているわけでもないさらなる特徴（例えば価値あるいは開花のようなもの）に訴えることによって、卓越しているとか立派であると評価される。

重要なのは、弱い行為者中心の徳倫理学を徳倫理学の一種ではない徳理論の種類から区別することである。もし徳の本性にかんする理論が次のことを想定しているならば、この結果として生じる徳理論は徳倫理学ではなく、（ハーカ（Hurka 2001）にあるように）価値論（価値中心の理論）の一種であろう。つまりある特性は、もしそれが価値に対する適切な反応の傾向性であるならば徳であるとし、ここで価値の本性それ自体は徳から完全に独立していると理解されているという想定である。一般に徳倫理学で拒絶されているのは、徳からは完全に独立した価値あるいは善として理解された、快楽のようないわゆる価値や善の一覧表を作る「善の一覧表理論」である。

価値があるとか善であるということは徳の概念から引き出すことができるという主張と、価値があるとか善であるということは徳の概念から完全に独立していないという弱い主張の違いを次のような仕方でわれわれは説明してもよいかもしれない。善あるいは悪としての快楽と失敗の地位の違いを考えてみよう。アリストテレスにとって、失敗とは異なり、快楽はある意味で善である。つまり、失敗とは異なり、快楽は人間によって追求するにふさわしいものである。しかしながら、人間が不道徳な快楽を追求することは適切ではないので、快楽それ自体が「条件抜きに」善いわけではない（アリストテレス『ニコマコス倫理学』第十巻第五、六章）。条件抜きに善いものとしての快楽の地位は徳の概念から完全に引き出すことができるわけではないけれども、その地位は徳の概念から完全に独立しているわけでもない。同様の理由で、失敗は、人間が追求するにふさわしくないものなので、ある意味、「悪」として捉えられうる。それは避けられるべきものである。しかしながら、失敗は怠惰、軽率さ、あるいは他の悪徳がなくても生じるかもしれず、有徳な行為者なら威厳に満ちて、不平を言わず、気高く耐えるかもしれないので、条件抜きに悪いわけではない[4]。悪徳に結びついておらず気高く耐えられた失敗はなんらかの有徳な（徳に関連した）価値を持っている。この時、以下の二つの選択肢のみが存在するというのは真実ではありえない。つまり快楽の価値は徳から完全に引き出すことができるか、あるいは快楽の価値は徳から完全に独立している、という二つである。もし選択肢がこの二つしかないならば、われわれは適度な快楽の有徳な価値と気高く耐えられた失敗の有徳な価値とを区別できなかっただろう。

　同様の点は次のような形態の徳倫理学にも言える。つまり徳あるいは悪徳としての特性の地位が、価値一般ではなく、人間あるいは行為者の開花と結びついていることによって決定されるような徳倫理学である。現代の考えでは（十分な）徳を持たずして開花することは不可能だと理解するのは難しいかもしれないとしても（Hooker 1996）、エウダイモニア主義者にとって開花は徳から完全に独立しているとは理解されていない。

強い行為者中心の徳倫理学と弱い行為者中心の徳倫理学は両方とも既存の研究文献でしっかりと描き出されている。強い行為者中心性の一種は、スロートの「行為者に基礎を置いた」徳倫理学である（Slote 1996, 1997, 2001）（本書のファン・セイル〔の章〕を参照）。例えばスロートは正しさ（あるいは不正）を、評価される行為を行っている行為者の動機の観点から理解している。

(V_1) 悪い行為は、「行為者が他者に対して十全に発達した共感的関心（あるいは配慮）を」持っていないことを反映している、示している、あるいは表している行為である（Slote 2007, p. 31）。

弱い行為者中心の徳倫理学はハーストハウスの徳倫理学である。例えば彼女の説明では、

(V_2) 「行為は、もし有徳な行為者が当該状況にあるならなすであろう、有徳な人らしい（つまり、その人柄にふさわしい）行為である時、またその場合に限り、正しい」（1999, p. 28〔邦訳四二頁〕）。

ある人を有徳な行為者にするものは、その人が「徳を持っており、そして行使しており、」かつその徳はある行為者が開花にとって必要とするものであるということである（p. 29〔邦訳四三頁〕）。ハーストハウスにとって、行為者を開花させるものは、徳から完全には引き出すことができない。

概念(3)——徳の観念を中心にした徳倫理学

徳倫理学の第三の概念によれば、徳倫理学は必ずしも強い意味でも弱い意味でも行為者中心ではなく、むしろ一般に徳の観念を中心としている。徳の観念は、行為者の性格、動機、あるいは意図の傾向性とは別の特徴に適用してもよい。徳の観念は、行為（例えば「気前のよい」とか「正しい」など）やハーストハウス（Hursthouse 1999）が「V規則」と呼んだもの（「親切であれ」、「正しくあれ」、「冷淡であるな」のようなもの）に適用される「濃密な」徳の概念を含んでいる。徳倫理学の概念(3)は、徳倫理学のうち行為者中心的な種類も行為者中心的でない種類も両方含んでいるので、概念(2)よりも包括的である。

徳の観念は徳の目標あるいは目的、例えば正義あるいは親切という徳の目標も含んでいる。徳の目標は行為している際に行為者の実践上の成功を規定する。徳倫理学の概念(3)では、成功の規準が行為者の性格、動機、あるいは意図の質に還元できる必要はない。またその規準は行為の帰結に還元されえない。尊重の徳の目標（適切な礼儀作法や儀礼への尊重など）に成功裏に到達することは、意図あるいは動機の質によって、もしくは帰結によって決定されない（あるいは完全には決定されない）。また愛あるいは友好の徳には重要な目標として愛着、愛情、サポートを適切に表現することが含まれるだろう。よく動機づけられた愛に基づくふるまいはその表現が不適切であることによってその目標に到達し損なうかもしれない。鑑定家の徳にはその目標として適切に識別することが含まれるだろう。このようにして個々の徳の目標は、その徳の主眼点や役割に応じて異なるだろう。

徳倫理学にかんする徳観念中心の考え方は正しい行為にかんして行為者中心でない考え方のいくつかを考慮に入れている。これらは以下を含んでいる。

(V_3)　ある行為は、もしそれが徳の規則（例えば「親切であれ」など）に従っているならば、そしてその場合のみ正しい。ただしここで、徳の規則に従っていることは、有徳な行為者の選択の観点から理解されてはいない。

この説明では、濃密な徳概念は自然には「決まった型を持たない（shapeless）」が（Little, 2000, p. 279）「結果として生じるもの（resultance）」は記述可能であるという基盤に部分的には基づいているがゆえに、適切な仕方で行為に適用できる。濃密な徳概念は、それに基づいてある行為が例えば親切であると適切に記述されるような特徴である（Dancy 1993）。どのような類いの行為が親切であると適切にみなされうるのかは親切の評価的特徴を反省することによって確かめられる（Williams 1995a, p. 206）。行為に適用される徳概念の結果という記述可能な基盤があるために、有徳な行為者の選択にもかかわらず、ある行為にある徳の用語を適用することはできないのである。もしある行為がとても悪くしつけられた生徒を意図的に泣かせるような校長の行為であるならば、たとえその行為が（その生徒自身の善のために）善意を持って動機づけられているとしても、その行為が親切だと呼ばれるのはありえないだろう(5)。ある行為が（たとえ有徳な行為者によって選ばれた行為であっても）正義の規則を侵害するならば正義にかなっていると呼ばれるのはありえないだろう。ある行為が嘘であっても正直であると呼ばれるのは、たとえそこでその嘘が求められているかもしれないとしても、不可能であるだろう。

正しい行為を行為者中心的ではなく徳観念中心に捉える考え方にはもう一つの選択肢がある。それは正しい行為にかんする目標中心の説明と呼ばれうるものである（Swanton 2003; 本書のファン・セイル〔の章〕を参照）。ここで行為の正しさを決定するのは、有徳な、よく動機づけられた、あるいはよい意図を持った行為者がするかもしれないこと、あるいは選択するかもしれないことではなく、関連する徳の目標に達することにその行為が成功していることである。こうした正しい行為の理解は、私見ではアリストテレスの妥当な解釈から示唆を得ている。

　アリストテレス（『ニコマコス倫理学』第六巻第二章一一三九a一六〜一一三九b一二、Aristotle 1976を参照）によれば、実践的知性（practical intellect）の目的は「実践的真理」に到達することである。

> 真理に到達することは、実際、いかなる点でも知性の役割であるが、実践的知性の役割は正しい欲求に対応した真理に到達することである。

実践的知性が適切に働くためには徳を必要としており、アリストテレスが主張するように、「徳は中庸に的中することを目指している」（第二巻第六章一一〇六b一六〜二四）。中庸に的中することは徳の（高度に抽象的に特定された、しかし多次元の）目標であり、有徳な行為者はその目標に的中することを目指している。この解釈では、実践的な事柄における真理（中庸に的中すること——徳の目標）は思慮の一般的な目的である。有徳な人々は、「個別的な倫理上の問いについて真理を実際に形成する（あるいは「構成する」）という意味で」実践的真理を決定しているわけではない（Broadie 2007, p. 120）(6)。

　確かにアリストテレスは、「徳は、中庸に位置し……思慮ある人が中庸を決定するのに用いるものによって決定されている、目的を持った傾向性である」と主張している（第二巻第六章一一〇七a一〜二）。アリストテレスにとって、中庸を決定するのに使われるのは、ほとんどの状況を律する普遍的原理が欠如しているとすると、そして中庸に的中することが非常に複雑であることからすると、実際、典型的な事例では、まさに（あるいは、ある）有徳な人の知、あるいは推論である（というのも、アリストテレスが主張するように、それに的中し損なうことには多くの仕方があるからである。つまり間違ったときに、間違った仕方で、間違った理由のために、過度にあるいは不足して、間違った人々にかんして、間違った手段あるいは道具を用いて、などによって行為することである：例えば、第二巻第六章一一〇六b二〇～二三）。有徳な人はアリストテレスにとって正統な権威のある人物である。というのも、その人物は特質上、（規則よりも）思慮を、正しいことを行う、あるいは判断するために用いるからである。最後に、以下のような主張は目標中心的説明と両立している。つまり（単なる正しさとは対照的に）行為における卓越性は、有徳な行為者が行うようなやり方で行為は行われるべきであるということを要求しているという主張である（Aristotle 1976, 第二巻第四章）。

この種の立場は、正しい行為にかんして次のような徳の観念中心の規準を示唆している。ここで「正しい」とは文脈に応じて、推奨されている、要求されている、あるいは許可されうる行為をさしているとしてもよい。

(V_4) 正しい行為は、関連する徳の目標に的中する行為、あるいは少なくとも、十分に成功した行為である。ただし「目標に的中する」あるいは「十分に成功する」という意味は、中庸にかんする十分にたくさんの、文脈的に関連した要素（例えば正しい理由、正しい程度、正しい方式）に関係しており、そしてこれらの要素が合わさって関連する徳の目標を構成する。

徳の観念中心の徳倫理学のうち、強い形態と弱い形態の間には、上記で引いた区別に類似した区別がある。(V_4)は、もし徳の目標が徳の観念に完全には還元できないさらなる特徴に訴えることなしに（真正の徳の真正の目標として）評価されるならば、徳観念の強い中心性の一形態であるだろう。(V_4) の弱い徳観念中心の説では、あるものを徳の目標とするもの（例えば、その徳にとって適切な感情は当該の世界にとって適している、あるいは適切であるということ）は徳の観念に完全には還元できないがその観念から完全に独立しているわけではないさらなる特徴に訴えることによって評価される[7]。

徳の観念を中心とする倫理学では、徳の観念にかんする複数の種類が中心であるかもしれないので（例えば、諸々の徳の行為、性格、あるいは目標に適用された徳の観念など）、これらの観念がどのようにお互いに関係しうるかに応じて複雑さと差異が存在する。ある人は徳観念中心の理論の種類を、「第一の評価的焦点（primary evaluative focal point）」というケイガン（Kagan 2000）の考えの観点から区別するかもしれない。第一の評価的焦点とは、行為あるいは規則のような特徴であり、その特徴は、理論の正当化の究極的源泉が評価されるような特質の観点から、直接的に評価される。第一の評価的焦点という考えは、規則帰結主義（例えば帰結あるいは性格）であるような特質の観点から、そしてそれに関連して他の（第二次的な）特徴を用いてケイガンによって説明されている。ここで規則は、理論の正当化の究極的源泉、すなわち帰結の善さと悪さであるような特質の観点から直接的に評価される限り、その規則は第一の評価的焦点である。行為は規則の観点から間接的に評価され、それゆえ第一の評価的焦点ではない。

徳倫理学は、ただ一つの第一の評価的焦点（すなわち行為者の性格など行為者中心の特質）を持っていると通例考えられている。またこの焦点は行為者が開花するために必要とされている特質に訴えることで直接的に評価され、行為は第一の評価的焦点の観点から間接的に評価されるとも通例考えられている (V_2) にあるように）。(V_1) では対照的に、行為は理論の正当化の究極的源泉（動機の立派さ）の観点から直接的に評価される。一般的に徳の観念が中心であるような徳倫理学の考え方では、私が以下（五〇四～五〇五頁）で説明するように、行為が第一の評価的焦点であることが可能であるか、あるいは第一の評価的焦点が全く存在しないことが可能である。もしわれわれが、正当化の中心的源泉ではなく究極的源泉であるような特質が存在するという想定を拒絶するならば、さらなる複雑さが生じる。弱い意味で行為者あるいは徳の観念を中心とする非基礎づけ主義の徳倫理学的理論はまさに究極的正当化という考えを拒絶するだろう。

徳倫理学はすべての形態で必然的に第一の評価的焦点を持っているのだろうか。徳倫理学の概念(3)は、第一の評価的焦点を持っておらず、いたるところで直接的に評価される徳倫理学の可能性(Kagan 2000)を許容している。そのような理論は以下のような特徴をおそらく持っている。

(a) 特性は、性格の徳としてよい人間の生活においてどのような主眼点あるいは役割を持っているかに応じて直接的に評価される。この主眼点あるいは役割は、その特性の目標あるいは目的によって決定される。ある徳は、行為者のよい状態を目標とした傾向性であるが、すべての徳が決してそうではない。他の徳は、環境の善、社会的構造、他者の善、子どもを育てること、価値付けられた美的、文化的対象物の保全と評価、生産性などを目標としている。ある特性を徳にするものは、その(諸々の)目標によって直接的に決定される。そしてある特性が行為者の開花(eudaimonia)を少なくとも部分的に構成する、あるいはそれに貢献するということは、ある特性が徳であるための必要条件ではない。このような理論はそのとき概念(1)におそらく従っていない。

(b) 行為はそれが徳の目標に的中しているという観点から直接的に(正しいと)評価される。

(c)「親切であれ」のような行為に対する徳の規則に行為が従っていることは、徳概念を行為に正しく適用することの観点から直接的に確かめられる(上記、四九九~五〇〇頁、(V_3)のところを参照)。

(d)　ある徳の領域（問題となる範囲）は、その徳がよい人間の生活においてどのような主眼点あるいは役割を持っているかを参照することで、性格の徳の適切な領域であるとして直接的に評価される。例えば、ヒュームの見解では、規則それ自体は人間の善に対する長期的な帰結の観点から評価されるとしても、正義という徳の主眼点は、一般的な功利あるいは個人の善ではなく、正義の規則（本質的には所有に関連した規則）に対する尊重である。しかしこれは、正義の個人的な徳の領域が、集合としてであれ、個人としてであれ、人間の善に対する帰結であるということを意味しない。

徳倫理学の好ましい概念

上記で私は、徳倫理学の定義によって担われるいくつかの役割を述べた。そしてこれらの役割によって定義の適切さと優位性が決定される。私はここで三つの顕著な役割に焦点を当てており、それらは徳倫理学のある概念の優位性を決定するための以下の三つの規準を生み出している。私の主張では、これらの規準は概念(3)の優位性を示唆している。

(a)　徳倫理学の定義は徳倫理学の定義としての妥当性を持っていると想定すると、もし他の事柄が同等ならば、より包括的であればあるほどその定義はよりよい。

この規準の核心は、徳倫理学的だとみなされるに値する道徳理論の伝統を含めるという役割に呼応して、もし様々な考え方を排除するもっともな理由がないのであれば、様々な考え方を排除するのは恣意的であると見られるだろう、ということである。概念(3)は、概念(1)や(2)に適合するすべての理論やその他の理論を徳倫理学の形態として含むので、この規準では概念(3)がもっともうまくいく。

実際、ヒューム、ニーチェ、そして儒者のような人物たちを徳倫理学者として解釈し、彼らによって提起された多様な徳倫理学が発展するにつれて、伝統的なエウダイモニア主義の定義よりも包括的な徳倫理学の定義を発展させるという課題がより喫緊のものとなってきた。ヒューム主義やニーチェ主義の徳倫理学的解釈は、例えば、実質的な倫理学にかんする眺望と重要な哲学者の解釈を豊かにした。ここに一つの例がある。メイ（May 1999, p. 25）によれば、ニーチェにとって「究極的評価基準」は「人生を高めること」という「最高の基準」であり、これは徳の観念に全くかかわっておらず、むしろ例えば権力それ自体の粗野な観念を伴っていると考えられるかもしれない。多くの人にとって、このような解釈はニーチェの見解を非道徳主義、あるいは少なくとも魅力的ではない利己主義にしている。もしこれがニーチェの正しい解釈であるならば、ニーチェは徳倫理学者として理解されるべきではない。しかしながら、私の見解では、人生を高めることという彼の観念は、次のような徳の観念と密接に関わっている。つまり、権力への意志の歪曲にかんする考えを通して否定的に広く理解された徳の観念、そして彼の著作中を通して「成熟した個人」にかんする心理学の非常に豊かなニーチェの説明によって捉えられた徳の観念である。この考えは次に、多数の徳や悪徳の観念を通して理解されなければならない（Swanton 2005, 2011b）。私自身は、ヒュームとニーチェの両方とも、概念(1)には適合せず、概念(2)にはおそらく適合しない徳倫理学を備えていると理解することに傾いている（しかしSlote 1998a を参照）。それでも徳（そして悪徳）の観念は彼らの理論において中心的である。

(b) 徳倫理学の定義の優位にかんする第二の規準は、排除する核心的根拠（ないし根拠群）に関連して徳倫理学的でないことが妥当な考え方を排除する能力である：つまりそれは比較的最近では、徳倫理学を帰結主義や義務論から区別する境界のことである。

この境界の重要な点は、対抗理論によっては満足のいく仕方で解決できない扱いにくい問題について徳倫理学的な種類の理論は進展させることができるという徳倫理学の支持者の主張である。

この規準を適用すると、私が好んでいる徳倫理学の概念(3)における中心性という考えの曖昧さにかんする論点が提起される。私は以下の点でワトソン（Watson 1990, p. 451）に同意している。つまり道徳理論の一つの種類としての徳倫理学は、「いかにして道徳を理解するという目的のためになんらかの諸々の概念が最もうまく適合するのかにかんする一組の主張」として見られるべきである。そして私はこの適合という考えを、徳の観念の中心性という観点から理解した。とはいえ、もし徳の観念がある理論において十分に中心的であるならば、その理論は徳倫理学的であると言うことは妥当であるように見える。何を十分とみなすかについて論争が存在するかもしれないし、曖昧な点すらも存在するかもしれない。例えば、価値ある特質に応答する特性に徳を基礎付ける道徳理論は、もし徳から完全に独立している価値を持った項目が存在しない場合にのみ、弱い中心性の規準を満たすのであろうか。

この問いに対して肯定的に答えると、環境徳倫理学に対する問題が生じる。ホルムズ・ロルストン三世（Rolston III 2005, p. 70）によれば、環境徳倫理学は、「性格の卓越性はわれわれが危機に瀕した種を保存するときわれわれが追い求めているものである」という見解にコミットしており、徳倫理学にとって木や川などの自然物は性格の徳から独立した価値を持つことができないように思われざるをえなくなっている。しかし環境徳倫理学は、以下のような妥当でない見解にコミットしているのだろうか。つまり人間、岩の形成、古代のカウリマツの木などのような価値あるもののすべてが価値をもっているのは、例えばそれらが有徳な仕方で扱われるか、有徳な仕方で生み出されるか、それら自身が有徳であるか、あるいは人間の徳を促進するなどの場合のみである、という見解である。〔この問題に対する〕解決策は、妥当な環境徳倫理学は存在しえないと主張することではなく、徳の観念の弱い中心性の主張がこの強い見解にコミットしていると理解されるべきではないということである。弱い徳観念中心的な徳倫理学にとって、快楽、達成、遊び、創造性、知識などの標準的価値あるいは善は、徳から完全に独立した価値あるいは善として理解されていない、ということで十分である。

このように理解されたとしても、徳の観念の弱い中心性に同意する理論は、例えば徳帰結主義では一般に価値が徳から完全に独立していると理解されているという想定のもとで、徳帰結主義とは区別されうる。さらに、徳あるいは徳の観念の中心性の観点から徳倫理学を基本的に定義する私の試み（スワントン『徳倫理学（*Virtue Ethics*）』（2003））を展開して、バロン（Baron 2011）が妥当な仕方で、そして多少詳細に議論しているところによると、カントにとってそのような観念は、カントが徳倫理学者としてみなされるのに十分なほど中心的でない（カントの徳理論が徳倫理学の一種として理解されうるかどうかについての論争の他の例として、Hill 2008; Johnson 2008 を参照）。曖昧さはいついかなるときも不備というわけではない。つまり、何が「十分なほど中心的」なのかは、興味深い論争の問題でありうる。

（c）　第三に、徳倫理学の核心的概念は、もし徳倫理学的であることが妥当な理論を包含する余地があり、しかも徳倫理学の他のより伝統的な考え方をおそらく悩ませている問題を受け継がないならば、そして他の事情が同じならば、よりすぐれている。

徳倫理学の過度に狭い概念はこの規準において失敗しているかもしれない。ここで私はアリストテレス的徳倫理学、そしてより一般に弱い行為者中心の徳倫理学の形態をおそらく悩ます問題に（ここで議論はできないが）言及する。その問題とは、徳倫理学の自己中心性と言われる問題である。つまり基本的には、「道徳的行為者は自分の実践的配慮の中心に自分自身の性格を据えている（べきである）」という〔徳倫理学の考え方に対する〕反論である（D. Solomon 1997 p. 169）。この反論の様々な形態に徳倫理学者はよく取り組んできたが、「より深い水準の」ものはまだ問題だと考えられており、深刻に受け取られるべきである（Toner 2006）。徳倫理学の概念(3)は、徳倫理学の行為者中心的ではない直接的形態を許容し、本来的にはこの反論に論難されにくい。[3]

概念(3)は規準(a)で最もうまく機能し、私が信じるところでは規準(c)でうまく機能するが、なかなか消えない問題が残っている。概念(3)はいくつかの徳理論を徳倫理学としては排除するけれども（規準(b)を参照）、概念(3)はあまりにも包摂的ではないだろうか。これに対して二つのテストが存在する。第一のテストは、そのような概念を展開することでわれわれは、排除する核心的根拠（ないし根拠群）に関連して徳倫理学的でないことが妥当な考え方を適切な理由に基づいて排除することができるかどうかである。つまり徳倫理学を対抗関係にある理論の種類から境界付けることである。私はこのテストが十分によく満たされていると考えている（結局、徳帰結主義は排除されている。上記、五〇八頁を参照）。さらにわれわれはバロンの警告に注意を払い、対抗関係にある理論の間で厳密な境界を要求することで「愚かな保護主義の行使」（2011, p. 34）を避けるべきである。第二のテストは、概念(3)に適合する徳倫理学的理論（例えば、新儒教、ヒューム、ニーチェによってもたらされた理論）が、それらの対抗理論に関連した一連の道徳的問題に対して、徳倫理学のより狭い定義によって提供された理論と比べて、より広範な解決あるいはアプローチを提供できるかどうかである。これらの解決やアプローチは同時に、十分な程度に独特で、重要で、かつ革新的でなければならない。「十分に独特である」とみなされるものは、それ自身、論議の対象だろうし、そして独特であるとみなされるもののなんらかの定義に適合していることによってというより、個別の働きの質によって判断されるだろう。

最後に注意すべきは、性格が第一の評価的焦点でない理論においてさえ、多種多様なもっともな理由で、性格がそのような理論において非常に重要な位置を一般的に占めるということである。

結論

徳倫理学の仕事が、対抗関係にある理論に対する優位を主張するという否定的実践から、道徳哲学における伝統的で厄介な問題に徳倫理学を適用するというずっと興味深い課題へ移行していることを見るのは励みになることである。本稿の公式的に扱った主題は、理論の一群としての徳倫理学を適切に定義する際に本当に問題となっていることを覆い隠すべきでない。つまり道徳的なものと道徳的でないものの区別や倫理学における偏好主義対不偏主義（partialism vs impartialism）、倫理学の過度な要求をする性質、そして客観性などのような古い問題に対して新しいアプローチを提供することで道徳の理論化に独特の分野を提供するという徳倫理学の能力である。その範囲はまた、認識論や合理性の自然本性にかんする徳観念中心の議論にまで現在、拡張している。徳倫理学の貢献はどれも徳倫理学を部分的に定義するものとしてみなされるべきではない、ということは明確にされるべきである。どのように重要な論点を最善の仕方で解決するかについて徳倫理学者の考えは多くの領域で不一致の状態にある。彼らが共通に持っているものとは、彼らが徳の観念を中心にしているということである。

徳倫理学の定義は、どのように道徳哲学における実質的論点の解決に取り組むかについてのわれわれの理解を洗練させる際に重要な論点である。創造的なアプローチに対する可能性を閉ざすことよりも、よい定義は、永続的な問題の新しい解決に対する余地を開くべきである。したがって私は、徳倫理学とはいくつかの類と種を持った一群の道徳理論としてみなされるべきだと信じている。類はヒューム的なものやアリストテレス的なものを含むかもしれない。種は実際のヒュームとアリストテレスを含むかもしれない。そして当然のことながら現代の徳倫理学の様々な種は、ただ一つの類に組み込まれることを拒否しながら、多様な人物から着想を得るかもしれない。

原註

(＊)オークランド大学哲学部のセミナーの聴衆者に対して、本章の草稿について有益な議論をしてくれたことに感謝したい。特に、ダニエル・C・ラッセルに対して、編集上、彼が辛抱強く有用な助力を与えてくれたことに感謝したい。

(1)さらに McAleer 2007 を参照。

(2)例えば Svensson 2010 でスヴェンソンは、徳倫理学がそのような説明と「本質においてしばしば結びついている」と主張したが（p. 255)、エウダイモニア主義は徳倫理学にとって本質的ではないことを認めている（p. 259, n. 4)。つい二〇一二年にはラス・シェーファー＝ランダウ（Shafer-Landau）は『倫理学の基礎（*The Fundamentals of Ethics*)』という教科書で「有徳な人が性格に基づいて行為しながら行うことを参照することによってわれわれは正しい行為を理解している、と徳倫理学は主張している」と断言していた。

(3)この命題は、（すべて、ほとんど、最も重要な、ある特定された）徳は開花にとって必要であるという命題とは区別されなければならない（本書の第1章、D・ラッセルを参照)。

(4)オークランドで行われたアメリカズカップというヨットレースにおいて、プラダがチーム・ニュージーランドの防衛艇に対して挑戦し、威厳に満ちた敗北を喫した例を取り上げた私の二〇〇三年の論文を参照。

(5)この例についてチャールズ・ピジェンに私は感謝する。

（6）ブローディは続けて以下のように議論している。アリストテレスは「倫理的真理を、思慮ある人が信頼できる仕方で理解するものとして説明していない。彼は思慮ある人を、信頼できる仕方で倫理的真理を理解している人として説明している」（p. 121）。スロート（Slote 1997, p. 178）は以下のような意味でアリストテレスを「行為基礎的」理論家と記述している。つまり、行為との関連で有徳であることは、「どのような行為が立派であるか、あるいは求められているかについてある人が有徳であることとは独立した事実に照準を合わせていることを必要とする」という意味である。しかしながら目標中心的な見解では、実践的真理を構成する事実は、徳の観念、特に行為に適用されたものとしての徳の観念から独立に記述されえない。それゆえ目標中心の見解は徳の観念が中心である。徳の観念を行為に適切に適用することは論争の対象である。私自身が好んでいるのは、これを上記の（V_3）に沿って理解することであるが、この見解を発展することは本章の範囲を超えている。

（7）もしある見解が少なくとも弱い徳観念中心でないならば、徳倫理学的であるとみなされない。例えば、R・ソロモンは私の見解が傾向性としての徳を以下のように理解しているとみなしている。つまり徳は「独立に正当化された価値のセット」に多種多様なやり方で応答しているものである（R. Solomon 2003, p. 140）。もしこれが私の見解であったなら、この説明では徳倫理学的ではないだろう。というのも、これは弱い徳観念中心でさえないだろうから。しかしながら、これは私の二〇〇三年の見解ではない。

訳註

〔1〕「『独身者』を『結婚していない人』と定義すること」とは、クワインが論文「経験主義の二つのドグマ」のなかで分析的言明（の第二のクラス）として挙げた（分析哲学の分野では有名な）例である。同論文は、W・V・O・クワイン著『論理的観点から』飯田隆翻訳、勁草書房、一九九二年に、第二章として収められている。

〔2〕倫理学において「薄い（thin）」概念と「濃密な（thick）」概念を分ける場合、前者はおもに評価的要素のみ、後者は評価的要素と記述的要素の両方を持っているとされる。例えば「裏切り（treachery）」、「約束（promise）」、「残忍（brutality）」、「勇気（courage）」などの濃密な概念は、それぞれある一定の特質を持つ対象だけを記述することができ、同時にその対象を肯定的にあるいは否定的に評価するが、「善（goodness）」などの薄い概念は、そのように対象を具体

的に記述する要素をあまり持たず、対象を評価する役割だけを担っている。その結果、薄い概念は理論的に抽象化された一般的な概念であるのに対し、濃密な概念は特定の社会や文化の中でのみ通用する概念である、という含意をもつこともある。ウィリアムズ（Williams 1985, pp. 129-130, 140-145〔邦訳二一五～二一六、二三一～二三九頁〕）などを参照。また本書第7章二四四～二四五頁も参照。
〔3〕著者（スワントン）による補い。

監訳者あとがき

本書は、Daniel C. Russell (ed.) *The Cambridge Companion to Virtue Ethics*, Cambridge University Press, 2013の全訳である。

編者のD・ラッセル氏をはじめ本書の執筆陣の紹介や本書の概要については、それぞれ「執筆者一欄」と「序章」で丁寧に紹介されているのでそちらを読んでいただくこととして、ここでは、本書を翻訳することになった経緯等について簡単に記しておくこととしたい。

本書を翻訳するそもそものきっかけは「ケンブリッジ・コンパニオンのシリーズから『徳倫理学』が出る」ことを立花が知ったことにある。「ケンブリッジ・コンパニオン」とは、ケンブリッジ大学出版局が一九八九年より刊行しているシリーズの名称であるが、このシリーズは人文社会科学に属するさまざまな研究領域を対象に、ある時代やトピック、あるいは人物や著作などに焦点を当て、その分野の第一線で活躍している研究者を執筆陣として揃えることで、簡明な記述ながらも最新の研究成果も踏まえ、知的な要望にも応えながらその分野の全体を俯瞰できるガイドブックを刊行する、という盛りだくさんの充実した内容を提供しているシリーズである。

こうした特徴をもつこのシリーズは、入門書としての評価も高く、これまでにすでに五百タイトル以上刊行されている。「徳倫理学」を主題とした本書も、二〇一三年、ついにそのシリーズの一冊として刊行されることとなったのである。

本書を読んでいただければ分かるように、徳倫理学とは、洋の東西を問わず古代からつづく歴史のある倫理学説であると同時に、とりわけ一九五〇年代以降あらためて注目され、現在では倫理学を論じる上では欠くことのできない学説として、メタ倫理、規範倫理、応用倫理のいずれにおいても盛んに議論されている倫理学説である。この歴史の古さと現代における多方面への展開を独力で俯瞰するためには、さまざまな「教養」が求められる。思いつくだけでも、たとえば語学的素養としては、英独仏はもとより古典ギリシア語、ラテン語、漢文を、それぞれ専門書を読解できる程度には習得していなければならないし、また歴史的素養としてはキリスト教神学や儒教の思想と歴史にも通じていなければならない。さらに哲学的素養として、アリストテレスはもとよりトマス・アクィナスやヒュームの豊饒な哲学、そして現代の古典であるウィトゲンシュタインの難解な哲学やさらには最近の分析哲学における緻密な議論もカヴァーしていなければならない。また徳倫理学の応用を理解するには、社会心理学や医学といった、いわゆる哲学や思想とは毛色の異なる他分野の学問的伝統にも馴染まなければならないし、具体的な問題解決の場面となれば、各分野で実践される「現場」の感覚なども理解できなければならない。

これらのうちのどれか一つについての「専門家」になるだけでも一苦労であるのだから、そのすべてを網羅し、徳倫理学の歴史、理論、応用の全体を俯瞰することの大変さとなれば、想像しただけでも頭がくらくらするほどである。たしかに、徳倫理学は学問的に魅力のある立場であることからさまざまな学問分野で専門的な論文や論文集や研究書が（それこそ山のように）刊行されてきたが、徳倫理学の全体を俯瞰的に見渡せる書物はなかなか登場しなかった。その実際は、登場することが難しかったというのが精確なところだろうと思う。そうした中で、あの「ケンブリッジ・コンパニオン」から刊行されることになった。「ついに」でた、というわけである。

実際の本も、その期待を裏切ることなく、徳倫理学の全体を俯瞰できるようなよく考えられた（つまりかゆいところに手が届く）ものとなっていた。そこで立花は、関東の若手ギリシア哲学研究者の交流のための内輪の研究会の懇親会の席で相澤康隆さん、稲村一隆さん、佐良土茂樹さんに声をかけ、本書を翻訳する意義などを語りながら本書の翻訳をもちかけた。（三氏はいずれもアリストテレスを研究の軸としているという点で共通であるが、その方向や展開は多様である（「訳者紹介」を御覧いただきたい）。）

さて、元々お互いをよく知る間柄であったこともあり、翻訳にかんするおおむねの方針はすぐに決定された。以下では、翻訳の方針や作業の進め方、訳者間の関係について述べておきたい。

まず、翻訳については、大きくは次の四つの方針を立てた。第一に、できるだけ訳語は統一するが、各章がかかわりをもつ学問分野や学問的伝統が多岐にわたるため、それぞれの専門分野において定訳がある場合はそれに準拠し、また定訳がない場合でも文脈上より自然な表現がある場合にはそれを採用した。翻訳してみてあらためて気づかされたことだが、徳倫理学の基本的な概念や徳目を表す語においても（いや、おいてこそ）この対応をとらざるをえなかった。しかし徳倫理学がいわゆる人工の理論的な語彙によってではなく、できるだけ日常的な言葉で思考を紡いでいこうとするものである以上、受容された先でなじむ表現に変容していくことは当然のことであったとも思う。しかし不統一なままではそうした「浸透」が見えにくいので、煩瑣にならないよう適宜原語を併記したり訳註でそのことに言及したりすることで読者が気づけるようにした。第二に、訳語のみならず訳文そのものについても、無理に統一感を出そうとすることは避けた。というのも、訳語のみならず、扱っている主題や分野に応じて章ごとに文章に特徴があり、また各章の執筆者自身に由来する文章上の特徴もあるためである。第三に、第一と第二の自然な流れとして、ある章のなかの訳語の選定や訳文について、その章を担当する訳者と、ほかの訳者あるいは監訳者とのあいだで意見が相違し、検討の上でもその相違が解消されない場合には、最終的にはその章を担当する訳者の判断を最大限尊重した。第四に、すでに邦訳のある文献はできるだけ邦訳を参考にし、また既存の邦訳と異なって訳す場合にはその旨を明記するようにした。先達の仕事に謝意を表したい。

ついで、翻訳の進め方は以下の通りである。まず、担当する章についてては、それぞれの関心に近いものや、また原著が実質的に二部構成であることなどを考慮し、みなで相談の上、担当のバランスをみながら決定した。ついで、二人一組のペアをつくり、お互いの訳文にかんして、訳し落としや誤訳がないかどうか、また日本語としてより読みやすくするにはどうすればよいかなどについてチェックし、議論をおこなった。その後、この相互チェックを経たバージョンの訳文のそれぞれについて、相互チェックの担当ではない残りの二人が同様のチェックをおこない、訳文としての精度をさらに高めた。これらの作業ののち、この全員がチェックしたバージョンの訳文について各訳者があらためて立花とのあいだで個別にやりとりをおこない、誤訳等がないよう、また日本語としてより自然なものとなるように検討をおこなった。結果として、どの章についても全員のチェックが入ったものができあがった。分担は以下の通りである。（なお、刊行の期限の都合上、ラッセル氏の「日本語版への序文」は本書のなかに収めることができなかったが、準備が整い次第春秋社のサイトに掲示される予定である。）

立花……執筆者一覧、謝辞、凡例、図、日本語版への序文、序章、第六章、第七章、第十三章、文献一覧、索引

相澤……第一章、第三章、第八章、第九章

稲村……第二章、第十一章（後半）、第十二章、第十四章
佐良土…第四章、第五章、第十章、第十一章（前半）

さいごに、訳者間の関係について述べておく。まず、立花が「監訳」者となっているが、これは「監訳」がおそらく通常もつであろう意味とは異なる。立花が「監訳」となっているのは、担当する章の翻訳とならんで、出版社の選定や打ち合わせ、各訳者の作業の振り分け、進捗状況の把握やスケジュールの作成と管理、訳者間で解消が難しい意見の対立が生じた際の調停、日本語表現の調整や統一の是非の判断など、全体にかかわる細々したことを担当したことによる。本書の翻訳の企画者であることや、これまで哲学書を翻訳した経験をもつのが立花だけだったということも関係してはいるが、それ以上の意味はない。つまり、語学力としても世代としてもそのほか諸々のどの評価的観点からしても、立花がほかの訳者より寸毫も優れていたり偉かったりするわけではない。

同様に、立花以外の三人の訳者の名前が挙がっている順番にもまた特に意味はない。上述の意味での「監訳」者ということで立花の名前が最初に載ることになったが、その次に誰を載せるかということでは少々困った。というのも、通常、⑴年齢順、⑵あいうえお順、⑶担当分量順などによって掲載の順番が決められることが多いが、われわれ全員が名前の載る順番にこだわりをもたない（というか関心がない）ため、かえって決めかねたためである。しかし、上述のよく利用されるどの基準を採用しても相澤さんが最初になることがわかったので、それを理由にして相澤さんを最初に挙げた。ついで、⑶の点では同じだが、⑴と⑵の点では稲村さんが次になるという理由で稲村さんがつづき、最後が佐良土さんという順番になった。掲載順は以上の理由によるものであって、それ以上の意味はない。

翻訳の作業は、(わかってはいたことだが)やはり簡単ではなく、作業を進め刊行にいたるまでには、多くの方々にお世話になった。まずは、訳者である相澤さん、稲村さん、佐良土さんにお世話になった。監訳者としてスケジュールを管理する立場にあったはずなのだが、みなさんの迅速な作業により、むしろ「管理」していただいたような気がする。就職したり、引っ越ししたり、扶養する家族が増えたりと、だれもがそれぞれに慌ただしい二年間であったと思うが、修士の頃からの友人たちと、(当時は具体的に想像することさえできなかった)お互いのそうした苦労に共感しあいながら、ともに作業できたことは望外の喜びである。

また、訳者のお三方以外にも、多くの人のお世話になった。すなわち、あいうえお順に、朝倉友海(北海道教育大学)、荒畑靖宏(慶應義塾大学)、飯島和樹(玉川大学)、飯塚理恵(東京大学)、伊吹友秀(東京理科大学)、太田紘史(新潟大学)、太田勇希(オックスフォード大学)、大西克智(熊本大学)、片岡雅知(東京大学)、坂本邦暢(ラドバウド大学)、佐藤岳詩(熊本大学)、中村信隆(上智大学)、早川正祐(三重県立看護大学)、林誓雄(福岡大学)、山田圭一(千葉大学)、山本芳久(東京大学)、のみなさんである。一章分を読んでコメントをくださった方もいれば、こちらからの問い合わせにアドヴァイスをくださった方など、お世話になったかたちは多様であるが、いずれも、私たちの誤解や勘違いを正し、誤訳を減らし、翻訳の質を高める上でありがたいものばかりであった。言わずもがなではあるが、刊行された翻訳はいただいたコメントやアドヴァイスを受けて各訳者および監訳者がそれぞれの責任のもと作成したものである。したがって、なお誤りがあるとすれば、われわれ訳者の、そして最終的には監訳者である立花の責任であり、ここで挙げたみなさんにはただただ感謝するばかりである。お忙しいなか急なお願いにも快く時間を割いて学術的な交流をしてくれる仲間がいることはありがたいかぎりである。

そして、担当編集者の小林公二さんには本当にお世話になった。あれほどまでに忍耐強く、粘り強く、しかも終始丁寧にお付き合いくださり、小林さんの編集者としての徳の高さを目の当たりにしたと同時に、自身の徳のなさを恥じ、ただひたすら平身低頭するばかりである。とりわけ、小林さんとの二人の打ち合わせの席で、本書は非常に網羅的で内容も充実していて翻訳の価値は疑いようもないが、しかしこれからの徳倫理学としてまだほかにも面白い領域や論点があるという話をしたところ、ぜひそれを解説でとおっしゃっていただき、それならということで時間をみつけては書きためてきたのだが、遅筆ゆえに間に合わせることができなかった。これはもうお詫び申し上げるしかない。しかしなんとか刊行に間に合わせられたのは小林さんのおかげである。本当にありがとうございました。

最後になるが、本書の刊行にあたっては、最初に本書の翻訳をもちかけた懇親会の席でもちかけ、その場で訳者のみなさんの心からの賛同をいただけたことがもう一つある。すなわち――本書の刊行および増刷によってわれわれ訳者に発生する翻訳料は、全額UNICEF（国際連合児童基金）に寄付される。

二〇一五年八月

戦後七十年という節目の日に、北陸にすむ九十六歳の祖父を見舞いながら

立花幸司

The Cambridge Companion to Virtue Ethics
edited by Daniel C. Russell

First Published by Cambridge University Press 2013
Japanese translation rights directly arranged
with Cambridge University Press

ケンブリッジ・コンパニオン
徳　倫　理　学

2015 年 9 月 25 日　第 1 刷発行
2022 年 7 月 10 日　第 3 刷発行

編　者————ダニエル・C・ラッセル
監訳者————立花幸司
訳　者————相澤康隆＋稲村一隆＋佐良土茂樹
発行者————神田　明
発行所————株式会社　春秋社
〒 101-0021 東京都千代田区外神田 2-18-6
電話 03-3255-9611
振替 00180-6-24861
https://www.shunjusha.co.jp/
印刷・製本———萩原印刷　株式会社
装　丁————伊藤滋章

Printed in Japan, Shunjusha.
ISBN978-4-393-32353-3
定価はカバー等に表示してあります

監訳者

立花幸司 *Koji Tachibana*

熊本大学文学部准教授などを経て、現在、千葉大学大学院人文科学研究院助教、米国ジョージタウン大学メディカルセンター国際連携研究員、葡国リスボン大学科学哲学センター研究協力者。著書に *Organizational Neuroethics*（共著 , Springer, 2020)、『メタ倫理学の最前線』（共著、勁草書房、2019 年)、『モラル・サイコロジー――心と行動から探る倫理学』（共著、春秋社、2016 年）など。訳書にアリストテレス『ニコマコス倫理学（上 / 下)』（共訳、光文社古典新訳文庫、2015/2016 年)、フィリッパ・フット『人間にとって善とは何か――徳倫理学入門』（共訳、筑摩書房、2014 年)、ドナルド・デイヴィドソン『真理・言語・歴史』（共訳、春秋社、2010 年）など。論文に「現代徳倫理学について――理論の概要、日本における始まり、教育という論点」(『フィルカル』6(2)、2021 年)、"Nonadmirable Moral Exemplars and Virtue Development"（*Journal of Moral Education*, 48(3), 2019 年)、「哲学業界における二つの不在：アリストテレスと現代の教育哲学」(『理想』696 号、2016 年）など。

訳者

相澤康隆 *Yasutaka Aizawa*

山梨大学教育学部准教授。訳書にアリストテレス『政治学』（アリストテレス全集 17 所収、共訳、岩波書店、2018 年)、ジュリア・アナス『徳は知なり』（春秋社、2019 年)、クセノフォン『ソクラテスの思い出』（光文社古典新訳文庫、近刊）など。論文に「アリストテレスのアクラシア論――伝統的解釈とその修正」(『哲学』第 60 号、2009 年）など。

稲村一隆 *Kazutaka Inamura*

早稲田大学政治経済学術院准教授。著書に *Justice and Reciprocity in Aristotle's Political Philosophy*（Cambridge University Press, 2015)。論文に "J. S. Mill on Liberty, Socratic Dialectic, and the Logic behind Political Discourse"（*Journal of the History of Ideas*, vol. 81, 2020)、「テクストの分析と影響関係」(『思想』第 1143 号、2019 年）など。

佐良土茂樹 *Shigeki Sarodo*

日本体育大学体育学部准教授。著書に『コーチングの哲学――スポーツと美徳』（青土社、2021 年)。訳書にマイク・シャシェフスキー、ジェイミー・K・スパトラ『コーチKのバスケットボール勝利哲学』（イースト・プレス、2011 年）など。

執筆者一覧

ティモシー・チャペル（Timothy Chappell）はオープン大学の哲学教授であり、また同大学倫理学研究所所長である。古代と現代の倫理学について幅広く著しており、*Aristotle and Augustine on Freedom*（1995）, *The Plato Reader*（1996）, *Understanding Human Goods*（1998）, *Reading Plato's Theaetetus*（2004）, *The Inescapable Self*（2005）, *Ethics and Experience*（2009）などがある。また、編著としては、*Philosophy of the Environment*（1997）, *Human Values*（David Oderbergとの共編、2004）, *Values and Virtues*（2006）, *The Moral Problem of Demandingness*（2009）がある。

ドロテア・フレーデ（Dorothea Frede）はハンブルク大学名誉教授であり、またフンボルト大学ベルリンの名誉教授である。*Plato's Philebus*（1993）, *Plato's Phaedo*（1999）, *Traditions of Theology*（Andre Laksとの共編著、2002）, *Language and Learning*（Brad Inwoodとの共編著、2005）, *Body and Soul in Ancient Philosophy*（Burkhard Reisとの共編著、2007）などを著しており、またそれ以外にもプラトン、アリストテレス、ヘレニズム期の哲学者たちにかんする多くの論文がある。

エドウィン・ハートマン（Edwin Hartman）はニューヨーク大学スターン・スクール〔MBA大学院〕に移り定年を迎えるまで、ラトガース大学のビジネススクールと哲学部で長い間教鞭を執ってきた。著作には *Aristotle on Soul and Body*（1969）, *Substance, Body, and Soul: Aristotelian Investigations*（1977）, *Conceptual Foundations of Organization Theory*（1988）, *Organizational Ethics and the Good Life*（1996）があり、またそれ以外にも古代哲学およびビジネス倫理学にかんする多くの論文がある。ビジネス倫理にアリストテレス的なアプローチで迫る彼の新著は2013年にケンブリッジ大学出版局より刊行予定である[1]。

フィリップ・J・アイヴァンホー（Philip J. Ivanhoe）は香港城市大学の哲学教授である。中国の道徳哲学および徳倫理学にかんする数多くの本を著し、翻訳し、また編者となっている。著作や翻訳としては、*Confucian Moral Self Cultivation*（2000）, *Ethics in the Confucian Tradition*（2002）, *The Daodejing Laozi*（2003）, *The Essays and Letters of Zhang Xuecheng*（2009）, *Readings from the Lu-Wang School*（2009）, *Master Sun's Art of War*（2011）などがある。編者としては、*Virtue, Nature, and Moral Agency in the Xunzi*（T. C. Klineとの共編著、2000）, *Working Virtue: Virtue Ethics and Contemporary Moral Problems*（Rebecca Walkerとの共編著、2007）, *Taking Confucian Ethics Seriously*（Kam-Por YuとJulia Taoとの共編著、2010）, *Mortality in Traditional Chinese Thought*（Amy Olberdingとの共編著、2011）がある。

ラチナ・カムテカー（Rachana Kamtekar）はアリゾナ大学の哲学の准教授である。現代および古代の徳倫理学や道徳心理学にかんして多くの論文がある。また、*Plato's Euthyphro, Crito, and Apology: Critical Essays*（2004）, *A Companion to Socrates*（Sara Ahbel-Rappe との共編著、2006）, *Virtue and Happiness: Essays in Honour of Julia Annas*（2012）の編者でもある。現在は、*The Powers of Plato's Psychology* と題した論考に取り組んでいる。

マーク・ルバー（Mark LeBar）はオハイオ大学の哲学の准教授である。古代および現代倫理学、実践的推論、そして幸福（well-being）にかんして数多くの論文がある。また、*The Value of Living Well* がまもなく刊行される。

ジャスティン・オークリー（Justin Oakley）はモナシュ大学准教授であり、また同大学生命倫理センターのセンター長代理である[2]。生命倫理学および健康管理を専門とする職種にまつわるさまざまな問題に徳倫理学を適用したものを幅広く著している。*Morality and the Emotions*（1993）, *Virtue Ethics and Professional Roles*（Dean Cocking との共著、2001）の著書があるほか、*Informed Consent and Clinician Accountability*（Steve Clarke との共編著、2007）と *Bioethics*（2009）の編者でもある。

ジーン・ポーター（Jean Porter）はノートルダム大学ジョン・A・オブライエン師記念神学的倫理学教授であり、また同大学中世研究所の一員である。道徳神学およびキリスト教の道徳思想史について幅広く執筆し、*The Recovery of Virtue*（1990）, *Natural and Divine Law*（1999）, *Nature as Reason*（2005）, そして最近では *Ministers of the Law*（2010）などの著作がある。

ダニエル・C・ラッセル（Daniel C. Russell）はアリゾナ大学自由哲学センターの哲学教授であり、メルボルン大学オーモンド・カレッジの哲学および古代史のパーシー・シーモア記念准教授である。彼には古代および現代の倫理学と道徳心理学にかんして数多くの論文があり、また著書としては *Plato on Pleasure and the Good Life*（2005）, *Practical Intelligence and the Virtues*（2009）, *Happiness for Humans*（2012）がある。

ポール・ラッセル（Paul Russell）は、ブリティッシュ・コロンビア大学の哲学教授であり、初期近代の哲学史と道徳心理学について数多くの論文がある。著書には *Freedom and Moral Sentiment*（1995）, *The Riddle of Hume's Treatise*（2008）があり、編著としては *Free Will and Reactive Attitudes*（Michael McKenna との共編著、2008）がある。現在、編者として *The Oxford Handbook of David Hume* と *The Philosophy of Free Will*（Oisin Deery との共編著）の二つに携わり、また *The Limits of Free Will* という著作も準備中である[3]。

デイヴィッド・シュミッツ（David Schmidtz）は、アリゾナ大学のケンドリック記念哲学教授および経済学教授（兼任）であり、また自由哲学センターを創設したセンター長である。政治哲学、倫理学、実践的推論にかんして数多く著し、*The Limits of Government*（1991）, *Rational Choice and Moral Agency*

(1995), *Social Welfare and Individual Responsibility* (Robert Goodin との共著、1998), *The Elements of Justice* (2006), *Person, Polis, Planet* (2008), *A Brief History of Liberty* (Jason Brennan との共著、2010) がある。編著としては、*Environmental Ethics: What Really Matters, What Really Works* (Elizabeth Willott との共編著、2001), *Robert Nozick* (2002), *Creating Wealth: Ethical and Economic Perspectives* (2011)がある。

ゴパル・スリーニヴァサン (Gopal Sreenivasan) は、デューク大学の哲学教授にしてクラウン記念倫理学教授である。倫理学、政治哲学、哲学的心理学に関して数多くの論文があり、また *The Limits of Lockean Rights in Property* (1995) と *Emotion and Virtue* (近刊) などを著している。

クリスティーン・スワントン (Christine Swanton) はオークランド大学の哲学の教授である。徳倫理学、哲学史、政治哲学にかんして数多くの論文があり、著書には *Freedom: A Coherence Theory* (1992) と *Virtue Ethics: A Pluralistic View* (2003) がある。

リーゼル・ファン・セイル (Liezl van Zyl) はワイカト大学で哲学および倫理学の上級講師である。徳倫理学にかんして、応用倫理学と正しい行為の理論にとりわけ焦点を当てた数多くの論文があり、著作には *Death and Compassion* (2000) がある。

マット・ズウォリンスキー (Matt Zwolinski) はサンディエゴ大学の哲学の准教授であり同大学法学哲学研究所の共同所長である。倫理学、政治学、ビジネス、経済学の接点について数多くの論があり、自由と搾取に焦点を当てながら論じることが多い。著作には *A Brief History of Libertarianism* (John Tomasi との共著、近刊)があり、*Arguing About Political Philosophy* (2009) の編者でもある。

訳註

〔1〕Edwin Hartman, 2013, *Virtue in Business: Conversations with Aristotle*. Cambridge University Press.

〔2〕英語名称は Centre for Human Bioethics。

〔3〕2015 年 6 月現在、これらのうち Paul Russell and Oisin Deery (eds) 2013, *The Philosophy of Free Will: Essential Readings from the Contemporary Debates*. Oxford University Press は刊行されている。

索引

あ行

アウグスティヌス（Augustine） 116, 119-121, 126, 136, 199, 219, 223
アクィナス（Aquinas, T.） 90, 110, 122-123, 195-196, 199, 204-205, 209, 219, 221, 223, 259, 261-262
アドキンス（Adkins, A.） 50
アナス（Annas, J.） 14, 51, 111, 362, 482
アベラルドゥス（Abelard, P.） 118-119, 122, 137
アリストテレス（Aristotle） 4, 7-9, 14, 16, 18-19, 22-23, 25, 27-29, 35, 43-45, 52, 57-65, 69-77, 79-81, 103-104, 112-114, 119-120, 122-124, 131-134, 136-137, 153-154, 161, 170, 180, 183, 185, 188-207, 209-210, 213-221, 226-230, 248, 250-252, 255-257, 260-261, 263, 292, 306-207, 310, 312, 316-317, 326, 333-335, 337-338, 340, 367-369, 375-379, 385-386, 389-391, 397, 400-402, 405-406, 409-410, 412-413, 416-417, 426-429, 434-438, 444, 482, 484-485, 497, 501-502, 509, 511-512
アリストテレス主義（者）（Aristotelian / Aristotelianism） 14, 29, 51-52, 61, 113, 134, 136-137, 187, 193, 195-197, 201, 204, 213, 215, 219, 248, 250, 254, 257, 321, 330, 397, 400-401, 413, 417, 422, 424, 428, 431-433, 438, 486, 488, 492,
アレテー／徳（aretē） 27, 50, 190, 229
アンスコム（Anscombe, G. E. M.） 9, 14, 24, 42, 217, 226-227, 229, 233-241, 244-247, 257, 260, 262, 265, 305, 362, 483, 494
アンセルムス（Anselm） 134
安楽死（euthanasia） 305-310, 312, 324, 334-335
ウィリアムズ（Williams, B.） 44, 244, 246, 250-254, 261-263, 272
ウィルトゥース（virtus） 190, 229, 261
エウダイモニア／エウダイモニア主義／エウダイモニア主義者（eudaimonia / eudaimonism / eudaimonist） 13-15, 18-22, 24-25, 28-31, 33-36, 38-39, 41-45, 193, 196, 206, 251, 257, 317, 367, 377-378, 480, 486-487, 489-490, 492, 497, 506
エピクテートス（Epictetus） 74, 332, 46, 216
エピクロス／エピクロス派（Epicurus / Epicureans） 22, 50, 52, 66-68, 76, 174, 193-194, 198, 220
王陽明（Wang Yangming） 8, 79-80, 89-96, 98-107
オーセールのギヨーム（William of Auxerre） 120
オッカム（Ockham） 195

か行

カッシアヌス（Cassian, J.） 117
ガルシア（Garcia, J.） 495
感情説（支持者）（sentimentalism /sentimentalist） 79-80, 105, 207, 281, 411, 484
カント（Kant, I.） 9, 41-42, 46, 189, 210-211, 226-228, 230-231, 237, 250, 256, 261-262, 286, 315-316, 318, 339, 362, 476, 508
帰結主義（consequentialism） 61, 64, 232, 267-269, 281-283, 286, 293, 302-303, 339, 345, 364, 385, 479-480, 503, 506-508
キケロ（Cicero） 45, 49, 58, 72-73, 114, 121, 137, 178, 199, 203, 217, 229
義務論（deontology） 4, 9, 64, 214-215, 226, 267-269, 272-273, 295, 301, 321, 339, 344-345, 350-353, 358, 364, 385, 439, 469, 473, 476, 480
キリスト教（Christianity / Christian） 8, 109-110, 113-119, 122-123, 136, 138-139, 172-173, 188, 194-198, 200, 202-205, 209, 212, 219, 221, 236, 246, 262-263
クリスプ（Crisp, R.） 260, 268
クリュシッポス（Chrysippus） 68, 70-72,

74
（大）グレゴリウス（Gregory the Great） 117
グロティウス（Grotius） 206-207, 209-210
ケイガン（Kagan, S.） 503
行為の手引き（action guidance / action-guiding） 31, 242, 269-271, 274, 277-278, 288, 290-291, 299-300, 307, 494
行為の評価（action assessment） 269-270, 274, 276, 284, 290, 300, 350
功利主義（utilitarianism） 4, 9, 181, 189, 211, 214-215, 226-228, 230-231, 269, 306, 308, 311, 315-316, 318, 321, 331, 334, 344-345, 349-351, 356, 358-359, 361, 363-365, 369-370, 372, 385, 396-397, 469, 480
ゴース（Gaus, G.） 425-426

さ行

サエンス（Saenz, C.） 328-329
ザグゼブスキ（Zagzebski, L.） 482, 495
シジウィック（Sidgwick, H.） 231-233, 235, 262
シャフツベリ（Shaftesbury） 82, 207
儒教（Confucianism） 8, 79, 81, 86, 91, 94, 96-98, 104, 106, 481, 485, 509（新儒教）
出生前診断（prebirth testing） 306, 326
シュナイウィンド（Schneewind, J.） 208-210, 213-214, 221
ジョンソン（Johnson, R.） 276
ジレンマ（dilemmas） 38, 272-275, 279, 287, 290, 296-297
神学的／対神（theological） 4, 8, 109-110, 115-117, 119-120, 124, 128-131, 137-138, 196
スキャンロン（Scanlon, T. M.） 430-431
スコトゥス（Scotus, D.） 133-136, 138, 195
スコラ主義（Scholasticism） 118, 132, 206
ストア（派／主義）（Stoic / Stoicism） 8, 14, 50, 52, 68-73, 75-76, 113-114, 116, 137, 193-194, 198, 200, 203, 219-220, 405, 411, 490
スミス（Smith, A.） 82, 207, 210, 250, 263, 367, 374-376, 400, 411
スロート（Slote, M.） 10, 82, 105, 107, 281-282, 284-290, 295, 299-300, 302-303, 411-413, 421, 423, 426, 435, 482, 484, 491-492, 495, 498, 512
セネカ（Seneca） 75, 114, 137, 199
ソロモン（Solomon, D.） 484
ソロモン（Solomon, R.） 367, 373, 492, 512

た行

テイラー（Taylor, C.） 247
デ・ヴァエレ（de Waele, A.） 203
道教（Daoism） 90
ドリス（Doris, J.） 387, 399, 441, 450, 452, 461, 464

な行

ニーチェ（Nietzsche, F.） 7, 236-237, 246, 483-485, 488-492, 506, 509
（人工）妊娠中絶（abortion） 306-308, 312, 321
ヌスバウム（Nussbaum, M.） 14, 22, 255, 257, 333, 338, 412-421, 423, 427-429, 434, 436, 438, 440

は行

ハーストハウス（Hursthouse, R.） 10, 14, 23, 59, 253-254, 271-276, 279-280, 290, 295, 297, 299, 301, 306, 312, 316, 321-326, 333-334, 336-337, 362, 412-413, 415-417, 421-424, 428, 430, 432, 435-436, 454, 481-482, 484, 498-499
ハーツホーンとメイ（Hartshorne, H. and May, M. A.） 446-450, 452, 455-463, 465, 472-475
パーフィット（Parfit, D.） 345-347, 349
ハイエク（Hayek, F.） 433
ハチスン（Hutcheson, F.） 82, 105, 177-178, 281
ビベス（Vives, J.） 202
ヒューム（Hume, D.） 7-8, 79-80, 82-83, 88, 105, 141-186, 189, 207, 209-211, 232, 250, 254, 263, 281, 367, 374-375, 411, 480, 485, 489-490, 505-

506, 509, 511
ヒル（Hill, T.） 344-345, 353-355, 360, 362
フィチーノ（Ficino, M.） 197
プーフェンドルフ（Pufendorf） 207, 209-210
仏教（Buddhism） 90, 94,
フット（Foot, P.） 9, 14, 42, 44, 226-227, 233-234, 240-246, 252-253, 255-257, 261, 264, 306, 308-312, 334-335, 362, 483
プラトン／プラトン主義（者）（Plato / Platonism / Platonists） 8, 14, 49-52, 54-58, 61-64, 68-70, 111-114, 116, 119, 123, 137, 192-194, 197-198, 200, 219-220, 228-230, 255, 261, 405-406, 409-410, 412, 434
ブレイディ（Brady, M.） 289
プロティノス（Plotinus） 121
ヘア（Hare, R.） 233-237, 240, 264-265
ペレグリーノとトマスマ（Pellegrino, E. and Thomasma, D.） 306, 314, 335
ベンサム（Bentham, J.） 9, 189, 230
保健医療（healthcare） 313-314
ホッブス（Hobbes, T.） 205-207
ボナヴェントゥラ（Bonaventure） 121-122
ホメロス（Homer） 50, 187-188, 255, 265

ま行

マードック（Murdoch, I.） 294
マクダウェル（McDowell, J.） 14, 24, 42, 44, 245, 252-253, 257
マクドゥーガル（McDougall, R.） 326-329, 337
マクロビウス（Macrobius） 114, 120-121
マッキンタイア（MacIntyre, A.） 187-190, 204-206, 208, 217-219, 221, 247-251, 314, 335, 367, 369, 373, 389-394, 396
ミル（Mill, J. S.） 189, 230, 261, 339, 365
ミルグラム（Milgram, S.） 387, 398, 401, 461-464, 474
ムーア（Moore, G. E.） 47, 231-233, 261-262, 264
メランヒトン（Melanchthon, P.） 198, 201-203, 220
孟子（Mencius / Mengzi） 8, 79-80, 84-91, 93-98, 103-106

や行

ヤコブソン（Jacobson, D.） 288

ら行

ラーデンとサドラー（Radden, J. and Sadler, J.） 320
ラスムセンとディン＝アイル／RDU（Rassmussen, D. and Den Uyl, D. ／ RDU） 417-423, 427-429, 432-433, 439-440
ルソー（Rousseau, J. J.） 207, 249-250
ルター（Luther, M.） 136, 200-202, 220
レンマン（Lenman, J.） 245, 252, 254
ロートリー（Routley, R.） 354
ロールズ（Rawls, J.） 244, 402, 425, 485
ロス（Ross, W. D.） 190, 272-273, 293
ロスとニスベット（Ross, L. and Nisbett, R.） 401, 447-448, 458, 473
ロック（Locke, J.） 249-250, 424, 426, 430, 432
ロンバルドゥス（Lombard, P.） 118-119, 123, 137

わ行

ワトソン（Watson, G.） 495, 507

文献一覧

＊本書においてもっとも中心となる著作であるアリストテレスの『ニコマコス倫理学』が言及される際、原著英語版では執筆者によって参照されている英訳がさまざまに異なっている。しかし、これは煩瑣であるため本邦訳では以下の方針を立てた。まず、(1) 訳語および訳文については、基本的には新しい岩波全集の翻訳（すなわち神崎繁翻訳『アリストテレス全集 15 ニコマコス倫理学』岩波書店、2014 年）に準拠する。ただし、(2) Bywater 版か Susemihl 版かという底本の違いによって訳文に違いが生じる場合や、原著者らが引用している英訳の訳語や訳文のニュアンスが著者の議論に重要な役割を果たしている場合などは適宜訳語訳文を作成し、必要に応じてそのことを訳註で記した（なお、本書では実践的思考の遂行形式であるブーレウシスを、神崎訳のように「思案」ではなく「熟慮」と訳している）。また、(3) ベッカー版の頁および行数（つまり、「第 1 巻第 1 章 1094a1」など）によって参照箇所は同定されるため、邦訳の頁数は併記しなかった（これは、アリストテレスのほかの著作やプラトンやヒュームなどといったほかの古典的な著作の場合も、それぞれの慣例に従い同様である。ただし、ウィトゲンシュタインなど一部のものについては邦訳書の頁数も併記してある）。

Ackrill, J. 1999 “Aristotle on Eudaimonia,” in N. Sherman (ed.), *Aristotle's Ethics: Critical Essays* (Rowman & Littlefield)

Adams, R. 2006 *A Theory of Virtue: Excellence in Being for the Good* (Oxford University Press)

Adkins, A. 1960 *Merit and Responsibility* (Oxford University Press)

Allen, M. 1984 *The Platonism of Marsilio Ficino* (University of California Press)

Alzola, M. forthcoming “Character and Environment: The Status of Virtues in Organizations”〔この論文は 2008 年に刊行されている。書誌情報は以下の通り。*Journal of Business Ethics March*, 78 (3) : 343-357〕

——— (forthcoming) “Role Virtues,” *Journal of Business Ethics*

Angle, S. C. 2009 *Sagehood: The Contemporary Significance of Neo-Confucian Philosophy* (Oxford University Press)

Annas, J. 1988 “Naturalism in Greek Ethics: Aristotle and After,” *Proceedings of the Boston Area Colloquium in Ancient Philosophy* 4: 149-71

——— 1993 *The Morality of Happiness* (Oxford University Press)

——— 2004 “Being Virtuous and Doing the Right Thing,” *Proceedings and Addresses of the American Philosophical Association* 78: 61-75

——— 2005 “Virtue Ethics: What Kind of Naturalism,” in S. M. Gardiner (ed.), *Virtue Ethics, Old and New* (Cornell University Press)

——— 2006 “Virtue Ethics,” in D. Copp (ed.), *The Oxford Companion to Ethical Theory* (Oxford University Press)〔掲載先は、正しくは *The Oxford Handbook of Ethical Theory* であり、また同書の出版年は 2007 年である〕

——— 2007 “Ethics in Stoic Philosophy,” *Phronesis* 22: 58-87

——— 2011 *Intelligent Virtue* (Oxford University Press)

Anscombe, G. E. M. 1957 *Intention* (Blackwell)〔G・E・M・アンスコム『インテンション——実践知の探求』菅豊彦翻訳、産業図書、1984 年〕

——— 1958 “Modern Moral Philosophy,” *Philosophy* 33: 1-19

——— 1981 *The Collected Philosophical Papers of G. E. M. Anscombe*, vol. 3: *Ethics, Religion and Politics* (Blackwell)

Aquinas, T. 1973 *De regno*, ed. R. Spiazzi (Marietti)〔トマス・アクィナス『君主の統治について――謹んでキプロス王に捧げる』柴田平三郎翻訳、慶應義塾大学出版会、2005 年〕
Árdal, P. S. 1966 *Passion and Value in Hume's Treatise* (Edinburgh University Press)
——— 1976 "Some Implications of the Virtue of Reasonableness in Hume's Treatise," in D. W. Livingston and J. T. King (eds.), *Hume: A Re-evaluation* (Fordham University Press)
Aristotle 1894 *Ethica Nicomachea*, ed. I. Bywater (Oxford University Press)
——— 1962 *Politics*, trans. T. A. Sinclair (Penguin)
——— 1976 *Nicomachean Ethics*, trans. J. A. K. Thomson, revised by H. Tredennick (Penguin)
——— 1980 *The Nicomachean Ethics*, trans. with intro. by D. W. Ross, revised by J. L. Ackrill and J. O. Urmson (Oxford University Press)
——— 1985 *Nicomachean Ethics*, trans. T. H. Irwin (Hackett Publishing)
Armstrong, A. E. 2007 *Nursing Ethics: A Virtue-Based Approach* (Palgrave Macmillan)
Audi, R. 1997 *Moral Knowledge and Ethical Character* (Oxford University Press)
Baier, A. 1991 *A Progress of Sentiments: Reflections of Hume's Treatise* (Harvard University Press)
——— 1994 "Hume, the Women's Moral Theorist?" (Repr. in *Moral Prejudices*, Harvard University Press)
——— 2008 *Death and Character: Further Reflections on Hume* (Harvard University Press)
Baillie, J. 2000 *Hume on Morality* (Routledge)
Banks, S. and Gallagher, A. 2009 *Ethics in Professional Life: Virtues for Health and Social Care* (Palgrave Macmillan)
Barnes, J. (ed.) 1984 *The Complete Works of Aristotle*, 2 vols. (Princeton University Press)
Baron, M. 2011 "Virtue Ethics in Relation to Kantian Ethics: An Opinionated Overview and Commentary," in L. Jost and J. Wuerth (eds.), *Perfecting Virtue: New Essays on Kantian Ethics and Virtue Ethics* (Cambridge University Press)
Baron, M., Pettit, P., and Slote, M. 1997 *Three Methods of Ethics: A Debate* (Blackwell)
Batson, C. D. 1987 "Prosocial Motivation: Is It Ever Truly Altruistic?" in L. Berkowitz (ed.), *Advances in Experimental Social Psychology* (Academic Press)
Battaly, H. (ed.) 2010 *Virtue and Vice: Moral and Epistemic* (Wiley-Blackwell)
Beaman, A., Barnes, P., Klentz, B., and McQuirk, B. 1978 "Increasing Helping Rates through Information Dissemination: Teaching Pays," *Personality and Social Psychology Bulletin* 4: 406-11
Beauchamp, T. L. and Childress, J. F. 2009 *Principles of Biomedical Ethics*, 6th edn. (Oxford University Press)〔邦訳としては、次の第五版のものが最新である。トム・L・ビーチャム＋ジェイムズ・F・チルドレス『生命医学倫理 第五版』立木教夫＋足立智孝監訳、麗澤大学出版会、2009 年〕
Beecher, H. 1966 "Ethics and Clinical Research," *New England Journal of Medicine* 274: 365-72
Björkman, B. 2006 "Why We Are Not Allowed to Sell That Which We Are Encouraged to Donate," *Cambridge Quarterly of Healthcare Ethics* 5: 60-70
Blomme, R. 1958 *La doctrine du péché dans les écoles théologiques de la première moitié du XIIe siècle* (Publications Universitaires de Louvain)
Blum, L. A. 1990 "Vocation, Friendship, and Community: Limitations of the Personal-Impersonal Framework," in O. Flanagan and A. O. Rorty (eds.), *Identity, Character, and Morality: Essays in Moral Psychology* (MIT Press)

Bolsin, S., Faunce, T., and Oakley, J. 2005 "Practical Virtue Ethics: Healthcare Whistleblowing and Portable Digital Technology," *Journal of Medical Ethics* 31: 612-18
Booin-Vail, D. 1996 "Don't Stop Thinking about Tomorrow: Two Paradoxes About Duties to Future Generations," *Philosophy and Public Affairs* 25: 267-307
Brady, M. 2004 "Against Agent-Based Virtue Ethics," *Philosophical Papers* 33: 1-10
Broadie, S. 1991 *Ethics with Aristotle* (Oxford University Press)
——— 2007 "Aristotle and Contemporary Ethics," in *Aristotle and Beyond: Essays on Metaphysics and Ethics* (Cambridge University Press)
Brody, J. K. 1988 "Virtue Ethics, Caring and Nursing," *Scholarly Inquiry for Nursing Practice* 2: 87-96
Brucker, J. 1743 *Historia critica philosophiae* (Breitkopf)
Buchanan, A. E. 2009 "Human Nature and Enhancement," *Bioethics* 23: 141-50
——— 2011 *Beyond Humanity?: The Ethics of Biomedical Enhancement* (Oxford University Press)
Budé, G. 1535 *De transitu Hellenismi ad Christianismum libri tres* (Estienne)
——— 1775 *Opera Omnia* I (Basel) (Repr. Gregg Press, 1966)
Burke, J. 1985 Speech to the Advertising Council, in W. M. Hoffman and J. M. Moore (eds.), *Management of Values: The Ethical Difference in Corporate Policy and Performance* (McGraw-Hill Book Company)
Burnyeat, M. F. 1980 "Aristotle on Learning to be Good," in A. O. Rorty (ed.), *Essays on Aristotle's Ethics* (University of California Press)〔M・F・バーニェト「アリストテレスと善き人への学び」神崎繁翻訳、所収『ギリシア哲学の最前線』井上忠＋山本巍編訳、東京大学出版会、1986 年、86-132 頁〕
Cafaro, P. 2004 *Thoreau's Living Ethics: Walden and the Pursuit of Virtue* (University of Georgia Press)
Cannold, L. 1998 *The Abortion Myth* (Allen & Unwin)
Carroll, A. 1981 *Business and Society: Managing Corporate Social Performance* (Little, Brown)
Chaiken, S., Giner-Sorolla, R., and Chen, S. 1996 "Beyond Accuracy: Defense and Impression Motives in Heuristic and Systematic Information Processing," in P. M. Gollwitzer and J. A. Bargh (eds.), *The Psychology of Action: Linking Cognition and Motivation to Behavior* (Guilford Press)
Chan, W. T. 1963 *Instructions for Practical Living and Other Neo-Confucian Writings by Wang Yang-ming* (Columbia University Press)
Chappell, T. 1993 "The Virtues of Thrasymachus," *Phronesis* 38: 1-23
——— 2005 "'The Good Man is the Measure of All Things': Objectivity without World-Centredness in Aristotle's Moral Epistemology," in C. Gill (ed.), *Virtue, Norms, and Objectivity: Issues in Ancient and Modern Ethics* (Oxford University Press)
——— 2011 "Glory as an Ethical Idea," *Philosophical Investigations* 34: 105-34
Chen, A. Y. S., Sawyers, R. B., and Williams, P. F. 1997 "Reinforcing Ethical Decision Making through Corporate Culture," *Journal of Business Ethics* 16: 855-65
Ching, J. 1976 *To Acquire Wisdom: The Way of Wang Yang-ming* (Columbia University Press)
Churchill, L. R. 1989 "Reviving a Distinctive Medical Ethic," *Hastings Center Report* 19: 28-34
Cialdini, R. B., Brown, S. L., Lewis, B. P., Luce, C., and Neuberg, S. L. 1997 "Reinterpreting the Empathy-Altruism Relationship: When One into One Equals Oneness," *Journal of*

Personality and Social Psychology 73: 481-94
Clark, S. R. L. 1977 *The Moral Status of Animals* (Oxford University Press)
Coase, R. H. 1937 "The Nature of the Firm," *Economica* 4: 386-405
Cohon, R. 2006 *Hume's Morality: Feeling and Fabrication* (Oxford University Press)
Cohon, R. 2008a *Hume's Morality: Feeling and Fabrication* (Oxford University Press)
——— 2008b "Hume's Artificial and Natural Virtues," in S. Traiger (ed.), *The Blackwell Companion to Hume's Treatise* (Blackwell)
〔訳注：上記の Cohon の三つの文献の表記には混乱が見られる。本書で参照されているのは正しくは以下の二つの文献である。
Cohon, R. 2006 "Hume's Artificial and Natural Viertues," in S. Traiger (ed.), *The Blackwell Companion to Hume's Treatise* (Blackwell)
Cohon, R. 2008 *Hume's Morality: Feeling and Fabrication* (Oxford University Press)
補足すれば、本書第 5 章註(26)に登場する「Cohon 2006」とは、上記の訂正された文献における「Cohon 2006」のことである。また、第十四章第三段落目で参照されている「Cohon 2008a」は、上記の訂正された文献における「Cohon 2008」を指している。〕
Colish, M. L. 1990 *The Stoic Tradition from Antiquity to the Early Middle Ages*, vol. I: *Stoicism in Classical Latin Literature* (Brill)
Collins, J. and Porras, J. 2002 *Built to Last: Successful Habits of Visionary Companies* (HarperCollins)
Coons, C. (Forthcoming) "The Best Expression of Welfarism," in M. Timmins (ed.) *Oxford Studies in Normative Ethics*, vol. 2 (Oxford University Press)〔執筆後の 2012 年に刊行されている〕
Coope, C. 2007 "Modern Virtue Ethics," in T. Chappell (ed.), *Values and Virtues* (Oxford University Press)
Cooper, J. M. and Hutchinson, D. (eds.) 1997 *Plato: Complete Works* (Hackett Publishing)
Copp, D. and Sobel, D. 2004 "Morality and Virtue: An Assessment of Some Recent Work in Virtue Ethics," *Ethics* 114: 514-54
Crisp, R. (ed.) 1996 *How Should One Live?: Essays on the Virtues* (Oxford University Press)
——— 2005 "Hume on Virtue, Utility and Morality," in S. M. Gardiner (ed.), *Virtue Ethics Old and New* (Cornell University Press)
——— 2010 "Virtue Ethics and Virtue Epistemology," *Metaphilosophy* 41: 22-40
Crisp, R. and Slote, M. (eds.) 1997 *Virtue Ethics* (Oxford University Press)
Dancy, J. 1993 *Moral Reasons* (Blackwell)
Dare, T. 2004 "Mere-Zeal, Hyper-Zeal and the Ethical Obligations of Lawyers," *Legal Ethics* 7: 24-38
Darwall, S. 2002 *Welfare and Rational Care* (Princeton University Press) (ed.) 2003 *Virtue Ethics* (Blackwell)
——— 2006 *The Second-Person Standpoint* (Harvard University Press)
Das, R. 2003 "Virtue Ethics and Right Action," *Australasian Journal of Philosophy* 81: 324-39
Davie, W. 1999 "Hume and the Monkish Virtues," *Hume Studies* 32: 139-53
de Waele, A. 1620 *Compendium ethicae Aristotelis ad normam veritatis Christianae revocatum* (Elzevir)
Dees, R. H. 1997 "Hume on the Characters of Virtue," *Journal of the History of Philosophy* 35: 45-64
Diels, H. (ed.) 1882-1909 *Commentaria in Aristotelem Graeca*, 23 vols. (Reimers)

Dodds, E. R. 1951 *The Greeks and the Irrational* (Cambridge University Press) 〔E・R・ドッズ『ギリシァ人と非理性』岩田靖夫＋水野一翻訳、1972 年、みすず書房〕
Doris, J. 1998 "Persons, Situations, and Virtue Ethics," *Nôus* 32: 504-30
——— 2002 *Lack of Character: Personality and Moral Behavior* (Cambridge University Press)
Doris, J. and Stich, S. 2005 "As a Matter of Fact: Empirical Perspectives on Ethics," in F. Jackson and M. Smith (eds.), *The Oxford Handbook of Contemporary Analytic Philosophy* (Oxford University Press)
Doviak, D. 2011 "A New Form of Agent-Based Virtue Ethics," *Ethical Theory and Moral Practice*
Drane, J. F. 1988 *Becoming a Good Doctor: The Place of Virtue and Character in Medical Ethics* (Sheed & Ward)
Driver, J. 1989 "The Virtues of Ignorance," *Journal of Philosophy* 86: 373-84
——— 2001 *Uneasy Virtue* (Cambridge University Press)
Edmundson, W. 1998 *Three Anarchical Fallacies* (Cambridge University Press)
Emery, K. 1983 "Reading the World Rightly and Squarely: Bonaventure's Doctrine of the Cardinal Virtues," *Traditio* 39: 183-218
Engstrom, S. and Whiting, J. (eds.) 1996 *Rethinking Duty and Happiness: Aristotle, Kant, and the Stoics* (Cambridge University Press)
Epley, N. and Dunning, D. 2000 "Feeling 'Holier than Thou': Are Self-Serving Assessments Produced by Errors in Self or Social Prediction?" *Journal of Personality and Social Psychology* 79: 861-75
Farrelly, C. 2007 "Virtue Ethics and Prenatal Genetic Enhancement," *Studies in Ethics, Law, and Technology* l: 1-13
Feinberg, J. 1972 "The Nature and Value of Rights," *Journal of Value Inquiry* 4: 243-57
Feinberg, J. 1986 "Wrongful Life and the Counterfactual Element in Harming," *Social Philosophy and Policy* 4: 145-78
Festinger, L. 1957 *A Theory of Cognitive Dissonance* (Stanford University Press)
Ficino, M. 2001-6 *Platonic Theology*, ed. and trans. M. Allen and J. Hankins, 6 vols. (Harvard University Press)
Foot, P. 1977 "Euthanasia," *Philosophy and Public Affairs* 6: 85-112
——— 1978a "Moral Arguments," in *Virtues and Vices* (University of California Press)
——— 1978b "Moral Beliefs," in *Virtues and Vices* (University of California Press)
——— 2001 *Natural Goodness* (Oxford University Press) 〔フィリッパ・フット『人間にとって善とは何か——徳倫理学入門』高橋久一郎監訳、河田健太郎＋立花幸司＋壁谷彰慶翻訳、筑摩書房、2014 年〕
Frank, R. 1988 *Passions within Reason: The Strategic Role of the Emotions* (W. W. Norton)
——— 2004 *What Price the Moral High Ground?: Ethical Dilemmas in Competitive Environments* (Princeton University Press)
Frankfurt, H. G. 1981 "Freedom of the Will and the Concept of a Person," in G. Watson (ed.), *Free Will* (Oxford University Press) 〔ハリー・G・フランクファート「意志の自由と人格という概念」近藤智彦翻訳、所収『自由と行為の哲学』門脇俊介＋野矢茂樹編監訳、春秋社、2010 年、99-127 頁〕
Freeman, R. E. 1994 "The Politics of Stakeholder Theory: Some Future Directions," *Business Ethics Quarterly* 4: 409-21
Freeman, R. E., Harrison, J., and Wicks, A. 2007 *Managing for Stakeholders: Survival, Reputation, and Success* (Yale University Press)

Friedman, M. 1970 "The Social Responsibility of Business Is to Increase Its Profits," *New York Times Magazine*, September 13
Fröding, B. 2011 "Cognitive Enhancement, Virtue Ethics and the Good Life," *Neuroethics* 4: 223-34
Gaita, R. 1991 *Good and Evil: An Absolute Conception* (Routledge)
Garcia, J. L. A. 1990 "The Primacy of the Virtuous," *Philosophia* 20: 69-91
Gardiner, P. 2003 "A Virtue Ethics Approach to Moral Dilemmas in Medicine," *Journal of Medical Ethics* 29: 297-302
Gaus, G. 1996 *Justificatory Liberalism* (Oxford University Press)
Gaus, G. 2010 "Coercion, Ownership, and the Redistributive State: Justificatory Liberalism's Classical Tilt," *Social Philosophy and Policy* 27: 233-75
Geach, P. 1977 *The Virtues* (Cambridge University Press)
Gelfand, S. 2000 "Hypothetical Agent-Based Virtue Ethics," *Southwest Philosophy Review* 17: 85-94
Ghoshal, S. 2005 "Bad Management Theories Are Destroying Good Management Practices," *Academy of Management Learning and Education* 4: 75-91
Gigerenzer, G. 2000 *Adaptive Thinking: Rationality in the Real World* (Oxford University Press)
Gilbert, D. 2005 *Stumbling upon Happiness* (Alfred Knopf)
——— 1982 *In a Different Voice* (Harvard University Press)
Girod, J. and Beckman, A. W. 2005 "Just Allocation and Team Loyalty: A New Virtue Ethic for Emergency Medicine," *Journal of Medical Ethics* 31: 567-70
Goldberg, D. 2008 "Pragmatism and Virtue Ethics in Clinical Research," *American Journal of Bioethics* 8: 43-5
Gollwitzer and J. A. Bargh (eds.), *The Psychology of Action: Linking Cognition and Motivation to Behavior* (Guilford Press)
Gottlieb, P. 2009 *The Virtue of Aristotle's Ethics* (Cambridge University Press)
Graham, A. C. 1989 *Disputers of the Tao: Philosophical Argument in Ancient China* (Open Court)
H. S. Richardson (eds.), *Liberalism and the Good* (Routledge)
Hacker-Wright, J. 2007 "Moral Status in Virtue Ethics," *Philosophy* 82: 449-73
——— 2010 "Virtue Ethics without Right Action: Anscombe, Foot, and Contemporary Virtue Ethics," *Journal of Value Inquiry* 44: 209-24
Haidt, J. 2001 "The Emotional Dog and Its Rational Tail: A Social Intuitionist Approach to Moral Judgment," *Psychological Review* 108: 814-34
——— 2006 *The Happiness Hypothesis* (Basic Books)〔ジョナサン・ハイト『しあわせ仮説——古代の知恵と現代科学の知恵』藤澤隆史＋藤澤玲子翻訳、新曜社、2011 年〕
Hampton, J. 1993 "Selflessness and Loss of Self," *Social Philosophy and Policy* 10: 135-65
Hare, R. M. 1994 "Methods of Bioethics: Some Defective Proposals," *Monash Bioethics Review* 13: 34-47 (Repr. in L. W. Sumner and Joseph Boyle, eds., *Philosophical Perspectives on Bioethics*, University of Toronto Press, 1996)
Harman, G. 1998 "Moral Philosophy Meets Social Psychology: Virtue Ethics and the Fundamental Attribution Error," *Proceedings of the Aristotelian Society* 99: 315-31
——— 1999 "Moral Psychology Meets Social Psychology: Virtue Ethics and the Fundamental Attribution Error," *Proceedings of the Aristotelian Society* 99: 315-31
——— 2000 "The Nonexistence of Character Traits," *Proceedings of the Aristotelian Society* 100: 223-6

——— 2001 "Virtue Ethics without Character Traits," in A. Byrne, R. Stalnaker, and R. Wedgwood (eds.), *Fact and Value: Essays on Ethics and Metaphysics for Judith Jarvis Thomson* (MIT Press)

Harris, C. E., Pritchard, M. S., and Rabins, M. S. 2008 *Engineering Ethics: Concepts and Cases* (Wadsworth)〔2005 年に刊行された原著第三版については翻訳がある：Harris, C. E., Pritchard, M. S., and Rabins, M. S.『第 3 版 科学技術者の倫理 その考え方と事例』日本技術士会訳編、丸善、2008 年〕

Hartman, E. 2006 "Can We Teach Character?: An Aristotelian Answer," *Academy of Management Learning and Education* 5: 68-81

——— 2008 "Socratic Questions and Aristotelian Answers: A Virtue-Based Approach to Business Ethics," *Journal of Business Ethics* 78: 313-28

Hartshorne, H. and May, M. 1928 *Studies in the Nature of Character*, vol. 1, *Studies in Deceit* (Macmillan)

Haybron, D. M. 2008 *The Pursuit of Unhappiness* (Oxford University Press)

Hayek, F. 1978 "Why I Am Not a Conservative," in *The Constitution of Liberty* (University of Chicago Press)〔F・A・ハイエク『ハイエク全集 7 自由の条件Ⅲ——福祉国家における自由』気賀健三＋古賀勝次郎翻訳、春秋社、1987 年（新版 2007 年）〕

Held, V. 2006 "The Ethics of Care," in D. Copp (ed.), *The Oxford Handbook of Ethical Theory* (Oxford University Press)

Higgs, R. 2007 "Truth-Telling, Lying, and the Doctor-Patient Relationship," in R. Ashcroft, A. Dawson, H. Draper, and J. McMillan (eds.), *Principles of Health Care Ethics*, 2nd edn. (John Wiley)

Hill Jr., T. E. 2005 "Ideals of Human Excellence and Preserving Natural Environments," in R. Sandler and P. Cafaro (eds.), *Environmental Virtue Ethics* (Rowman & Littlefield)

——— 2008 "Kantian Virtue and 'Virtue Ethics,'" in M. Betzler (ed.), *Kant's Ethics of Virtue* (Walter de Gruyter)

Hirschman, A. 1982 "Rival Interpretations of Market Society: Civilizing, Destructive, or Feeble?" *Journal of Economic Literature* 20: 1463-84

Hoffman, M. L. 2007 *Empathy and Moral Development: Implications for Caring and Justice* (Cambridge University Press)

Holland, S. 2010 "Scepticism about the Virtue Ethics Approach to Nursing Ethics," *Nursing Philosophy* 11: 151-8

——— 2011 "The Virtue Ethics Approach to Bioethics," *Bioethics* 25: 192-201

Homer, J. S. 2000 "For Debate: The Virtuous Public Health Physician," *Journal of Public Health Medicine* 22: 48-53

Hooker, B. 1996 "Does Moral Virtue Constitute a Benefit to the Agent?" in R. Crisp (ed.), *How Should One Live?: Essays on the Virtues* (Oxford University Press)

Hourdequin, M. 2010 "The Limits of Empathy," paper read at the American Philosophical Association, Pacific Division, conference, March 31 - April 3

Huemer, M. 2008 "In Defence of Repugnance," *Mind* 117: 899-933

Hume, D. [1739-40] 2000 *A Treatise of Human Nature*, ed. D. F. Norton and M. J. Norton (Oxford University Press)〔『人間本性論 第 1 巻 知性について』木曾好能翻訳、法政大学出版局、一九九五年、『人間本性論 第 2 巻 情念について』石川徹＋中釜浩一＋伊勢俊彦翻訳、法政大学出版局、2011 年、『人間本性論 第 3 巻 道徳について』伊勢俊彦＋石川徹＋中釜浩一翻訳、法政大学出版局、2012 年〕

——— [1740] 2000 *An Abstract of A Treatise of Human Nature*, in *A Treatise of Human Nature*, ed. D. F. Norton and M. J. Norton (Oxford University Press)〔「人間本性論摘

要」斎藤繁雄＋一ノ瀬正樹翻訳、『人間知性研究』所収、法政大学出版局、2004年〕
——— [1748] 2000 *An Enquiry concerning Human Understanding*, ed. T. L. Beauchamp (Oxford University Press)
——— [1751] 1998 *Enquiry concerning the Principles of Morals*, ed. T. L. Beauchamp (Oxford University Press)
——— [1757] 1993 *Natural History of Religion, in A Dissertation on the Passions, The Natural History of Religion*, ed. T. L. Beauchamp (Oxford University Press)〔『宗教の自然史——ヒューム宗教論集 1』第 3 版、福鎌忠恕＋斎藤繁雄翻訳、法政大学出版局、1989 年〕
——— [1757] 2007 *A Dissertation on the Passions*, in *A Dissertation on the Passions, The Natural History of Religion*, ed. T. L. Beauchamp (Oxford University Press)〔「情念論」渡部俊明翻訳、『人間知性の研究・情念論』所収、晢書房、1990 年〕
——— [1777] 1985 *Essays: Moral, Political, and Literary*, rev. edn., ed. E. F. Miller (Liberty Classics)〔『ヒューム　道徳・政治・文学論集［完訳版］』田中敏弘翻訳、名古屋大学出版会、2011 年〕
——— [1778] 1983 *The History of England*, 6 vols., foreward by W. B. Todd (Liberty Classics)
——— [1779] 1993 *Dialogues concerning Natural Religion*, in *Dialogues and Natural History of Religion*, ed. J. A. C. Gaskin (Oxford University Press)〔『自然宗教に関する対話——ヒューム宗教論集 2』福鎌忠恕＋斎藤繁雄翻訳、法政大学出版局、1975年〕
——— 1932 *The Letters of David Hume*, 2 vols., ed. J. Y. T. Greig (Oxford University Press)〔「一郷士よりエディンバラの一友人に宛てた一書簡」、「アダム・スミス書簡」「自叙伝」福鎌忠恕＋斎藤繁雄翻訳、『奇蹟論・迷信論・自殺論——ヒューム宗教論集 3』所収、法政大学出版局、1985 年〕
——— 1975 *Enquiries Concerning Human Understanding and Concerning the Principles of Morals*, 3rd edn, ed. P. H. Nidditch (Oxford University Press)〔『人間知性研究』斎藤繁雄＋一ノ瀬正樹翻訳、法政大学出版局、2004 年〕〔『道徳原理の研究』渡部峻明翻訳、晢書房、1993 年〕
——— 1978 *A Treatise of Human Nature*, ed. L. A. Selby-Bigge (Oxford University Press)
Hunt, L. H. 1997 *Character and Culture* (Rowman & Littlefield)
Hurka, T. 2001 *Virtue, Vice and Value* (Oxford University Press)
——— 2006 "Virtuous Act, Virtuous Dispositions," *Analysis* 66: 69-76
Hursthouse, R. 1980-81 "A False Doctrine of the Mean," *Proceedings of the Aristotelian Society* 81: 52-72
——— 1987 *Beginning Lives* (Blackwell)
——— 1990-91 "After Hume's Justice," *Proceedings of the Aristotelian Society* 91: 229-45
——— 1991 "Virtue Theory and Abortion," *Philosophy and Public Affairs* 20: 223-46〔ロザリンド・ハーストハウス「徳理論と妊娠中絶」林誓雄翻訳、所収『妊娠中絶の生命倫理——哲学者たちは何を議論したか』江口聡編監訳、勁草書房、2011 年、215-247 頁〕
——— 1993 "Slote on Self-Sufficiency," *Journal of Social Philosophy* 24: 57-67
——— 1995a "The Virtuous Agent's Reasons: A Reply to Bernard Williams," in R. Heinaman (ed.), *Aristotle on Moral Realism* (Westview Press)
——— 1995b "Applying Virtue Ethics," in R. Hursthouse, G. Lawrence, and W. Quinn (eds.), *Virtues and Reasons: Philippa Foot and Moral Theory: Essays in Honour of Philippa Foot*

(Oxford University Press)
——— 1996 "Normative Virtue Ethics," in R. Crisp (ed.), *How Should one Live?: Essays on the Virtues* (Oxford University Press)
——— 1999 *On Virtue Ethics* (Oxford University Press)〔ロザリンド・ハーストハウス『徳倫理学について』土橋茂樹翻訳、知泉書館、2014 年〕
——— 2006a "Practical Wisdom: A Mundane Account," *Proceedings of the Aristotelian Society* 106: 283-307
——— 2006b "Are Virtues the Proper Starting Point for Morality?" in J. Dreier (ed.), *Contemporary Debates in Moral Theory* (Blackwell)
——— 2006c "Applying Virtue Ethics to our Treatment of the Other Animals," in J. Welchman (ed.), *The Practice of Virtue: Classic and Contemporary Readings in Virtue Ethics* (Hackett Publishing)
——— 2007a "Environmental Virtue Ethics," in R. L. Walker and P. J. Ivanhoe (eds.), *Working Virtue: Virtue Ethics and Contemporary Moral Problems* (Oxford University Press)
——— 2007b (revised) "Virtue Ethics," *Stanford Encyclopedia of Philosophy* (online)
——— 2008 "The Good and Bad Family," in L. Thomas (ed.), *Contemporary Debates in Social Philosophy* (Blackwell)
Hutcheson, F. [1726] 2004 *An Inquiry into the Original of our Ideas of Beauty and Virtue*, 2nd edn., ed. W. Leidhold (Liberty Fund)
Hutton, E. L. 2002a "Moral Reasoning in Aristotle and Xunzi," *Journal of Chinese Philosophy* 29: 355-84
——— 2002b "Moral Connoisseurship in Mengzi," in Liu Xiusheng and P. J. Ivanhoe (eds.), *Essays on the Moral Philosophy of Mengzi* (Hackett Publishing)
Imber, J. B. 2008 *Trusting Doctors: The Decline of Moral Authority in American Medicine* (Princeton University Press)
Inwood, B. and Gerson, L. (trans., eds.) 1988 *Hellenistic Philosophy* (Hackett Publishing)
——— (trans., eds.) 1994 *The Epicurus Reader* (Hackett Publishing)
Irwin, T. 1989 *Classical Thought* (Oxford University Press)〔テレンス・アーウィン『西洋古典思想——古代ギリシア・ローマの哲学思想』川田親之翻訳、東海大学出版会、2000 年〕
——— 2000 "Ethics as an Inexact Science," in B. Hooker and M. O. Little (eds.), *Moral Particularism* (Oxford University Press)
——— 2007 *The Development of Ethics*, vol. 1: *From Socrates to the Reformation* (Oxford University Press)
——— 2008 *The Development of Ethics*, vol. 2: *From Suarez to Rousseau* (Oxford University Press)
Ivanhoe, P. J. 2000 *Confucian Moral Self Cultivation*, 2nd edn. (Hackett Publishing)
——— 2002 *Ethics in the Confucian Tradition: The Thought of Mengzi and Wang Yangming*, 2nd edn. (Hackett Publishing)
——— 2007a "Literature and Ethics in the Chinese Confucian Tradition," in B. Wilburn (ed.), *Moral Cultivation* (Rowan & Littlefield)
——— 2007b "Filial Piety as a Virtue," in R. Walker and P. J. Ivanhoe (eds.) *Working Virtue: Virtue Ethics and Contemporary Moral Problems* (Oxford University Press)
——— 2009a *Readings from the Lu-Wang School of Neo-Confucianism* (Hackett Publishing)
——— 2009b "Pluralism, Toleration, and Ethical Promiscuity," *Journal of Religious Ethics* 37:

311-29
——— 2011 "Moral Perception in McDowell, Wang, and Mengzi," *Dao: A Journal of Comparative Philosophy* 10: 273-90
——— (forthcoming) "Kongzi and Aristotle as Virtue Ethicists," in Li Chenyang (ed.), *Character and Moral Cultivation: East and West*
Jacobson, D. 2002 "An Unsolved Problem for Slote," *Philosophical Studies* 111: 53-67
Jansen, L. A. 2000 "The Virtues in Their Place: Virtue Ethics in Medicine," *Theoretical Medicine* 21: 261-76
Jensen, M. and Mechling, W. 1976 "Theory of the Firm: Managerial Behaviour, Agency Costs, and Ownership Structure," *Journal of Financial Economics* 3: 305-60
Johnson & Johnson 1940 *Credo* (Johnson & Johnson)
Johnson, R. 2003 "Virtue and Right," *Ethics* 113: 810-34
——— 2008 "Was Kant a Virtue Ethicist?," in M. Betzler (ed.), *Kant's Ethics of Virtue* (Walter de Gruyter)
Jost, L. and Wuerth, J. (eds.) 2011 *Perfecting Virtue: New Essays on Kantian Ethics and Virtue Ethics* (Cambridge University Press)
Kagan, S. 2000 "Evaluative Focal Points," in B. Hooker, E. Mason, and D. E. Miller (eds.), *Morality, Rules, and Consequences: A Critical Reader* (Edinburgh University Press)
Kamtekar, R. 1998 "Imperfect Virtue," *Ancient Philosophy* 18: 315-39
——— 2004 "Situationism and Virtue Ethics on the Content of our Character," *Ethics* 114: 458-91
Kant, I. 1785 *Grundlegung zur Metaphysik der Sitten* (Hartknoch)〔エマニエル・カント『人倫の形而上学の基礎づけ』平田俊博翻訳、所収『カント全集第 7 巻 人倫の形而上学の基礎づけ・実践理性批判・実践理性批判準備原稿』、岩波書店、2000 年、1-116 頁〕
——— 1797 *Die Metaphysik der Sitten* (Nicolovius)〔エマニエル・カント『カント全集第 11 巻 人倫の形而上学』樽井正義＋池尾恭一翻訳、岩波書店、2002 年〕
——— 1996 *Metaphysics of Morals*, ed. and trans. M. Gregor (Cambridge University Press)
Kass, L. 1989 "Neither for Love nor Money: Why Doctors Must Not Kill," *Public Interest* 94: 25-46
Kawall, J. 2002 "Virtue Theory and Ideal Observers," *Philosophical Studies* 109: 197-222
——— 2003 "Reverence for Life as a Viable Environmental Virtue," *Environmental Ethics* 25: 339-58
——— 2009 "In Defense of the Primacy of the Virtues," *Journal of Ethics and Social Philosophy* 3: 1-21
Kent, B. 1995 *Virtues of the Will: The Transformation of Ethics in the Late Thirteenth Century* (Catholic University of America Press)
——— 2003 "Rethinking Moral Dispositions: Scotus on the Virtues," in T. Williams (ed.), *The Cambridge Companion to Duns Scotus* (Cambridge University Press)
Kornegay, R. J. 2011 "Hursthouse's Virtue Ethics and Abortion: Abortion Ethics without Metaphysics?" *Ethical Theory and Moral Practice* 14: 51-71
Korsgaard, C. 1986 "Aristotle on Function and Virtue," *History of Philosophy Quarterly* 3: 259-79
——— 1993 "The Reasons We Can Share: An Attack on the Distinction between Agent-Relative and Agent-Neutral Values," *Social Philosophy and Policy* 10: 24-51
Kraut, R. 1979 "Two Conceptions of Happiness," *Philosophical Review* 88: 167-97
——— 1999 "Politics, Neutrality, and the Good," *Social Philosophy and Policy* 16: 315-32

Kraye, J. 1991 "Moral Philosophy," in C. Schmidt et al. (eds.), *The Cambridge History of Renaissance Philosophy* (Cambridge University Press)
——— 1996 "Philologists and Philosophers," in J. Kraye (ed.), *The Cambridge Companion to Renaissance Humanism* (Cambridge University Press)
Kupperman, J. 1999 *Learning from Asian Philosophy* (Oxford University Press)
Kurlander, J. E. and Danis, M. 2007 "Organisational Ethics in Health Care," in R. Ashcroft, A. Dawson, H. Draper, and J. McMillan (eds.), *Principles of Health Care Ethics*, 2nd edn. (John Wiley)
Lebacqz, K. 1985 "The Virtuous Patient," in E. Shelp (ed.), *Virtue and Medicine* (Reidel)
LeBar, M. 2004 "Good for You," *Pacific Philosophical Quarterly* 85: 195-217
——— 2009 "Virtue Ethics and Deontic Constraints," *Ethics* 119: 642-71
Lenman, J. 2005 "The Saucer of Mud, the Kudzu Vine and the Uxorious Cheetah: Against Neo-Aristotelianism in Metaethics," *European Journal of Applied Philosophy* 1: 37-50
Leopold, A. 1966 *A Sand County Almanac* (Oxford University Press)〔アルド・レオポルド『野生のうたが聞こえる』新島義昭翻訳、講談社学術文庫、1997 年〕
Li Chenyang 2000 "The Confucian Concept of *Jen* and the Feminist Ethics of Care: A Comparative Study," in Li Chenyang (ed.), *The Sage and the Second Sex: Confucianism, Ethics, and Gender* (Open Court Publishing Company)
Lieberman, M. 2000 "Intuition: A Social Cognitive Neuroscience Approach," *Psychological Bulletin* 126: 109-37
Lines, D. 2002 *Aristotle's Ethics in the Italian Renaissance (ca. 1300-1650) : The Universities and the Problem of Education* (Brill)
Little, M. O. 2000 "Moral Generalities Revisited," in B. Hooker and M. Little (eds.), *Moral Particularism* (Oxford University Press)
Litton, P. and Miller, F. 2005 "A Normative Justification for Distinguishing the Ethics of Clinical Research from the Ethics of Medical Care," *Journal of Law, Medicine and Ethics* 33: 566-74
Liu Xiusheng 2002 "Mencius, Hume, and Sensibility Theory," *Philosophy East and West* 52: 75-97
——— 2003 *Mencius, Hume, and the Foundations of Ethics: Humanity in Ethics* (Ashgate)
Long, A. A. 1988 "Socrates in Hellenistic Philosophy," *Classical Quarterly* 38: 150-71 (Repr. in *Stoic Studies*, Cambridge University Press, 1996)
Lottin, O. 1942-50 *Psychologie et morale aux XII et XIII siècles*, 6 vols. (Abbaye Du Mont Cesar)
Louden, R. 1984 "On Some Vices of Virtue Ethics," *American Philosophical Quarterly* 21: 227-36
Luban, D. 2003 "Integrity: Its Causes and Cures," *Fordham Law Review* 72: 279-310
Luker, K. 1984 *Abortion and the Politics of Motherhood* (University of California Press)
Luther, M. 1523 *Von weltlicher Obrigkeit* (Wittenberg) (Repr. Hänssler 1996)
——— 1883 *D. Martin Luthers Werke* (Hermann Böhlau), vols. I and II
MacIntyre, A. 1981 *After Virtue*, 1st edn. (University of Notre Dame Press)
——— 1984 *After Virtue*, 2nd edn. (University of Notre Dame Press)〔アラスデア・マッキンタイア『美徳なき時代』篠崎榮翻訳、みすず書房、1984 年〕
——— 1988 *Whose Justice? Which Rationality?* (Duckworth)
——— 1991 *Three Rival Versions of Moral Inquiry* (Duckworth)
Mackie, J. L. 1977 *Ethics: Inventing Right and Wrong* (Pelican)〔J・L・マッキー『倫理学——道徳を創造する』加藤尚武監訳、高知健太郎＋三嶋輝夫＋古賀祥二郎＋森村

進＋桑田禮彰翻訳、哲書房、1990年〕
Makeham, J. 2010 *Neo-Confucian Philosophy* (Springer)
Marenbon, J. 1997 *The Philosophy of Peter Abelard* (Cambridge University Press)
Markus, H. R. and Kitayama, S. 1991 "Culture and the Self: Implications for Cognition, Emotion, and Motivation," *Psychological Review* 98: 225-53
Martin, M. 2006 *From Morality to Mental Health: Virtue and Vice in a Therapeutic Culture* (Oxford University Press)
Mathews, F. 2001 "the World Grow Old: An Ethos of Countermodernity," in D. Schmidtz and E. Willott (eds.), *Environmental Ethics: What Really Matters, What Really Works* (Oxford University Press)
May, S. 1999 *Nietzsche's Ethics and his War on Morality* (Oxford University Press)
May, W. F. 1994 "The Virtues in a Professional Setting," in K. W. M. Fulford, G. Gillett, and J. M. Soskice (eds.), *Medicine and Moral Reasoning* (Cambridge University Press)
McAleer S. 2007 "An Aristotelian Account of Virtue Ethics: An Essay in Moral Taxonomy," *Pacific Philosophical Quarterly* 88: 208-225
McCloskey, D. 1996 *The Bourgeois Virtues: Ethics for an Age of Commerce* (University of Chicago Press)
McDougall, R. 2005 "Acting Parentally: An Argument against Sex Selection," *Journal of Medical Ethics* 31: 601-5
——— 2007 "Parental Virtue: A New Way of Thinking about the Morality of Reproductive Actions, " *Bioethics* 21: 181-90
——— 2009 "Impairment, Flourishing and the Moral Nature of Parenthood," in K. Brownlee and A. Cureton (eds.), *Disability and Disadvantage* (Oxford University Press)
McDowell, J. 1979 "Virtue and Reason," *Monist* 42: 331-50〔ジョン・マクダウェル「徳と理性」荻原理翻訳、所収『徳と理性——マクダウェル倫理学論文集』大庭健＋荻原理監訳、勁草書房、近刊〕
——— 1980 "The Role of *Eudaimonia* in Aristotle's Ethics," in A. O. Rorty (ed.), *Essays on Aristotle's Ethics* (University of California)
——— 1995a "Two Sorts of Naturalism," in R. Hursthouse, G. Lawrence, and W. Quinn (eds.), *Virtues and Reasons: Philippa Foot and Moral Theory* (Oxford University Press)〔ジョン・マクダウェル「二つの自然主義」佐々木拓翻訳、所収『徳と理性——マクダウェル倫理学論文集』大庭健＋荻原理監訳、勁草書房、近刊〕
——— 1995b "Eudaimonism and Realism in Aristotle's Ethics," in R. Heinaman (ed.), *Aristotle and Moral Realism* (University College London)
——— 1996 *Mind and World* (Harvard University Press)〔ジョン・マクダウェル『心と世界』神崎繁＋河田健太郎＋荒畑靖宏＋村井忠康翻訳、勁草書房、2012年〕
Melanchthon, P. 1843 *De Aristotele. In Opera quae supersunt omnia*, ed. C. G. Bretschneider and H. E. Bindseil (Schwetschke), vol. 11
——— 1850 *Enarrationes aliquot librorum Ethicorum Aristotelis. In Opera quae supersunt omnia*, ed. C. G. Bretschneider and H. E. Bindseil (Schwetschke), vol . 16
Menn, S. 1997 "Physics as a Virtue," *Proceedings of the Boston Area Colloquium in Ancient Philosophy* 11: 1-34
Merritt, M. 2000 "Virtue Ethics and Situationist Personality Psychology," *Ethical Theory and Moral Practice* 3: 365-83
Merritt, M., Doris, J. and Harman, G. 2010 "Character," in J. Doris *et al.* (eds.), *The Oxford Handbook of Moral Psychology* (Oxford University Press)
Milgram, S. 1974 *Obedience to Authority: An Experimental View* (Harper & Row)

Miller, C. 2003 "Social Psychology and Virtue Ethics," *Journal of Ethics* 7: 365-92
——— 2009 "Social Psychology, Mood, and Helping: Mixed Results for Virtue Ethics," *Journal of Ethics* 13: 145-73
——— 2010 "Character Traits, Social Psychology, and Impediments to Helping Behavior," *Journal of Ethics and Social Philosophy* 5, www.jesp.org
Moore, G. 2002 "On the Implications of the Practice-Institution Distinction: MacIntyre and the Application of Modern Virtue Ethics to Business," *Business Ethics Quarterly* 12: 19-32
——— 2005a "Corporate Character: Modern Virtue Ethics and the Virtuous Corporation," *Business Ethics Quarterly* 15: 659-85
——— 2005b "Humanizing Business: A Modern Virtue Ethics Approach," *Business Ethics Quarterly* 15: 237-55
——— 2008 "Re-imagining the Morality of Management: A Modern Virtue Ethics Approach," *Business Ethics Quarterly* 18: 483-511
——— 2009 "Virtue Ethics and Business Organizations," in J. D. Smith (ed.), *Normative Theory and Business Ethics* (Rowman & Littlefield)
——— 2012 "The Virtue of Governance, the Governance of Virtue," *Business Ethics Quarterly* 22: 293-318
Moore, G. E. 1903 *Principia Ethica* (Cambridge University Press)〔G・E・ムア『倫理学原理――付録：内在的価値の概念／自由意志』泉谷周三郎＋寺中平治＋星野勉翻訳、三和書籍、2010 年〕
Murdoch, I. 1970 *The Sovereignty of Good* (Routledge & Kegan Paul)〔I・マードック『善の至高性――プラトニズムの視点から』菅豊彦＋小林信行翻訳、九州大学出版会、1992 年〕
Narveson, J. 1967 "Utilitarianism and New Generations," *Mind* 76: 62-72
Nederman, C. J. 1991 "Aristotelianism and the Origins of 'Political Science' in the Twelfth Century," *Journal of the History of Ideas* 52: 179-94
Nietzsche, F. 1973 *Beyond Good and Evil*, trans. R. J. Hollingdale (Penguin)〔ニーチェ『ニーチェ全集 第Ⅱ期第 2 巻 善悪の彼岸』吉村博次翻訳、白水社、1983 年〕
——— 1996 *On the Genealogy of Morals*, trans. D. Smith (Oxford University Press)〔ニーチェ『道徳の系譜』、所収『ニーチェ全集 第Ⅱ期第 3 巻 道徳の系譜・ヴァーグナーの場合・遺された著作(1889 年) ニーチェ対ヴァーグナー』秋山英夫＋浅井真男翻訳、白水社、1983 年〕
Noddings, N. 1986 *Caring: A Feminist Approach to Ethics and Moral Education* (University of California Press)〔ネル・ノディングズ『ケアリング――倫理と道徳の教育 女性の観点から』立山善康＋清水重樹＋新茂之＋林泰成＋宮崎宏志翻訳、晃洋書房、1997 年〕
Nussbaum, M. 1986 *The Fragility of Goodness* (Cambridge University Press)
——— 1988 "Nature, Function, and Capability: Aristotle on Political Distribution," *Oxford Studies in Ancient Philosophy*, supp. l: 145-84
——— 1990a "Aristotelian Social Democracy," in R. B. Douglass, G. M. Mara, and H. S. Richardson (eds.), *Liberalism and the Good* (Routledge)
——— 1990b *Love's Knowledge* (Oxford University Press)
——— 1992 "Human Functioning and Social Justice: In Defense of Aristotelian Essentialism," *Political Theory* 20: 202-46
——— 1993 "Non-Relative Virtues: An Aristotelian Approach," in M. Nussbaum and A. Sen (eds.), *The Quality of Life* (Oxford University Press)〔マーサ・ヌスバウム「相対的

ではない徳——アリストテレス的アプローチ」渡辺邦夫翻訳、所収『徳倫理学基本論文集』加藤尚武＋児玉聡監訳、勁草書房、2015 年。なお、この論文は原著第二部に収められたものだが、原著第一部については以下の抄訳がある。マーサ・C・ヌスバウム＋アマルティア・セン編著『クオリティー・オブ・ライフ——豊かさの本質とは』竹友安彦監修、水谷めぐみ翻訳、里文出版、2006 年〕

——— 1995 "Aristotle on Human Nature and the Foundations of Ethics," in J. E. J. Altham and R. Harrison (eds.), *World, Mind, and Ethics: Essays on the Ethical Philosophy of Bernard Williams* (Cambridge University Press)

——— 2006 *Frontiers of Justice: Disability, Nationality, Species Membership* (Harvard University Press)〔マーサ・C・ヌスバウム『正義のフロンティア——障碍者・外国人・動物という境界を越えて』神島裕子翻訳、法政大学出版局、2012 年〕

——— 2011 "Perfectionist Liberalism and Political Liberalism," *Philosophy and Public Affairs* 39: 3-45

Oakley, J. 1994 "Sketch of a Virtue Ethics Approach to Health Care Resource Allocation," *Monash Bioethics Review* 13: 27-33

——— 1996 "Varieties of Virtue Ethics," *Ratio* 9: 128-52

——— 2009 "A Virtue Ethics Approach," in H. Kuhse and P. Singer (eds.), *A Companion to Bioethics*, 2nd edn. (Blackwell)

Oakley, J. and Cocking, D. 2001 *Virtue Ethics and Professional Roles* (Cambridge University Press)

Parfit, D. 1984 *Reasons and Persons* (Oxford University Press)〔デレク・パーフィット『理由と人格——非人格性の倫理学へ』森村進翻訳、勁草書房、1998 年〕

Park, K. 1988 "The Organic Soul," in C. B. Schmitt *et al.* (eds.), *The Cambridge History of Renaissance Philosophy* (Cambridge University Press)

Pasnau, R. 2002 *Thomas Aquinas on Human Nature: A Philosophical Study of Summa Theologiae Ia 75-89* (Cambridge University Press)

Pellegrino, E. D. 1995 "Toward a Virtue-Based Normative Ethics for the Health Professions," *Kennedy Institute of Ethics Journal* 5: 253-77

——— 2007 "Professing Medicine, Virtue Based Ethics, and the Retrieval of Professionalism," in R. L. Walker and P. J. Ivanhoe (eds), *Working Virtue: Virtue Ethics and Contemporary Moral Problems* (Oxford University Press)

Pellegrino, E. D. and Thomasma, D. C. 1981 *A Philosophical Basis of Medical Practice* (Oxford University Press)

——— 1988 *For the Patient's Good: The Restoration of Beneficence in Health Care* (Oxford University Press)

——— 1993 *The Virtues in Medical Practice* (Oxford University Press)

Pence, G. 1980 *Ethical Options in Medicine* (Medical Economics Company)

Percival, T. 1803 *Medical Ethics, or a Code of Institutions and Precepts Adapted to the Professional Conduct of Physicians and Surgeons* (Classics of Medicine Library, 1985)

Petersen, P. 1921 *Die Geschichte der aristotelischen Philosophie im protestantischen Deutschland* (Felix Meiner)

Pico della Mirandola, G. 1942 *De hominis dignitate*, ed. E. Garin (Valechi)

Pitson, A. E. 2002 *Hume's Philosophy of the Self* (Routledge)

Porter, J. 2005 *Nature as Reason: A Thomistic Theory of the Natural Law* (Eerdmans Press)

Posner, R. 1983 *The Economics of Justice*, 2nd edn. (Harvard University Press)

Post, S. G. 2003 *Encyclopedia of Bioethics*, 3rd edn. (Macmillan)

Pronin, E., Lin, D. Y., and Ross, L. 2002 "The Bias Blind Spot: Perceptions of Bias in Self versus

Others," *Personality and Social Psychology Bulletin* 28: 369-81

Putnam, H. 2002 *The Collapse of the Fact/Value Dichotomy and Other Essays* (Harvard University Press)〔ヒラリー・パトナム『事実／価値二分法の崩壊』藤田晋吾＋中村正利翻訳、法政大学出版局、2006 年〕

Rachels, J. 1975 "Active and Passive Euthanasia," *New England Journal of Medicine* 292: 78-80〔ジェームズ・レイチェルズ「積極的安楽死と消極的安楽死」小野谷加奈恵翻訳（抄訳）、所収『バイオエシックスの基礎――欧米の「生命倫理」論』加藤尚武＋飯田亘之編、東海大学出版会、1988 年、113-121 頁〕

——— 2003 *The Elements of Moral Philosophy*, 4th edn. (McGraw-Hill)〔第三版には以下の邦訳がある。ジェームズ・レイチェルズ『現実をみつめる道徳哲学――安楽死からフェミニズムまで』古牧徳生＋次田憲和翻訳、晃洋書房、2003 年〕

Radden, J. and Sadler, J. Z. 2010 *The Virtuous Psychiatrist: Character Ethics in Psychiatric Practice* (Oxford University Press)

Railton, P. 1984 "Alienation, Consequentialism, and the Demands of Morality," *Philosophy and Public Affairs* 13: 137-71

Rasmussen, D. and Den Uyl, D. 1991 *Liberty and Nature* (Open Court)

——— 2005 *Norms of Liberty* (Penn State Press)

Rawls, J. 1971 *A Theory of Justice* (Harvard University Press)〔ジョン・ロールズ『正義論』矢島欽次監訳、篠塚慎吾＋渡部茂翻訳、紀伊國屋書店、1979 年；『正義論（改訂版）』川本隆史＋福間聡＋神島裕子翻訳、紀伊國屋書店、2010 年〕

——— 1993 *Political Liberalism* (Columbia University Press)

Reid, T. 1969 *Essays on the Active Powers of the Human Mind*, with an introduction by B. Brody (MIT Press)

Reisch, G. 1512 *Margarita philosophica nova* (Grüninger)

Richards, N. 1984 "Double Effect and Moral Character," *Mind* 93: 381-97

Rist, J. 1994 *Augustine: Ancient Thought Baptized* (Cambridge University Press)

Rogers, W. A. 2004 "Virtue Ethics and Public Health: A Practice-Based Analysis," *Monash Bioethics Review* 23: 10-21

Rolston III, H. 2005 "Environmental Virtue Ethics: Half the Truth but Dangerous as a Whole," in R. Sandler and P. Cafaro (eds.), *Environmental Virtue Ethics* (Rowman & Littlefield)

Rosenzweig, P. 2007 *The Halo Effect: ... and the Eight Other Business Delusions that Deceive Managers* (Free Press)〔フィル・ローゼンツワイグ『なぜビジネス書は間違うのか――ハロー効果という妄想』桃井緑美子翻訳、日経 BP 社、2008 年〕

Ross, L. and Nisbett, R. E. 1991 *The Person and the Situation* (Temple University Press)

Ross, W. D. 1930 *The Right and the Good* (Oxford University Press)〔W・D・ロス『「正しい」ことと「よい」こと――倫理的直観主義の可能性』立花幸司翻訳、勁草書房、近刊〕

Russell, D. 2005 *Plato on Pleasure and the Good Life* (Oxford University Press)

——— 2008 "That 'Ought' Does Not Imply 'Right': Why it Matters for Virtue Ethics," *Southern Journal of Philosophy* 46: 299-315

——— 2009 *Practical Intelligence and the Virtues* (Oxford University Press)

——— 2010 "Virtue and Happiness in the Lyceum and Beyond," *Oxford Studies in Ancient Philosophy* 38: 143-85

——— 2012 *Happiness for Humans* (Oxford University Press)

Russell, P. 1995 *Freedom and Moral Sentiment: Hume's Way of Naturalizing Responsibility* (Oxford University Press)

——— 2006 "Moral Sense and Virtue in Hume's Ethics," in T. Chappell, ed., *Values and*

Virtues: Aristotelianism in Contemporary Ethics (Oxford University Press)
——— 2008 *The Riddle of Hume's Treatise: Skepticism, Naturalism and Irreligion* (Oxford University Press)
Sabini, J. and Silver, M. 2005 "Lack of Character? Situationism Critiqued," *Ethics* 115: 535-62
Saenz, C. 2010 "Virtue Ethics and the Selection of Children with Impairments: A Reply to Rosalind McDougall," *Bioethics* 24: 499-506
Sandler, R. 2007 *Character and Environment: A Virtue-Oriented Approach to Environmental Ethics* (Columbia University Press)
Scanlon, T. 1998 *What We Owe to Each Other* (Harvard University Press)
Schauber, N. 2009 "Complexities of Character: Hume on Love and Responsibility," *Hume Studies* 33: 29-55
Scheffler, S. 1988 "Agent-Centred Restrictions, Rationality, and the Virtues," in S. Scheffler (ed.), *Consequentialism and Its Critics* (Oxford University Press)
Scheffler, S. 1992 *Human Morality* (Oxford University Press)
Schmidt, C. *et al.* (eds.) 1991 *The Cambridge History of Renaissance Philosophy* (Cambridge University Press)
Schmidtz, D. 1992 "Rationality Within Reason" *Journal of Philosophy* 89: 445-66
——— 1994 "Choosing Ends," *Ethics* 104: 226-51
——— 2001a "The Language of Ethics," in C. Davis (ed.), *Ethical Dilemmas in the Water Industry* (American Water Works Association)
——— 2001b "Are All Species Equal?" in D. Schmidtz and E. Willott (eds.), *Environmental Ethics : What Really Matters, What Really Works* (Oxford University Press)
——— 2006 *Elements of Justice* (Cambridge University Press)
Schmidtz, D. and Willott, E. (eds.) 2001 *Environmental Ethics: What Really Matters, What Really Works* (Oxford University Press)
Schneewind, J. 1990 "The Misfortunes of Virtue," *Ethics* 101: 42-63
——— 1997 *The Invention of Autonomy: A History of Modern Moral Philosophy* (Cambridge University Press)〔J・B・シュナイウィンド『自律の創成——近代道徳哲学史』田中秀夫監訳、逸見修二翻訳、法政大学出版会、2011 年〕
Schofield, M. 2006 "Aristotle's Political Ethics," in R. Kraut (ed.), *The Blackwell Guide to Aristotle's Nicomachean Ethics* (Blackwell)
Sellman, D. 2011 *What Makes A Good Nurse: Why the Virtues are Important for Nursing* (Jessica Kingsley)
Sen, A. 1987 *On Ethics and Economics* (Blackwell)〔アマルティア・セン『経済学の再生——道徳哲学への回帰』徳永澄憲+松本保美+青山治城翻訳、麗澤大学出版会、2002 年〕
——— 2009 *The Idea of Justice* (Harvard University Press)〔アマルティア・セン『正義のアイデア』池本幸生翻訳、明石書店、2011 年〕
Sennett, R. 1998 *The Corrosion of Character: The Transformation of Work in Modern Capitalism* (W. W. Norton & Company)
Shafer-Landau, R. 2012 *The Fundamentals of Ethics*, 2nd edn. (Oxford University Press)
Shaftesbury, Earl of [Anthony Ashley Cooper] [1711] 1964 *Characteristics of Men, Manners, Opinions and Times*, ed. J. M. Robertson (Bobbs-Merrill)
Shelp, E. (ed.) 1985 *Virtue and Medicine* (Reidel)
Sherman, N. 1994 "The Role of Emotions in Aristotelian Virtue," *Proceedings of the Boston Area Colloquium in Ancient Philosophy* 9: 1-33
——— 1997 *Making a Necessity of Virtue: Aristotle and Kant on Virtue* (Cambridge

University Press)
Shun, K. 1997 *Mencius and Early Chinese Thought* (Stanford University Press)
Sideri, K. 2008 "Health, Global Justice, and Virtue Bioethics," *Law and Bioethics* 23: 79-101
Sidgwick, H. 1907 *The Methods of Ethics* (Oxford University Press)
Slingerland, E. 2011 "The Situationist Critique and Early Confucian Virtue Ethics," *Ethics* 121: 390-419
Slote, M. 1992 *From Morality to Virtue* (Oxford University Press)
——— 1993 "Virtue Ethics and Democratic Values," *Journal of Social Philosophy* 24: 5-37
——— 1996 "Agent Based Virtue Ethics," in P. A. French, T. E. Uehling, Jr., and H. K. Wettstein (eds.), *Midwest Studies in Philosophy xx, Moral Concepts* (University of Notre Dame Press), 83-101
——— 1997 "Virtue Ethics," in M. W. Baron, P. Pettit, and M. Slote (eds.), *Three Methods of Ethics: A Debate* (Blackwell)
——— 1998a "Nietzsche and Virtue Ethics," *International Studies in Philosophy* 30: 23-7
——— 1998b "Justice as Caring," *Social Philosophy and Policy* 15: 171-95
——— 2001 *Morals from Motives* (Oxford University Press)
——— 2007 *The Ethics of Care and Empathy* (Routledge)
——— 2010 *Moral Sentimentalism* (Oxford University Press)
Smith, A. [1790] 1976 *The Theory of Moral Sentiments*, 6th edn., ed. D. D. Raphael and A. L. Macfie (Oxford University Press)〔アダム・スミス『道徳感情論』高哲男翻訳、講談社学術文庫、2013 年〕
Smith, K. (1947) Introductory to D. Hume, *Hume's Dialogues Concerning Natural Religion*, ed. K. Smith (Bobbs-Merrill)
Snow, N. 2010 *Virtue as Social Intelligence: An Empirically Grounded Theory* (Routledge)
Solomon, D. 1997 "Internal Objections to Virtue Ethics," in D. Statman (ed.), *Virtue Ethics: A Critical Reader* (Edinburgh University Press)
——— 2003 "Virtue Ethics: Radical or Routine," in M. de Paul and L. Zagzebski (eds.), *Intellectual Virtue: Perspectives from Ethics and Epistemology* (Oxford University Press)
Solomon, R. 1992 *Ethics and Excellence: Cooperation and Integrity in Business* (Oxford University Press)
——— 2003 *Living with Nietzsche: What the Great "Immoralist" Has to Teach Us* (Oxford University Press)
Sparrow, R. 2011 "A Not-So-New Eugenics: Harris and Savulescu on Human Enhancement," *Hastings Center Report* 41: 32-42
Sreenivasan, G. 2002 "Errors about Errors: Virtue Theory and Trait Attribution," *Mind* 111: 47-68
——— 2008 "Character and Consistency: Still More Errors," *Mind* 117: 603-12
——— 2009 "Disunity of Virtue," *Journal of Ethics* 13: 195-212
Stalnaker, A. 2007 *Overcoming Our Evil: Human Nature and Spiritual Exercises in Xunzi and Augustine* (Georgetown University Press)
Stark, A. 1993 "What's the Matter with Business Ethics?" *Harvard Business Review* 71: 38-48
Stohr, K. 2006 "Contemporary Virtue Ethics," *Philosophy Compass* 1: 22-7
Stohr, K. and Wellman, C. H. 2002 "Recent Work on Virtue Ethics," *American Philosophical Quarterly* 39: 49-72
Sumner, L. W. 1996 *Welfare, Happiness, and Ethics* (Oxford University Press)
Svensson, F. 2010 "Virtue Ethics and the Search for an Account of Right Action," *Ethical*

Theory and Moral Practice 13: 255-71
——— 2011 "Eudaimonist Virtue Ethics and Right Action: A Reassessment," *Journal of Ethics* 15: 321-39
Swanton, C. 1993 "Commentary on Michael Slate's 'Virtue Ethics and Democratic Values,'" *Journal of Social Philosophy* 24: 38-49
——— 2001 "A Virtue Ethical Account of Right Action," *Ethics* 112: 32-52
——— 2003 *Virtue Ethics, A Pluralistic View* (Oxford University Press)
——— 2005 "Nietzschean Virtue Ethics," in S. M. Gardiner (ed.), *Virtue Ethics, Old and New* (Cornell University Press)
——— 2007a "Can Hume Be Read as a Virtue Ethicist?" *Hume Studies* 33: 91-113
——— 2007b "Virtue Ethics, Role Ethics, and Business Ethics," in R. L. Walker and P. J. Ivanhoe (eds.), *Working Virtue: Virtue Ethics and Contemporary Moral Problems* (Oxford University Press)
——— 2009 "Virtue Ethics and the Problem of Demandingness," in T. Chappell (ed.), *The Problem of Moral Demandingness: New Philosophical Essays* (Palgrave Macmillan)
——— 2011a "Virtue Ethics," in C. Miller (ed.), *The Continuum Companion to Ethics* (Continuum)
——— 2011b "Nietzsche and the Virtues of Mature Egoism," in S. May (ed.), *Cambridge Critical Guide to Nietzsche's On the Genealogy of Morality* (Cambridge University Press)
——— 2012 "Robert Solomon's Aristotelian Nietzsche," in K. Higgins, D. Sherman, and M. Clancy (eds.), *Passion, Death, and Spirituality: The Philosophy of Robert C. Solomon* (Springer)
Taylor, C. 1989 *Sources of the Self* (Harvard University Press)〔チャールズ・テイラー『自我の源泉――近代的アイデンティティの形成』下川潔＋桜井徹＋田中智彦翻訳、名古屋大学出版会、2010 年〕
Taylor, G. 1985 *Pride, Shame, and Guilt* (Oxford University Press)
——— 2006 *Deadly Vices* (Oxford University Press)
Taylor, J. 2002 "Hume on the Standard of Virtue," *Journal of Ethics* 6: 43-62
——— 2006 "Virtue and the Evaluation of Character," in S. Traiger (ed.), *The Blackwell Companion to Hume's Treatise* (Blackwell)
Taylor, R. 2002 *Virtue Ethics: An Introduction* (Prometheus Books)〔リチャード・テイラー『卓越の倫理――よみがえる徳の理想』古牧徳生＋次田憲和翻訳、晃洋書房、2013 年〕
Thomasma, D. C. 2004 "Virtue Theory in Philosophy of Medicine," in G. Khushf (ed.), *Handbook of Bioethics: Taking Stock of the Field from a Philosophical Perspective* (Kluwer)
Thompson, M. 1995 "The Representation of Life," in R. Hursthouse, G. Lawrence, and W. Quinn (eds.), *Virtues and Reasons* (Oxford University Press)
Thomson, J. 1997 "The Right and the Good," *Journal of Philosophy* 94: 273-98
Tiberius, V. 2006 "How to Think about Virtue and Right," *Philosophical Papers* 35: 247-65
Tien, D. W. 2004 "Warranted Neo-Confucian Belief: Knowledge and the Affections in the Religious Epistemologies of Wang Yangming (1472-1529) and Alvin Plantinga," *International Journal for Philosophy of Religion* 55: 31-55
——— 2010 "Metaphysics and the Basis of Morality in the Philosophy of Wang Yangming" in J. Makeham (ed.), *Neo-Confucian Philosophy* (Springer)
——— 2012 "Oneness and Self-Centeredness in the Moral Psychology of Wang Yangming,"

Journal of Religious Ethics 40: 52-71
Tiwald, J. 2011 "Self-Love, Sympathy, and Virtue: Dai Zhen's Defense of Self-Interest," *Journal of Chinese Philosophy* 38: 29-45
Toner, C. 2006 "The Self-Centredness Objection to Virtue Ethics" *Philosophy* 81: 595-617
Tonkens, R. 2011 "Parental Wisdom, Empirical Blindness, and Normative Evaluation of Prenatal Genetic Enhancement," *Journal of Medicine and Philosophy* 36: 274-95
Tu Wei-ming 1976 *Neo-Confucian Thought in Action: Wang Yang-ming's Youth* (*1472-1509*) (University of California Press)
Valla, L. 1972 *De vero falsoque bono*, ed. M. Lorsch (Adriatica Editore)
——— 1982 *Dialecticae disputationes*, ed. G. Zippel (Antenore)
van Hooft, S. 1999 "Acting from the Virtue of Caring in Nursing," *Nursing Philosophy* 6: 189-201
——— 2006 *Understanding Virtue Ethics* (Acumen)
Van Norden, B. W. 2007 *Virtue Ethics and Consequentialism in Early Chinese Philosophy* (Cambridge University Press)
——— 2008 *Mengzi: With Selections from Traditional Commentaries* (Hackett Publishing)
van Zyl, L. 2000 *Death and Compassion: A Virtue-Based Approach to Euthanasia* (Ashgate)
——— 2007 "Can Virtuous People Emerge from Tragic Dilemmas Having Acted Well?" *Journal of Applied Philosophy* 24: 50-61
——— 2009 "Agent-Based Virtue Ethics and the Problem of Action Guidance," *Journal of Moral Philosophy* 6: 50-69
——— 2011a "Right Action and the Non-virtuous Agent," *Journal of Applied Philosophy* 28: 80-92
——— 2011b "Rightness and Goodness in Agent-Based Virtue Ethics," *Journal of Philosophical Research* 36: 103-14
Veatch, R. 1988 "The Danger of Virtue," *Journal of Medicine and Philosophy* 13: 445-6
Vitz, R. 2009 "Doxastic Virtues in Hume's Epistemology," *Hume Studies* 35: 211-29
Vives, J. 1785 *De causis corruptarum artium, in Opera Omnia* VI, ed. G. Mayáns (Università de València) (Repr. Gregg Press, 1964)
Vlastos, G. 1995 *Studies in Greek Philosophy II: Socrates, Plato, and their Tradition*, D. W. Graham (ed.) (Princeton University Press)
Walker, R. L. 2007 "The Good Life for Non-human Animals: What Virtue Requires of Humans," in R. L. Walker P. J. and Ivanhoe (eds.), *Working Virtue: Virtue Ethics and Contemporary Moral Problems* (Oxford University Press)
Walker, R. L. and Ivanhoe, P. J. (eds.) 2007 *Working Virtue: Virtue Ethics and Contemporary Moral Problems* (Oxford University Press)
Watson, G. 1971 "The Natural Law and Stoicism," in A. A. Long (ed.), *Problems in Stoicism* (Athlone)
——— 1984 "Virtues in Excess," *Philosophical Studies* 46: 57-74
——— 1990 "On the Primacy of Character," in O. Flanagan and A. O. Rorty (eds.), *Identity, Character, and Morality* (MIT Press)
Weber, M. 1994 "The Profession and Vocation of Politics," in P. Lassman and R. Speirs (eds.), *Political Writings* (Cambridge University Press)〔マックス・ヴェーバー『職業としての政治』、脇圭平翻訳、岩波書店、1980 年〕
Weed, D. L. and McKeown, R. E. 1998 "Epidemiology and Virtue Ethics," *International Journal of Epidemiology* 27: 343-9
Weil, S. 2006 Cahiers VI, 2, in *Œuvres complètes*, ed. F. de Lussy (Gallimard)

Welchman, J. 2003 "Xenografting, Species Loyalty, and Human Solidarity," *Journal of Social Philosophy* 34: 244-55
Wenzel, S. 1984 *Introduction to Summa Virtutum de remediis anime* (University of Georgia Press)
——— 1986 "The Seven Deadly Sins: Some Problems of Research," *Speculum* 43: 1-22
Werhane, P. 1991 *Adam Smith and His Legacy for Modern Capitalism* (Oxford University Press)
——— 1999 *Moral Imagination and Management Decision-Making* (Oxford University Press)
Wetzel, J. 1992 *Augustine and the Limits of Virtue* (Cambridge University Press)
White, N. 2006 *A Brief History of Happiness* (Blackwell)
White, S. 1992 *Sovereign Virtue* (Stanford University Press)
——— 2002 "Happiness in the Hellenistic Lyceum," *Apeiron* 35 (supp.): 69-93
Wiggins, D. 1980 "Deliberation and Practical Reason," in A. O. Rorty (ed.), *Essays on Aristotle's Ethics* (University of California Press)
Wilkinson, S. 2010 *Choosing Tomorrow's Children: The Ethics of Selective Reproduction* (Oxford University Press)
Williams, B. 1980 "Justice as a Virtue," in A. O. Rorty (ed.), *Essays on Aristotle's Ethics* (University of California Press)
——— 1985 *Ethics and the Limits of Philosophy* (Harvard University Press)〔バーナード・ウィリアムズ『生き方について哲学は何が言えるか』森際康友＋下川潔翻訳、産業図書、1993 年〕
——— 1993 *Shame and Necessity* (University of California Press)
——— 1995a "Replies," in J. E. J. Altham and R. Harrison (eds.), *World, Mind, and Ethics: Essays on the Ethical Philosophy of Bernard Williams* (Cambridge University Press)
——— 1995b *Making Sense of Humanity and Other Philosophical Papers 1982-1993* (Cambridge University Press)
Williams, B. and Smart, J. J. C. 1973 *Utilitarianism: For and Against* (Cambridge University Press)
Williamson, O. 1975 *Markets and Hierarchies: Analysis and Anti-Trust Implications* (Free Press)
Wollgast, S. 1988 *Philosophie in Deutschland zwischen Reformation und Aufklärung, 1550-1650* (Akademie Verlag)
Wolter, A. B. 1997 *Duns Scotus on the Will and Morality*, 2nd edn. (Catholic University of America Press)
Wong, D. B. 1988 "On Flourishing and Finding One's Identity in Community," *Midwest Studies in Philosophy* 13: 324-41
Yearley, L. H. 1990 *Mencius and Aquinas: Theories of Virtue and Conceptions of Courage* (State University of New York Press)
Zagzebski, L. 1996 *Virtues of the Mind: An Inquiry into the Nature of Virtue and the Ethical Foundations of Knowledge* (Cambridge University Press)
——— 2004 *Divine Motivation Theory* (Cambridge University Press)
——— 2006 "The Admirable Life and the Desirable Life," in T. Chappell (ed.), *Values and Virtues: Aristotelianism in Contemporary Ethics* (Oxford University Press)
——— 2007 "The Admirable Life and the Desirable Life," in T. Chappell (ed.), *Values and Virtues* (Oxford University Press)
Zwolinski, M. and Schmidtz, D. 2005 "Virtue Ethics and Repugnant Conclusions," in P. Cafaro

and R. Sandler (eds.), *Environmental Virtue Ethics* (Rowman & Littlefield)